utb 4317

AF720958

Eine Arbeitsgemeinschaft der Verlage

Böhlau Verlag · Wien · Köln · Weimar
Verlag Barbara Budrich · Opladen · Toronto
facultas · Wien
Wilhelm Fink · Paderborn
Narr Francke Attempto Verlag / expert verlag · Tübingen
Haupt Verlag · Bern
Verlag Julius Klinkhardt · Bad Heilbrunn
Mohr Siebeck · Tübingen
Ernst Reinhardt Verlag · München
Ferdinand Schöningh · Paderborn
transcript Verlag · Bielefeld
Eugen Ulmer Verlag · Stuttgart
UVK Verlag · München
Vandenhoeck & Ruprecht · Göttingen
Waxmann · Münster · New York
wbv Publikation · Bielefeld
Wochenschau Verlag · Frankfurt am Main

Klaus Dorn

Basiswissen Bibel: Das Alte Testament

2., überarbeitete und aktualisierte Auflage

Ferdinand Schöningh

Der Autor:

Geboren am 20.8.1951 in Laufach bei Aschaffenburg, Besuch des Musischen Gymnasiums, Studium der Katholischen Theologie und Physik an der Uni Würzburg und im Theologischen Studienjahr Jerusalem an der Dormition Abbey, Assistent am Lehrstuhl für Biblische Einleitungswissenschaft an der Uni Würzburg, Promotion ebd. Derzeit Hochschuldozent am Katholisch-Theologischen Seminar an der Philipps-Universität Marburg in den Fächern Einleitung AT, Einleitung NT, Exegese NT, Hebräisch. Vortragstätigkeit in der Erwachsenenbildung und in der Weiterbildung, div. Publikationen zu unterschiedlichen Themen aus dem biblischen Bereich.

Umschlagabbildung:

Fotolia: Adam and Eve © Howgill

Online-Angebote oder elektronische Ausgaben sind erhältlich unter **www.utb-shop.de**

Bibliografische Information der Deutschen Nationalbibliothek

Die Deutsche Nationalbibliothek verzeichnet diese Publikation in der Deutschen Nationalbibliografie; detaillierte bibliografische Daten sind im Internet über http://dnb.d-nb.de abrufbar.

2., überarbeitete und aktualisierte Auflage 2021
© 2015 Verlag Ferdinand Schöningh, ein Imprint der Brill-Gruppe
(Koninklijke Brill NV, Leiden, Niederlande; Brill USA Inc., Boston MA, USA;
Brill Asia Pte Ltd, Singapore; Brill Deutschland GmbH, Paderborn, Deutschland)

Internet: www.schoeningh.de

Das Werk, einschließlich aller seiner Teile, ist urheberrechtlich geschützt. Jede Verwertung außerhalb der engen Grenzen des Urheberrechtsgesetzes ist ohne Zustimmung des Verlages unzulässig und strafbar. Das gilt insbesondere für Vervielfältigungen, Mikroverfilmungen und die Einspeicherung und Verarbeitung in elektronischen Systemen.

Printed in Germany.
Herstellung: Ferdinand Schöningh, Paderborn
Einbandgestaltung: Atelier Reichert, Stuttgart

UTB-Band-Nr: 4317
ISBN 978-3-8252-5632-6

Ich widme das Buch meiner Familie,
meinen Studentinnen und Studenten,
meinen lieben Freunden und Kollegen und all jenen,
ohne die es dieses Buch nicht gäbe.

Inhalt

Die Reihenfolge der Bücher im Tenach

Die Tora

Die Nebiim

Die hinteren Propheten

Die Ketubim/Schriften

Vorbemerkung zur Umschrift des Hebräischen ins Deutsche

Viele hebräische Worte können im Deutschen sehr unterschiedlich wiedergegeben werden. So steht im Hebräischen z.B. ein wortauslautendes langes „a" gewöhnlich mit einem „h". Dieses „h" wird in manchen Übersetzungen mitgeschrieben, in anderen wieder nicht. König Joschija schreibt sich im hebräischen Text Joschijahu. Für das „sch" steht das Symbolzeichen š zur Verfügung, das genutzt werden kann und bei Umschriften nach wissenschaftlichem Standard auch verwendet wird. Man könnte daher hier Jošijahu schreiben. Geläufig ist freilich auch das Wort Josia.

Für dieses Buch gilt: In den Fällen, in denen ein Wort im AT vorkommt und damit auch in der Einheitsübersetzung, wird deren Schreibweise verwendet, so z.B. bei den Worten Pascha oder Sabbat, ausgenommen natürlich in Zitaten oder Buchtiteln.

Soweit nicht anders angegeben, entstammen die Bibelzitate der Elberfelder Übersetzung aus Bibleworks 8 (EIN = Einheitsübersetzung, Sch = Schlachter-Version 1951).

Vorwort

Liebe Leserinnen und Leser,

Sie halten ein Buch in den Händen für Menschen, die sich für Theologie im Allgemeinen und die Bibel im Besonderen interessieren. Studierende der Theologie können hier eine erste Orientierung für ihr Studium finden und dies so kurz und präzise wie möglich.

Altvertraute Forschungspositionen sind gerade im Bereich des →*Pentateuchs*, der ersten fünf Bücher des Alten Testaments, heute sehr umstritten, neue Modelle und Theorien können oder konnten sich aber (noch) nicht allgemein durchsetzen. Sogar die Existenz des Davidisch-Salomonischen (Groß)-Reiches wird zunehmend bestritten (Finkelstein und Silbermann) und zumindest als archäologisch nicht nachweisbar festgestellt. Umstritten sind ebenso die mühsam erstellten Modelle der Entstehung von Büchern, Schriften, Erzählungen oder ganzer Urkunden und Quellen.

Die Tatsache, dass Lehrbücher, die seit einigen Jahren „auf dem Markt" sind, immer wieder „nur" neue Auflagen erfahren, lässt einerseits den Schluss zu, dass sie sehr gut sind. Andererseits könnte man daran aber auch ablesen, dass die verschiedenen Positionen keine Annäherung erfahren und niemandem mehr etwas dazu einfällt.

Widerspruch gegen die hier dargelegten Ansichten ist also vorprogrammiert und ich freue mich auf fruchtbringende Diskussionen.

Im vorliegenden Buch wird auf Fußnoten verzichtet, weiterführende Anmerkungen für Detailinteressierte finden sich im Glossar. Die Vorstellung der einzelnen biblischen Bücher folgt einem festen Raster, das aber gegebenenfalls durchbrochen und erweitert wird.

Das Buch möchte leserfreundlich sein und auf einfache und prägnante Weise Hintergründe, Zeitgeschichte, Theologie und auch einige exegetische Befunde der Bibel mit ihren unterschiedlichen Büchern vorstellen.

Viel Freude beim Studieren
Ihr Klaus Dorn

1. Die Bibel: die heilige Schrift des Alten oder Ersten Testamentes

1.1 Was ist die Bibel?

→*„Bibel“* kommt vom griechischen Neutrum βιβλίον und leitet sich von dem Wort biblos oder byblos (= Papyrus(-staude)) ab. Frei übersetzt könnte man Bibel also einfach als „Buch“ oder eher als „Bücher“ bezeichnen. Diese Herleitung ist durchaus zutreffend, denn die Bibel ist nicht nur ein Buch, sondern eine ganze Bibliothek, die über einen Zeitraum von ca. 600-800 Jahren entstanden ist. Was ist an diesem Buch nun →*„heilig“*?

Abgesehen von dieser primär von Systematikern zu beantwortenden Frage nach der Heiligkeit von Dingen (ganz allgemein: zur göttlichen Seite gehörig, „Heil“ schaffend oder vermittelnd), gibt es zur Frage der →*Heiligkeit* der „heiligen“ Schrift keine übereinstimmenden Ansichten, in der Forschung nicht und auch nicht in den →*Religionen* und christlichen →*Konfessionen*, denn bereits die Anzahl der zur Bibel gehörenden Bücher, also ihr Umfang, ist umstritten, von den Inhalten einmal ganz abgesehen.

Lässt man die muslimischen Äußerungen zur jüdischen und christlichen Überlieferung einmal beiseite – diesen zufolge haben Juden und Christen die göttliche Offenbarung in ihren Büchern verfälscht – so wird der Umfang der Bibel bei Juden, Katholiken, Protestanten, div. Orthodoxen etc. durchaus unterschiedlich angesetzt.

Das Judentum bezeichnet seine Bibel selbstverständlich auch nicht als „Altes“ Testament, auch nicht im Sinne von „alt, ehrwürdig“, denn es gibt ja kein „Neues“, zumal „neu“ gerade in heutiger Zeit auch die Konnotation von „aktuell“ und „unverbraucht“ nach sich zieht, „alt“ dagegen im Sinne von „überholt“ oder sogar reif für den Papierkorb verstanden wird.

Das Judentum nennt seine „heilige“ Schrift →*„Tenach“*. Dies ist ein Kunstwort, das sich aus den drei Teilen der jüdischen Bibel unter Einbeziehung von zwei Vokalen zusammensetzt:

Tenak oder Tenach bezeichnet

- die →***Tora***, auch *Thora* oder Torah geschrieben,
- die →***Nebiim***, zu Deutsch: Propheten (Geschichtsbücher und „echte“ Prophetenbücher)
- die →***Ketubim***, die Schriften: Das ist all das, was nicht zu Propheten oder Tora gehört.

Der Tenach liegt bis auf kleine Abschnitte im Buch Daniel und Esra/Nehemia (aramäische Teile) völlig in hebräischer Sprache vor. Die Anordnung der Bücher folgt der genannten Aufteilung in Tora, Nebiim und Ketubim, d.h.: das letzte Buch des Tenach ist nicht der Prophet Maleachi, wie im christlichen AT, sondern die beiden Chronikbücher, die zwar Geschichtsbücher sind, aber nach jüdischer Überlieferung nicht von Propheten verfasst wurden. Lediglich der Prophet Daniel fällt hier aus der Reihe: Er steht unter den „Schriften", weil er zeitlich spät (2. Jh. v. Chr.) und somit erst nach dem Abschluss der Nebiim, der Propheten, als Teil der Schrift verfasst wurde. Bei den Propheten war kein Platz mehr für ihn.

Warum die Geschichtsbücher wie Josua, Richter, Samuel oder auch Könige zu den Propheten, den so genannten frühen oder vorderen Propheten gezählt werden und aus welchem Grund die (eigentlichen) Propheten genau so angeordnet werden, hat schon etwas mit ihrer angeblichen Abfassungszeit zu tun. Es gibt aber auch noch andere, theologische bzw. heilsgeschichtliche Gründe. Mehr dazu im Exkurs im Anhang (→*Abfolge der jüdischen Bibel*).

Dass in einer derartigen Bibliothek verschiedenste „Sorten" von Literatur enthalten sind, liegt auf der Hand. Man stelle sich das AT einmal, in die verschiedensten Bücher aufgespalten, als kleine Bibliothek vor. Auch in einer kleinen Bibliothek können Sachbücher, Romane, Erzählungen, Dokumentationen, Geschichtsbücher etc. stehen. Darüber hinaus finden sich aber auch in den einzelnen Büchern verschieden literarische Formen wie etwa Erzählungen, Gebete, Reflexionen, Reden, Legenden etc.

Das AT ist daher eine Bibliothek mit äußerst heterogenem Schriftgut. Dies gilt es zu beachten, denn ein Roman hat sicher eine andere Aussageabsicht als eine Dokumentation und auch der Informationsgehalt und die Verbindlichkeit der enthaltenen Informationen sind unterschiedlich.

1.2 Das Alte Testament

Das christliche AT ist anders aufgebaut und besitzt somit auch eine andere Abfolge:

- Die fünf Bücher Mose
- Die Bücher der Geschichte
- Die Bücher der Lehrweisheit und der Psalmen
- Die Bücher der Propheten

Der Umfang ist in den verschiedenen christlichen Konfessionen abweichend. Vielfach haben Bücher Eingang in die christliche Bibel gefunden, die zwar ursprünglich einmal in Hebräisch vorlagen (dies beweisen u.a. →*Qumranfunde*), dann aber aufgrund mangelnder Akzeptanz von Seiten des Judentums in der

Urfassung verloren gingen und nur noch über den Umweg der griechischen Übersetzung des AT, allen voran durch die so genannte →*„Septuaginta“ (LXX)* erhalten geblieben sind. Über die griechische Überlieferung und in griechischer Sprache fanden sie ihren Weg in die christliche Bibel.

Die Septuaginta, zu Deutsch „Siebzig“, abgekürzt mit der römischen Zahl für 70, LXX, ist eine Übersetzung der jüdischen Überlieferungen in die griechische Sprache. Angeblich haben 70 Übersetzer 70 Tage daran gearbeitet. Dabei ist es wohl kein Zufall dass das AT von 70 Völkern in der Welt ausgeht. Die LXX wurde vermutlich im 3. Jh. v. Chr. in Ägypten begonnen, zunächst nur als Übersetzung der Tora. Im Laufe der Zeit kamen auch andere Bücher dazu. Die Unterschiede in Übersetzungsqualität und Übersetzungsstil der Bücher macht deutlich, dass viele verschiedene Übersetzer am Werk waren, vermutlich auch aus unterschiedlichen geographischen Räumen. Es ist somit eine jüdische Übersetzung, die schon vor ihrer Fertigstellung im Sinne der Vereinigung der verschiedenen Teile und Bücher überarbeitet, redigiert, wurde. Die hebräischen Vorlagen sind im Übrigen auch keineswegs mit dem heute vorliegenden hebräischen Text identisch, sondern gehen offensichtlich z.T. auf andere, durchaus ältere (auch kürzere) hebräische Texte zurück. D.h.: Die Entstehung der griechischen Bibel und der hebräischen Bibel liefen zeitweise parallel nebeneinander her.

Die LXX wurde durch das frühe Christentum, das diese Schrift als „ihre“ heilige Schrift in der Mission verwendete, zur am meisten verbreiteten griechischen Übersetzung des AT. Mit der „Vereinnahmung“ der LXX durch die Christen verlor diese Übersetzung bei den Juden allerdings an Bedeutung:

Keineswegs der einzige aber doch ein wichtiger Grund für die zunehmende Ablehnung der LXX ist die Stelle Jes 7,14, die Geburt des Immanuel. Im hebräischen Text lautet die Stelle: Eine Almah, eine junge Frau, wird ein Kind empfangen, sie wird einen Sohn gebären und ihm den Namen Immanuel geben.

Die LXX übersetzt hier: Eine Parthenos, also eine Jungfrau, wird ein Kind empfangen. Diese Stelle haben die Christen selbstverständlich als Beleg für die jungfräuliche Empfängnis Jesu durch Maria ins Feld geführt.

Das Judentum lehnte diese griechische Passage zu Recht ab, denn im Hebräischen bedeutet das hier vorliegende →*„Almah“* einfach nur „junge Frau im gebährfähigen Alter“; für „Jungfrau“ steht mit →*„Betulah“* ein eigener Begriff bereit.

Es folgten zwar neuere, z.T. wortgetreuere jüdische Übersetzungen in das Griechische, aber den Rang der LXX hat keine dieser Übersetzungen erreicht, zumal man von Seiten des Judentums allmählich wieder dazu überging, den hebräischen Originaltext zu studieren und zu verwenden.

Während die Katholische Kirche auch etliche Bücher (und Zusätze zu kanonischen Büchern) zu ihrer Bibel zählt, die über die LXX – und somit nur in Griechisch überliefert – Eingang in den →*Kanon* gefunden haben, fehlen diese in den Ausgaben der Kirchen der Reformation. In den Kirchen des Ostens wurden aber durchaus auch noch andere Schriften in den Kanon aufgenommen wie etwa das Gebet des Manasse oder – in der äthiopischen Kirche – das →*äthiopische Henochbuch.*

Die Bücher, die sich zusätzlich in der katholischen Bibel finden, nennt man katholischerseits →*deuterokanonisch*. Die Kirchen der Reformation bezeichnen diese Werke jedoch als Apokryphe d.h. „verborgene Schriften". Die →*Apokryphen* gelten selbstverständlich nicht als „heilige" Schrift, denn sie gehören ja nicht zum Kanon. Die evangelische Bibel ist somit in der Regel um einiges kürzer als die katholische. Viele evangelische Ausgaben bieten jedoch auch die Apokryphen als Anhang.

Nach katholischem Verständnis deuterokanonisch, d.h. zweit – oder auch sekundärkanonisch, aber in der Bibel enthalten, evangelisch →*apokryph* genannt und nicht Bestandteil des evangelischen AT sind folgende Bücher:

Tobit, Judit, 1+2 Makkabäer, Weisheit Salomos, Jesus Sirach und das Buch Baruch

Katholisch →*apokryph*, und nicht in der Bibel enthalten, evangelisch →*pseudepigraph* genannt, sind die folgenden Werke:

Psalmen Salomos, Äthiopischer Henoch, das →*Buch der Jubiläen*, Assumptio Mosis (Aufnahme oder Himmelfahrt des Mose), Testament der 12 Patriarchen, 3 + 4 Esra, Martyrium des Jesaja.

„Alt" ist das Alte Testament natürlich, älter (in der Abfassung und auch vom Inhalt her) als das christliche „Neue" Testament. Dennoch ist das AT auch Bestandteil der christlichen Bibel. Das hat viele Gründe. Vor allem weist nach der Vorstellung der frühen Christen das AT auf Jesus Christus hin, ja er ist der im AT angekündigte und die Verheißungen erfüllende →*Messias* Israels. Dass er von den Juden nicht als solcher akzeptiert wird, ist eine andere Sache. Aus jüdischer Sicht ist dies freilich nachvollziehbar, denn er erfüllt die – durchaus heterogenen – jüdischen Erwartungen an „ihren" Messias nicht. Jesus ist Jude, sein Gott ist der Gott des AT, sein Selbstverständnis wesentlich vom AT geprägt. Vielleicht verstand sich Jesus als der leidende →*Gottesknecht* nach Jes 53.

So gesehen ist das so genannte Neue Testament der Christen das →*Zweite Testament*, welches das Erste keineswegs ablöst, sondern höchstens fortführt oder – je nach Definition – vollendet.

Aber auch das Judentum hat seine schriftliche Tradition nicht mit dem AT beendet. Diese findet vielmehr ihre Fortsetzung in der Diskussion der „Überlieferungen der Väter", d.h. der Tradition, wozu selbstverständlich und auch sehr zentral das AT gehört. Diese Diskussion geschieht durch Gelehrte und findet ihren schriftlichen Niederschlag in den →*Talmudim*, den beiden Talmud-Schriften, dem Babylonischen wie dem Jerusalemer – wobei der Erstere der Bedeutendere ist. Das Verhältnis der beiden zueinander ist nicht restlos geklärt.

Ob das Christentum Tochterreligion oder Schwesterreligion des Judentums ist, oder gar als jüdische Sekte bezeichnet werden kann, ist eine Definitionsfrage. Zahlenmäßig, hinsichtlich der Mitglieder, hat das Christentum das Judentum jedenfalls spätestens im 3. Jh. übertroffen.

1.3 Die Bücher und ihre Namen

Warum gibt es eine babylonische Sprachverwirrung bezüglich der Namen der biblischen Bücher? Bei all den schon benannten Divergenzen mutet es schon als Selbstverständlichkeit an, dass auch die Bezeichnungen der einzelnen Bücher zwischen jüdischer und christlicher Bibel, zwischen hebräischem Text, LXX und den Übersetzungen, zwischen katholischen und evangelischen Ausgaben divergieren. Zu allem Überfluss spielt auch noch die in der Katholischen Kirche sehr geschätzte lateinische Übersetzung, die →*Vulgata*, eine Rolle.

Die hebräische Bibel verwendet hebräische Buchtitel, die LXX griechische, die deutsche Bibel griechische und lateinische Bezeichnungen sowie Übersetzungen hebräischer, griechischer und lateinischer Bezeichnungen ins Deutsche, ggf. auch noch in abweichenden Schreibweisen (ev./kath.). Der Versuch einer Vereinheitlichung durch die so genannten →*„Loccumer Richtlinien“*, einem →*Ökumenischen Verzeichnis der biblischen Eigennamen (ÖVBE)* von 1979, war nur bedingt erfolgreich und hat sich v.a. bei der Ansetzung der Büchernamen in den bibliographischen Angaben leider nicht durchgesetzt.

Zudem halten die Evangelischen Kirchen (aber mitunter auch die Katholische) per Ausnahmeregelung an traditionellen Bezeichnungen fest.

Einige Beispiele für die Bezeichnungen der Bücher

Hebräische Bezeichnung	Übersetzung der Hebräischen Bezeichnung	Griechische Bezeichnung	Lateinische Bezeichnung (Vulgata)	Neuere Katholische Ausgaben	Evangelische Ausgaben
B^{e}reschit	Im Anfang	Genesis	Genesis	Genesis	1 Mose
Sch^{e}mot	Namen	Exodos	Exodus	Exodus	2 Mose
Wajiqra	und er rief	Levitikon	Levitikus	Levitikus	3 Mose
B^e midbar	in der Wüste	Arithmoi	Numeri	Numeri	4 Mose
D^{e}barim	Worte	Deuteronomium	Deuteronomium	Deuteronomium	5 Mose
Schof^{e}tim	Richter	Kritai	Judices	Richter	Richter

1.4 Die Übersetzungen

Jede Übersetzung ist eine Interpretation, denn eine 1:1 Übertragung eines Textes aus der Ausgangs- in die Zielsprache ist nicht möglich. Dies gilt umso mehr, wenn die beiden Sprachen verschiedenen Sprachfamilien angehören (Indogermanisch/ →*Semitisch*). Schließlich besteht auch noch ein Kulturgraben von wenigstens 2500 Jahren. D.h. idealerweise müsste ein Text immer in der Ausgangssprache gelesen werden. Das ist natürlich vielen Lesern nicht möglich. Die Problematik einer Übersetzung wurde ja bereits oben am Falle der Jungfrau/jungen Frau diskutiert.

Freilich gibt es Fälle, in denen auch schon der hebräische Text nicht eindeutig ist. So heißt es in 1Sam 17,49-51: *Als David den Goliat mit seiner Schleuder niedergestreckt hatte, ging er hin, zog „sein“ Schwert* (so die EÜ) *und schlug ihm den Kopf ab.*

Wessen Schwert hatte David hier? Aufgrund des Schlusssatzes in 1Sam 17,50 scheint dies klar zu sein: David tötete den →*Philister*; ein Schwert war nicht in seiner Hand. Das heißt aber zunächst einmal nur, dass er Goliat nicht mit dem Schwert tötete, sondern mit der Schleuder. Die Verse 17,38-40 behaupten, dass David ausschließlich mit Stock und Schleuder bewaffnet war und die Rüstung und die Waffen, die ihm Saul angezogen hatte, wieder ablegte. Dieser Teil gehört allerdings zur David-Hirtenjungen-Geschichte und war nicht schon immer Bestandteil der Goliaterzählung. Der weitere Kontext macht dagegen deutlich, dass David schon längst als Soldat im Heer des Sauls diente, denn die Waffen des Philisters nimmt David an sich und bringt sie in sein (eigenes!) Zelt (17,54). Er war, wie seine Brüder auch, schlichtweg ein Söldner, weil die heimische Scholle nicht endlos teilbar war und der großen Familie mit angeblich acht Söhnen (1Sam 16) kein Auskommen mehr bot. Derartige Schicksale gab es zuhauf; anders hätte David auch kaum seine Räuberbande von 400 Mann, „die Schulden hatten und verbittert waren“, zusammenbekommen (1Sam 22,1-5). Als Soldat im Heer des Saul hatte David vermutlich auch ein Schwert. Allerdings war die →*Schleuder* nicht etwa nur die Waffe des kleinen Hirtenjungen, sondern die Kampfwaffe einer Söldnertruppe (Ri 20,16).

Also ist die Frage berechtigt: Wessen Schwert zog David? Ist „sein“ Schwert sein eigenes oder das des Philisters?

An das Nomen „Schwert“ ist im Hebräischen ein Personalsuffix angeschlossen. Das Personalsuffix am Nomen ersetzt ein Possessivpronomen, bezeichnet also den Besitz, und kann im Hebräischen auch reflexiv sein. Danach kann es sich sowohl um das Schwert des David wie auch um das des Goliat handeln. Nur in Verbindung mit der Hirtenjungengeschichte muss es sich um Goliats Schwert handeln, ohne diese dürfte es dagegen das Schwert des David sein. Die Übersetzung wäre eindeutiger, wenn im Deutschen stehen würde: Er ging hin, zog dessen Schwert und schlug ihm seinen Kopf ab, wie dies die Elberfelder Übersetzung auch schreibt.

Der hebräische Text

Der hebräische Text entsteht in einem Jahrhunderte dauernden Prozess. Nach derzeitiger Forschungsansicht ist mit dem Beginn der Schriftwerdung in der mittleren bis späten Königszeit zu rechnen. Eine besonders kreative Phase scheint dabei die Exilszeit und die frühe nachexilische Epoche zu sein, in der man das Geschehene, das Exil, verarbeiten musste und wollte. Dabei findet im Laufe der Zeit ein Sprach- und Schriftwechsel statt: Die vorexilisch verwendete althebräische Schrift wird in der Zeit des Perserreiches durch die heute noch in Gebrauch befindliche →*aramäische* →*„Quadratschrift“* ersetzt. Ebenso tritt im gleichen Kontext das Hebräische als Volks- und Umgangssprache gegenüber dem Reichsaramäischen immer mehr zurück. Die ab ca. 200 v. Chr. entstehenden Übersetzungen der heiligen Schriften in die aramäische Sprache machen deutlich, dass das Hebräische von der Mehrzahl der Juden nicht mehr verstanden wurde.

Diese Übersetzungen, die zunächst nur mündlich, wörtlich oder auch paraphrasierend vorgenommen wurden, manche auch bereits kommentierend, werden zunehmend verschriftlicht. Derartige Exemplare finden sich bereits in der Bibliothek von →*Qumran*. Man bezeichnet sie als →*Targume* – korrekt eigentlich *Targumim*. Das Wort kommt aus dem Hebräischen und bedeutet „Übersetzung" oder auch „Erklärung".

Der hebräische Text, der diesen Übersetzungen zugrunde liegt, ist nicht unbedingt der heutige →*Masoretische,* d.h. mit Vokalen und Lesezeichen versehene Text, denn der Text war bis in die Zeit der LXX und darüber hinaus noch „fließend". Änderungen, Erweiterungen und Kürzungen am Text waren durchaus möglich und die Texte aus Qumran, aber auch die LXX zeigen, dass solche trotz eines hohen Maßes an Übereinstimmungen mit dem heutigen Text auch vorgenommen wurden. Allmählich aber kam es zu einer genauen Festlegung des hebräischen Wortlautes, gerade weil der hebräische Text nicht mehr allgemein verstanden wurde. Dabei dürfte die Tora früher ihre endgültige Gestalt erhalten haben als die Propheten oder die noch jüngeren „Schriften".

Schon unter den Qumranfunden befinden sich auch Auslegungen bzw. Kommentare biblischer Bücher, so genannte →*Midraschim und* →*Pescharim,* die natürlich auch einen Einblick auf den Stand der biblischen Texte ihrer Zeit geben.

Mit dem Sprachverlust des Hebräischen ist also die Kanonisierung des Konsonantentextes verbunden (ca. 1. Jh. n. Chr. abgeschlossen) und schließlich auch die Vokalisierung des hebräischen Textes durch →*die Masoreten* (= Tradenten, Überlieferer), die allerdings erst gegen Ende des 1. Jahrtausends n. Chr.(!) vollendet wurde. Die heute in den Synagogen gebräuchliche Tora ist im Übrigen in einer nicht vokalisierten Form geschrieben.

Die beiden wichtigsten masoretischen Textzeugen, die heutigen hebräischen Bibelausgaben zugrunde liegen, sind der →*Codex Leningradensis* und der etwas ältere, nicht mehr vollständige →*Codex Aleppo,* beide benannt nach ihrem Verwahrort. Der *Codex Aleppo* befindet sich heute allerdings im Israelmuseum in Jerusalem.

Die althebräische Schrift, die mit der altphönizischen weitgehend übereinstimmt, liegt noch in wenigen Inschriften vor, wie z.B. jener aus dem →*Schiloach-Tunnel,* der vermutlich in der Zeit des →*Hiskija* (ca. 727-698) gegraben wurde. Die Platte mit der Inschrift über die Arbeiten der Mineure wurde zur Zeit des osmanischen Reiches ausgeschlagen und befindet sich heute im Archäologischen Museum in Istanbul.

Der griechische Text

Nicht erst in hellenistischer Zeit mit dem Großreich Alexander des Großen gab es eine jüdische →*Diaspora.* Diese entstand vielmehr bereits mit dem →*Babylo-*

nischen Exil, denn keineswegs alle, die weggeführt worden waren, sahen nach der Rückkehrerlaubnis 538 in Juda ihre Heimat oder gar den von Gott verliehenen →*Erbbesitz* wieder. Vermutlich stellt die Berufungs- und Wandergeschichte der Abrahamerzählung (Gen 12) einen Versuch dar, die Unschlüssigen oder Unwilligen zur Heimkehr in das Land der Väter zu bewegen. Es sei hier schon darauf verwiesen, dass „alte Geschichten“ – wie die des Abraham – nicht unbedingt „alt“ sein müssen. Vor allem können derartige Erzählungen schon ursprünglich dazu verwendet worden sein, weitaus späteren Hörern oder Lesern eine Botschaft mitzuteilen, die mit dem Verweis auf einen der Väter autorisiert wird.

Eine weitere Diaspora findet sich in Ägypten. Wir lesen in 2Kön 25,22-26 (vgl. Jer 43) dass zu Beginn des Exils eine Gruppe Judäer in das benachbarte Ägypten flieht, unter ihnen der zwangsverschleppte Prophet Jeremia. Spätestens Mitte des 6. Jh. v. Chr. ist mit der Existenz eines Militärstützpunktes auf der Nilinsel →*Elephantine* auszugehen, der von judäischen Söldnern gesichert wurde. Nachgewiesen wurde dort auch ein Tempel des Gottes Jahu, der 410 v. Chr. zerstört, später aber wieder aufgebaut wurde.

Mit dem griechischen Großreich jedoch – und auch unter der Römischen Herrschaft – wuchs die Diaspora außerordentlich, so dass in der römischen Zeit der gesamte Mittelmeerraum, bevorzugt in den Städten, große Anteile jüdischer Bevölkerung besaß.

Aus den Angaben über den Aufstand der jüdischen Diaspora unter Trajan in den Jahren 115 bis 117 ist auch die Verbreitung des Judentums auf den ägäischen Inseln, vornehmlich in Zypern, bekannt.

Die Gründe für die Ausweitung der Diaspora liegen vor allem auf wirtschaftlichem Gebiet: →*Palästina* konnte die wachsende Bevölkerung nicht mehr ernähren, bzw. die Lebenssituation außerhalb schien attraktiver zu sein. Hinzu kommen natürlich auch jene Personen, die im Kontext von Aufständen oder der diversen Kriege zwangsexiliert, z.B. in die Sklaverei verkauft wurden.

Im Reich Alexander des Großen wurde →*Koinegriechisch* zur Umgangssprache im Mittelmeerraum. Dieses Griechisch entstand durch die Vermischung der ursprünglich eigenständigen griechischen Dialekte (Attisch, Dorisch, Ionisch, Äolisch).

Fast zwangsläufig entstanden die Übersetzungen des AT in die griechische Sprache daher in der Diaspora und auch aufgrund der Bedürfnisse dort. Verstand man schon im aramäisch-sprachigen Mutterland nicht mehr genug Hebräisch um die biblischen Texte lesen zu können, so noch viel weniger in geographischen Räumen, in denen ausschließlich Griechisch gesprochen wurde.

Da sich das frühe Christentum nun zu großen Teilen aus dem griechischsprachigen Judentum und griechisch-römischen „Heiden“ zusammensetzte, ist diese griechische Übersetzung des AT *seine* Heilige Schrift – solange, bis zu Beginn des 2. Jh. n. Chr. das NT „fertig“ war.

Wie oben schon angesprochen, entstand die Übersetzung der Tora als Teil der LXX in Alexandria, Ägypten. Auskunft über den Übersetzungsvorgang gibt in legendarischer Form der so genannte →*Aristeasbrief*, der diese Übersetzung als Auftragswerk des →*Ptolemäischen* Herrschers darstellt und ihr quasi-kanonisches Ansehen verschaffen will. Dies wird vor allem in der Weiterführung der Entstehungslegende versucht, der zufolge die 70 Übersetzungen, die jeweils von einem anderen Übersetzer hergestellt wurden, wörtlich übereinstimmten, mithin durch göttliche Eingebung entstanden sein mussten.

Im weiteren Fortgang der LXX wurden neben der hebräischen Bibel auch eine ganze Reihe von Schriften übersetzt, die keinen Eingang in den hebräischen Kanon gefunden haben, auf diese Weise aber, in griechischer Sprache, vor dem Vergessen bewahrt wurden.

Die LXX existiert mit Sicherheit nicht mehr in ihrer ersten Fassung: Die verschiedenen Übersetzungen der verschiedenen Bücher wurden im Laufe der Zeit unterschiedlichen Rezensionen und redaktionellen Bearbeitungen unterzogen.

In christlicher Zeit entstehen als Reaktion auf die Verwendung der LXX durch die Christen eine ganze Reihe von neueren und wortgetreueren Übersetzungen wie etwa die von →*Aquila, Symmachus und Theodotion.*

Der lateinische Text

Bei der →*Vetus Latina* handelt es sich nicht um eine bestimmte Übersetzung dieses Namens. Vielmehr stellt „Vetus Latina“ einen Sammelbegriff für eine ganze Reihe lateinischer Übersetzungen dar. Dazu gehören Übersetzungen aus der LXX aber auch aus anderen griechischen Vorlagen. Mit der von Papst Damasus I. in Auftrag gegebenen und somit autorisierten Übersetzung der so genannten →*Vulgata*, der „allgemeinen“ Übersetzung durch →*Hieronymus* (382-420) verloren diese älteren lateinischen Übersetzungen bis zum 7. Jh. allmählich an Bedeutung. Die Vulgata wurde zu *der* Übersetzung schlechthin, und stand in der Westkirche bis in die Zeit der Reformation gleichwertig neben dem Urtext oder gar darüber. Im Konzil von Trient wird der Text der Vulgata noch einmal als „authentisch“ bestätigt.

Die Vulgata lehnt sich – auch bezüglich des Umfangs – eng an die LXX an. Hieronymus behauptet zwar, die Vulgata aus dem (hebräischen) Urtext übersetzt zu haben, doch bestehen heute bisweilen Zweifel, ob er überhaupt des Hebräischen ausreichend mächtig war, um eine solche Übersetzung anzufertigen. Als „Kompromiss“ zieht man in Erwägung, dass er eine Synopse mit verschiedenen griechischen Übersetzungen nebst dem Hebräischen Text in griechischer Umschrift verwendet habe (vgl. Nautin: Hieronymus 309/10).

Auch die Vulgata wird im weiteren Verlauf ihrer Verwendung diversen Rezensionen unterzogen. Zu einer gänzlich neuen, mit der Vulgata konkurrierenden Übersetzung ins Lateinische kam es jedoch aufgrund ihrer Autorisierung nicht.

Die lateinische Übersetzung hat nicht nur die Theologie, sondern auch das Verständnis der Schrift und die Kunst geprägt. Der Paradiesapfel, den Eva dem

Adam gereicht haben soll, ergibt sich vermutlich aus der Verwandtschaft der Worte *malum = der Apfel* und *malus = das Böse*. Auch bei der *Darstellung des Mose mit zwei Hörnern* dürfte die Vulgata nicht unbeteiligt gewesen sein, da sie das hebräische Wort *qrn* (Bedeutung: „Horn, Hörner tragen", aber auch „leuchten, strahlen") mit *cornuta* („gehörnt") statt *coronata* („strahlend") wiedergibt (qui videbant faciem egredientis Mosi esse cornutam (Ex 34,35 VUL))

Die katholische Forderung, bei einer Revision der Einheitsübersetzung auch die Vulgata mit heranzuziehen und sich nicht ausschließlich auf die Urtexte zu beschränken, hat in jüngster Zeit zu Irritationen in der Ökumene geführt. Die Kirchen der Reformation haben deshalb darauf verzichtet, an einer Neufassung der Einheitsübersetzung mitzuarbeiten. Damit wird eine solche Neufassung leider nicht mehr das Prädikat „Ökumenische" Ausgabe tragen können. Das ist sehr bedauerlich.

Weitere Übersetzungen

Schon früh, ab dem 4. Jh., kommt es zu weiteren Übersetzungen: Um 350 n. Chr. entsteht die gotische →*Wulfila*-Bibel. Auch in der Kirche des Ostens wird die Bibel schon bald in die jeweiligen Landessprachen übersetzt. Übersetzungen ins Deutsche gibt es schon früh, schon vor Martin Luther. Das Verdienst Luthers besteht ungeachtet der Qualität seiner Übersetzung vor allem darin, die Schrift in eine gehobene und verbreitete Sprache, in die sächsische Kanzleisprache, übertragen zu haben. Die christliche Mission hat wesentlich dazu beigetragen, dass auch das AT inzwischen in die meisten Sprachen der Menschheit übersetzt worden ist.

2. Die Texte verstehen

Mit der Übersetzung der Schrift in die geläufige Muttersprache oder mit dem Erlernen der Ursprungssprache(n) der Schrift kann man diese lesen. Das heißt aber noch lange nicht, dass man sie auch versteht.

Aber: Ist die Bibel nicht Gottes Wort? Darf ich dann überhaupt eine Verständnisfrage stellen – oder ist das, was ich nicht verstehe, nicht heiliges, göttliches Geheimnis? Nach der gottesdienstlichen Lesung antwortet die Gemeinde auf den Zuruf des Lektors: „Wort des lebendigen Gottes" mit dem Ruf: „Dank sei Gott". Zu Recht? Ist es das Wort des lebendigen Gottes, wenn erzählt wird, dass David im Ehebruch mit Batseba ein Kind gezeugt hat, vermutlich Salomo, seinen Thronfolger, und danach den gehörnten Ehemann in den Tod schickt? Ist diese ungeheuerliche Geschichte, gerade weil sie in der Bibel steht, Wort Gottes, der damit warnen, mahnen oder gar seine Solidarität, auch mit dem Sünder, zum Ausdruck bringen will? Sollte man Gott nicht besser aus dem Spiel lassen, wenn es in Eph heißt: „Der Mann ist das Haupt der Frau." – oder in 1 Kor: „Das Weib schweige in der Gemeinde." – obwohl gerade vorher vom öffentlichen Auftreten der Frau unter bestimmten Bedingungen die Rede ist? Wann spricht Gott, und wann nicht? Dürfen wir uns das raussuchen? Ist die Schrift wörtlich zu verstehen oder hat sie, neben dem wörtlichen Verständnis, nicht vielleicht eine zweite oder gar dritte Verständnisebene? Wie steht es mit einer →*allegorischen* Deutung, d.h., dass der Text auf etwas anderes hindeutet, als das, was geschrieben steht? Hat der Text nur eine historische Bedeutung, erzählt also alte Geschichten, oder hat er auch noch etwas mit mir zu tun? Und inwieweit verweist das AT nicht sowieso (nur) auf das NT, auf Jesus Christus?

Ein kleines Beispiel sei hier angebracht, das die Notwendigkeit der Frage nach einer Deutung erkennen lässt:

> *Ex 4,24 Und es geschah auf dem Weg, in der Herberge, da trat der HERR ihm [Mose] entgegen und wollte ihn töten. 25 Da nahm Zippora einen scharfen Stein, schnitt ihrem Sohn die Vorhaut ab, berührte damit seine Füße und sagte: Wahrhaftig, du bist mir ein Blutbräutigam! 26 Da ließ er von ihm ab. Damals sagte sie „Blutbräutigam" wegen der Beschneidung.*

Ist es nicht seltsam? Gerade noch hat der Herr den Mose mit viel Mühe und nach langer Debatte dazu gebracht, sein Volk aus der Knechtschaft Ägyptens zu führen, und nun versucht er ihn bei nächster Gelegenheit zu töten. Er würde damit doch seine eigenen Pläne unterlaufen! Wie kann das sein?

Ungeachtet der Frage, wessen Füße da berührt werden und warum gerade die Füße (ein Ersatzbegriff für den Penis?), wer der Blutbräutigam (oder: Schwiegersohn des Blutes – was ist das?) sein soll und warum Gott dann von ihm ablässt (von wem?), stellt sich auch noch die Frage, woher →*Zippora* weiß, was in dieser Situation zu tun ist.

Man gewinnt den Eindruck, dass Gott sich hier als eine lebensbedrohende Macht präsentiert, die durch ein Blutritual besänftigt bzw. vertrieben werden muss. Dieses Ritual, so könnte man weiter vermuten, muss von einer Frau durchgeführt werden, es hat mit der →*Beschneidung* des Erstgeborenen zu tun und dieser Gott lässt erst ab, als sie ihn, den Sohn, oder Mose(?) mit dem Beschneidungsblut gewissermaßen „bannt".

Um das Rätsel aufzulösen – oder eher nicht: Es ist und bleibt eine dunkle und undurchsichtige Geschichte, die sich weitgehend gegen eine Erklärung sperrt. Sie enthüllt einen Gott, der in dieser Form zumindest ungewohnt ist (vgl. Gen 32,25-33); aber auch die Erklärungsbedürftigkeit der Schrift wird hier besonders deutlich. Es geht im Folgenden daher um die →*Hermeneutik*, um die Deutung, um die Erklärung und das Verständnis der Schrift.

2.1 Was ist Hermeneutik? – auch die heilige Schrift muss ausgelegt werden

Markus war der Hermeneut des Petrus, schreibt der frühchristliche Schriftsteller Papias, Bischof von Hierapolis. Gewöhnlich wird dieses Wort mit „Übersetzer" wiedergegeben. Aber es meint mehr: Ein Hermeneut ist auch ein Ausleger, jemand, der eine Botschaft von einem Sender zu einem Empfänger „transportiert" und dem Empfänger verständlich macht. Das kann die Übersetzung in eine andere Sprache sein, es kann aber auch die Übertragung in einen fremden Kulturkreis, zu anderen als den ursprünglichen Empfängern, meinen oder eben auch die Übertragung in eine fremde, neue Zeit, so dass spätere Generationen einen alten Text auch verstehen. Eigentlich bedarf jede Botschaft, die von A nach B transportiert wird, schon einer Auslegung. Geschieht dieser Transport mündlich, direkt von A nach B, so kann der Sender dem Empfänger und umgekehrt notfalls Rede und Antwort stehen. „Was meinen Sie eigentlich damit, wenn Sie sagen ..." Geschieht dies unmittelbar schriftlich, kann der oder können die Empfänger durch schriftliche Rückfrage oder durch Boten das Gemeinte genauer erläutert bekommen. Über größere Strecken, insbesondere auch zeitliche Abstände, können Nachfragen jedoch nicht mehr gestellt und beantwortet werden. Man muss daher fragen, wie der ursprüngliche Sinn erhoben werden kann.

Vergleiche mit anderen zeitgenössischen Textinterpretationen oder die Lektüre früher Interpreten helfen hier weiter, denn die „Alten" wussten bereits um die Problematik des Schriftverständnisses. Origenes (etwa 185-254) spricht von einem mehrfachen Schriftsinn, der dann von den Kirchenvätern zum vierfachen Schriftsinn weiter entwickelt wurde – übrigens ganz ähnlich wie auch jüdische Schriftgelehrte verfahren.

Demnach gibt es den

- wörtlich-buchstäblichen, so genannten Literalsinn,
- den allegorischen oder auch typologischen Sinn – hier geht es um die Auslegung im Glauben,

- den moralischen oder tropologischen Sinn und den
- anagogischen (auf die Endzeit zielenden) Schriftsinn.

Der Katechismus der Katholischen Kirche Nr. 118 formuliert dies folgendermaßen, gewissermaßen als Merksatz:

Littera gesta docet, *quid credas allegoria,* *moralis quid agas,* *quo tendas anagogia.*	Der Buchstabe lehrt die Ereignisse, was du zu glauben hast, die Allegorie, die Moral, was du zu tun hast, wohin du streben sollst, die Anagogie [Führung nach oben].

Und welcher Schriftsinn gilt nun von den vieren? Das wiederum hängt ab von der Art und Weise, wie ich mich der Schrift annähere. Ich kann danach fragen, was diese Aussage heute für mich bedeutet. Wo trifft mich dieser Satz in meinem Leben? Das geht natürlich nicht mit jedem Text. Ich kann aber auch nach den historischen Hintergründen fragen: Ist es wahrscheinlich, dass einer Erzählung ein historisches Geschehen zugrunde liegt und wenn ja, welches? Wie wird dieses Ereignis erzählt und von wem? Welche Absicht hat der Erzähler, wenn er dieses Ereignis weitergibt, was soll beim Empfänger erreicht werden u.v.m.

2.2 Methoden der Forschung

Fragt man, was der ursprüngliche Verfasser zu den Adressaten seiner Zeit sagen wollte, was der zeitgeschichtliche, kulturelle Hintergrund einer Botschaft ist, z.B. welche rechtlichen Verhältnisse zu dieser Zeit herrschten, so verwendet man die so genannte →*historisch-kritische Methode*. Dies ist keine einzelne Methode, sondern ein Methoden-Bündel. Die verschiedenen Methoden bauen nicht unmittelbar aufeinander auf und sind nur wenig miteinander verzahnt, aber eine gewisse Reihenfolge ist doch einzuhalten, nicht nur wegen der Abfolge ihrer „Erfindung" sondern auch in ihrer Anwendung.

Darüber hinaus sind in jüngerer Zeit eine ganze Reihe von neuen Auslegungsmöglichkeiten und Methoden hinzugekommen:

- die tiefenpsychologische
- feministische
- befreiungstheologische (Lektüre des Textes unter der besonderen Berücksichtigung der Theologie der Befreiung)
- linguistische (rhetorisch, semiotisch)
- soziologische (Welche Infos gibt der Text über die soziale Situation seiner Entstehungszeit?)

- ursprungsgeschichtlich/pragmatische (Was will Autor (Sender) beim Leser (Empfänger) erreichen – weshalb wurde ein Text produziert?)
- materialistische (Lektüre und Interpretation eines Textes unter christlich-sozialistischem Vorverständnis: Was kann der (Ursprungs-) Autor Menschen in heutigem Kontext als Gruppe von Unterdrückten sagen?)
- wirkungsgeschichtliche (Welche Wirkung hat der Text im Laufe seiner Überlieferung entfaltet?)

Dazu kann der Text auch noch verfremdet werden, um neue, bisher unbeachtete Aspekte aufzuzeigen.

Im Folgenden soll aber zunächst die historisch-kritische Methode etwas genauer vorgestellt werden:

Textkritik – auf der Suche nach dem ursprünglichen Text

Etwas „außer Konkurrenz" läuft bei den historisch-kritischen Methoden, besonders im AT, die so genannte →*Textkritik*. Merkwürdigerweise wird sie von Studierenden trotzdem gerne angewandt, vielleicht weil man hier den Eindruck haben kann, dass dies eine „zuverlässige", nachprüfbare Methode sei. Aber das gilt eigentlich auch für die anderen Methoden: Auch sie müssen überprüfbar und wiederholbar sein. Sie müssen schließlich allgemein akzeptiert sein und sich nicht nur an einem Mustertext anwenden lassen, sondern grundsätzlich an allen Texten, unabhängig vom Inhalt, und damit nicht nur an biblischen Texten. Letzteres hat die Methoden insgesamt natürlich in bestimmten Kreisen auch in Verruf gebracht: Wie kann man mit einer absolut profanen Methode (im Sinne von „nicht-religiös") an einen „inspirierten", mehr oder weniger wörtlich oder gar buchstäblich von Gott stammenden Text herangehen? Dabei wird übersehen, dass auch ein biblischer Text aus der Schrift erst einmal ein Text seiner Zeit ist! Hier steht nichts von Ministerpräsidenten, von Autos, Flugzeugen und Raketen – sonst hätten ihn die Zeitgenossen nämlich gar nicht verstanden. „Zeitlose" Texte, die frei von jeder geschichtlichen Bedingtheit sind, gibt es nicht, auch wenn man der Meinung ist, dass sie zeitlose Wahrheiten beinhalten. Gott ist – wie NT und AT zeigen – ein Gott der Geschichte. Er spricht konkrete Personen ihrer Zeit an und übermittelt ihnen seine Botschaft, in ihre jeweilige Zeit hinein.

Zurück zur Textkritik: Wie der Name schon sagt, wird der geschriebene Text kritisch hinterfragt. Die Methode fragt danach, woher dieser Text stammt, wie alt er ist, und vor allem: Wie ist er überliefert, wie häufig und wie gut ist er bezeugt? Alte Texte liegen bisweilen mehr als nur einmal vor. Das Neue Testament ist das am besten bezeugte Buch der Antike, d.h. es gibt die meisten Exemplare davon, aus unterschiedlichsten Zeiten, in unterschiedlichsten Qualitäten und nicht zuletzt auch in unterschiedlichsten Sprachen. Leider ist jedoch die „Originalschrift" nicht mehr vorhanden, oder, wenn sie es ist, als solche nicht mehr erkennbar. Aber Letzteres soll erst einmal außer Betracht bleiben.

Im AT sieht die Sache etwas anders aus: Aufgrund der Tatsache, dass das Judentum bis heute Texte, die nicht mehr gottesdienstlich gebraucht werden können, entsorgt, z.B. beerdigt oder einmauert – auf keinen Fall aber verbrennt! – gibt es nur wenige alte Texte. Judenverfolgungen taten ein Übriges, die Zahl der Texte klein zu halten. Somit beschränkten sich atl. Textausgaben bis vor wenigen Jahrzehnten fast völlig auf den so genannten Codex Leningradensis, den Codex, der in Leningrad aufbewahrt wurde – und dieser stammt aus der Zeit um 1000 n. Chr. Die Textbasis war somit relativ dünn und wurde erst durch die Qumranfunde etwas aufgebessert. Neuerdings existiert eine AT-Ausgabe, der maßgeblich der Codex Aleppo zugrunde liegt, eine etwas ältere Schrift als der Leningradensis.

Die Textkritik vergleicht nun die verschiedenen Textausgaben miteinander und versucht jenen Text zu rekonstruieren, welcher dem ursprünglichen nahe kommen dürfte. Feste Regeln helfen dabei: So ist es beispielsweise wahrscheinlich, dass ein theologisch schwieriger Text ursprünglicher ist als ein Vergleichstext, der demgegenüber geglättet zu sein scheint. Oder ein kürzerer Text gilt als ursprünglicher als ein längerer, der bereits interpretatorisch ergänzt worden sein kann. Und natürlich ist ein Text, der sehr sorgfältig erstellt worden ist, mit Wahrscheinlichkeit besser erhalten als ein Text, der von einem relativ ungeschulten Schreiber geschrieben und mit vielen Verbesserungen – häufig am Rande – versehen ist. Dabei ist freilich auch zu berücksichtigen, dass sich das Christentum ab der Zeit, da es Staatsreligion wurde, mitunter die besten Schreiber leisten konnte!

Ganz nebenbei: Ob es je eine einzige Erstschrift gab, ist nicht bekannt. Ein solcher Originaltext liegt jedenfalls nicht mehr vor, sondern nur ein „synthetischer“. Deshalb sind alle Vermutungen, der Text enthalte noch zusätzliche Botschaften wie einen „Bibelcode“, ins Reich der Phantasie zu verweisen. Ein einziger abweichender Buchstabe würde ja den ganzen Code verändern. Etwas anders sieht es allerdings mit der so genannten →*Gematrie* aus, die auf einzelnen Worten oder kleinen Satzteilen basiert.

Literarkritik – Ist der heute vorliegende Text inhaltlich aus einem Guss?

Ist die Textkritik „abgearbeitet“ und ein vermutlich dem Original, der Erstschrift, nahekommender Text in der Ursprache rekonstruiert worden, kann der Text literarkritisch befragt werden.

Die →*Literarkritik* untersucht den Text hinsichtlich seiner Einheitlichkeit, seiner literarischen Geschlossenheit. Dabei achtet sie auf Unebenheiten im Text, z.B. darauf, ob der inhaltliche und grammatikalische Aufbau stringent sind. Einfacher ausgedrückt: Finden sich z.B. unmotivierte Wechsel von Subjekt oder Objekt, von Numerus, Genus oder Kasus? Im Buch Dtn begegnen dem Leser permanente Wechsel des Objektes vom Singular in den Plural und zurück. So wird teilweise der Einzelne von Mose in seinen Reden angesprochen, teilweise aber auch das ganze Volk. In früheren Zeiten nahm man diesen Wechsel zum Anlass, zwei verschiedene Überlieferungsstränge anzunehmen, die von einem Redaktor zusammengearbeitet worden seien. Neuerdings vermutet man dahinter, zumindest zum Teil, nur ein Stilmittel.

Es sind z.B. auch Stellen zu beobachten, an denen der Text nicht folgerichtig weitergeht. Wenn Sie z.B. die Geschichte des Mose auf dem Berg Sinai lesen, wissen Sie irgendwann nicht mehr, wo sich der Mann tatsächlich befindet. Ständig ist er dabei, auf den Berg hinauf und wieder herunter zu steigen – und das in seinem Alter! Es ist auch verblüffend, dass nie jemand erfährt, was Gott denn nun auf die ersten Tafeln geschrieben hat, denn Mose vernichtet diese. Der Leser erfährt es zwar, aber woher er dies erfährt, bleibt völlig unklar. Solche Unstimmigkeiten kann man schlichtweg nicht wegdiskutieren. Freilich sollten wir Heutigen auch nicht so tun, als wenn wir Derartiges als Erste entdeckt hätten und die damaligen Verfasser etwas beschränkt gewesen seien. Den Autoren und Redaktoren waren diese Dinge durchaus bewusst – sie haben aber keinen Anstoß daran genommen! Wenn in der jüdischen Diskussion, gleich ob mündlich oder schriftlich (z.B. in der talmudischen Überlieferung), selbst einander widersprechende Aussagen tradiert werden, so spricht daraus eine große Toleranz gegenüber der Meinung anderer, aber auch der Verzicht auf Dogmatisierung bestimmter Positionen. An diesem Vorgehen könnten und sollten wir uns durchaus ein Beispiel nehmen.

Literarkritisch relevante Beobachtungen waren im Bereich des Pentateuch, der Tora, in der Vergangenheit auch das Vorliegen verschiedener →*Gottesnamen* (Jahwe, Elohim u.a.) oder auch das Vorkommen von →„*Dubletten*“ oder →„*Tripletten*“, also Erzählungen, die gleich oder doch sehr ähnlich mehrfach erzählt werden. Dazu später mehr. Es kann aber schon jetzt bei aller Zurückhaltung dieser Methode gegenüber festgestellt werden, dass die meisten Bücher des AT nicht einheitlich sind. Und man darf daher vermuten, dass der jeweilige Entstehungsprozess nicht unbedingt gradlinig verlief.

Redaktionskritik – Wer hat denn den heute vorliegenden Text zusammenkomponiert?

Unstimmigkeiten im Text können also Hinweise auf das Zusammenwachsen verschiedener Überlieferungen sein. Wer aber ist dafür verantwortlich und nach welchen Kriterien hat er gearbeitet? In erster Linie wird man dabei an einen Redaktor denken, an einen Mann, der die verschiedenen Texte, die ihm vorlagen, zusammengefügt hat. Die mittels Literarkritik entdeckten Hinweise sind was sie sind: Es sind Hinweise, aber keine Beweise für die Uneinheitlichkeit, ggfs. auch für →*Redaktion*.

Erhärtet werden können derartige Hinweise durch weitergehende Untersuchungen, die z.B. ergeben können, dass in den verschiedenen Abschnitten verschiedenartige theologische Grundströmungen vorhanden sind, dass der Schreib-

und/oder Erzählstil des scheinbar nicht passenden Abschnitts ein anderer ist, dass die handelnden Personen anders charakterisiert werden, die Wortwahl ganz eigen ist u.a.

Mitunter lassen sich derartige Merkmale sogar über weite Textteile und immer wieder dort feststellen, wo es die gleichen inhaltlich für den Kontext sperrigen Textabschnitte gibt. Dann kann in der Tat vermutet werden, dass ein Redaktor am Werk war, der hier verschiedene Traditionen miteinander verbunden hat. Freilich kann ein solcher Redaktor – mitunter sind es sogar mehrere – auch in die Texte selbst eingegriffen und seine Vorstellungen auch schon dort eingetragen haben.

Diese Spuren des/der Redaktoren zu entdecken ist die Aufgabe der redaktionsgeschichtlichen Methode oder der →*Redaktionskritik*. Dabei geht es natürlich auch darum, wie ein Begriff, ein Ausdruck, speziell von diesem Redaktor, verstanden und verwendet wird. Häufig kann ein Wort in einer Ausgangssprache in der Zielsprache durch verschiedene Begriffe wiedergegeben werden, es ist also „polysem". Das deutsche Wort „Blatt" ist im Englischen durch „leaf" oder „sheet" wiederzugeben, Himmel kann im Englischen heaven oder sky sein. Selbstverständlich gilt dies auch in die umgekehrte Richtung, und das in jeder Sprache. Was meint also z.B. der atl. Schreiber, wenn er das Wort „Bund" verwendet? Ist das ein Verhältnis zwischen zwei Menschen, zwischen Gott und Mensch, zwischen Gott und einem Volk? Ist es ein Verhältnis zwischen zwei gleichrangigen, gleichgestellten Partnern oder zwischen einem Überlegenen und einem Untergebenen? Was ist der Inhalt eines solchen Bundes? Was müssen die beiden Partner einander leisten, was versprechen, wo sind Garantien? Dabei kommt es vor, dass unterschiedliche Verfasser diesen Begriff unterschiedlich interpretieren und es ist Sache der Redaktionskritik, das Wortfeld zu untersuchen, ggf. auch die →*etymologische* Herkunft eines Wortes, also die Frage, aus welcher Sprache und Kultur das Wort ursprünglich kommt.

Dabei kann mitunter auch festgestellt werden, dass ein Wort/Begriff sich im Laufe der Zeit als Umschreibung oder Ersatz, als bildhafte oder metaphorische Aussage eingebürgert hat. „Weinberg", „Weinstock" oder „Feigenbaum" können z.B. bildlich für das Volk Israel stehen, „von Menschen" oder „von Menschenhand gemacht" kann im Sinne von „Götze" verstanden werden, weil die Götterstandbilder eben von Menschen hergestellt wurden.

Und noch eine Beobachtung hilft weiter, die Sie auch selbst machen können: In einem Gesprächskreis zu einem bestimmten Thema fällt plötzlich ein außergewöhnlicher Begriff, der normalerweise nicht so ohne Weiteres in die Alltagssprache der Teilnehmer des Kreises gehört. Nehmen wir als Beispiel einmal den Begriff →*„konnotiert"*. Gemeint ist damit, dass in einem Begriff eine andere Bedeutung als die eigentliche und vordergründige mitschwingt. Sie können davon ausgehen, dass dieses Wort in der weiteren Diskussion noch ein paar Mal auftauchen wird um dann allmählich wieder in Vergessenheit zu geraten, es sei denn, jemand findet das Wort „chic" und verleibt es seinem Sprachschatz ein. Daraus geht hervor, dass wir uns – und normalerweise gilt dies für jeden Menschen – mit einem mehr oder weniger begrenzten „Wort-Vorrat" auszudrücken pflegen. Dieser Vorrat ist zwar flexibel und durchaus auch offen für neue Begriffe, aber nicht jeder neue Begriff wird sogleich Teil unseres Umgangswortschatzes, mit dem wir uns, wie der Name schon sagt, in unserem alltäglichen Umgang ausdrücken. Jeder Mensch hat also einen bestimmten Lieblingswortschatz, mittels dessen er normalerweise kommuniziert. Die Worte oder auch Phrasen daraus kommen besonders häufig vor. Worte, die dagegen neu „hinzukommen", z.B. im Rahmen eines übernommenen Textes, werden vielfach auf diesen Text beschränkt bleiben. Seltene oder gar einmalige Begriffe in einer Schrift können somit ein Hinweis auf „fremde" Traditionen sein, das Fehlen derartiger „seltener" Begriffe auf das Fehlen fremder Traditionen. Dies gilt nicht nur für einzelne Worte, sondern auch für Anschauungen, theologische Aussagen u.a.

Formgeschichte – Rotkäppchen steht nicht im Kochbuch

Eine andere Methode, die aus dem Vorausgehenden nicht direkt abgleitet werden kann, die aber einige Ergebnisse voraussetzt, ist die form- oder auch gattungsgeschichtliche Methode, auch →*Form-/Gattungskritik* genannt. Am einfachsten wird es sein, hier ein Beispiel anzuführen:

Bestie verschlingt mehrere Menschen. Opfer von Jäger gerettet.

Finsterwald. Wie wir erst heute erfahren haben, wurde am Donnerstag, dem 1. April um die Mittagszeit ein Mädchen von sieben Jahren namens Rotkäppchen von einem Wolf angefallen und verschlungen. Bereits kurz zuvor hatte die Bestie auch die Großmutter des Mädchens aufgefressen. Das Kind sollte auf Geheiß seiner Mutter der erkrankten Großmutter, die in Finsterwald-Einsiedeln eine Köhlerei betreibt, einige Lebensmittel bringen. Beim Betreten des Hauses hielt sich das Untier offensichtlich im Schlafzimmer der Großmutter auf und fiel das Mädchen sofort bei dessen Eintreten an. Ein zufällig vorbeikommender Jäger, dem einige Ungereimtheiten auffielen, fand die Bestie schlafend im Bett der Frau. Er tötete das Tier durch einen Schuss in den Rachen. Beim Aufbrechen konnten beide Opfer aus dem Magen des Untiers lebend geborgen werden. Wie durch ein Wunder waren sie unverletzt, standen aber unter Schock und wurden in psychiatrische Behandlung gegeben. Der Wolf, der vom zuständigen Forstbeamten als außergewöhnlich großes Exemplar bezeichnet wurde, soll präpariert und im Heimatmuseum Finsterwald ausgestellt werden.

Einige „Spaßvögel" haben in einer überregionalen Zeitung eine Todesanzeige aufgegeben mit folgendem Inhalt: Gemeuchelt von des Försters Hand starb allzu früh unser geliebter Lupus, herausgerissen aus einem Leben mit glänzender Zukunft. Wir werden seiner in Ehren gedenken.

Exklusiv für unser Blatt berichtet Rotkäppchen von seinem Erlebnis: „Also:

Mama hat gesagt, Oma ist krank. Geh sie doch einmal besuchen. Als ich zur Oma kam, war Bello gar nicht da [Anm. d. Red.: der Hund]. Und auch die Haustür stand offen. In der Stube war es ganz furchtbar finster und es roch ganz komisch, wie im Zirkus. Ja und dann flog etwas Großes auf mich und dann weiß ich nichts mehr. Und dann habe ich erst wieder den Hannes [Anm. der Red.: den Jäger] gesehen. Den heirate ich später einmal, den Hannes. Der ist nämlich sehr nett." Die Großmutter bestätigte über weite Strecken die Geschichte ihrer Enkelin. Auch sie berichtete von dem scharfen Raubtiergeruch im Haus. Der Hund Bello wurde übrigens von dem Jäger unter der Ofenbank gefunden. Er zitterte vor Erregung, war aber ansonsten unversehrt.

Der gebotene Text ist sicher zunächst einmal verwirrend, vielleicht auch zum Lachen. Warum eigentlich? Er ist ja durchaus logisch, und trotzdem „klemmt" er an allen Ecken und Enden und man wird nicht so recht schlau aus ihm. Es handelt sich nicht um ein Märchen, dazu ist er nicht geheimnisvoll genug und zu rational. Es ist aber auch keine Reportage und kein Roman. Keine Bezeichnung will so recht passen. Und damit wird deutlich, dass zum Verständnis eines Textes eben mehr gehört als nur der Text selbst, dass also mit dem Text auch noch andere Informationen „transportiert" werden, die es dem Leser ermöglichen, den Text einzusortieren und damit auch etwas zum „Wahrheitsgehalt" des Textes – oder besser: zu seinem Verständnis und seiner Verbindlichkeit auszusagen. Ein Ausdruck wie: „Erzählen Sie bitte hier keine Märchen" macht deutlich, dass bestimmte Kommunikationsarten auch bestimmte äußere Formen haben, ja brauchen, um verstanden zu werden. Dies gilt, so meint man, auch im Umkehrschluss: Eine Kommunikationsform lässt Rückschlüsse auf die Situation zu, in der sie gebraucht wurde. Auch hierzu ein Beispiel:

In Ex 21,12f heißt es:

> *Wer einen Menschen so schlägt, daß er stirbt, muß getötet werden. 13 Hat er ihm aber nicht nachgestellt, sondern Gott hat es seiner Hand widerfahren lassen, dann werde ich dir einen Ort bestimmen, wohin er fliehen soll.*

Eine solche Aussage, die eine Rechtsfindung an einem konkreten Fall fest macht, nennt man →„*kasuistisches*" Recht. Es wird ein Einzelfall, ein Kasus genannt, der als Vorbild und Maßstab für vergleichbare Fälle herangezogen wird. Der „Ort" an dem ein solcher Satz ursprünglich „zu Hause" war – man spricht von seinem „Sitz im Leben" – ist vermutlich ein Gerichtsverfahren. Die Rechtsprechung in einer solchen Gesellschaft geht also von einer Sammlung von Fällen aus, nach denen auch in der Zukunft und in Analogie Recht gesprochen wird. Sie lässt auf eine Gesellschaft schließen, die sehr auf Traditionen achtet und diese bewahrt. Es ist daher wohl nicht zu spekulativ, wenn man von einer Struktur ausgeht, in der die Stadt-/Dorfältesten mit langer Erfahrung und mit dem Wissen aus der Vergangenheit Recht sprechen. Nachdem einigen Texten zu entnehmen ist, dass solche

Rechtsprechung im Stadttor stattfand, unter anderem weil man dort Platz für eine größere Versammlung oder Menschenmenge hatte, verbindet man das kasuistische Recht häufig mit der so genannten →„*Torgerichtsbarkeit*“ wie sie in Israel zu bestimmten Zeiten üblich gewesen zu sein scheint. Man stelle sich z.B. das Damaskustor in Jerusalem vor. Dort gibt es viel Platz – vor dem Tor!

Abb. 1: Das Damaskustor in Jerusalem, 2012, Foto: K. Dorn

Ob das Auftreten von mehr oder weniger professionellen Richtern zeitgleich stattfand, kann hier nicht diskutiert werden. Es gab aber offensichtlich beides: Torgerichtsbarkeit im Buche Rut, Richter im Buch der Richter und bestechliche Richter bei den Propheten, bes. bei Amos. Aber auch der König hat offensichtlich Recht gesprochen, wie Salomos weises Urteil verrät.

Als weiteres Textbeispiel aus dem AT soll die Geschichte vom brennenden Dornbusch behandelt werden.

Es geht nicht um das Wunder, dass hier ein Dornbusch brennt, aber nicht verbrennt. Es ist kein Märchen, es ist keine Legende, es ist auch keine →*Ätiologie* für einen bestimmten Dornbusch, den man auf dem Sinai frommen Touristen zeigt.

Vielmehr handelt es sich dabei um eine →*Theophanie,* also eine Gotteserscheinung, häufig im Kontext einer Berufungsgeschichte. Bei Ezechiel erscheint Gott auf dem feurigen Thronwagen, bei Jesaja in seiner Ratsversammlung, Elija erscheint er in einem leichten Säuseln des Windes und nicht in einer machtvollen Demonstration, bei der Verkündigung an Maria – auch dies ist eine Berufungs-Geschichte – lässt sich Gott durch den Ersten seiner Engel vertreten, in der Berufung des Paulus erscheint diesem Jesus Christus.

Es ist Mose, der von diesem Gott, der brennend macht, aber doch nicht verbrennt, berufen wird. Zunächst ist dies der Hinweis auf einen Gott, der auch im Sinai in Feuer und Rauch und Erdbeben erscheint. Das sind ganz einfach die Attribute dieses Gottes, die eine ursprüngliche Beheimatung in einem Gebiet mit Vulkanismus nahelegen. Die Botschaft ist: So, mit diesen Zeichen von Macht, tritt dieser Gott auf.

Überlieferungsgeschichte/Traditionsgeschichte – oder: wie alte Geschichten weitergegeben werden

Diese beiden Methoden werden manchmal getrennt, manchmal zusammenhängend und ohne weitere Differenzierung angewandt.

Sie fragen jedenfalls beide nach den (mündlichen) Vorformen eines Textes, der mündlichen Überlieferung. In einem Kulturraum wie dem des AT kann man nicht davon ausgehen, dass alles schon frühzeitig aufgeschrieben wurde. Obwohl man kaum prozentual angeben kann, wie groß die Gruppe von Menschen war, die Lesen und Schreiben konnte, dürfte dies, insbesondere in der vorexilischen Zeit, eine Minderheit gewesen sein. Von daher ist es wahrscheinlich, dass Erzählungen zunächst mündlich weitergegeben wurden, und dies durchaus über einen längeren Zeitraum.

Im Laufe der Zeit kann sich der tradierte Stoff freilich auch wandeln: Erzählungen können sekundär erweitert oder aber auch auf ein Grundgerüst reduziert werden. Lieder und Gebete können je auf die Situation des Beters neu ausgelegt und umformuliert worden sein, so dass es überhaupt schwierig ist, auf gesicherte Ergebnisse zu kommen. Manchmal bleiben einfach nur ein hypothetisches Erzählgerüst, einige Basisinformationen übrig. Sie können nie so rudimentär überliefert worden sein; das ist klar. Aber mehr lässt sich dann einfach nicht mehr rekonstruieren.

Dabei wird sicher nicht jedes Element einer Erzählung je neu für diesen Text geschaffen. Man greift häufig auf Vorlagen zurück, auf Traditionen, auf geprägte Texte, auf vorhandene Reden, Sprüche, Bilder – im AT auch auf ältere Schriftstellen, die zitiert oder sogar neu ausgelegt werden.

Religionsgeschichte – oder: Kennen wir dieses Motiv nicht schon längst?

Die →*Religionsgeschichte* nimmt andere Kulturräume in den Blick und sucht dort nach vergleichbaren Stoffen. Es ist inzwischen längst bekannt, dass es zum

Beispiel auch in anderen Religionen →*Schöpfungserzählungen* gibt, mehr oder weniger mit den alttestamentlichen vergleichbar. Der →*Codex Hamurabi* stellt eine Gesetzessammlung dar, die Gebote enthält, die sich teilweise auch im Pentateuch finden. Der Sonnengesang des →*Echnaton* weist auffällige Gemeinsamkeiten mit Psalm 104 auf. Der →*Bann*, den Josua an den unterworfenen Völkern vollziehen soll, findet sich auch in der →*Meschastele*, dort aber zu Gunsten eines völlig anderen Gottes. Bezüglich des Neuen Testaments wäre zu sagen, dass Jesus nicht der einzige Wundertäter und Exorzist seiner Zeit war und die Wunder Jesu per se somit nichts „beweisen" – z.B. bezüglich seiner Gottessohnschaft u.v.m.

Diese Methode führte in der Vergangenheit vielfach zu einer gewissen Ernüchterung, denn es wurde klar, dass Texte und Vorstellungen der Bibel, ob AT oder NT in ihrer Zeit keineswegs „einmalig" waren. Bei genauerer Überlegung gilt für die Übereinstimmungen mit anderen Überlieferungen aber:

- Sie sollten nicht erstaunen, denn die hl. Schrift ist ein Produkt ihrer Zeit und stammt aus einer Kultur, die mit anderen in ihrer Nachbarschaft z.T. recht eng verwandt ist und
- Diese Parallelen nehmen den biblischen Büchern nichts von ihrer Bedeutung: Das Interessante ist nicht, dass es Parallelen oder Vergleichstexte gibt, sondern *wie* man damit umgeht und diese ggf. adaptiert. Wie sieht das Gottes- und/oder Menschenbild in Israel im Vergleich zu diesen anderen Texten aus? Es ist z.B. auffällig, dass die Gebote Israels z.T. deutlich humaner sind als jene des Hamurabi, von der Begründung dieser Gebote einmal abgesehen.

Neuere Methoden literarischer Analyse

Semantik, Semiotik, Pragmatik etc.: Auswege aus der „babylonischen Sprachverwirrung"? (Zum Folgenden vgl. Egger, Methodenlehre)

In der sprachlich-syntaktischen Analyse wird die konkrete sprachliche Gestalt eines Textes untersucht: die Beziehungen zwischen den im Text verwendeten sprachlichen Mitteln und die Regeln, nach denen die Elemente des Textes verknüpft sind. Die Methode fragt nach Wortschatz, Wortarten und -Formen und deren Verknüpfung, nach Stilfiguren, Aufbau und Gliederung eines Textes.

Die Semantik (Textsemantik – Wortsemantik) ist die Lehre von der Bedeutung sprachlicher Zeichen und Zeichenfolgen. Die semantische Analyse sucht eine Antwort auf die Frage, was ein Text sagen will, und was mit bestimmten Ausdrücken und Sätzen gemeint ist, die in einem Text verwendet werden. Voraussetzung ist die These, dass ein Text nicht eindeutig ist und auch ein Wort erst durch seinen Kontext einen eindeutigen Sinn erfährt. Semantik ist laut Definition die Wissenschaft vom richtigen Lesen.

Semiotik ist die allgemeine Zeichentheorie; Zeichen meint dabei jede Art der Kommunikation, d.h. also sprachliche wie auch nichtsprachliche.

Semiotik beschäftigt sich mit dem Netz der Beziehungen in der Kommunikation, z.B. von wem eine Aussage Zustimmung erfährt und wer sie ablehnt. Daraus ergibt sich der Sinn eines Textes. Aber auch die Regeln und Strukturen eines Textes (Textgrammatik: dies ist auch Gegenstand der Textsemantik!) werden hier angefragt. Die Beziehungen zwischen Semantik und Semiotik sind eng, die Abgrenzung zwischen beiden ist stellenweise sehr unscharf.

Textpragmatik beschäftigt sich mit der Frage, wie und mit welchen Mitteln ein Verfasser versucht, seine Leser mit seinem Text zu beeinflussen (Leserlenkung). Dabei geht es auch um das Ziel, auf das hin beeinflusst wird (Zustimmung zu (s) einer Position; Mitwirkung an einer Aktion, Verhaltensänderungen o.ä.). Gegenstand der Untersuchung ist dabei der Text und seine Funktion.

Wie oben schon dargestellt, existiert eine Fülle weiterer Methoden, die jeweils eigene Anfragen an einen Text stellen. Die hier gebotene Auswahl ist daher keineswegs vollständig. Es ist aber festzuhalten, dass die historisch-kritische Methode in vielen Fällen auch solche Fragen behandelt, die scheinbar erst neuerdings durch eigene Methoden erhoben werden. So hat die Redaktionsgeschichte stets auch die Frage nach der Wortbedeutung und nach dem Wortfeld, ggf. sogar nach der Etymologie, d.h. nach der ursprünglichen Herkunft eines Wortes oder einer Wortfamilie gestellt.

Kurz zur Etymologie: Das Wort „Mauer" beispielsweise hat lateinische Ursprünge. Dort heißt Mauer „murus". Die Verwandtschaft ist nicht zu übersehen. Wand dagegen hat deutsche Wurzeln. In diesem Wort wird noch das Winden von Flechtwerk erkennbar, wie man es bis heute in alten Fachwerkhäusern vorfindet.

Der Wert der neueren Methoden soll nicht in Abrede gestellt werden. Bisweilen erscheinen diese jedoch im Verhältnis zum Ertrag sehr aufwändig.

I. Die fünf Bücher Mose – der Pentateuch

Modelle der Entstehung des Pentateuch

Während das orthodoxe Judentum daran festhält, dass die fünf Bücher Mose auch von *dem* Mose der Schrift verfasst worden seien (seinen eigenen Tod natürlich ausgenommen, den hat Josua dann hinzugefügt), gärt es in kritischen Seelen seit der Aufklärung. Widersprüche und Wiederholungen wurden entdeckt: zwei Schöpfungserzählungen, zwei Sintfluterzählungen, drei Erzählungen von den Ehefrauen der Väter, die in Gefahr geraten, mehrere Erzählschichten der Errettung Israels beim Exodus, mehrere →*Dekaloge*, die Unklarheiten über das, was eigentlich auf den beiden Tafeln stand u.v.m. Schließlich wurde beobachtet, dass einerseits in geschlossenen Erzählstücken nur von →*El/Elohim (Gott)* die Rede ist, andererseits von →*Jahwe* (gewöhnlich übersetzt mit „Herr"). Man fand aber auch Texte, in denen beide Begriffe kombiniert werden (*Jahwe Elohim*). Man entdeckte Gemeinsamkeiten und Widersprüche in der Theologie und bemerkte auch die besondere Stellung des Dtn. Der Gott des machtvollen Wortes stand jenem Gott gegenüber, der sich „die Hände schmutzig macht", indem er den Menschen aus Staub vom Ackerboden herstellt, in seinem eigenen Garten spazieren geht und hinter Noach eigenhändig die Arche verschließt. Man entdeckte die große Anzahl von →*Anachronismen* und schließlich wurde auch festgestellt, dass zumindest aus der Sicht des Abraham die Tora ein Torso bleibt: Die Verheißung an ihn, das erwählte und gesegnete Land als Erbbesitz zu erhalten, liegt am Ende der fünf Bücher noch immer in einer nicht absehbaren Zukunft, und das, obwohl sogar der große Lenker des Volkes, nämlich Mose, verstirbt.

Dies alles hat zu Fragen nach dem/den Verfasser(n), nach Abfassungszeit und Adressaten geführt, nach Art, Inhalt und Aussageabsicht der zu vermutenden ältesten Texte, aber auch zur Frage nach der Einheitlichkeit der Bücher, d.h. ob die Bücher Autorenwerke sind, oder von unterschiedlichen Händen zu unterschiedlichen Zeiten verfasst, ergänzt und redigiert wurden, bis sie schließlich in der heutigen Fassung vorlagen.

Es kann hier bei Weitem nicht die ganze Forschungsgeschichte dargestellt werden. Beispielhaft seien einige Modelle kurz erläutert, ebenso aktuelle Überlegungen. Eine gewisse Plausibilität kommt letzten Endes natürlich jedem der Modelle zu!

Die Urkundenhypothese

Die so genannte →*Urkunden-/Quellenhypothese* geht davon aus, dass der Pentateuch als Ganzer als eine große Schrift, gewissermaßen als Autorenwerk, verfasst wurde. Ob der Verfasser Mose war oder irgendjemand sonst, spielt dabei zunächst einmal keine Rolle. „Urkunde" oder auch „Quelle" wird hier im Sinne einer großen fortlaufend von einem Autor verfassten Schrift verstanden. Im Gegensatz zu der Vorstellung, Mose sei der Autor der *ganzen* Tora gewesen, rechnet dieses Modell jedoch mit Bearbeitungen und Ergänzungen unterschiedlichen Umfangs. Damit lassen sich die vorhandenen Anachronismen, aber auch die Dubletten (Doppelerzählungen) und literarischen Unstimmigkeiten zumindest ansatzweise erklären. Nicht erklärt wird jedoch der z.T. völlig verschiedene Sprachstil oder auch das unterschiedliche Gottesbild. Die groß angelegte Beschreibung des Bauplans des Wüstenheiligtums und die Durchführung des Baus im Buche Exodus beispielsweise kann man sicher nicht mehr durch bloße „Eingriffe" oder „Bearbeitungen" erklären. Hier liegt ein ganz eigener Abschnitt von einem oder mehreren Autoren vor, der sich in vielerlei Hinsicht vom übrigen Text klar unterscheidet.

Mündliche Überlieferung

Eine zweite Hypothese rechnet mit mündlichen Überlieferungen, die sich um einen alten Kern wie die Wachstumsringe eines Baumes anlagern. Dieser Kern kann ein Ereignis sein, eine Erzählung oder auch eine Person und ihr Handeln. Es bilden sich also →„*Erzählkränze*", z.B. um einen der Väter, die im Laufe der Zeit ergänzt und erweitert, aber auch redigiert werden. Das Ganze verläuft zunächst im Zuge mündlicher Überlieferung bis ein Autor oder Redaktor verschiedene, derart angewachsene Erzählkränze zusammenstellt und sie in einen festen Erzählablauf bringt. Auf diese Weise lassen sich z.B. Dubletten im Erzählkreis einer Person erklären, wie auch Dubletten in zwei ursprünglich verschiedenen Kreisen. Man kann sich sehr gut vorstellen, wie es zu solchen Doppelüberlieferungen kommt: Jemand erzählt eine Geschichte, beispielsweise zu Abraham und Sara. Ein anderer aber kennt eine Variante, die in einigen Ausführungen abweicht und erzählt diese, gewissermaßen als Korrektur der Erstfassung. Beide Versionen werden tradiert und erscheinen schließlich auch in der schriftlichen Fassung. Es bedarf also nicht verschiedener schriftlicher Quellen oder Autoren, um diese Unterschiede zu erklären!

Die ursprüngliche Selbständigkeit der einzelnen Kränze ist jedenfalls durchaus noch erkennbar. Aber auch die Verbindungen der Kränze miteinander, die ggf. das Werk des Endredaktors bzw. eines Autors waren, sind relativ gut zu erkennen. In der Vätergeschichte wird beispielsweise einfach eine genealogische Zusammengehörigkeit der verschiedenen Väter als Bindeglied eingefügt. Die Verbindung ist dabei keineswegs frei erfunden, sondern nimmt die Gepflogenheiten des Kulturkreises auf, verschiedene Menschengruppen als miteinander verwandt zu sehen.

Die neuere Urkundenhypothese

Eine dritte Variante geht schließlich von mehreren Urkunden/Quellen aus, die sukzessive zusammengearbeitet wurden. Besonders nachhaltig wurde die Forschung geprägt von der so genannten „neueren Urkundenhypothese“, die bis in die späten 70er Jahre des letzten Jh. den Forschungsstand ausmachte und z.T. noch bis heute in manchen Lehrbüchern auftaucht.

Diese Hypothese gestaltet sich wie folgt:

Um die Zeit der so genannten Davidisch-Salomonischen Aufklärung sei in Juda, dem späteren →*Südreich*, eine Schrift entstanden, die Jahwe ins Zentrum der Reichsreligion rückt. Es entsteht jenes Werk, das den Gottesnamen Jahwe verwendet und ein relativ anthropomorphes, d.h. vermenschlichtes Gottesbild vermittelt: Gott schafft aus Lehm; er macht die Arche zu; er lässt es regnen; er ist tatkräftig an den Plagen und beim Auszug beteiligt u.ä. Der Verfasser dieser ältesten Quelle wird entsprechend dem von ihm verwendeten Gottesnamen →*Jahwist* genannt und mit dem Sigel „J“ versehen.

Dabei wurde jedoch der Frage nicht ausreichend Beachtung geschenkt, ob denn zu dieser Zeit die gesellschaftlichen und sozialen Gegebenheiten für die Entstehung eines solchen Werkes vorhanden waren. Vereinfacht ausgedrückt: Gab es zu dieser Zeit schon Schreiber, die sich den Luxus erlauben konnten, so etwas „Unproduktives“ wie Geschichte aufzuschreiben – und gab es Lesekundige, die das interessiert hätte? Schrift diente in ihren Anfängen dazu, die Abgaben der Bevölkerung festzuhalten und ggfs. – zumindest in Ägypten – die Größe und Eigner der Felder festzulegen; darüber hinaus war sie erforderlich für zwischenstaatliche Verträge, also für Diplomatenpost, für die Rechtspflege, für Propaganda und dann vielleicht auch für den Kult. Die eigene Geschichte aufzuschreiben gehörte nicht zu den Prioritäten und wurde in vielen Völkern auch gar nicht gepflegt. Es ist ferner recht unwahrscheinlich, dass „Israel“ zu dieser Zeit schon an einen einzigen Gott glaubte, der sich – abgesehen von Israel – auch um die sonstige Welt kümmerte, ja diese sogar geschaffen habe. Dabei ist natürlich auch zu fragen, warum Israel gerade →*Isra-EL* heißt und nicht etwa in irgendeiner Weise „*Jahwe*-Volk“. Die Schaffung der Welt ausgerechnet von einem Gott zu erwarten, der in dem winzig kleinen Ländchen Israel verehrt wurde – und vielleicht dort noch nicht einmal alleine! –, erfordert schon einen ordentlichen Schuss Phantasie.

Die Urkundenhypothese formuliert weiter: In Konkurrenz zum Jahwisten entsteht nach der Reichstrennung (→*Israel;* →*Nordreich*), aber selbstverständlich noch vor dem Untergang des Nordreiches, d.h. vor 722, dort eine eigene Quelle. Sie ist u.a. davon geprägt, die judalastigen Inhalte der ersten Schrift abzumildern oder zu verdrängen. Die Jakobsüberlieferung, die Erzählung von Josef, sowie die Söhne Ephraim und Manasse treten in den Vordergrund. Auch das Gottesbild wird anders entwickelt und – bedingt durch den kanaanäischen Hintergrund – verwendet dieser Schriftsteller den Gottesnamen Elohim. Es handelt sich um den →*Elohisten* „E“.

Nach der Katastrophe des Untergangs des Nordreiches 722 bringen Flüchtlinge aus dem Norden, für die es in den Königsbüchern durchaus Belege gibt, die Schrift aus dem Norden in den Süden und damit in Sicherheit.

Ein Redaktor hat dann im Südreich Juda beide Werke zusammengearbeitet, mit mehr oder weniger großem Eigenanteil. Bei der Kombination der Teile ist er so vorgegangen, dass er – selbstverständlich – die Südreichschrift, den Jahwisten, als Grundlage verwendet und durch den Elohisten ergänzt hat. Auf dieses Weise kommt dem Jahwisten in dem neu entstandenen Werk ein größerer Anteil zu als dem Elohisten. Diese Unterschiede haben sich angeblich bis auf den heutigen Pentateuch erhalten. Das Werk, das entsteht, wird als →*Jehovist* bezeichnet (JE).

Es folgt das Buch Dtn. Hier waren und sind die Meinungen geteilt, ob dieses zeitlich vor oder nach der noch zu besprechenden Priesterschrift hinzugekommen ist, ferner ob das Dtn als erstes, einleitendes Buch und damit als Bestandteil des so genannten →*Deuteronomistischen Geschichtswerkes (DtrG)* vorlag oder als Einzelschrift. Der im Buch Dtn vorgetragene summarische Rückblick auf die ganze vorausgehende Geschichte scheint eher dafür zu sprechen, dass Dtn als Anfang eines neuen Erzählzyklus verwendet wird und eine Brücke zwischen den vorausgehenden Ur- Väter- und Wüstengeschichten darstellt und den nachfolgenden Landnahme- Richter- und Königsgeschichten. Zumindest gilt dies für die jetzige Abfolge. Das DtrG reichte nach traditionellen Vorstellungen von Dtn bis zum Ende von 2Kön. Den Namen hat DtrG nicht wegen des einleitenden Buches Dtn erhalten, sondern vielmehr wegen der typischen Sprache und Theologie, die es in weitgehender Übereinstimmung mit dem Buch Dtn verwendet.

Das Buch Dtn selbst oder zumindest der innere Kern dieses Buches ist nach weitgehend übereinstimmenden Vorstellungen identisch mit dem Gesetzbuch, das angeblich zur Zeit des Königs →*Joschija* bei Renovierungsarbeiten im →*Tempel von Jerusalem* gefunden worden ist.

War Dtn schon Bestandteil von DtrG, entsteht jedenfalls bei der Zusammenführung des Rest-„Pentateuch" (eben zunächst ohne Dtn) und dem DtrG ein großes zusammenhängendes Werk, das von Gen bis 2Kön reicht. Darin fehlt nur noch die so genannte Priesterschrift.

Die →*Priesterschrift* kam als jüngste Quelle/Urkunde hinzu. Ihren Namen verdankt sie der Tatsache, dass sie deutlich kultisches Interesse erkennen lässt und ein Gottesbild vorstellt, das einen transzendenten, durch sein mächtiges Wort wirksamen Gott zeigt.

Die erste – priesterliche – Schöpfungserzählung wird nach der Urkundenhypothese vor die frühere, „jahwistische", geschaltet und leitet nunmehr die Tora ein. Diese Quelle verwendet im Übrigen ebenfalls den Gottesnamen „Elohim". Die so genannte Priesterschrift „P" ist sekundär bearbeitet worden und zerfällt nunmehr in eine →P^G, *Priestergrundschrift* und eine oder mehrere →P^S, *Priester-Supplementschrift(en)*.

Das dergestalt entstandene große Gesamtwerk, beginnend mit Gen 1,1, wird nun in zwei Teile geteilt, in den Pentateuch, die Tora, bestehend aus den ersten fünf Büchern, und dem daran anschließenden Deuteronomistischen Geschichtswerk. Zu Letzterem werden auch noch Entstehungshypothesen zu erörtern sein – sie sind teilweise denen des Pentateuch nicht unähnlich!

Warum die Tora gerade mit dem Ende des Dtn und dem Tod des Mose abgetrennt wird, ohne dass sich die Landverheißung an Abraham erfüllt hat, wird unterschiedlich begründet.

Zunächst ging man davon aus, dass die ursprünglich isolierte P-Schrift mit dem Tod des Mose geendet hat. Als nun die Priesterschrift in das große fortlaufende Werk eingearbeitet worden ist, hat man die Tora dort abschließen lassen, wo auch P endet.

In neuerer Zeit wird jedoch ein anderes Modell für die Entstehung der Tora bevorzugt: Die Perser, die das Reich der Neubabylonier beerben und den Menschen im Jahre 538 die Rückkehr aus dem Exil erlauben, gelten als ausgesprochen liberal im Umgang mit den von ihnen unterworfenen Völkern. Diese durften nicht nur ihre jeweilige Religion ausüben und ihre eigenen Tempel bedienen, sondern darüber hinaus auch nach ihrer Väter Sitte Recht üben. Allerdings verlangte die Großmacht ein Exemplar der Gesetze, nach denen das jeweilige Volk Recht sprach. Dieses wurde dann von der persischen Großmacht autorisiert und als Landesrecht für das entsprechende Gebiet in Kraft gesetzt. Im Zuge dieser Maßnahme hat man in Israel die Tora als Gesetzeswerk geschaffen bzw. vom DtrG abgetrennt und als zu autorisierendes Recht eingereicht, so die Theorie.

Gegen die Hypothese der →„*Reichsautorisation*“ der Tora, wie man diesen Vorgang nennt, wurden jedoch ebenfalls z.T. schwerwiegende Bedenken angemeldet, und dies zu Recht.

Es ist schlichtweg wenig wahrscheinlich, dass die Großmacht ein derartig heterogenes Werk autorisiert habe: Diese Bücher bestehen ja zu einem guten Teil aus Erzählungen, die in einem Gesetzbuch natürlich völlig fehl am Platze sind. Von der kritischen Einstellung der Tora gegenüber Großmächten (z.B. Ägypten) soll noch gar nicht die Rede sein. Aus alldem ergibt sich die Auffassung, dass die Perser ein derartiges Werk kaum „genehmigt“ hätten.

Deshalb favorisiert Zenger in der fünften Auflage seiner Einleitung stärker die Möglichkeit, die Bildung des Pentateuchs als einen eher innerjüdischen Vermittlungsprozess zu sehen (Zenger: Einleitung^{5} 129-133).

Die nachfolgenden Skizzen kann vielleicht die obige Beschreibung der so genannten Urkundenhypothese verständlicher machen.

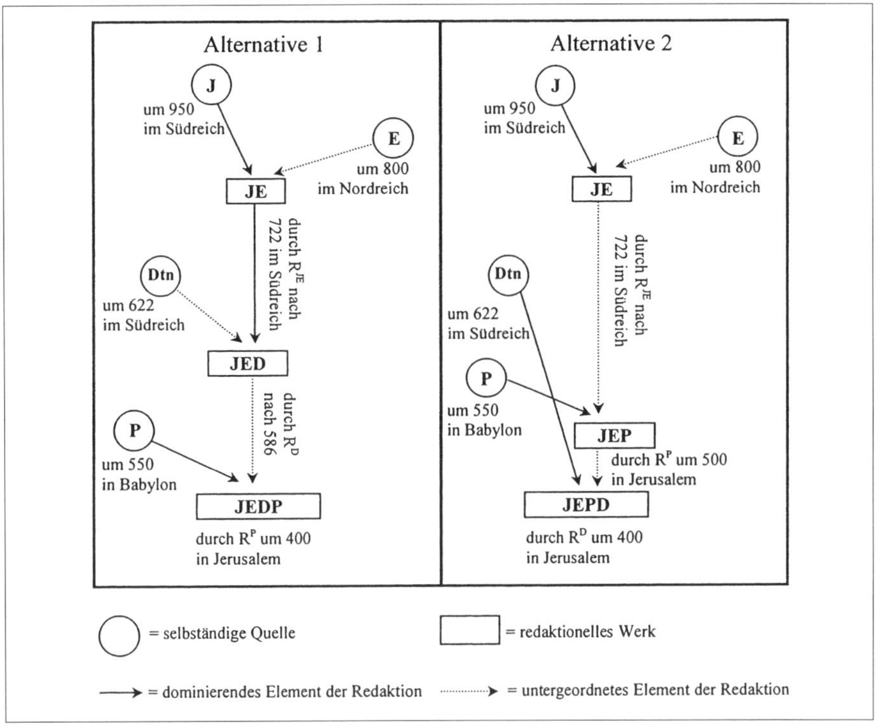

Abb. 2: Die Urkundenhypothese nach Zenger, S.115

In diesen beiden Darstellung wird das Buch Dtn als eine selbständige, isolierte Schrift verstanden und nicht als Beginn der DtrG.

Widerspruch erhob sich gegen die neuere →*Urkundenhypothese* aus mehreren Gründen: Es gab kaum eine Untersuchung, die die verschiedenen Quellenschriften oder Urkunden im gleichen Umfang zu rekonstruieren vermochte. Die Rekonstruktion unterschied bisweilen nicht nur einzelne Verse voneinander, sondern einzelne Worte innerhalb eines Verses. Widersprüchliche Ergebnisse gab es auch im Hinblick auf den Anteil der jeweiligen Redaktoren oder →*Kompilatoren*, die die verschiedenen Quellen miteinander verbunden haben sollen. Uneinigkeit herrschte ferner, wie schon gesagt, über den Zeitpunkt der Zufügung des Dtn und die Frage, ob dies als Bestandteil des DtrG geschah oder nicht. Auch die Frage einer *dtn oder dtr* Redaktion in den vorausgehenden Teilen der Tora, also nach Dtr-Anteilen in Gen oder Ex, wurde unterschiedlich beantwortet. Und schließlich und vor allem funktionierte diese Quellenscheidung zwar ganz gut im Bereich von Gen und Teilen von Ex und Teilen von Num, jedoch nicht mehr in Lev und natürlich nicht in Dtn. Somit reduzierten sich die beiden älteren erzählenden Quellen, der Jahwist und der Elohist, auf relativ kleine Teile des Pentateuch. Besonders gilt dies für E, der kaum mehr den Namen „Quelle“ verdient.

Neueste Modelle

Während also die neuere Urkundenhypothese, die untrennbar mit den Namen zweier großer Theologen des ausgehenden 19. und beginnenden 20. Jh., Julius Wellhausen und Martin Noth verbunden ist, zunehmend ins Abseits geriet, kam es zu neueren Überlegungen, in denen versucht wurde, die bisher geäußerten Schwächen abzustellen und eine Lösung zu präsentieren, die vor allem die Stärken o.g. Modelle aufnahm. Auf diese Weise sind in neuerer Zeit etliche Modelle entstanden, die neue Gemeinsamkeiten, aber auch neue Unterschiede aufweisen.

- Übereinstimmend zeichnet sich in den neueren Untersuchungen der Trend ab, dass man die mündliche Überlieferung als Vorstufe zur schriftlichen (wieder) ernster nimmt, deren Entstehung freilich erst im 8. oder 7. Jh. ansetzt und nicht etwa zu der ohnedies kaum näher bestimmbaren Zeit der Erzväter. Diese mündliche Überlieferung – besser: die mündlichen Teilüberlieferungen in Form von Erzählungen, die sich um eine besondere Figur oder um ein Ereignis bildeten →(*Erzählkränze*) – dürften zu einem Zeitpunkt aufgezeichnet worden sein, als die soziokulturellen Voraussetzungen gegeben waren: ein organisiertes Staatswesen, eine sich etablierende Theologie und schließlich auch die Muße und materielle Ausstattung für (königliche/priesterliche?) Schreiber. Diese Bedingungen dürften aber erst im Laufe der Königszeit vorhanden gewesen sein.
- Wann diese Erzählkränze miteinander verbunden wurden und zu einem größeren Komplex zusammenwuchsen, ist jedoch strittig.
- Weitgehende Einigkeit besteht dahingehend, dass der Untergang des Nordreiches nicht ohne Folgen für die literarische Tätigkeit blieb, anders gesagt: Man sah angesichts des schockierenden Untergangs des nördlichen Brudervolkes im Südreich Juda die Notwendigkeit, zum einen ein theologisches Konzept für dessen Scheitern zu schaffen, zum anderen aber Vorschläge oder Optionen für das eigene, zukünftige Verhalten vorzulegen.
- Trifft dies zu, dann ist der zweite Schock des Exils des Südreiches sicherlich noch ungleich nachhaltiger im Gedächtnis, sodass umso mehr um eine theologische Bewältigung gerungen werden musste. Dass dies (spät- oder nachexilisch) gerade von Seiten des Priestertums erfolgte, ist angesichts der nachexilischen →*Hierokratie* nun keineswegs überraschend. Auch die Lösung, dass Gott sein Handeln für Israel nicht (mehr) von dessen Verhalten abhängig machen wird, sondern seinen Bund in jedem Fall bewahren werde, über das sündhafte Verhalten Israels hinaus, ist angesichts des je neuen Versagens Israels ebenfalls naheliegend. Zudem ist diese Schicht der so genannten Priesterschrift (plus vermuteter Überarbeitungen), ähnlich der Dtn/Dtr-Schicht, auch sprachlich relativ einfach auszugrenzen und zu analysieren. Es handelt sich um die jüngste Schicht des Pentateuch, die weitgehend unumstritten ist.
- Vermehrt geht man in neuerer Zeit davon aus, dass der Pentateuch überhaupt erst im Kontext der Priesterschrift Gestalt gewann – d.h., dass z.B. auch Ur- oder

Vätergeschichten bis in Zeit von P ihren je eigenständigen Überlieferungsweg gingen.

- Es bleibt umstritten, in welcher Form das Buch Dtn in den Pentateuch eingebaut wurde – in einer vielleicht verkürzten Vorform, als einzelnes (vollständiges) Buch oder schon im Verbund mit dem so genannten DtrG.
- Das DtrG steht hinsichtlich seiner Existenz und seines Umfangs in dem einen oder anderen neueren Modell selbst auf dem Prüfstand: Gab es ein solches Geschichtswerk überhaupt, oder wurden Richter-, Samuel oder auch Königsbücher je für sich und unabhängig voneinander überliefert, ehe sie – relativ spät – in einen größeren Kontext ein- oder zu einem größeren Kontext zusammengebaut wurden?
- Eine besondere Rolle kommt bei diesen Modellen schließlich der →*Landnahme* zu: Gehörte sie in einem relativ frühen Stadium, also vor der Priesterschrift, bereits zu den Vätergeschichten oder auch zum Exodus, und wenn ja, in welcher Form? Oder anders gefragt: Gehörten das Buch Josua oder Teile daraus ursprünglich zur Väter-/Exodusgeschichte? Wann wurde es dann aber abgetrennt, so dass der Pentateuch entstand? Im Kontext der Priesterschrift oder vielleicht schon mit der Zufügung des Dtn?

Trotz etlicher Gemeinsamkeiten in den neueren Modellen, – so neuerdings auch bei Zenger (vgl. Einleitung 1[9], 229-254), bleiben somit viele Fragen nach wie vor strittig. Keine der neueren Hypothesen von Weimar/Zenger, Blum, Otto und Kratz (s.d.) konnte sich bisher durchsetzen.

Deshalb sollen im Folgenden einige Hinweise gegeben werden, wie am ehesten mit der Pentateuchfrage umgegangen werden kann:

Es ist gerade für eine erste Orientierung überhaupt nicht erforderlich, eine ausgefeilte Trennung der Überlieferungsschichten vornehmen oder bewerten zu können. Es genügen einige Beispiele, um zu zeigen, dass die verschiedenen Erzählungen nicht vom Himmel gefallen sind, sondern von Menschen geschrieben wurden, von Theologen. Diese haben in die Erzählung von Geschichte auch gleich ihre Deutung von Geschichte und Welt und damit auch ihr Gottesverständnis eingetragen – und dies durchaus unterschiedlich. Es sind Ansichten, die teilweise bis zum heutigen Tag wertvoll und relevant sind und auch jungen Menschen nicht nur einen Zugang zur Bibel, sondern auch Ansätze für die Lösung eigener Probleme anbieten – oder eben solche ausschließen, wie z.B. das komplexe Thema des →*Tun-Ergehen-Zusammenhangs*.

Überlegungen zum Umgang mit der Tora/dem Pentateuch im Religionsunterricht

Der Pentateuch zeigt nicht eine dogmatisch verbindliche Sicht auf die (Heils-) Geschichte, sondern bietet unterschiedliche Interpretationen an. Diese betreffen auch z.T. recht unterschiedliche Sichtweisen auf Gott und dessen Verhältnis zum Menschen bzw. zu Israel.

Deutlich gemacht werden kann dies z.B. an den beiden Schöpfungserzählungen, den verschiedenen Gebotslisten aus Ex 20 vgl. Dtn 5 im Vergleich zum Text auf den Tafeln nach Ex 34, oder auch an der Sintfluterzählung, die ohne größere Probleme in zwei verschiedene Erzählungen aufgeteilt werden kann:

Erzählung 1	Anteile des Redaktors sowie Bemerkungen und Hinweise zu den beiden Erzählungen	Erzählung 2
	Der Mensch ist → schlecht, wie aus der so genannten Sündenfallgeschichte deutlich wird:	6,5 Und der HERR sah, daß die Bosheit des Menschen auf der Erde groß war und alles Sinnen der Gedanken seines Herzens nur böse den ganzen Tag. 6 Und es reute den HERRN, daß er den Menschen auf der Erde gemacht hatte, und es bekümmerte ihn in sein Herz hinein. 7 Und der HERR sprach: Ich will den Menschen, den ich geschaffen habe, von der Fläche des Erdbodens auslöschen, vom Menschen bis zum Vieh, bis zu den kriechenden Tieren und bis zu den Vögeln des Himmels; denn es reut mich, daß ich sie gemacht habe. 8 Noach aber fand Gunst in den Augen des HERRN.
6,9 Dies ist die Geschlechterfolge Noachs: Noach war ein gerechter Mann, untadelig war er unter seinen Zeitgenossen; Noach lebte mit Gott. 10 Und Noach zeugte drei Söhne: Sem, Ham und Jafet. 11 Die Erde aber war verdorben vor Gott, und die Erde war erfüllt mit Gewalttat. 12 Und Gott sah die Erde, und siehe, sie war verdorben; denn alles Fleisch hatte seinen Weg verdorben auf Erden. 13 Da sprach Gott zu Noach: Das Ende alles Fleisches ist vor mich gekommen; denn die Erde ist durch sie erfüllt von Gewalttat; und siehe, ich will sie verderben mit der Erde. 14 Mache dir eine Arche aus	*← Nicht der Mensch ist schlecht, den Gott nach Gen 1 ja gut geschaffen hatte, sondern die ganze Erde ist (plötzlich) verdorben* [Etwas in der Art wie: 14 „Mache dir eine Arche" muss in beiden Geschichten gestanden haben!]	*14 Mache dir eine Arche aus Goferholz* [Holzart heute unbekannt]

Goferholz; mit Zellen sollst du
die Arche machen und sie von
innen und von außen mit Pech
verpichen! 15 Und so sollst du
sie machen: Dreihundert Ellen
sei die Länge der Arche, fünfzig
Ellen ihre Breite und dreißig
Ellen ihre Höhe. 16 Ein Dach
sollst du der Arche machen,
und zwar nach der Elle sollst du
sie *von unten nach* oben fertig-
stellen; und die Tür der Arche
sollst du in ihrer Seite anbrin-
gen; mit einem unteren, einem
zweiten und dritten *Stockwerk*
sollst du sie machen! 17 Denn
ich, siehe, ich bringe die Was-
serflut über die Erde, um alles
Fleisch unter dem Himmel, in
dem Lebensodem ist, zu ver-
nichten; alles, was auf der Erde
ist, soll umkommen. 18 Aber
mit dir will ich meinen Bund
aufrichten, und du sollst in die
Arche gehen, du und deine
Söhne und deine Frau und die
Frauen deiner Söhne mit dir.
6,19 Und von allem Lebendi-
gen, von allem Fleisch, sollst
du *je* zwei von allen in die Arche
bringen, um sie mit dir am Le-
ben zu erhalten; ein Männli-
ches und ein Weibliches sollen
sie sein! 20 Von den Vögeln
nach ihrer Art und von dem
Vieh nach seiner Art, von allen
kriechenden Tieren des Erdbo-
dens nach ihrer Art: *je* zwei von
allen sollen zu dir hineingehen,
um am Leben zu bleiben! 21
Und du, nimm dir von aller
Speise, die man ißt, und
sammle sie bei dir, daß sie dir
und ihnen zur Nahrung diene!
6,22 Und Noach tat es; nach
allem, was Gott ihm geboten
hatte, so tat er.

Allerdings:
Die Rede vom göttlichen Lebensodem entspricht der Aussage von der Schöpfung des Menschen aus der zweiten Schöpfungserzählung →

Die Wendung „nach ihrer Art" findet sich in der ersten und zweiten Schöpfungserzählung
←

7:1 Und der HERR sprach zu
Noach: Geh in die Arche, du
und dein ganzes Haus; denn
dich habe ich gerecht vor mir
erfunden in dieser Generation.

7,6 Und Noach war 600 Jahre
alt, als die Flut kam, Wasser
über die Erde. 7 Und Noach
und seine Söhne und seine
Frau und die Frauen seiner Söh-
ne gingen mit ihm vor den Was-
sern der Flut in die Arche. 8 Von
dem reinen Vieh und von dem
Vieh, das nicht rein ist, und von
den Vögeln und von allem, was
auf dem Erdboden kriecht, 9
kamen je zwei zu Noach in die
Arche, ein Männliches und ein
Weibliches, wie Gott dem
Noach geboten hatte.

11 Im 600. Lebensjahr Noachs,
im zweiten Monat, am sieb-
zehnten Tag des Monats, an
diesem Tag brachen alle Quel-
len der großen Tiefe auf, und
die Fenster des Himmels öffne-
ten sich.

13 An eben diesem Tag gingen
Noach und Sem und Ham und
Jafet, die Söhne Noachs, und
die Frau Noachs und die drei
Frauen seiner Söhne mit ihnen
in die Arche

7,10 Und es geschah nach sie-
ben Tagen, da kamen die Was-
ser der Flut über die Erde.

12 Und der Regen fiel auf die
Erde vierzig Tage und vierzig
Nächte lang.

7,2 Von allem reinen Vieh sollst
du je sieben zu dir nehmen, ein
Männchen und sein Weibchen;
und von dem Vieh, das nicht
rein ist, *je* zwei, ein Männchen
und sein Weibchen; 3 auch von
den Vögeln des Himmels je sie-
ben, ein Männliches und ein
Weibliches: um Nachwuchs am
Leben zu erhalten auf der Flä-
che der ganzen Erde!
7,4 Denn noch sieben Tage,
dann lasse ich auf die Erde reg-
nen vierzig Tage und vierzig
Nächte lang und lösche von der
Fläche des Erdbodens alles Be-
stehende aus, das ich gemacht
habe. – 5 Und Noach tat nach
allem, was der HERR ihm gebo-
ten hatte.

7,14 sie und alle Tiere nach ih- rer Art und alles Vieh nach sei- ner Art und alle kriechenden Tiere, die auf der Erde kriechen, nach ihrer Art und alle Vögel nach ihrer Art, jeder Vogel jeg- lichen Gefieders. 15 Und sie gingen zu Noach in die Arche, je zwei und zwei von allem Fleisch, in dem Lebensodem war. 16 Und die, die hineingin- gen, waren *je* ein Männliches und ein Weibliches von allem Fleisch, wie Gott ihm geboten hatte.		
	7,17 Und die Flut kam vierzig Tage lang über die Erde. Und die Wasser wuchsen und hoben die Arche empor, so dass sie sich über die Erde erhob.	Und der HERR schloß hinter ihm zu.
18 Und die Wasser schwollen an und wuchsen gewaltig auf der Erde; und die Arche fuhr auf der Fläche der Wasser. 19 Und die Wasser schwollen sehr, sehr an auf der Erde, so daß alle ho- hen Berge, die unter dem gan- zen Himmel sind, bedeckt wur- den. 20 Fünfzehn Ellen darüber hinaus schwollen die Wasser an; so wurden die Berge be- deckt. 21 Da kam alles Fleisch um, das sich auf der Erde regte, *alles* an Vögeln und an Vieh und an Tieren und an allem Gewim- mel, das auf der Erde wimmel- te, und alle Menschen;	← *Die Urgewalt des Wassers fin- det sich in der ersten Schöpfungs- erzählung* ← *Diese Differenzierung der Tie- re ist aus der ersten Schöpfungs- erzählung bekannt!* 22 alles starb, in dessen Nase ein Hauch von Lebensodem war, von allem, was auf dem tro- ckenen Land lebte. *(vgl. erste und zweite Schöpfungserzählung)*	
23 So löschte er alles Bestehen- de aus, das auf der Fläche des Erdbodens war, vom Menschen bis zum Vieh, bis zu den krie- chenden Tieren und bis zu den Vögeln des Himmels; und sie wurden von der Erde ausge- löscht. Nur Noach blieb übrig und das, was mit ihm in der Arche war. 24 Und die Wasser schwollen an auf der Erde 150 Tage lang.		

8,1 Und Gott gedachte des
Noach und aller Tiere und alles
Viehs, das mit ihm in der Arche
war; und Gott ließ einen Wind
über die Erde fahren, da sanken
die Wasser. 2 Und es schlossen
sich die Quellen der Tiefe und
die Fenster des Himmels, 3
Und die Wasser verliefen sich
von der Erde, allmählich zu-
rückgehend; und die Wasser
nahmen ab nach Verlauf von
150 Tagen. 4 Und im siebten
Monat, am siebzehnten Tag
des Monats, ließ sich die Arche
auf dem Gebirge Ararat nieder.
5 Und die Wasser nahmen im-
mer weiter ab bis zum zehnten
Monat; im zehnten *Monat*, am
ersten des Monats, wurden die
Spitzen der Berge sichtbar.

und der Regen vom Himmel her wurde zurückgehalten.

8,6 Und es geschah am Ende
von vierzig Tagen, da öffnete
Noach das Fenster der Arche,
das er gemacht hatte, und ließ
den Raben hinaus; 7 und der
flog aus, hin und her, bis das
Wasser von der Erde vertrock-
net war.

Ob Taube und Rabe der gleichen Schicht zugehören, ist nicht festzustellen.

8 Und er ließ die Taube von sich
hinaus, um zu sehen, ob die
Wasser weniger geworden sei-
en auf der Fläche des Erdbo-
dens; 9 aber die Taube fand
keinen Ruheplatz für ihren Fuß
und kehrte zu ihm in die Arche
zurück; denn *noch* war Wasser
auf der Fläche der ganzen Erde;
da streckte er seine Hand aus,
nahm sie und holte sie zu sich
in die Arche. 10 Und er wartete
noch sieben weitere Tage, dann
ließ er die Taube noch einmal
aus der Arche; 11 und die Taube
kam um die Abendzeit zu ihm
zurück, und siehe, ein frisches
Olivenblatt war in ihrem Schna-
bel. Da erkannte Noach, daß
die Wasser auf der Erde weni-
ger geworden waren. 12 Und er
wartete noch weitere sieben
Tage und ließ die Taube hinaus;
da kehrte sie nicht mehr wieder
zu ihm zurück.

13 Und es geschah im 601. Jahr,
im ersten *Monat*, am ersten
des Monats, da waren die Was-
ser von der Erde weggetrock-
net. Und Noach entfernte das
Dach von der Arche und sah:
und siehe, die Fläche des

Erdbodens war trocken. 14 Im zweiten Monat, am 27. Tag des Monats, war die Erde trocken. 15 Und Gott redete zu Noach und sprach: 16 Geh aus der Arche heraus, du und deine Frau und deine Söhne und die Frauen deiner Söhne mit dir! 17 Alle Tiere, die bei dir sind, von allem Fleisch, an Vögeln und an Vieh und an allen kriechenden Tieren, die auf der Erde kriechen, laß mit dir hinausgehen, daß sie wimmeln auf Erden und fruchtbar seien und sich mehren auf Erden! 18 Da ging Noach hinaus, *er* und seine Söhne und seine Frau und die Frauen seiner Söhne mit ihm. 19 Alle Tiere, alle kriechenden Tiere und alle Vögel, alles was kriecht auf der Erde nach ihren Arten, gingen aus der Arche.		
	8,20b und er nahm von allem reinen Vieh und von allen reinen Vögeln: →	8,20 Und Noach baute dem HERRN einen Altar; und opferte Brandopfer auf dem Altar. 21 Und der HERR roch den wohlgefälligen Geruch, und der HERR sprach in seinem Herzen: Nicht noch einmal will ich den Erdboden verfluchen um des Menschen willen; denn das Sinnen des menschlichen Herzens ist böse von seiner Jugend an; und nicht noch einmal will ich alles Lebendige schlagen, wie ich getan habe. 22 Von nun an, alle Tage der Erde, sollen nicht aufhören Saat und Ernte, Frost und Hitze, Sommer und Winter, Tag und Nacht.

An diesem Beispiel kann gezeigt werden, dass verschiedene Erzählungen existierten. Es wird aber auch deutlich, dass nicht nur Einzelgeschichten vorliegen, sondern – zumindest im Bereich der Urgeschichte – größere Erzählzusammenhänge: Der Verfasser der ersten Schöpfungserzählung – der jüngeren! – wird auch in der ersten Flutgeschichte, der Verfasser der älteren, zweiten Schöpfungserzählung in der zweiten Sintflutgeschichte sichtbar. Gleichzeitig kann an diesen Texten

die unterschiedliche Welt- und Gottessicht abgelesen werden. Es geht dabei nicht darum, dass man exakt weiß, welche Quelle nun genau welche Theologie vertritt, obwohl diese oben in Grundzügen dargestellt wurde, sondern dass die Theologie des AT vielfältig und nicht aus einem Guss ist – womit sich z.T. auch schon die Frage, wie es „wirklich" war, erledigt.
Gerade das Judentum „erträgt" die Heterogenität seiner Theologie.
Ein Zweites wird deutlich: Die Tora ist über einen größeren (chronologischen) Zeitraum entstanden. Eine Frühdatierung der Abfassung ist m.E. aufzugeben, und dies nicht nur deshalb, weil das Davidisch-Salomonische Großreich selbst auf dem (archäologischen) Prüfstand steht. In der Frühzeit der ersten Zentralgewalt dürften die gesellschaftlichen Voraussetzungen für die Entstehung eines derartigen Werkes noch nicht existiert haben, ebenso wenig ein Gottesbild, das diesen israelitischen Gott als Weltengott und Weltenschöpfer verstand.
Wie schon erwähnt haben die beiden Archäologen Finkelstein und Silbermann keine Spuren von Davids Großreich gefunden. Sie schließen daraus, dass es dieses Reich nicht gegeben hat. David war angeblich nur ein besserer Bürgermeister eines Bergnestes namens Jerusalem. Aber: Kann Archäologie aufgrund *fehlender* Funde tatsächlich *die Nichtexistenz* von Kulturen oder geschichtlichen Epochen beweisen – oder ist nicht vielmehr nur *das Auffinden* von so genannten →*Artefakten*, von menschlich hergestellten Gegenständen, ein positiver Beleg dafür, dass es diese Kultur, Stadt oder dergl. gegeben hat?

Im Pentateuch, und nicht nur dort, ist davon die Rede, dass Gott ein Gott Israels ist, so wie →*Dagon* angeblich der Gott der Philister und →*Kemosch* der Gott →*Moabs*. Jede dieser Gottheiten steht für ihr Volk ein, sie hat ihr Herrschaftsgebiet im Bereich dieses Volkes. Dort hat sie Macht. Das gilt auch für Israel und seinen Gott. Wenn Israel angegriffen wird, dann wird Gott für sein Volk eintreten, sofern er genügend hofiert worden ist, d.h. so lange der Vertrag auf Gegenseitigkeit eingehalten wurde. Ist dies nicht der Fall, kann Gott seine Hilfszusage auch zurückziehen und sein Volk den fremden Mächten überlassen. Dies ist dann auch kein Beleg für die Ohnmacht Gottes, sondern geschieht in voller Absicht. Wie eng das Herrschaftsgebiet eines Gottes begrenzt war, kann an dem folgenden Ausspruch abgelesen werden: Ihr Gott ist ein Gott der Berge – nächstens werden wir sie in der Ebene angreifen. Dann werden wir gewinnen, denn ihr Gott ist dort nicht „zu Hause" (vgl. 1Kön 20,23).

In einem derartigen Stadium theologischer Erkenntnis wird die Existenz anderer Götter keineswegs bestritten – sie sind eben nur nicht zuständig. Erst das Auftreten von Fremdvölkern aus weiter Ferne, wie etwa der Assyrer oder Babylonier lässt die Überlegung zu, dass Gott die fremden Völker herbeigerufen hat, um Israel abzustrafen (Jes 5,26). Mit dem Exil wird zur Gewissheit, dass dieser Gott nicht nur in Israel für dieses sein Volk in seinen Grenzen da ist (wenn auch exklusiv) – die Reform des →*Joschija* um 615 v. Chr. spiegelt noch diesen Status –, sondern auch im weit entfernten „Ausland“. Dieser Gott ist präsent, gleich wo sich Israel befindet! In diesem Kontext wird deutlich, dass dieser Gott über allem und allen steht. Die Götter der Völker sind nicht nur nicht zuständig, sondern machtlos. Es sind zunächst nur „Götterchen“ (Elilim) und schließlich wird ihre Existenz völlig geleugnet: Sie sind nur ein Werk menschlicher Hände (Jes 44,13ff). Erst jetzt wird der Weg frei für eine Gotteserkenntnis, die Jahwe, den Gott Israels, als Herrn des Kosmos, der ganzen Welt ausweist. Anhand der Theologie lässt sich also durchaus auch mit Vorsicht ablesen, in welche Zeit eine literarische Schicht einzuordnen ist, die die jeweilige Theologie vertritt. Die Gefahr eines Zirkelschlusses besteht freilich!

Es ist in diesem Zusammenhang zu vermitteln, was es bedeutet, Schutzvolk eines bestimmten Gottes zu sein. Dies gilt ja offensichtlich nicht nur für Israel, das seinen Gott Jahwe verehrt, sondern ebenso für →*Moab*/Kemosch. Unter dieser Voraussetzung ist es auch absolut verständlich, warum dieser Gott alles für sein Volk tut, um es zu schützen, gegebenenfalls auch sehr zum Nachteil bzw. durch Vernichtung anderer. Darin heute ein Problem zu sehen, ist schlichtweg ein Anachronismus. Man kann nicht mit dem heutigen universalen Gottesbild und schon gar nicht mit dem christlichen den damaligen Gott Israels bewerten. Dabei wird man auch das Vertragsverhältnis zwischen dem Gott und seinem Volk ins Auge fassen und damit die Themen →„*Bund*“ und „Bundesschluss“ zur Sprache bringen müssen. Hoch aktuell und politisch brisant stellen sich hierbei auch die Fragen nach den Grenzen des heutigen Israels, nach dem Umfang des „verheißenen Landes“ und den Rechten daran sowie die Palästinafrage.

Es ist notwendig anzumerken, dass auch der →*Monotheismus* Israels nicht „vom Himmel gefallen“ ist, sondern sich erst im Laufe der Zeit in Auseinandersetzung mit den Religionen der Nachbarvölker, auch in Auseinandersetzung mit dem sehr populären →*Baals*-Kult, durchzusetzen vermochte. Die Propheten Israels, auch der legendäre Elija, haben dazu Wichtiges beigetragen. Dabei muss davon ausgegangen werden, und dies wird durch die Archäologie, den Fund von kleinen Götterfiguren (Figurinen) auch belegt, dass die Menschen zwar den Staatskult, ggf. auch gegenüber dem einen und einzigen Gott, mitgetragen haben, darüber hinaus aber durchaus nach wie vor ihre persönlichen Schutzgötter verehrten.

Die Offenbarung des Gottes Israels ereignet sich stets in Geschichte, und diese Geschichte fließt in die Offenbarung ein.

Die einzelnen Bücher

3. Das Buch Genesis

3.1 Inhalt und Gliederung

Gen gliedert sich in

- die **Urgeschichte** mit den beiden **Schöpfungsgeschichten**, den so genannten **Sündenfall**, den **Brudermord**, die Fluterzählungen und den **Turmbau** zu Babel (1-11). Dazwischen finden sich mehrfach Genealogien (= Stammbäume).
- die so genannte **Vätergeschichte** (12-36) mit den Vätern **Abraham, Ismael und Isaak sowie Jakob** (= Israel und Esau) und seiner zwölf Söhne von insgesamt vier Frauen. In diesem Abschnitt ist vom **Bundesschluss** mit Gott die Rede (15) und die Beschneidung wird als Bundeszeichen eingeführt (17). Neben der außergewöhnlichen Geburt des Isaak, den Sara, die Frau Abrahams, noch im hohen Alter empfängt (21), ist vermutlich auch die **Glaubensprüfung des Abraham** durch Gott eine besondere Erzählung: Abraham soll seinen einzigen Sohn Isaak opfern, wird aber von Gott im letzten Moment zurückgehalten (22). Verheißungen an Abraham finden sich in 12; 15; 17.
  Während die Geschichte von Isaak recht knapp gehalten ist, fällt die Jakobsgeschichte eher umfangreich aus (25-36): **Jakob und Esau** sind Zwillingsbrüder, wobei Esau der Ältere ist. Zunächst verkauft Esau sein **Erstgeburtsrecht** gegen das sprichwörtliche Linsengericht an Jakob (25,27-34), also etwas Hochwertiges gegen eine geringe Gegenleistung, und dann erschleicht sich Jakob mit Hilfe seiner Mutter auch noch den **Erstgeburtssegen** von seinem blinden alten Vater Isaak (27). Jakob fürchtet sich, sicher nicht ganz zu Unrecht, vor der Rache seines Bruders Esau und flüchtet sich in die Heimat seiner Mutter Rebekka. Dort verliebt er sich in seine Cousine Rachel und arbeitet sieben Jahre bei seinem Onkel Laban (29-37), dem Bruder seiner Mutter, um **Rachel** als Frau zu erhalten. Der Betrüger wird jedoch selbst zum Betrogenen: In der Hochzeitsnacht bekommt er nicht Rachel, sondern die ältere und unansehnlichere Schwester **Lea** untergeschoben (man verheiratet die Jüngere nicht vor der Älteren). Er muss noch einmal sieben Jahre für Rahel dienen und flieht nach der Frist unter Mitnahme seines Lohnes von Laban, zurück nach Palästina. Dort söhnt er sich mit seinem Bruder Esau aus. (32f). **Josef und Benjamin** sind die Lieblingssöhne von Jakob, denn sie stammen von seiner Lieblingsfrau Rachel. Bei der Geburt Benjamins stirbt Rachel (35)

- die **Josefsgeschichte** (37-50), die sich als eine eigenständige Erzählung von den Vätern abgrenzen lässt. Sie beschreibt den Aufstieg des versklavten Josef, den Sohn Jakobs, in die höchsten Staatsämter in Ägypten (s.S.58ff).

In Kürze

1-11	Urgeschichte
12-36	Vätergeschichte
12-25	Abraham
21-27	Isaak
25-36	Jakob
37-50	Josef

Mit diesem Buch wird der Blick des Lesers von der Entstehung der Welt und des Menschen über die Entstehung der Völker zur Volkwerdung Israels und seiner Rolle als auserwähltes Volk im auserwählten – zunächst nur verheißenen – Land gelenkt. Dabei fungiert die Josefsgeschichte als Brücke von den zwölf Söhnen Jakobs hin zum Zwölfstämmevolk, dessen gemeinsame Geschichte mit dem Auszug aus Ägypten und der Wüstenwanderung seinen Anfang nimmt.

Es ist gleichzeitig die Geschichte der sich anbahnenden Beziehung zwischen dem einen Gott und den Vätern, allen voran Abraham, die mit der Offenbarung des Gottesnamens im brennenden Dornbusch (Ex 3) einen Höhepunkt findet.

Eine, wenn nicht *die* zentrale Figur in der Genesis, ist Abraham. Er ist der Erste, der an Gott glaubt. Er ist ein Vorbild für Glauben und Gehorsam und er ist die Identifikationsfigur für die Verheißung Gottes. Damit ist er zeitlos und kann in jeder Situation, in der das Judentum an der Verheißung zweifelt oder auf diese erneut hingewiesen werden muss, als Vorbild dienen.

3.2 Erzählzeit und erzählte Zeit der Urgeschichte

Bei allen geschichtlichen Ereignissen muss zwischen →*erzählter Zeit und Erzählzeit* unterschieden werden. Erzählte Zeit ist die Zeit, in der die Ereignisse, von denen die Rede ist, angeblich stattfinden. Zwischen dieser Zeit und jener, in der der Erzähler oder ggf. auch Verfasser steht (Erzählzeit), kann eine durchaus größere Zeitspanne liegen. Je größer dieser zeitliche Abstand ist, umso mehr stellt sich die Frage, weshalb der Erzähler das längst vergangene Ereignis in seiner Zeit überhaupt berichtet. Das ursprünglich vielleicht vorhandene historische Interesse dürfte jedenfalls zunehmend hinter einem sekundären Interesse der Vermittlung zurücktreten: Der Erzähler möchte seinen Adressaten nicht mehr nur historische Informationen vermitteln – sofern er dies jemals wollte –, sondern eine Botschaft mitteilen, die bei den Empfängern etwas auslösen soll, z.B. eine Verhaltensänderung oder die Nachahmung dessen, wovon die Rede ist. Die so genannte →*Textpragmatik* tritt also in den Vordergrund des Interesses. Die Botschaft kann dazu dienen, aktuelle Sachverhalte durch angeblich frühe, altehrwürdige Ereignisse und Begründungen zu legitimieren (z.B. den Tempel von →*Bet El*, der auf Jakob gegründet wird, in Wirklichkeit aber auf ein altes El-Heiligtum zurückgeht). Sie kann aber auch dazu dienen, mit Blick auf die Vergangenheit Hoffnung auf Zukunft zu vermitteln.

Für die Urgeschichte geht es in erster Linie um die Erzählzeit, denn die Schöpfung oder die Sintflut lassen sich natürlich nicht mehr datieren. Es war ja auch niemand dabei!

Dem →*jüdischen Kalender* zufolge befinden wir uns im Jahr 2014 christlicher Zeitrechnung im jüdischen Jahre 5774 – seit der Erschaffung der Welt. Je nach Jahreszeit – das jüdische Neujahr beginnt im Herbst – sind demnach zum christlichen Jahr 3760 oder 3761 Jahre hinzu zu addieren, um auf das jüdische Jahr zu kommen. Alternativ kann man zur jüdischen Jahreszahl ohne Berücksichtigung der 5000 einfach 1240 hinzu zählen, und erhält somit das christliche Jahr.

Die Zeitangabe „seit der Erschaffung der Welt" ist freilich kein reines Phantasieprodukt. Festgelegt wurde sie Mitte des 4. Jh. n. Chr. von →*Hillel II.* und basiert auf den chronologischen Angaben des Tenach, wie z.B. den Lebensalter-Angaben der vorsintflutlichen Väter in Gen 4 und 5.

Es bleibt also die Frage nach der Erzählzeit der Urgeschichte

Für die erste Schöpfungserzählung dürfte die Zeit des Exils oder kurz danach in Frage kommen, und möglicherweise gilt dies auch für die Geschichte vom Turmbau zu Babel: Die Schöpfung erzählt nämlich nicht nur die Erschaffung der Welt, sondern grenzt sich damit auch gegen andere Erzählungen aus der Umwelt ab: Alles, was ist, ist von dem einen Gott geschaffen. Da findet kein Götterkampf statt und auch keine Unterwerfung irgendwelcher Ungeheuer, auch wenn das anfängliche Urchaoswasser noch durchscheint. Die Himmelskörper sind Lampen, die Gott an den Himmel gesetzt hat mit dem einzigen Ziel, bei Tag und bei Nacht Licht zu geben. Die Verehrung, die die Gestirne im Zweistromland erfuhren, wird damit zurückgewiesen. Und über allem weiß und sagt Gott, dass das Geschaffene gut ist, in Ordnung ist – später in der Theologie Israels wird man sagen: Alles ist weise und in Weisheit gemacht. Ziel und Krönung der Schöpfung ist der siebte, der Ruhetag, der Sabbat. Eine solche Betonung des Sabbat ist dann erforderlich, wenn er verteidigt werden muss, in Frage gestellt, oder zum unterscheidenden Merkmal Israels in einer anders ausgerichteten Umwelt wird. Am Anfang der Erzählung steht auch die Notwendigkeit, die Wasser voneinander zu scheiden und zu ordnen, und das passt eher in die Umwelt des Exils als in das doch sehr trockene Israel, in dem Wasser ein Geschenk ist.

3.3 Erzählzeit und erzählte Zeit der Väterüberlieferung

Wie aber sieht es mit der Gestalt des Abraham aus?

Der Chronologie der Genesis zufolge müsste sich die Geschichte Abrahams im 19./18. Jh. vor Christus abgespielt haben (ähnlich auch die islamische Überlieferung). Legt man z.B. die folgenden Daten zugrunde, die der Text des Tenach bietet, so kommt man für die Väter sogar in eine noch frühere Zeit: Die Regierung Salomos lässt sich für die Zeit 970 bis 930 datieren – die 40 Jahre Regierungszeit sind dabei jedoch vermutlich nicht wörtlich zu nehmen. Die Tempeleinweihung fand im Jahr 959 seiner Regierung statt, und dies geschah im 480. Jahr nach dem Exodus. Damit ließe sich der Exodus auf 1439 datieren. Die Aufenthaltszeit Israels in Ägypten betrug 430 Jahre, so dass Josef ca.1869 nach Ägypten gekommen sein muss.

Gegen diese frühe Datierung und die darauf aufbauende Chronologie der Vorväter Israels sprechen mehrere Gründe:

Zum ersten findet sich im Pentateuch eine ganze Reihe von Angaben, die vor dem Hintergrund einer derart frühen Ansetzung der Väterzeit und in Anbetracht der archäologischen Befunde als Anachronismen verstanden werden müssen:

- Abraham trifft Melchi-Zedek, den König von Jerusalem (Gen 14). Die Stadt wird schon ca. 1800 inschriftlich erwähnt.
- Abraham schließt einen Vertrag mit Abimelech, dem König der Philister aus Gerar (Gen 21, bes. V. 34). Die Philister siedeln sich aber erst im 12. Jh. in Palästina an – oder werden von Ramses III. dort angesiedelt.
- Isaak heiratet Rebekka, die als Aramäerin bezeichnet wird (Gen 25,20 vgl. auch Dtn 26,5). Aramäer sind jedoch ebenfalls erst im 12. Jh. nachweisbar.
- Laut Ex 1,11 muss Israel in Ägypten die Städte Pitom und Ramses bauen. Die Stadt Ramses wird jedoch erst unter Ramses II., ca. 1290, gebaut.

Das passt alles nicht zusammen und deutet für Abraham wie auch für den Exodus auf eine wesentlich spätere Zeit hin als jene, die sich aus den überlieferten Daten errechnen lässt. Wenn Abraham um die Zeit der Philister auftritt, wäre er also ins 13. oder gar erst ins 12. Jahrhundert zu datieren. Damit aber steht Abraham zeitlich im Widerspruch zur Ansetzung des Exodus in die Zeit Ramses II. oder unmittelbar danach.

Ein zweites Argument gegen die Frühdatierung ergibt sich, wenn man einmal die mögliche Abfassungszeit der Vätergeschichten in den Blick nimmt, den langen Weg der mündlichen Überlieferung also. Und damit stellt sich nicht nur das schwierige Problem, wie lange Überlieferung einigermaßen zuverlässig mündlich weitergegeben werden kann, sondern auch die oben bereits angesprochene Frage, in welcher Zeit in Israel mit der Aufzeichnung, und zwar von Geschichte, gerechnet werden kann. Wann existierten die erforderlichen Rahmenbedingungen, so dass ein Schreiber von der Nahrungsmittelproduktion freigestellt und von einer übergeordneten Größe, die an seiner Arbeit interessiert ist und einen gewissen Teil der Produktion abschöpft, versorgt werden konnte. Das Gemeinwesen musste in der Lage sein, Überproduktion zu erwirtschaften. Dies setzt eine gewisse Organisation voraus und das Verständnis, dass man nicht nur für den Eigenbedarf produziert. Folgerichtig ging man schon früher davon aus, dass erste Aufzeichnungen frühestens in der Zeit der „Davidisch-Salomonischen Aufklärung" stattfanden. Immerhin erzählen die entsprechenden Passagen über die salomonische Zeit von internationalen Kontakten, die eine – sicher auch geistige – Öffnung vermuten lassen.

Diese Frühdatierung der Schrift einmal angenommen, käme man bei Annahme der Spätdatierung für die Abrahamerzählung auf eine mündliche Überlieferungszeit von ca. 250 bis 300 Jahren. Natürlich kann man für Kulturen im vorschriftlichen Stadium eine ungleich ausgeprägtere Fähigkeit zur mündlichen Tradierung von Stoffen voraussetzen. Für welchen Zeitraum dies möglich ist und ob und in welcher Weise sich diese Überlieferung dabei verändert, wurde jedoch nicht erprobt und nicht nachgewiesen. Anstatt mit literarkritischen Instrumenten an die Texte heranzugehen und damit angeblich heutiges, überlegenes historisch-kritisches Denken an die Texte heranzutragen, wäre es durchaus sinnvoll, in vergleichbaren Kulturen, die heute ja durchaus noch existieren (sogar in der Welt des Nahen Ostens), der mündlichen Überlieferung einmal nachzugehen. Meines Wissens ist dieser Feldversuch nicht gemacht worden, außer vielleicht von Jack Goody, der Feldstudien zur →*Oralität* und Literatur in Afrika durchgeführt hat (Goody: Interface). Leider sind die Anfänge der →*Mischna* auch zu legendarisch, um hieran eine Geschichte der mündlichen Überlieferung rekonstruieren zu können; zudem sind die gesellschaftlichen und sozialen Verhältnisse dieser Überlieferung deutlich anders.

In unserem Kulturkreis beschränkt sich mündliche Tradition weitgehend auf das Erzählen von Witzen. Diese sind natürlich von ihrem Inhalt her zeitlich sehr eingeschränkt: Heutzutage gibt es keine Manta- oder Trabbiwitze mehr, weil diese Automobile nicht mehr existieren. Allerdings ist das Phänomen zu beobachten, dass bestimmte Witze, in Nuancen abgewandelt, mit verschiedenen je neueren zeitgenössischen Hauptprotagonisten vorgetragen werden. Vielleicht wurde in ähnlicher Weise auch die Geschichte von Abraham und Sara auf Isaak und Rebekka übertragen. Der Erzählzeitraum derartiger mündlicher Überlieferung reicht unter günstigen Umständen in etwa über ein bis zwei Generationen.

Eigene Versuche mit Studierenden sowie in Erwachsenenfortbildungen haben ergeben, dass die Befragten über ihre Vorfahren kaum etwas wussten. Die Erinnerung reicht gerade einmal bis zum Großvater. Bereits der Name des Urgroßvaters war vielfach nicht mehr geläufig, geschweige denn ein Ereignis aus seinem Leben. In einer wissenschaftlichen Untersuchung wird festgestellt: „Für die Mehrheit der Befragten sind die Urgroßeltern und Vorfahren zur ‚anonymen Masse' verschmolzen, aus der einzelne Persönlichkeiten nicht mehr hervortreten...Die Vorfahren sind einfach in der Vergangenheit verschwunden." (Vesper/Weber, 43). Erzählungen von Großeltern und Eltern – es gibt in der Familienerinnerung fast ausschließlich mündliche Tradition, und dies über einen Zeitraum von knapp 100 Jahren – sind zumeist eingebettet in die Profangeschichte. Mündliche Tradition allerdings ist fließend, Neues wird eingearbeitet. Sie wandelt ihre Gestalt, wie auch der/die Erzähler durch diese Tradition verändert werden (vgl. Rakelmann 187).

Diese Ergebnisse dürfen zwar nicht als Maßstab für mündliche biblische Überlieferung gelten, da diese in anderen gesellschaftlichen Strukturen (Sippen-, Clan-Stammesstruktur) tradiert wurden. Dennoch ist davon auszugehen, dass auch in dieser Kultur der Zeitraum für mündliche Überlieferung nicht über Jahrhunderte geht, sondern relativ kurz ist.

Wie oben angemerkt, würde bei einer schriftlichen Fixierung der Vätergeschichten zur Zeit Davids oder Salomons zwischen der angeblich erzählten Zeit und dem Verfasser ein Zeitraum von ca. 300 Jahren liegen. Inzwischen geht man in der Forschung allerdings kaum mehr von einer derartigen Frühdatierung der Verschriftlichung aus. Vielmehr vermutet man den Beginn der literarischen Tätigkeit in der mittleren bis späten Königszeit. Vielleicht beginnt die schriftliche Aufzeichnung überhaupt erst nach dem Untergang des Nordreiches Israel im Jahre 722. Unter ungünstigen Umständen, bei einer Frühdatierung Abrahams und einer Spätdatierung der Verschriftung käme man mithin sogar auf einen Zeitraum von 1000 Jahren oder mehr, den die mündliche Tradition überbrückt haben müsste. Dies ist jedoch kaum mehr plausibel zu machen. Dass die mündliche Tradition allerdings im Augenblick der Aufzeichnung nicht abrupt abbricht, gilt für alle mündliche Überlieferung, auch im Neuen Testament.

Ein drittes Argument wäre zu nennen, weshalb die Datierung Abrahams kaum mehr möglich scheint: Die geschilderten Verhältnisse, die Umstände, in denen Abraham lebt, lassen sich nicht einem bestimmten Zeitraum zuordnen. So wie Abraham, lebten die Menschen über Jahrhunderte – mit Modifikationen sogar bis auf den heutigen Tag. Damit wird Abraham zu einer zeitlosen Figur, zu einer idealtypischen Gestalt, der man ohne Bedenken die unterschiedlichsten Ereignisse zuschreiben kann. Von daher stellt sich die Frage, ob und wie eine Person namens Abraham überhaupt gelebt hat, und die gleiche Frage stellt sich natürlich auch für seine Söhne und seine weiteren Nachkommen. Dass zwischen Abraham, Isaak und Jakob überhaupt ein Verwandtschaftsverhältnis bestand, darf angesichts der konstruierten genealogischen Beziehungen zwischen allen Menschen dieser Welt wie auch der unterschiedlichen Siedlungsräume der Genannten, die uns in Gen überliefert werden, bezweifelt werden.

Zusammenfassung

Abraham ist eine Idealgestalt. Analoges gilt für Isaak und Jakob. An ihnen kristallisieren sich Eigenschaften heraus, wie sie von den Tradenten der Erzählungen als ideal verstanden werden, z.B. Schläue im Umgang mit den Bewohnern des Kulturlandes (Städtern), Sitte, Moral, Traditionen und Lebensweisen, und zwar der halbsesshaften →*Kleinviehnomaden*. Eine zeitliche Einordnung dieser Personen ist angesichts ihrer idealtypischen Bedeutung wie auch der geschilderten, über Jahrhunderte sich kaum verändernden Lebenssituation und Kultur nicht möglich, selbst wenn sich hinter den Genannten historische Personen verbergen sollten.
Damit sind aus diesen Erzählungen selbst keine Hilfen für die Datierung ihrer schriftlichen Abfassung zu erwarten.

3.4 Erzählzeit und erzählte Zeit der Josefsgeschichte

Inhalt und Gliederung

Josef ist der Erstgeborenen der Lieblingsfrau Jakobs, Rachel.
Von Jakob bevorzugt und mit *buntem* (Übersetzung unsicher: oder langem) Rock ausgestattet, gilt **Josef als Träumer und Traumdeuter**. Ein buntes Gewand ist kostbar, denn es erfordert eine Vielzahl von Arbeitsschritten, die bei einem naturbelassenen Stoff nicht erforderlich sind. Josef wird von den Brüdern aus Missgunst und Neid gefangen genommen, soll ermordet werden, wird aber dann **nach Ägypten** verkauft (Gen 37).
In dieser Geschichte bildet Kap. 38 einen Einschub: Es geht um Juda und seine Schwiegertochter Tamar, der die →*Leviratsehe* verweigert wird. Daraufhin verkleidet sie sich als Dirne und wird von ihrem Schwiegervater schwanger.

Die Geschichte Josefs setzt sich fort mit seinem **Aufstieg bei seinem Herrn** Potifar (39). Er wird jedoch durch die Frau seines Herrn (nach misslungenem Versuch, Josef zu verführen) verleumdet und ins **Gefängnis** gesteckt. Dort **deutet er die Träume der Gefangenen und auch die des Pharao** (39-41). Josef wird daraufhin zum Wesir befördert und verwaltet die **Getreideausgabe** (41). Infolge einer Hungersnot kommt es zu zwei **Besuchen seiner Brüder** zum Getreidekauf (42ff). Nach allerlei Verwicklungen **siedelt Josefs Familie** mit allen seinen Brüdern, Schwägerinnen und auch mit dem alten Vater nach **Ägypten** über (45ff). Kap. 49 enthält den **Segen des alten Stammvaters Jakob**. Er stirbt und wird einbalsamiert für die spätere Überführung nach Kanaan. Zum Schluss stirbt auch Josef. Es wird damit klar: Ägypten ist nur für eine begrenzte Zeit das Land Israels

In der Erzählung finden sich:

- weisheitliche Erzählelemente
- Märchenmotive (der Jüngste zieht aus und gewinnt die Königstochter und das halbe Königreich)
- Abenteuermotive: Die (fremde) Frau versucht, einen Jungen zu verführen. Als dies nicht gelingt, verklagt sie ihn: Dieses Motiv ist auch bekannt aus der ägyptischen Erzählung von den zwei Brüdern aus dem späten 2. Jtd. v. Chr.
- Beziehungen zum Danielbuch, zumindest was die Funktion von Träumen und ihre Deutung betrifft
- Der literarische Charakter entspricht am ehesten einem Roman: Es geht um einen Helden, der die Aufstiegschancen im fernen Ägypten ergreift.

Der Verfasser bzw. Erzähler scheint mit den Gepflogenheiten in Ägypten ziemlich gut vertraut zu sein. Selbstverständlich gibt es in Ägypten Vorratshaltung an den Tempeln, welche dann das Getreide an die Bevölkerung ausgeben.

Trotzdem ist auch hier die Datierung der Erzählung strittig und schwierig, und dies u.a. auch wegen der schon erwähnten Brückenfunktion der Erzählung im Pentateuch: Die Josefserzählung liefert im Kontext den Grund für den Ägyptenaufenthalt Jakobs und seiner Söhne. Sie könnte ohne Weiteres entfallen, denn eine Bemerkung wie: „Es war aber eine Hungersnot im Land und die Söhne Jakobs zogen nach Ägypten hinab um sich dort als Fremdbürger niederzulassen" in Anlehnung an Gen 12,10 würde bereits ausreichen, um Vätergeschichten und Auszugsgeschichte zu verknüpfen.

Die isolierte Erzählung aber ist erneut relativ zeitlos,

- weil in der späten Königszeit ägyptenfreundliche („Realpolitiker") und antiägyptische Tendenzen (z.B. Propheten) nebeneinander in Jerusalem existieren. Ähnliches gilt auch für die Zeit unter der Regentschaft der →*Ptolemäer* im 3. Jh v. Chr.!
- weil der Verkauf des Getreides an Notleidende im Austausch gegen ihr Ackerland (Gen 47,20) bei alttestamentlichen Propheten als gottlose Ausbeutung vehement kritisiert wird.
- weil die Eheschließung mit einer Ägypterin wie überhaupt das Leben im – heidnischen und damit unreinen – Ägypten für den Erzähler in Gen offensichtlich kein Problem darstellt: Dies wird v.a. in der früh-nachexilischen Zeit (nach 538 v. Chr.) zum Teil ganz anders gesehen. Da sind einerseits die Esra/Nehemia-Bücher, die sich strikt gegen eheliche Verbindungen mit fremden, nichtisraelitischen Frauen wenden; andererseits existiert das nachexilische Buch Rut, das mit der Moabiterin Rut als Vorfahrin Davids überhaupt keine Probleme zu haben scheint.
- weil die Erzählung selbst in sich nicht völlig konsistent ist – als Folge einer Redaktion oder als Folge des Zusammenbaus zweier Erzählungen zum Thema: Besonders zu Beginn der Erzählung in Kapitel 37,18-36 konkurriert die Tötungsabsicht der Brüder Josefs gegen ihn mit dem Plan, Josef zum Vater zu-

rückzubringen bzw. ihn zu verkaufen, es konkurrieren Ruben und Juda als Retter des jüngeren Bruders und schließlich treten einerseits ismaelitische und andererseits midianitische Händlern auf, an die Josef verkauft und nach Ägypten gebracht wird.

Es wird allerdings zu Recht darauf hingewiesen, dass das Schicksal des Josef (Hass der Brüder und Lebensbedrohung; Rettung durch Ägypten und Aufstieg dort zum „König" über seine Brüder; besondere Beziehung zu Benjamin) in einigen Punkten dem Schicksal des ersten Nordreich-Königs →*Jerobeam* ähnelt, eines Mannes der aus dem Josefs-Stamm Ephraim kommt.

Auf Grund dieser Beobachtungen werden für die Erzählzeit bzw. Verschriftlichung alle Möglichkeiten von der Königszeit (um 700) bis in die spät-nachexilische Zeit vertreten. Eine Anbindung an datierbare Ereignisse in Ägypten oder anderswo lässt sich jedenfalls nicht herstellen. Ebenso lässt sich die Gestalt des Josef entgegen früherer Versuche nicht mit einer bestimmten Person aus der Ägyptischen Geschichte in Verbindung bringen. Der Versuch der Identifikation Josefs mit einem gewissen →*Bay, auch Baja oder Beja*, einem altägyptischen Wesir, wahrscheinlich syrischer Herkunft, der am Ende der 19. Dynastie lebte, kann nicht überzeugen.

Was will die Erzählung dann überhaupt? Einige Punkte wurden schon angeschnitten: Ägypten ist durchaus ein Land, in dem es sich leben lässt. Mit Gottes Hilfe und Gottesfurcht kann es auch der „Ausländer" dort zu etwas bringen. Die Eheschließungen mit fremden Frauen bedeuten keinesfalls zwangsläufig den Untergang u.a. Vielleicht soll auch eine besondere Beziehung zwischen den Stämmen erzählt oder vielleicht sogar begründet werden: Josef mit Juda oder mit Ruben, die beide Josef zu retten suchen.

3.5 Doppelungen, Redaktionen, Fortschreibung und →*Relektüre*

Die auffälligste Doppelung im ganzen Pentateuch ist sicherlich die zweifache →*Schöpfungserzählung* in Gen, die daher noch einmal etwas genauer betrachtet werden soll. Strenggenommen ist es keine Doppelung, sondern es sind zwei völlig verschiedene Erzählungen mit unterschiedlichen Intentionen und verschiedenen Gottesbildern. Gemeinsam ist den beiden Versionen lediglich die Tatsache des „dass" der Schöpfung.

Die erste Erzählung bietet eine strenge Reihenfolge der acht Schöpfungsakte, aufgeteilt auf sechs Tage. Die Schöpfungsakte in dieser Reihenfolge machen auch unter heutigem naturwissenschaftlichem Denken durchaus Sinn. Selbstverständlich muss das Licht entstehen und trockener Boden vorhanden sein, um Pflanzen hervorzubringen, die wiederum für die später geschaffene Welt der Lebewesen als Speise dienen können. Insgesamt stellt sich die Schöpfung auch als eine Hierarchie dar: Letztes Geschöpf ist der Mensch, dem alles übergeben wird. Überboten wird dieser nur durch den siebten Tag, an dem die Schöpfung zu ihrem Ziel gelangt: den Sabbat. Souverän der Schöpfung ist Gott, der durch sein mächtiges Wort schafft. Was er ausspricht, geschieht. Gleichzeitig wird diese Schöpfung als eine „gute“ Schöpfung bezeichnet: Gott sieht, dass es gut war.

Die zweite Erzählung stellt von Anfang an Defizite in der Schöpfung fest, die nach und nach behoben werden müssen, auch durch das Mitwirken des Menschen. Dieser soll den Ackerboden bestellen. Arbeiten zu müssen ist also an sich keine Strafe als Ergebnis des Griffs nach der Frucht im Garten →*Eden*! Nachdem die Voraussetzungen für die Bebauung geschaffen sind durch das Aufsteigen der Feuchtigkeit, formt Gott den Menschen aus dem Ackerboden. Die darauf folgende Erschaffung der Tiere hat zunächst nur den Zweck, dem Menschen eine Hilfe zu schaffen. Als keines der Tiere diese Bedingungen erfüllt, erfolgt die Erschaffung der Frau aus der Seite des Menschen. Sie ist die gewünschte, erwartete und adäquate Hilfe des Menschen: Fleisch von seinem Fleisch und Knochen von seinem Knochen, d.h.: ihm gleich. Die Schöpfung scheint dem Prinzip des *trial and error* verhaftet zu sein: Gott probiert aus, bis ein zufriedenstellendes Ergebnis erreicht ist.

Von einer allmächtigen Schöpfung der gesamten belebten und unbelebten Welt, gewissermaßen des Kosmos, ist in der zweiten Erzählung, die sich in einem engen geographischen Rahmen abzuspielen scheint, überhaupt nicht die Rede. Auch die geographischen Hintergründe sind verschieden: das Wasser als eine Gefährdung der Ordnung in der ersten Erzählung, das trockene Land, in dem das Wasser unbedingt erforderlich ist, um überhaupt Leben hervorzubringen in der zweiten. Der wortmächtige Gott steht dem aus Erde formenden Gott gegenüber. Eine vergleichbare Ordnung wie in der ersten Erzählung ist in der zweiten überhaupt nicht zu erkennen und der Ausblick auf den Sabbat als Ziel und Ruhetag der Schöpfung in der ersten Geschichte verrät zumindest ansatzhaft religiös-kultisches Interesse des Autors.

Die beiden Erzählungen gehen mit Sicherheit nicht darauf zurück, dass ein zweiter Erzähler nur eigene Akzente setzen wollte: Hier liegt ein eindeutig anderes Gesamtkonzept vor.

Ähnlich verhält es sich bei den beiden Sintfluterzählungen. Im Unterschied zu den Schöpfungserzählungen liegen die beiden Sintflutgeschichten nicht mehr als je selbständige Fassung vor, sondern sind ineinander gearbeitet worden. Dennoch findet sich auch hier einerseits die streng organisierte und in zeitlichen Absätzen verlaufende Erzählung, die in ihrer aufzählenden Erzählform ein gewisses Maß an Langeweile verbreitet, und andererseits eine knapp gehaltene, gut lesbare Fassung.

In einer der Fassungen wird kultisches Interesse in der Form erkennbar, dass von den reinen, zum Opfer tauglichen Tieren nicht nur ein Pärchen sondern sieben Pärchen mitgenommen werden. Die eine Erzählung knüpft an die erste Schöpfungserzählung insoweit an, als die anfangs gebändigte Flut erneut als über die Erde kommende und diese fundamental gefährdende Wassermasse dargestellt wird. Sie bricht an all den Orten wieder aus, in die sie in der ersten Schöpfungserzählung verbannt wurde: von unten wie von oben. Die andere Erzählung spricht lediglich von „ganz normalen" wenn auch lange andauernden Regenfällen. Hier steht am Ende der Flut ein Opfer der reinen Tiere (Gott riecht den „Braten" und wird dadurch besänftigt: Gen 8,21). Dieser Zug fehlt in der ersten und eigentlichen „Urflut"-Erzählung. Demnach sind auch hier die Gottesbilder verschieden: Der die Fluten loslassende kosmische Gott gegen einen eher menschlich, „anthropomorphen" (menschlich erscheinenden) Gott, der freilich über den Regen, über Land und Wasser gebietet.

Man sollte zwar erwarten, dass die Opferszene von jenem Erzähler stammt, der noch als *„Priesterschrift"* (s.u.) vorgestellt werden wird – er dürfte die erste Schöpfungserzählung geschrieben haben – aber gerade die Tatsache, dass Noach als nicht eigens ausgewiesener oder bestellter Priester einfach so auf einem Altar und nicht an einem „ordentlichen" Kultort oder Tempel opfert, spricht dagegen.

Wozu nun diese „alten Geschichten"? Natürlich erzählt die Urgeschichte auch das Werden der Welt. Vor allem aber erklärt sie, *wie* und *warum* die Welt so wurde, wie sie ist: Die von Gott gut geschaffene Welt wird böse, weil alle Kreatur bzw. der Mensch böse ist. Die Sprache der Menschen ist verwirrt, weil sie in ihrer Hybris in den Himmel vordringen wollten. Der Mensch lebt in Mühsal, weil er Gottes Verbot übertreten und sich Erkenntnis angeeignet hat. Mit den „alten Geschichten" wird also nicht der „Werde-" sondern der „Ist-Zustand" begründet. Es handelt sich dabei weitgehend um →*Ätiologien*

Eine andere Aussageabsicht ist hinter der Geschichte von Abrahams Aufbruch aus seiner Heimat und seinem Zug in das verheißene Land zu vermuten. Sie richtet sich vermutlich an die nicht rückkehrwilligen Exilierten, die nach Beendigung des Babylonischen Exils 538 trotz Rückkehrerlaubnis lieber in Babylon bleiben wollen.

Die Josefsgeschichte dagegen wendet sich vielleicht an Kreise, die sich gegen eine Übersiedelung nach Ägypten (vgl. Jer 42,19; 43,7) und/oder gegen Ehen mit Ausländerinnen aussprechen (bes. Esr und Neh).

Eigens zu fragen ist dabei auch nach der Bundestheologie (Gottes Bund mit Abraham) und nach der Notwendigkeit, die bei den Semiten seit Langem übliche →*Beschneidung* – die älteste bislang vorliegende Abbildung einer Beschneidung ist ein ägyptisches Relief aus dem Jahr 2420 v. Chr. – als Bundeszeichen auszuweisen (vgl. Gen 17,11). Hier käme die Zeit der griechischen Seleukiden in Frage, möglicherweise aber auch das Exil. Ein unterscheidendes Zeichen ist die Beschneidung durchaus schon im Kontext des Exils, denn die Babylonier waren, obwohl ebenfalls Semiten, offensichtlich nicht beschnitten. Nicht beschnitten waren aber auch die Perser und selbstverständlich die Griechen.

Zusammenfassung

Weder die Urgeschichte noch Väter- oder Josefsgeschichte bieten Anhaltspunkte für eine historische Verortung. Die Erzählungen sind allesamt zeitlos und haben von daher nicht den Anspruch, Geschichtsschreibung im historischen Sinne zu sein. Vielmehr stehen die Protagonisten in einer Beziehung zu Gott, werden von diesem geführt, begleitet, ggf. behütet und gerettet. Auf diese Weise machen sie nicht nur die vorbildhafte Beziehung zwischen der Gottheit und ihrem Schützling deutlich, sondern zeigen auch Eigenschaften Gottes auf.

4. Das Buch Exodus

4.1 Inhalt und Gliederung

Das Buch Exodus erzählt von der **Fron der Nachkommen der zwölf Jakobsöhne** in Ägypten und dem Befehl des Pharao, **männliche Nachkommen der Israeliten umzubringen**. In diese Situation fällt die **Geburt und Rettung des künftigen Retterkindes**, ein Motiv, das sich auch in zahlreichen anderen Überlieferungen außerhalb der Bibel findet (1,1-2,25).
Es folgt die **Berufung des Mose** als Retter des Volkes (3-4), die **Verhandlungen mit dem Pharao** (5) und die **Plagen** (7-11). Diese sind recht stereotyp nach einem Schema aufgebaut:

Sendung des Mose zum Pharao
Forderung, das Land verlassen zu dürfen (anfangs nur zeitlich begrenzt)
Ankündigung der Plage
Eintreffen der Plage
Ruf des Pharao nach Mose und Konzessionen
Befreiung von der Plage
Rücknahme der Konzessionen

Nach der letzten Plage, der **Tötung der Erstgeburt** und der damit verknüpften Feier des **Pascha** erfolgt **der Exodus** aus Ägypten (13) und die Rettung am Meer (14).
Israel befindet sich fortan **in der Wüste** (15,22-18) und lehnt sich immer wieder gegen Mose und Gott auf: Erst fehlt das Wasser, dann fehlt das Essen, so dass es zum Mannaregen und zum Wachteleinfall kommt. Und schließlich wird Israel auch noch durch die →*Amalekiter* bedroht, die jedoch dank Gottes Hilfe (und Mose Gebet) besiegt werden (Ex 17). In der Begegnung mit dem Schwiegervater des Mose, einem Priester namens Jitro, lernt Israel vermutlich die Jahwe-Verehrung kennen (bes. Ex 18,12)

In der **Gotteserscheinung auf dem Sinai**, der an anderer Stelle Horeb heißt (z.B. Ex 3,1; 17,6; 33,6 und bes. in Dtn), empfängt Mose die **Weisungen Gottes** (19-20). Es sind dies beileibe nicht nur die sprichwörtlichen zehn Gebote, sondern verschiedene Gesetzessammlungen, wie z.B. das vermutlich recht alte Bundesbuch (21,1-23,33), eine Gesetzessammlung v.a. kasuistischen Rechts, also eine Sammlung von Präzedenzfällen, nach denen man Recht spricht.
Es kommt zum **Bundesschluss zwischen Gott und seinem Volk** (24). Daran anschließend folgen die Angaben Gottes zum Bau des portablen **Wüstenheiligtums** (der so genannten Stiftshütte oder des Offenbarungszeltes) (25-31) und die minutiös den Vorgaben folgende Ausführung des Baus (35-40). Anweisung und Ausführung werden allerdings voneinander getrennt durch den **Bundesbruch Israels**, durch die Erstellung des verächtlich so genannten „goldenen Kalbs", des Stierbildes (32-34).

In Kürze

1,1-2,25	die Fron; Geburt und Rettung des Mose
3-4	Berufung des Mose
5-11	Verhandlungen und Plagen
13-15	Exodus und Rettung am Meer
Ab 19	am Sinai zur Gesetzesgabe
21,1-23,33	Bundesbuch
24	Bundesschluss
25-31	Vorschriften zum Bau des Heiligtums
32-34	Bundesbruch (das goldene Kalb)
35-40	Ausführung des Baus des Heiligtums

4.2 Erzählzeit und erzählte Zeit

Die erzählte Zeit scheint im Exodusbuch genauer bestimmbar zu sein als in Gen: Laut Ex 1,11 mussten die Israeliten für den Pharao Pitom und Ramses bauen. Eine Stadt Ramses wird sicherlich unter einem der Rameseiden gebaut worden sein. Damit befinden wir uns zweifelsohne in der Zeit des so genannten Neuen Reiches. Ramses II. baute sich in →*Pi-Ramesse (Qantir)* im östlichen Nildelta eine neue Residenz. Zudem gilt er ohnehin als der große Baumeister des Neuen Reiches. Er muss aber deshalb nicht auch zwangsläufig der Pharao des Exodus sein, obwohl er eine unglaublich lange Lebens- und Regierungszeit vorweisen kann (19. Dynastie; 1303-1213). Wenn überhaupt eine Datierung des Exodus erfolgt, dann gilt zumeist sein Sohn und Nachfolger Merenptah 1213-1204 als Pharao dieses Ereignisses.

Auch wenn der Exodus als historisches Ereignis teilweise bezweifelt wird, scheint dieser derart massiv im Bewusstsein Israels verankert zu sein, dass seine

Historizität nur schwer in Frage gestellt werden kann, ungeachtet des tatsächlichen historischen Ausmaßes.

Es bedarf nicht erst der Lektüre von Werner Kellers Klassiker „Und die Bibel hat doch Recht“, um einzusehen, dass die Plagen durchaus wie beschrieben möglich sind:

Starke Niederschläge im Quellgebiet des Nils können zu einer starken Bodenerosion geführt haben, so dass der Nil mit Sedimenten durchsetzt, durchaus auch rot gefärbt, in Ägypten ankommt. In dem sauerstoffarmen Wasser stirbt der Fisch.

Die Frösche meiden das Wasser ebenso und kommen an Land bzw. sterben durch die Verunreinigung des Wassers.

Das Fehlen der Frösche als Insektenvertilger führt zu einer außergewöhnlich hohen Mückenpopulation, die auch ein Ansteigen der übertragbaren Krankheiten zur Folge hat etc. Die Theorie eines Vulkanausbruchs im Mittelmeerraum ist also keineswegs erforderlich, um die Phänomene zu erklären. Das Besondere an der Geschichte ist ja nicht das Vorkommen dieser Ereignisse, die wahrscheinlich in bestimmten Zeitabständen immer wieder auftraten, sondern die Tatsache, dass sie hier auf das Handeln Gottes zurückgeführt werden, der die Macht hat, diese Zeichen zu setzen und sein Volk damit allmählich aus der Umklammerung des Pharao befreit. Es ist der Gott, der Israel unter Zeichen und Wundern aus Ägypten, dem Sklavenhaus, herausgeführt hat, wie es ein →*Deuteronomist* an dieser Stelle formulieren würde. Zu diesen Wundern und Zeichen des Exodus gehören auch all jene, mit denen dieser Gott seinem Volk das Überleben in der Wüste sichert.

Inwieweit die Gestalt des Mose mit dem Exodus verbunden ist und in diese Zeit fällt, ist umstritten. In der Tat wäre Mose nicht nur als Führer des Exodus überlieferungsfähig und -würdig. Der Name Mose ist ägyptisch und bedeutet schlichtweg „geboren“, und demnach „Kind“. Der Name ist in vielen ägyptischen Königsnamen enthalten wie z.B. bei →*Ramses* (= Ra-Mose) oder Thutmose. War Mose also gar kein Hebräer, sondern ein Ägypter? Was glaubte Mose, wie war seine Religion? Wer oder was war dieser Mose überhaupt?

Nach atl. Vorstellung war er:

- Religionsgründer
- Gesetzgeber
- Wüstenführer
- Prophet
- Priester
- Richter
- Mittler zwischen Jahwe und dem Volk

Es ist nun wenig wahrscheinlich, dass *ein* Mann, selbst als Scheich, alle diese Funktionen gleichzeitig erfüllte, doch wofür Mose nun steht und welche Aufgaben er wo und in welchem Zeitraum erfüllte, ist kaum mehr rekonstruierbar.

Vorstellbar ist folgendes Szenario: Mose, ein Ägypter, ist tatsächlich der Führer der auswanderungswilligen Truppe. Er ist als Wüstenführer geeignet, weil er

Kontakte zu nomadischen Gruppen von Midianitern besitzt. Bei diesen lernt er einen Gott mit dem Namen „Jahwe“ kennen, der im Siedlungsgebiet der Midianiter, dem Gebirge Seir, verehrt wird, und zwar als Kriegs- und Wettergott auf Bergen, im Kontext von Vulkanismus. Donner, Feuer, zerfließendes Gestein sind Elemente, die sich um die Erscheinung dieses Gottes drehen:

Dtn 5,23 Und es geschah, als ihr die Stimme mitten aus der Finsternis hörtet, während der Berg im Feuer brannte, da tratet ihr zu mir heran, alle Oberhäupter eurer Stämme und eure Ältesten (vgl. Ps 97,3f).

Diese Ereignisse kann man zwar als theophore Elemente, als Zeichen des Kommens oder der Anwesenheit der Gottheit sehen, aber es stellt sich ja doch die Frage, warum dieser Gott gerade in dieser Weise und mit diesen Attributen erscheint.

Tätige Vulkane gibt es zu dieser Zeit, im ausgehenden zweiten Jahrtausend v. Chr., im nördlichen Saudi-Arabien in Harrat ash Shamah, dem Grenzgebiet zu Jordanien, und damit einer Gegend, die durchaus noch von den Midianitern gestreift worden sein konnte. Im Zeichen dieses wilden Kriegsgottes, der über den wandernden Israeliten in einer Feuerwolke wohnt, gelingt die Flucht aus Ägypten. Sie gilt nach dem Passieren einer gefährlichen Wasserstelle als erfolgreich abgeschlossen.

Die Anzahl der ausgewanderten oder geflohenen Personen zu bestimmen ist indes kaum mehr möglich:

Ex 12,37 Und die Kinder Israel brachen auf von Ramses nach Sukkoth, mit **sechshunderttausend Mann** *zu Fuß, die Männer ohne die Kinder.*

Faktisch beliefe sich die Zahl der Israeliten somit auf mindestens 2 Millionen Personen, die dann 40 Jahre in der Wüste überleben mussten.

Bei einer Schrittlänge von einem Meter in Viererreihen ergibt sich ein Zug von 500.000 m = 500 km.

Die Entfernung Ägypten–Israel (Breite des Sinai) beträgt etwa 200 km.

Das aber bedeutet: Die ersten Wanderer sind schon längst in Israel angekommen, doch die Mehrzahl steht noch immer in Ägypten – und das alles soll zu allem Überfluss in einer einzigen Nacht passiert sein! Man kommt der Historie daher vermutlich wesentlich näher, wenn man andere Zahlen zugrunde legt:

Gen 46,26 Alle dem Jakob angehörigen Seelen, die nach Ägypten kamen, die aus seinen Lenden hervorgegangen waren, ausgenommen die Frauen der Söhne Jakobs, alle Seelen waren 66.

Dtn 10,22 Mit siebzig Seelen zogen deine Väter nach Ägypten hinab; doch jetzt hat der HERR, dein Gott, dich an Menge gemacht wie die Sterne des Himmels.

Ex 1,5 Und die Zahl aller Seelen, die von Jakob abstammten, betrug siebzig Seelen. Joseph aber war schon in Ägypten.

Abb. 3: Standbild des Merenptah aus dem Tempel von Louxor, heute im Garten des Luxor-Museums, 2005, Foto: Neithsabes

Geht man dabei von einem vorübergehenden Aufenthalt in Ägypten wie bei Abraham von einigen Jahren oder Jahrzehnten aus, so kommt man unter Annahme eines großzügigen Vermehrungsfaktors auf einige hundert Personen. In der späteren Zeit, als ganz Israel die Exodustradition in das Kollektivbewusstsein des ganzen Volkes aufgenommen hat und den Exodus als sein Gründungsdatum versteht, sind die 600.000 Mann als „Gesamtheit der Söhne Israels" allerdings eine durchaus vorstellbare Größenordnung.

Während man den Exodus selbst für die Zeit des Merenptha und damit um 1200 noch reklamieren könnte, ist eine zeitliche Terminierung der Gebote oder Weisungen, die im Kontext der Wüstenzeit ergangen sein sollen, häufig weitaus schwieriger, denn sie setzen vielfach die Situation im Kulturland voraus.

So ist z.B. die Rede von den Beisassen, den nicht israelitischen Schutzbürgern, nur bei Sesshaftigkeit möglich und denkbar (.... Der Fremde, der in deinen Stadtbereichen wohnt...Ex 20,10). Das Elterngebot ist mit dem Land verknüpft und schließlich gilt dies auch für das zehnte Gebot, das von Hausbesitz ausgeht.

Ähnlich steht es mit dem so genannten →*Bundesbuch* (Ex 21,1-23,33), das von Haustieren, Einbruchdiebstahl, Feldbrand (auch im Weinberg) u.a. ausgeht. Die Gebote des Bundesbuches spiegeln somit Zeit und Umstände, wie sie beim Propheten Amos zugrunde liegen. Sie sind in die mittlere bis späte Königszeit einzuordnen.

Noch jünger dürften schließlich die Anweisungen zum Bau des portablen →*Wüstenheiligtums* sein. Die Stoffe, das Gold und Silber, die hier verarbeitet werden, sind für die Zeit der Wüste schlichtweg nicht vorstellbar – und letztlich auch kaum transportierbar. Betrachtet man z.B. das Zelt über dem Allerheiligsten (Ex 26,7-14) so soll dieses aus elf Decken à 30 x 4 Ellen groß sein, d.h. 15 x 2 m. Beim Aneinanderfügen von fünf Decken ergibt sich ein riesiges Tuch von 15 x 10 m als Dach, allerdings auf beiden Seiten, so dass eine Fläche von 15 x 20 m entsteht. Entsprechend groß sind auch die Bretter für die Gotteswohnung: Pro Längsseite 20 Bretter mit den Maßen 5 m Länge x 0,75 m Breite. Dies ergibt bei 20 Brettern eine Breite von 15 m.

Bei diesen Maßen müssten für den Transport eine große Anzahl von Männern der Exodusgruppe wie auch von Lasttieren abgestellt werden – von Auf- und Abbau einmal ganz zu schweigen. Es besteht daher der Verdacht, dass der spätere Tempel von Jerusalem, maßstabsgerecht verkleinert, in die Wüste gesetzt worden ist.

Eine gewisse Bestätigung erfährt diese Überlegung durch die Geschichte vom so genannten →*Goldenen Kalb*, d.h. dem goldenen Stierbild, das aufgestellt wurde. König Jerobeam, der Begründer des Nordreiches Israel, soll bei seiner Lösung vom davidischen Königshaus zwei Tempel in seinem Reich errichtet haben, einen in Bet-El, einen in Dan. In beiden Tempeln, so der Vorwurf gegen ihn, habe er goldene Stierbilder, oder, wie Hosea (13,2) polemisiert, „Kälber" aufstellen lassen.

Wenn es schon zur Wüstenzeit ein goldenes Kalb gegeben hätte, das von Mose gewissermaßen zu Staub pulverisiert wurde, hätte es Jerobeam sicher niemals gewagt, in seinen Tempeln erneut dieses Standbild aufzustellen, denn dieser Stier-Gott hat sich ja gegen Jahwe und dessen Stellvertreter als ohnmächtig erwiesen. Die Erzählung vom goldenen Kalb ist zwar →*mehrschichtig*, aber hier, wie auch an anderen Stellen, werden Ereignisse, Vorschriften, Gebote aus der späteren Königszeit einfach in die Anfänge Israels zurück projiziert, und dies gilt letztlich vermutlich auch für das Pascha und das Fest der ungesäuerten Brote, die im Exodus eine ätiologische Begründung erfahren. Allerdings ist bei einem derart „prominenten" Beginn des Pascha kaum verständlich zu machen, warum es angeblich während der gesamten Königszeit nicht mehr gefeiert wurde (2Kön 32,22).

Wie auch immer, mit dem Exodus haben weder Pascha noch →*Mazzot*, das Fest der ungesäuerten Brote, ursprünglich etwas zu tun, wie Ex 12,6 behauptet, das im krassen Widerspruch zu 12,34 steht. Die Hypothese von G. Fohrer (Judentum 91f), dass es sich bei dem Pascha um ein Hirtenfest handelt, das Mazzot dagegen im Kontext eines bäuerlichen Erntefestes steht und beide als Frühlingsfeste zusammen gefeiert werden, hat einiges für sich.

Die Erzählzeit wurde an verschiedenen Stellen schon angesprochen: Die Gebote setzen zu großen Teilen die Sesshaftigkeit im Kulturland voraus oder auch, wie die Zweitauflage der beiden Tafeln aus Ex 34 zeigt, einen funktionierenden Kult an einem Heiligtum, zu dem man dreimal im Jahr eine Wallfahrt unternimmt und an das man einen Ernteanteil in Naturalien – zumindest die Erstlingsfrüchte – abführt. Diese Gebote sind zudem stark geprägt von der Absetzung von und der Auseinandersetzung mit den „übrig gebliebenen Völkern" (vgl. Jos 23,4 u.a.), die Israel angeblich in seinem Glauben bedrohen. Damit fallen derartige Aussagen frühestens in die Zeit der Sesshaftwerdung, z.T. eindeutig in die Zeit des ersten Tempels und ggf. sogar erst in die späte Königszeit, die Zeit der Kultzentralisation unter Joschija.

Vielleicht spiegelt die Fron in Ägypten wie auch die Hilfe Gottes im Exodus eine Zeit wider, in der ein potenter König Israels, vergleichbar dem Pharao des Exodus, größere Bauvorhaben durchführen ließ. Neben Salomon war dies vor allem in der Zeit der →*Omriden* der Fall, einer Herscherdynastie des Nordreiches.

Zumindest kann die Erinnerung an die Fron in Ägypten in dieser Zeit eine Neuauflage, eine Relektüre erfahren haben, als Kritik am eigenen König und seiner Fron.

Ebenso wird man sich in den Zeiten der Propheten, in denen immer wieder gegen ein Bündnis mit Ägypten polemisiert wird oder in denen angesichts der heranrollenden Kriegsmaschinerie aus dem Zweistromland Furcht ausbricht, an den Untergang der pharaonischen Streitmacht erinnert haben, die von Israels Gott vernichtet wurde. Insbesondere gilt dies auch für jene Zeit, in der das eigene Königshaus für viel Geld Rüstungsgüter, vornehmlich Streitwagen und Pferde, einkauft um damit zu repräsentieren oder sich damit in Sicherheit zu wiegen.

> *Dtn 17,16 Nur soll er sich nicht viele Pferde anschaffen, und er soll das Volk nicht nach Ägypten zurückführen, um sich noch mehr Pferde anzuschaffen, denn der HERR hat euch gesagt: Ihr sollt nie wieder auf diesem Weg zurückkehren.*

Kritiker dieser Maßnahmen werden dem König vorgehalten haben, dass Ägypten einst auch auf seine Streitmacht vertraute, und Jahwe-Gott diese trotzdem im Meer jämmerlich untergehen ließ. Bei Jes heißt es dazu:

> *31,3 Auch die Ägypter sind Menschen und nicht Gott, und ihre Pferde sind Fleisch und nicht Geist. Und der HERR streckt seine Hand aus, da stürzt der Helfer, und der, dem geholfen wird, fällt. Und alle miteinander gehen sie zugrunde.*

Für einen Großteil der Texte des Exodusbuchs kommt als Erzählzeit somit vermutlich die mittlere bis späte Königszeit in Frage, in der man sich an die Geschichte erinnert und diese in „neuer Auflage" für die Gegenwart aktualisiert. Diese Aktualisierung erfolgte sehr herrschaftskritisch und könnte dann, z.B. in der Zeit des →*Manasse*, von Seiten des Königs zu rigorosen Verfolgungsmaßnahmen gegen die Opponenten geführt haben:

> *2Kön 21,16 Manasse vergoß auch sehr viel unschuldiges Blut in Strömen, bis er Jerusalem damit anfüllte von einem Ende zum andern;*

Zusammenfassung

Der Exodus kann als Gründungsgeschichte Israels verstanden werden. Kein anderes Ereignis wird so häufig als Hintergrund für Feste und auch Weisungen Gottes genannt. Zur historischen Dimension bleiben zwar viele Fragen offen, umso auffälliger ist allerdings dann seine Wirkung in der Geschichte Gesamtisraels.

Ein zweites wichtiges Element ist die Gesetzesgabe am Sinai: Der Gott, der Israel herausgeführt hat, übergibt seinem Volk, das er allein gerettet hat, die Weisungen, nach denen Israel in Zukunft leben kann und soll. Die Einhaltung der Weisungen führt zu einem gelingenden Leben und zu einer heilvollen Beziehung zwischen Gott und seinem Volk.
Das dritte Element ist der Bau des Heiligtums in der Wüste. Hier wird der spätere Tempel in die Wüstenzeit zurückprojiziert. Der ordentliche und legale Kult ist natürlich besonders für die Priesterschrift eine entscheidende Grundlage für die Beziehung zwischen Gott und seinem Volk.
All diese Erzählungen tragen ätiologischen Charakter: Die wichtigsten Bestimmungen und Vorstellungen Israels werden auf die Wüstenzeit zurückdatiert und erfahren damit einen autoritative und nicht revidierbare Begründung.

5. Das Buch Levitikus

In Ex 19 bricht die Erzählung des Exodus zwar nicht abrupt ab, denn immerhin wird der Auf- und Abstieg des Mose am Gottesberg berichtet, aber das Volk lagert am Fuße des Berges, und es geht letztlich nicht mehr weiter. Es folgen die unterschiedlichsten Gebote und Vorschriften, und es ist vor allem der Auftrag zum Bau des portablen Heiligtums, der scheinbar den Weiterzug verhindert, denn das Heiligtum muss ja erst in aller Sorgfalt erstellt werden.

Aber selbst nach dessen Einweihung in Ex 40 erfolgt kein Aufbruch. Im anschließenden Buch Levitikus geht es erst einmal um Opfervorschriften.

5.1 Inhalt und Gliederung

Gleich die Anfangskapitel (1-7) beschäftigen sich mit **Opfern**: Brand-, Speise-, Schlacht-, Sünd- und Schuldopfer, Heils- und Dankopfer werden genannt.
Zwischen den einzelnen Opfern gibt es Unterschiede in der Art der Darbringung und hinsichtlich der Gaben, ggf. sogar im Blick auf die Stellung des Spenders. Dabei sind das Vorgehen und der Anteil der Priester keineswegs bei allen Opfern klar auszumachen.
8-10 fährt fort mit Instruktionen für die Einsetzung, Einkleidung, Salbung und Bekleidung der **Priester**.
Es folgt ein großer Komplex mit **Reinheitsgesetzen** (11-15). Im Gegensatz zu den Opfervorschriften haben die Reinheitsgesetze zum großen Teil heute noch Bedeutung (→*Koscherness/Kaschrutvorschriften*). Es geht allerdings nicht nur um Speisen, sondern auch um die Reinheit der Frau nach einer Geburt, um

Reinheit/Unreinheit bei Aussatz und Reinigungsriten bei Aussatzheilung; Unreinheit bei Männern und Frauen besteht bei Ausfluss [ohne genauere Definition], Blutfluss außerhalb der Menstruation, Samenerguss.
Ein eigenes Kapitel (16) ist dem **Yom Kippur,** dem Jom hakippurim = Tag der Entsühnung (wörtl.: des Wegwischens oder Bedeckens) gewidmet, der Priesterkleidung für diesen Tag und den Opferriten. Von besonderem Interesse ist der altertümlich wirkende Sündenbockritus.
Mit 17-26 schließt das so genannte **Heiligkeitsgesetz** an (so genannt wg. *19,1f: Der Herr sprach zu Mose: Rede zur ganzen Gemeinde der Israeliten, und sag zu ihnen: Seid heilig, denn ich, der Herr, euer Gott, bin heilig.*) Auch hier finden sich Vorgaben, die das Leben eines gesetzestreuen Juden bis heute prägen, wie z.B. Speisevorschriften (17), Fragen zur Sexualität (Verbot geschlechtlicher Beziehungen bestimmter Verwandter; geschlechtlicher Praktiken wie Sodomie und „Homosexualität"), Kult- und Sozialethik (Verhalten gegen Eltern und Nächste), Vermischungsverbot (keine Kreuzung von Vieh, keine zwei Früchte auf dem gleichen Acker, keine Textilien aus Mischgewebe), sowie Vorschriften für →*Erstlingsfrüchte*. Bei Erstlingsfrüchten handelt es sich um jene Früchte, die ein junger Baum zum ersten Mal trägt.
Verbote bestimmter Praktiken, die teilweise – vielleicht in der Umwelt Israels im Kult? – angewandt wurden, werden ebenfalls aufgelistet: Ihr sollt nichts mit Blut essen, Wahrsagerei und Zauberei sollt ihr nicht treiben (19,31), ihr sollt euer Kopfhaar nicht rundum abschneiden (Pejes, Schläfenlocken); du sollst deinen Bart nicht stutzen. Für einen Toten dürft ihr keine Einschnitte auf eurem Körper anbringen, und ihr dürft euch keine Zeichen einritzen lassen (19,28).
Es finden sich ferner Mahnungen zur Beachtung des Sabbat; Verbot der →*Totenbeschwörung*, Diskriminierungsverbot u.a.
In Kap. 20 folgen Verfehlungen, an denen in Israel offensichtlich besonders Anstoß genommen wurde: Molochopfer (Menschenopfer?), Totenbeschwörung, Wahrsagerei, Sexualdelikte u.a.
Vorschriften für Priester und Hohepriester bei Todesfällen in der Familie sowie Anforderungen an Priester schließen sich an (21).

Wie schon 17-26 enthalten auch die folgenden Kapitel eine recht bunt gemischte Sammlung an Weisungen: **Opfergaben** und Tauglichkeit von Opfertieren (22); **Feste**: Sabbat, Pascha und Mazzot, Schavuot (Wochenfest=Pfingsten) Rosch ha Schana (jüd. Neujahr), [noch einmal] Yom Kippur (Versöhnungstag), Sukkot (Laubhütten) (23); Bestimmungen für **Leuchter** am Tempel (ewiges Licht) und den so genannten Schaubrottisch (24).
Unerwartet und die Thematik des Kontextes durchbrechend äußert sich 24,10-23 zur **Steinigung eines Gotteslästerers**.
Die Reihe endet in Kap. 25 mit **Sabbat- und Erlassjahr** (Jubeljahr oder Jobeljahr: das 50. Jahr) und Regeln für **Immobilien und Sklaven**.

Das Kap. 26 schließt das Buch mit **Segen- und Fluchansagen** bei Einhaltung/Nichteinhaltung der Gebote, womit gleichzeitig gesagt wird, dass Gott die Einhaltung dieser Gebote überwacht und der Urheber dieser Gebote ist.
Kap. 27 erweckt den Eindruck einer sekundären Zufügung.

In Kürze

1-7	Opfergesetze/Opfer-Tora
8-10	Beginn des Kultes
11-15	Reinheitsgesetze/Reinheits-Tora
16	Yom Kippur/Versöhnungstag
17-26	Heiligkeitsgesetz
27	Auslösung von Gelübden/Weihegaben

5.2 Das Buch als Gesetzessammlung

Somit enthält das Buch Levitikus Sammlungen von Vorschriften und Gesetzen unterschiedlichster Art, teilweise auch als Dubletten (vgl. Kap. 24,17.21).

Besonders in Kapitel 19 wird die Heterogenität des Stoffes deutlich. Dabei ist kaum ersichtlich, nach welchen Kriterien die unterschiedlichen Ausführungen miteinander verknüpft sind und warum sie sich allesamt in Kapitel 19 finden. Das so genannte Heiligkeitsgesetz Lev 17-26 wird dabei aufgrund der Konzeption von Heiligkeit der Priesterschrift zugewiesen (s.u.), jener postulierten literarischen Schicht aus spätexilischer bzw. nachexilischer Zeit:

> *„Weithin anerkannt ist, dass das Heiligkeitsgesetz in rechts- und literargeschichtlicher Hinsicht eine bewusste Weiterführung und Korrektur des Dtn verkörpert, wenn auch im Einzelfall das Heiligkeitsgesetz auf spätere Bearbeitung des Dtn zurückgewirkt hat. Kontrovers diskutiert wird jedoch, ob es sich um ein primär eigenständiges Rechtskorpus handelt, das sek. in P [Priesterschrift] eingearbeitet wurde (K. Grünwaldt), ob es hier um einen aus unterschiedlichen Materialien gebildeten Zusatz geht, der gezielt für seinen jetzigen literarischen Zusammenhang geschaffen wurde (E.Otto), oder ob schließlich das Heiligkeitsgesetz nie als eine eigenständige lit. Größe konzipiert worden, sondern mit seinem priesterschriftlichen Kontext entstanden ist.“ (Gertz: Grundinformationen[5], 233)*

Die Tempel-, Opfer- und Priestergesetze haben ihre Bedeutung heute zwar weitestgehend verloren, wirken aber z.T. im spiritualisierten Sinn noch nach. So wird das →*Mincha-Gebet* zu der Zeit gesprochen, zu der früher am Tempel das Speiseopfer dargebracht wurde – es ist somit ein Ersatz für das Opfer. Andere Gebote, wie z.B. Sexualgesetze, Speisegesetze oder das Verbot bestimmter Praktiken aus Kapitel 19 sind heute noch feste Bestandteile im Leben des Judentums.

Die Datierung der Kult- und Opfervorschriften in die nachexilische Zeit besagt jedoch nicht, dass die in deren Kontext stehenden sonstigen Weisungen ebenfalls erst aus diesem Zeitraum stammen. Sie können durchaus älteren Datums und mit jüngerer Überlieferung kombiniert worden sein.

Die Priesterschrift

Die so genannte Priesterschrift, deren Aufteilung in P^g (Priestergrundschrift) und P^s (Priestersupplementschrift oder auch sekundäre Priesterschrift) weitgehend anerkannt ist, stellt die jüngste Schicht des Pentateuch dar. Ihr Umfang ist umstritten, insbesondere ihr Ende: Hier reichen die Vermutungen von Dtn 34 bis weit in das Josuabuch hinein. Die Schrift weist eine ganze Reihe von Eigenheiten, sowohl sprachlicher wie auch thematischer Art auf. Schon in der ersten Schöpfungserzählung der Genesis ist es offensichtlich, dass der/die Verfasser sich eine geordnete, verlässliche Welt vorstellen: Gott beseitigt das Chaos des Wassers und bringt, im wörtlichen wie auch übertragenen Sinn, Licht in die Geschichte. Das alles wird genau erzählt, in einem festen Raster, wie wir es dann in ähnlicher Weise auch in der Sintflutgeschichte vor uns haben. Besonders interessiert ist die Schrift natürlich am Kult (und somit auch an Sabbat und Pascha) und datiert durch die lang und umständlich angelegte Erzählung um das Wüstenheiligtum diesen in die Zeit des Auszugs zurück. Zuvor könnte auch schon das Gebot der Beschneidung in Gen 17 dieser Schicht zugehören. Ein weiterer wichtiger Gedanke ist das verheißene Land. Deshalb ist es nicht völlig auszuschließen, dass es in irgendeiner Weise priesterschriftliche Aussagen zur Landnahme gab (Lohfink: Pentateuch, bes. 80-83), die erst durch die Begrenzung des Pentateuch aus ihrem unmittelbaren Kontext gelöst und in das Buch Josua verschoben wurden – oder gelöscht worden sind. Schließlich ist die Beziehung zwischen Gott und seinem Volk, die man gewöhnlich als „Bund" bezeichnet, nicht mehr eine bedingte, sondern eine unbedingte Zusage, d.h. der Bund wird von Gott her errichtet und ist nicht mehr abhängig davon, ob Israel seinen Part darin auch erfüllt. Es soll nur erwähnt werden, dass in neuerer Zeit auch noch andere Bundeskonzepte diskutiert werden, neben dem Bund als Vertrag in den nichtpriesterlichen Texten und dem Bund als Gnade in den priesterlichen.

Die Erzählzeit von Lev liegt, soweit es sich um Texte der Priesterschrift handelt, gegen Ende des Exils oder gar erst danach. (Zum typischen Wortlaut und zur Frage der Differenzierung zwischen P^g und P^s sei auf Smend: Entstehung 47-49 und auf Zenger: Einleitung[9], 183-209 verwiesen.)

Zusammenfassung

Die Kult- und Opfervorschriften des Buches setzen die Existenz eines Tempels voraus – oder die Erinnerung an einen solchen, verbunden mit der Hoffnung auf dessen Wiederherstellung. Wesentlich wahrscheinlicher als die salomonische Zeit mit dem ersten Tempel kommt als Entstehungs- oder zumindest Abfassungszeit die Zeit des zweiten, d.h. nachexilischen Tempels in Betracht: Der ganze Kult erscheint durchorganisiert und strukturiert, es gibt nur dieses eine konkurrenzlose Heiligtum, und so lässt sich an ihm auch die Durchführung des Kultes genau nach diesen Regeln überwachen. Daran ist diesem Buch gelegen. Dies trifft in der Zeit des salomonischen Tempels bestenfalls für die Zeit des Joschija zu, ein Zeitabschnitt, der offensichtlich eine Episode blieb. Somit befinden wir uns eher in der nachexilischen Zeit und damit in dem Bereich der so genannten Priesterschrift.

6. Das Buch Numeri

Auch das Buch Numeri enthält zunächst einmal weitere Anweisungen und Vorschriften. Erst in Kapitel 10 erfolgt der Aufbruch des Volkes vom bisherigen Standort und der Versuch, das verheißene Land endlich zu erreichen. Aber selbst hier finden sich immer wieder einerseits Vergehen und andererseits (Kult-)Vorschriften in die Erzählung eingestreut, bisweilen mit recht einfachen literarischen Mitteln, wie z.B. einer Notiz über einen Orts- oder Ereigniswechsel oder auch in Form einer neuen Mose-Rede (vgl. etwa Kap. 25; 26: die Berufung Josuas nach der Verordnung, die die Vererbung an Töchter regelt).

6.1 Inhalt und Gliederung

Um für die weiteren Vorgänge, insbesondere die Eroberungen, gerüstet zu sein, werden die wehrfähigen Männer gezählt. Man kommt auf die Zahl 603.550 (vgl. die gleiche Zahl in Ex 38,26 sowie Ex 12,37: 600 000 Mann). Es handelt sich möglicherweise um eine gematrische Zahl, die aus dem Satz Num 2,32 „Das ist die Gesamtzahl der gemusterten Söhne Israels" gewonnen wurde.
In 3-4 werden die Leviten den Aaroniten (also den Priestern) unterstellt. Dies geschieht historisch exakt zur Zeit des Königs Joschija.
Die nachfolgenden Kapitel bieten wieder recht verschiedene Bestimmungen, wie etwa ein Gottesurteil bei Ehebruchverdacht (Trinken des „fluchbringenden Wassers": 5) und Ausführungen zum Nasiräat: Ein →*Nasiräer* ist ein (für best.

Zeit oder Lebenszeit) Gottgeweihter. Für ihn gilt: Kein Alkohol, kein Friseurbesuch, keine Verunreinigung durch Tote (6).
Scheinbar ähnlich ungeordnet geht es weiter mit verschiedenen Bestimmungen, wie etwa dem Aaronitischen Segen (Segen eines Kohen, eines Priesters: 6,24-26), zu Opfergaben (7), zum Tempelleuchter, der Menorah (8), und einem Nachtrag zur Paschaordnung (9,1-14).
Mit 9,15-23 senkt sich die **Wolken- und Feuersäule** aus Ex auf das Heiligtum: Der weitere Wüstenzug wird vorbereitet und beginnt mit 10,11. Das Volk hat aber nicht viel gelernt aus der Vergangenheit. Wieder gibt es Unzufriedenheit; man will Fleisch (11) und so wiederholt sich das **Wachtelwunder** aus Ex 16,13f. Die Gier nach Fleisch bleibt nicht ungesühnt und die Opfer dieser „Untat" werden dort, in den „Gier- oder Lustgräbern" begraben *(→Nawamis)*
Eine **Rebellion der →*Miriam*** gegen ihren Bruder Mose führt zu vorübergehendem Aussatz (12).
Mit am bekanntesten aus diesem Buch ist die **Kundschaftergeschichte** (13): Die Boten bringen eine Weinrebe zurück als Beleg für die Fruchtbarkeit, die zwei Männer auf einem Stock zwischen sich tragen müssen. Es gibt aber auch negative Aussagen zum Land: **Das Volk rebelliert** und wird daher von Gott mit einer 40 Jahre dauernden „Ehrenrunde" in der Wüste bestraft (14).
Es folgen diverse Opfervorschriften (15 und 18f), ein **weiterer Aufstand** gegen Mose (16f), die Sache mit der **roten Kuh** (19), der **Tod Mirjams** (20) und ein erneuter Wassermangel, der von Gott, respektive Mose durch **Wasser aus dem Felsen** behoben wird. Mose wird jedoch, wie auch Aaron, das Betreten des Landes wegen fehlenden Vertrauens in Gott untersagt. **Aron stirbt** auf dem Berge Hor. Eine Schlangenplage wird mittels einer **ehernen (= bronzenen) Schlange** gebannt (21) und es kommt zu ersten Siegen im Ostjordanland. Schließlich wird vom **Seher Bileam** berichtet, der auch außerbiblisch für die Zeit um 800 bezeugt ist.
Im Weiteren wird ein **Abfall zu Baal**, verursacht durch den Kontakt mit den Moabitern, mit einer Seuche und 24.000 Toten bestraft (25). Verschiedene Vorschriften für Opfer, Erbregelungen, Gelübde und div. Nachträge (27-32) zu verschiedenen Themen (33-36) beschließen das Buch, nachdem in 31f **von Siegen im Ostjordanland** und von **Landverteilungen** berichtet wird.

In Kürze

1-10	weitere Anordnungen Gottes am Sinai
10-20	Fortsetzung des Wüstenzuges: Der Weg durch die Wüste zum verheißenen Land mit Opfervorschriften
21-32	Eroberung und Besiedelung von Negeb und Ostjordanland mit Opfervorschriften (Westjordanland erst in Jos!)
33-36	Nachträge

6.2 Erzählte Zeit und Erzählzeit

Für die Weisungen ist erneut die Zeit nach der Landnahme als historischer Hintergrund zwingend vorgegeben, z.B. für das Erbrecht der Töchter oder auch das Reinigungswasser aus der →*roten Kuh* (Num 19): Es geht um eine Kuh, die noch kein Joch getragen hat. Es ist einsichtig, dass es sich bei einer derartigen Kuh um ein Tier aus einer Bauern- und nicht aus der Nomadenkultur handeln wird.

Auch hier ist festzustellen, dass man vielen Vorschriften, selbst solchen, die zwangsläufig an ein festes Heiligtum gebunden sind, einen ätiologischen Anfang in der Wüstentradition zu verschaffen sucht – und dies sogar gegen die mehrfache Äußerung gerade bei den Propheten, dass Gott für die Wüstenzeit keine Opfer angeordnet oder erwartet hat (Am 5,25; Jer 7,22). Dies ist auch umso erstaunlicher, als im Gegensatz zum Propheten Hosea die Wüste im Pentateuch eher als Ort der Auflehnung und der Widerborstigkeit des Volkes gegen Gott dargestellt wird (vgl. Hos 2,15-19; 12,10-14; vgl. auch Jer 2,2-3). Warum also dann die Rückbindung des Kultes gerade an diese Zeit? Immerhin kann damit verständlich gemacht werden, warum es herausragender Personen und fester Mechanismen bedarf, um das widerspenstige Volk unter Kontrolle zu halten, es zu führen und zu leiten. Eine Ätiologie ist somit auch systemstabilisierend, sofern und so lange sich Traditionen besonderer Wertschätzung erfreuen.

Die erzählte Zeit ist hier völlig klar: Es ist die Zeit der Wüstenwanderung des Volkes vor dem Einzug ins verheißene und gelobte Land.

Die Erzählzeit wie auch die Zeit der Entstehung einzelner Abschnitte ist dagegen weitaus schwieriger zu bestimmen, denn zu welcher Zeit war das Volk nach Ausweis von Pentateuch bis Propheten nicht widerborstig und in der Gefahr, die Weisungen seines Gottes zu übertreten, so dass man dagegen angehen musste? Die Tatsache, dass etliche Gebote einen Tempel voraussetzen, hilft auch nicht wirklich weiter, denn es kämen theoretisch sowohl der erste, salomonische, wie auch der zweite, nachexilische Tempel in Frage.

Die Datierung

Die Schwierigkeiten einer zeitlichen Ansetzung sollen am Beispiel der →„*ehernen Schlange*“ verdeutlicht werden (Num 21).
Wie oben schon kurz vermerkt, gab es in der Wüste eine Schlangenplage: Giftige Schlangen kamen ins Lager und töteten viele Menschen. Auf Geheiß Gottes errichtet Mose einen Pfahl, an dessen Spitze er eine eherne Schlange befestigt. Wer gebissen wird und zu dieser Schlange hochblickt, stirbt nicht.

Die Schlange gilt einerseits als eine Bedrohung, andererseits aber auch als Zeichen der Fruchtbarkeit. Wenn der Pharao auf seiner Doppelkrone die Kobra als Zeichen führt, die den Betrachter anschaut, so stellt sie für den Betrachter ein Zeichen der Bedrohung dar, während der Pharao, der gewissermaßen „hinter“ der Schlange steht, durch sie geschützt wird.

In Israel gilt die Schlange als besonders kluges und listiges Tier (vgl. Gen 3), aber ebenso als Gefahr. Der Verfasser von Gen 3 konstatiert den ständigen Zweikampf zwischen Mensch und Schlange: Die Schlange versucht den Menschen zu beißen, der Mensch stellt ihr nach und versucht sie zu zertreten. Auch die Rückkehr des paradiesischen Urfriedens in der messianischen Endzeit, wie sie bei Jesaja angekündigt wird, benennt ausdrücklich die nunmehr beendete Feindschaft zwischen Mensch und Schlange (Jes 11,8).
Die kupferne (bronzene) oder auch eherne Schlange, die Mose auf Gottes Geheiß in der Wüste aufrichtet, dient als Heilszeichen und Schutzschild.
Es ist aber dann umso erstaunlicher, dass diese Schlange in der Königszeit „in Ungnade fällt" und von Hiskija zerschlagen wird:

> *2Kön 18,4 Er beseitigte die Höhen und zertrümmerte die Gedenksteine und rottete die Aschera aus und schlug die eherne Schlange, die Mose gemacht hatte, in Stücke. Denn bis zu jenen Tagen hatten die Söhne Israel ihr Rauchopfer dargebracht, und man nannte sie Nehuschtan.*

Erstaunlicherweise hat die Schlange zur Zeit des Hiskija eine ganz andere Bedeutung: Man bringt ihr Rauchopfer dar und behandelt sie somit als ein Kultbild, wofür auch immer. Denkbar wäre, dass die Geschichte um die Wüstenschlange die Ätiologie für dieses Kultbild am Tempel abgibt.
Nicht nur aus Ägypten wird klar, dass Schlangen göttlich verehrt wurden. Dies gilt auch für das Zweistromland. Außerdem wurde 1969 von Beno Rothenberg in der Nähe von Eilat, in Timna, ein angeblich →*midianitisches Zeltheiligtum* entdeckt, in dem eine Schlange mit vergoldetem Kopf, mit hoher Wahrscheinlichkeit als Kultbild (oder Votivgabe?), Verehrung erfuhr. Ist es vorstellbar, dass diese Schlange doch aus der Wüstenzeit und aus der Begegnung mit Midian stammt, im Israel der frühen bis mittleren Königszeit „überlebt" und erst der Kultreinigung unter Hiskija zum Opfer fällt? Von daher wäre es mehr als naheliegend, dass die Entstehung von Num 21 mit der positiven Bewertung der Schlange vor Hiskija erfolgte.

Es soll aber auch eine andere Möglichkeit für die Herkunft der Schlange nicht unerwähnt bleiben: Hiskijas Vorgänger →*Ahas* hatte angesichts des bevorstehenden →*„Syrisch-Ephraimitischen Krieges"* – sei es auf Druck der Assyrer, sei es im vorauseilenden Gehorsam – Teile des assyrischen Kultes übernommen und einen Altar gebaut. Wie dieser Altar aussah und was an ihm so anders war, wissen wir nicht. Er hat aber im Zuge dieses Altarbaues offensichtlich Veränderungen am Tempel vorgenommen und einen Jahwe-Altar verschoben, um Platz zu schaffen (2Kön 16,10-14). Die fälligen Opfer werden nunmehr auf dem neuen Altar dargebracht, möglicherweise einem anderen (assyrischen?) Gott. Immerhin wird von Joschija (2Kön 23,4-5) berichtet, er habe Kultgegenstände und Priester weggeschafft, die im Dienst für das „Heer des Himmels" (Gestirngottheiten) zum

Einsatz kamen. Joschija hat demnach die Veränderungen des →*Ahas* wieder rückgängig gemacht, so weit dies noch nicht durch Hiskija geschehen war. Möglicherweise gehörte aber zum (assyrischen) Kult des Ahas auch die Verehrung einer Schlange. Unklar bleibt dabei allerdings, weshalb man selbst unter Hiskija die Schlange mit Mose in Verbindung bringt und nicht einfach dem ohnedies in Misskredit geratenen Ahas anlastet vgl. 2Kön 16, 2b:

> *Er tat nicht wie sein Vater David...3 sondern folgte den Wegen der Könige von Israel. Er ließ sogar seinen Sohn durch das Feuer gehen....*

Die Schlange scheint also älter zu sein, jedenfalls älter als Hiskija. Und dennoch erwächst daraus keine Möglichkeit zur Datierung von Num 21, denn es kann ohne Weiteres sein, dass derjenige Autor des Pentateuch, der die Schlange positiv bewertet, die Auffassung der Hiskijanischen Reformer nicht teilt und somit auch nicht die negative Bewertung der Schlange durch die Deuteronomisten. Die unterschiedliche Bewertung der Wüste im Pentateuch im Vergleich zu den Propheten oder auch die unterschiedlichen Bewertungen von Mischehen (s.u. Rut im Vergleich zu Esr/Neh) machen deutlich, dass der Tenach höchst divergierende Positionen enthält.

Entsprechend schwer fällt es daher auch, die Aussageabsicht der Verfasser oder Redaktoren zu erheben. Hinsichtlich der Gebote gibt es dabei sicher weniger Probleme. Wozu aber beispielsweise die Geschichte des Aufstands der Miriam gegen ihren Bruder Mose? Sollen damit Streitigkeiten zwischen verschiedenen Priestergruppen im Sinne einer hierarchischen Ordnung gelöst werden? Und wozu dient die Kundschaftergeschichte mit dem Nachweis der außerordentlichen Fruchtbarkeit des Landes? Ist es eine Botschaft an die Exilierten, zurückzukehren? Es lässt sich demnach weder die Zeit der Entstehung einzelner Abschnitte des Buches noch die Zeit der Zusammenstellung erheben.

Zusammenfassung

Insgesamt stellt sich die Zusammenstellung der verschiedenen Stoffe als sehr heterogen dar. Ein Gliederungs- oder Ordnungsprinzip ist nicht erkennbar. Neben der Weiterführung der Wüstenwanderung finden sich in diese eingebettet Gebote und Weisungen, u.a. auch kultischer Art (Opfervorschriften). Ähnlich wie im nachfolgenden Buch Dtn (Deuteronomium) wird u.a. durch Reden des Mose ein je neuer Abschnitt angeschlossen, der im Vergleich zum Kontext neues Material bietet. Doppelungen sind dabei allerdings auch nicht ausgeschlossen.

7. Das Buch Deuteronomium (Dtn)

Das Deuteronomium, das zweite Gesetz, stellt sich als eine große Moserede dar, genauer gesagt, als eine Reihe von Mosereden (Redeeinleitungen des Mose als Überschriften über Redeblöcke in 1,1-5 (Worte); 4,44f (Tora); 6,1; 12,1; 28,69 (Berit-Worte); 33,1 (Segen am Vorabend vor dem Übergang ins Westjordanland unmittelbar vor seinem Tod: das „Testament des Mose")).

Mose steht, im hohen Alter, jenseits des Jordan, im Ostjordanland, blickt zurück auf die Vergangenheit und verkündet noch einmal die Weisungen Gottes. Wozu dies dienen soll, wenn doch alles schon einmal gesagt wurde, wird deutlich, wenn man die Modifikationen im Vergleich zu früheren Texten betrachtet – früher im Sinne ihres Standorts im Pentateuch, nicht unbedingt in der Chronologie ihrer Entstehung!

Das Dtn ist zumeist eine →*Relektüre* der vorausgehenden Gebote, auch und besonders unter dem Aspekt eines Geschichtsbildes, das als Tun-Ergehen-Zusammenhang den Abfall Israels durch das Eingreifen Gottes bzw. eines von ihm dafür bestellten Fremdvolkes bestraft. Die fremden Völker sind somit eine Waffe in der Hand des Gottes Israels, um das Volk für den Bruch der Vereinbarungen und für seine Unbotmäßigkeiten zu disziplinieren. Zentraler Gedanke ist die Alleinverehrung Jahwes und diese an *einem* festgelegten Ort (= Tempel von Jerusalem).

Das Einhalten dieser Vorgaben entscheidet über Heil oder Unheil in Israel und unter diesem Aspekt wird auch die Geschichte Israels bewertet. Fortgeführt wird dieser Gedanke in den Büchern des „Deuteronomistischen Geschichtswerkes" (DtrG s.u.) von Dtn/Josua (?) bis 2Kön. Das Versagen Israels gegenüber diesen Forderungen führt letztlich zum Untergang des Nordreiches Israel und zum Exil des Südreiches Juda.

Darüber hinaus stellt sich das Dtn wie eine Zwiebel dar, mit einem ältesten Kern an Gesetzessammlungen, vermutlich in 12-26 und darum herum gestalteten jüngeren Anteilen. Es herrscht heute weitgehende Übereinstimmung in der Ansicht, dass zumindest der Kern des Buches aus der Zeit des Joschija stammt und jenes Gesetzbuch enthält oder sogar mit ihm identisch ist, das man bei den Sanierungsarbeiten am Tempel angeblich gefunden hat (2Kön 22). Denn viele Vorgaben, die hier genannt werden, stimmen mit den Maßnahmen des Joschija überein. Der alte Spruch „Als man das Gesetzbuch im Tempel fand, war die Tinte noch nass", dürfte durchaus seine Berechtigung haben. Das heißt: Das Buch oder dessen zentraler Teil wurde im Zusammenhang mit den Reformen des Joschija (oder auch schon des Hiskija?) verfasst und diente dazu, diese zu legitimieren.

Es kann allerdings auch nicht übersehen werden, dass das Dtn auch auf Josua, auf die Könige (Dtn 17,18), ja sogar auf das Exil verweist. Es bildet somit erzählerisch/inhaltlich eine Brücke zwischen Wüstenzeit und der Zeit der Landnahme und danach: Das Dtn kann in seiner Endfassung nicht ohne den geschichtlichen und literarischen Zusammenhang der Bücher von Gen bis 2Kön gesehen werden. Inwiefern dies im Einzelnen für die verschiedenen Überlieferungs- und Redaktionsstufen des Buches gilt, ist zu diskutieren.

Die Struktur des Buches entspricht durchaus anderen bekannten Gesetzeskodizes (vgl. den wesentlich älteren →*Kodex Hammurabi*) mit Prolog, Gesetzesabschnitt und Epilog mit Segen und Fluch (für Einhaltung/Nichteinhaltung der Gesetze).

Strukturelle Beziehungen gibt es auch zu hetitischen Vasallenverträgen mit folgender Reihenfolge: Präambel, hist. Prolog, Grundsatzerklärung, Einzelbestimmungen, Liste göttlicher Vertragszeugen, Segen und Fluch (für Einhaltung/ Nichteinhaltung der Gesetze)

Damit besitzt das Dtn u.a. auch *Vertragscharakter*: Es stellt sich als Vertrag zwischen Jahwe und seinem Volk Israel dar, der als →„*Bund*“ gesehen wird.

7.1 Inhalt und Gliederung

Mose blickt in seiner **ersten Rede (1,1-4,43) zurück auf die Vergangenheit**, auf den Wüstenzug. Mit 4,44-49 eröffnet er **die zweite Rede**, in der der **Dekalog** mit großen Ähnlichkeiten zum Dekalog in Ex 20,1-17 herausragt (5). Hinreichend bekannt dürfte auch das kurzgefasste Bekenntnis zum Gott Israels sein, das **→*„Sch^{e}ma Jisrael“*** an das sich die **Vorschriften über →*Mesusa (Pl.: Mesusot)*; →*Tefillin***: Dtn 6,4-9; 11,13-21; **vgl. auch die →*Zizit*** nach Num 15,37-41 anschließen. Die Aufforderung zum **Bann**, der Ausrottung aller Feinde und der Übereignung der Kriegsbeute an den Gott Israels, Mischehenverbot und der Rückblick auf das Manna (8), auf den Ungehorsam am Horeb/Sinai (9) sowie auf das Schilfmeer (11) bilden die weiteren Texte dieser Rede.

Kap. 12-26 enthalten das eigentliche deuteronomische Gesetz, den vermutlich ältesten Teil des Buches. Als Beispiel für die **Heterogenität** dieser Sammlung seien die Kap. 22-25 genannt. Dort geht es um Nachbarschaftshilfe, Verbot von Männerkleidung (wörtl.: Männer-Ausrüstung) an Frauen und umgekehrt, Tierschutz, Mischungsverbot bei Feldanbau und Stoffherstellung; Schutzgeländer auf dem Dach, um Unfälle zu vermeiden, Quasten (*Zizit*), Jungfräulichkeitsnachweis und Sexualgebote, Aufnahme in die Jahwe-Gemeinde, Toiletteneinrichtung im Heerlager, Asyl, →*Kultprostitution*? (was ist eine Kedeschah = eine Geweihte?), Zinsverbot, Gelübde, Mundraub, Scheidung und Wiederverheiratung, diverse Sozial- und Strafgesetze z.B. „vierzig weniger einen“ (Paulus nach 2 Kor 11, 24: *Von den Juden habe ich fünfmal vierzig <Schläge> weniger einen bekommen*), Leviratsehe (anders im Buch Rut!), Pfandnehmen und -Rückgabe, Übergriffe, falsche Maße, Ausrottung der Amalekiter – ein bunter Strauß an Themen also.

In **Kap. 26** schließt sich ein liturgischer Anhang mit dem so genannten →„***kleinen geschichtlichen Credo*" in 26,5** an. Auch hier findet sich wieder eine **Segens- und Fluchansage** bei Einhaltung bzw. Nichteinhaltung der Gebote (27). Der Vorausblick auf das Ende des Exils und die Rückkehr der Exilierten (30) verweist auf eine nachexilische Bearbeitung oder Ergänzung des Buches. Es endet mit der **Einsetzung des Josua (31), dem Mosesegen über die Stämme (33; vergleichbar dem Jakobsegen Gen 49) und dem Tod des Mose (34)**.

In Kürze

1-11	einführende Reden des Mose als geschichtlicher Rückblick (Rahmen)
12-26	das deuteronomische Gesetz
27-30	Schlußparänese (= Mahnungen) mit Segen und Fluch (Rahmen)
31-34	Einsetzung Josuas, Moselied und Segen, Tod des Mose

Die heterogenen Stoffe des dtn Gesetzeskorpus 12-26 richten sich auf der Stufe der Endredaktion angeblich am (sekundär vorgeschalteten) Dekalog (Ex 5) aus:

I	12,2-13,19	Jahwe allein; Kultzentralisation	VI	22,12-23,15	Ehebruch und Sexualgebote
II	14,1-21	Kaschrut; Zehnten für den Tempel	VII	23,16-24,7	Stehlen; Mundraub u.a.
III	14,22-16,17	Sabbat u.a. Feste	VIII	24,8-25,4	Sozialgesetze; u.a. Menschenraub
IV	16,18-18,22	Elterngebot für ein langes Leben im Lande; Ämter und Rechte	IX	25,5-12	Leviratsehe
V	19-21; 22,1-12	Tötungsverbot; Zeugen	X	25,13-16	Maße und Gewichte

Diese Orientierung am Dekalog ist zugegebenermaßen nur bedingt zu erkennen:
„Eine genaue Zuordnung der einzelnen Bestimmungen oder Sachgruppen zu den Dekalogbestimmungen bleibt aber schwierig, so dass sich der Dekalog *nur mit Einschränkungen* [Hervorhebung von mir] und erst für eine späte Phase der Entstehungsgeschichte des Dtn als Ordnungsprinzip des dtn Gesetzes wahrscheinlich machen lässt. Andererseits führt die Voranstellung des Dekalogs vor das dtn Gesetz zum Verständnis des Dtn als →*Bundesurkunde*, wobei sich dieses Verständnis deutlich an der Tradition altorientalischer Vertragstexte orientiert." (Gertz: Grundinformationen[5], 257)

Gegenüber den anderen vier Büchern des Pentateuch weist das Dtn einige Besonderheiten auf:

- der Redecharakter
- der Vertragscharakter
- die vielfachen Wiederholungen von bereits Gesagtem, häufig allerdings modifiziert
- die nur losen Verbindungen mit Gen-Num, die meist durch Rückschau auf vergangene Ereignisse geschaffen werden, aber diese offensichtlich vielfach voraussetzen
- die eigenständige Sprache und Theologie
- die Beziehungen zur „Reform des Joschija“: 2Kön 22f als die zugehörige Entstehungslegende des Dtn
- die Eigenständigkeit des Buches
- die offensichtlichen Uneinheitlichkeiten, bedingt durch sukzessive Entstehung oder Fortschreibung (div. Redeeinleitungen und Überschriften; Modifikationen innerhalb des Buches; Wechsel der Anrede; Anachronismen [wie z.B. die Exilsrückkehr!])

Besonders auffällig in diesem Werk ist der Wechsel der Anrede. Immer wieder springt diese zwischen der zweiten Person Singular und der zweiten Person Plural hin und her. Während man früher daran dachte, diesen Wechsel zur Altersbestimmung oder zur Trennung verschiedener Entstehungsschichten nutzen zu können, geht man heute eher davon aus, dass es sich dabei weitgehend um ein Stilmittel handelt.

7.2 Erzählte Zeit und Erzählzeit

Auch hier steht die erzählte Zeit eindeutig fest: Fiktiv wird das ganze Buch dem Mose als Rede in den Mund gelegt. Mose steht östlich des Jordan und hält seine (Abschieds-)Reden, denn er selbst darf nicht in das Land einziehen. Damit spielen die Ereignisse angeblich in der Zeit kurz vor der Landnahme und wir befinden uns somit in etwa in der Zeit Ramses III., d.h. etwa in der Mitte des 12. Jh.

Die erzählte Zeit ist mit der Erzählzeit noch nicht einmal ansatzweise identisch. Die Anachronismen wie beispielsweise der Verweis auf das Exil bzw. sogar auf dessen Ende einerseits und andererseits die Nähe zur joschijanischen Reform, in der der Kern des Buches als Gesetzbuch entstanden sein dürfte, lassen einen längeren, vor allem aber wesentlich späteren Entstehungszeitraum vermuten.

Ob das Anwachsen des Buches aber als Zusammenfügung von Blöcken erfolgte oder im Sinne einer kontinuierlichen Fortschreibung und Neuinterpretation älterer Aussagen, die im Text verbleiben, wird man beispielsweise mit Blick auf die Diskussion um profane und kultische →*Schlachtung* in Kapitel 12 eher im zweiten Sinne entscheiden. Freilich besteht auch die Möglichkeit, dass man beides gar nicht als Alternativen sehen muss.

Möglichkeiten, die Erzählzeit zu bestimmen, bestehen darin,

- den Grad der Bezugnahme auf die Rahmenkapitel bzw. den Grad der Stilisierung des Stoffes als Mose-Rede festzustellen, denn beides ist auf jeden Fall sekundär.
- die Rezeption bzw. den Grad der Relektüre des „Bundesbuches" (Ex 21,1-23,33) bzw. des „kultischen Dekalogs" Ex 34,10-26 (vgl. Dtn 12,2-16,17; 26,1-11) zu erheben, die als älter gelten als das Dtn.
- das Ausmaß festzustellen, in dem das Dtn schon auf die Bücher Jos-2Kön vorgreift bzw. auf die Erzählungen des Pentateuchs zurückgreift.
- das Vorhandensein oder Nichtvorhandensein von Bezügen zu den Propheten zu überprüfen (bes. Hos; Am; Jer).
- einzelne Gebote und ihre Modifikationen bestimmten zeitgeschichtlichen Bedingungen zuzuweisen, wie z.B. die Schlachtungen in Kapitel 12 (vgl. Gertz: Grundinformationen[5], 254f)

Daraus ergeben sich immerhin Anhaltspunkte für die Datierung der unterschiedlichen Abschnitte.

7.3 Besonderheiten des Dtn: Die Sprache

Auffallend neben dem Wechsel des Numerus in der Anrede ist die Sprache, die sich in diesem Buch und dann auch über weite Teile der Bücher Josua bis 2Kön findet. Freilich existieren auch im weiteren Text des Pentateuchs Abschnitte, die von dieser Sprache geprägt sind. Kostproben dazu sind z.B. im Prolog zum Dekalog Dtn 5,1-6 oder auch in Dtn 4 anzutreffen.

So sind für die Aussagen aus Dtn die gebetsmühlenartigen Wiederholungen charakteristisch, auf die Gebote und Weisungen des Herrn zu achten und nicht rechts oder links davon abzuweichen, nichts wegzulassen und nichts hinzuzufügen, sich nicht mit anderen Völkern einzulassen, sich nicht mit ihnen zu vermischen, denn sie könnten zum Fallstrick werden. Dabei ist man sich offensichtlich uneins, ob der Herr nun wirklich alle Völker vor Israel vertrieben oder Fremdvölker als Prüfung für Israel übrig gelassen hat. Beide Varianten kommen vor. Der Herr wird als „der Herr, unser Gott" bezeichnet, häufig verbunden mit einem geschichtlichen Credo: der Herr, der uns aus Ägypten, dem Sklavenhaus herausgeführt hat, mit starker Hand und hoch erhobenem Arm, unter Zeichen und Wundern, um uns in das Land zu führen, das der Herr, der Gott eurer/unserer Väter euch/uns gibt als Erbbesitz. Dieses Land nun ist ein schönes Land, in dem Milch und Honig fließen. Nicht zu vergessen ist die Rede von dem Ort, welchen Jahwe, euer Gott, erwählen wird, um seinen Namen daselbst wohnen zu lassen (Dtn 12,11).

Und schließlich geht es auch um den Bund, den der Herr – als Selbstverpflichtung mit Israel als dem schwächeren Partner – geschlossen hat. Auch diesen Bund gilt es zu achten und zu halten. Dazu hat sich nun Israel verpflichtet:

> *Dtn 26,17 Du hast heute den HERRN sagen lassen, daß er dein Gott sein will und daß du auf seinen Wegen gehen und seine Ordnungen und seine Gebote und seine Rechtsbestimmungen bewahren und seiner Stimme gehorchen willst. 18 Und der HERR hat dich heute sagen lassen, daß du ihm ein Eigentumsvolk sein willst, wie er zu dir geredet hat, und daß du alle seine Gebote bewahren willst.*

Es wird auch immer wieder auf die erlebte Geschichte zurückverwiesen und diese in Erinnerung gerufen. Kein Gott ist jemals so mit (s)einem Volk verfahren und hat sich derart für es eingesetzt, wie der Herr es getan hat; er hat sich geoffenbart in Feuer, im Donner – und trotz dieser gewaltigen Offenbarung kam niemand dabei zu Schaden.

Zu den besonderen Verpflichtungen Israels gehört es, sich in Acht zu nehmen und sich kein Gottesbild zu machen. Dies wird nicht nur im Kontext des Dekalogs gefordert, sondern ausführlich schon einmal vorab in Kapitel 4. Damit verbunden ist die Verpflichtung auf den einen Gott und natürlich auch auf die eine Stätte, die der Herr erwählt hat, um dort seinen Namen wohnen zu lassen. Aus dem Monotheismus ergibt sich zwar nicht zwangsläufig die Zentralisation des Kultes an einem Ort, aber dennoch sind beide gefordert.

7.4 Besonderheiten des Dtn: Die Geschichtsdeutung und sein Zweck als Abschluss des Pentateuch

Zunächst könnte, wie erwähnt, der Kern des Buches, Dtn 12-26, als Gesetzessammlung zur Zeit des Königs Joschija im Kontext seiner Reform entstanden sein. Das Buch in seiner Endgestalt dürfte dagegen eine andere Bedeutung haben: Es bietet nicht nur eine eigene Sprache, sondern auch eine eigene Geschichtstheologie. Das Exil wird im Rückblick als Strafe Gottes für den beständigen Abfall gewertet. Israel hat die Probe nicht bestanden, es hat sich immer wieder mit den anderen Völkern ringsum – oder denen, die übrig geblieben sind – eingelassen, hat deren Sitten nachgeahmt und ist zu deren Göttern abgefallen. Israels Gott erwies sich jedoch als ein „eifersüchtiger Gott", der bei Wohlwollen seine Huld verteilt, aber eben auch straft. Das Buch bietet somit eine Erklärung dafür, dass auf lange Sicht nicht *Gott* versagt hat, dass er etwa zu schwach wäre, um den Fremdvölkern Einhalt zu gebieten, sondern dass *Israel* versagt hat. Um Derartiges für die Zukunft zu vermeiden, werden die Gebote noch einmal und eindringlich mit dem Verweis auf die Macht Gottes, die er in der Vergangenheit durchaus erwiesen hat, wiederholt und eingeschärft. Das Buch präsentiert sich daher ganz bewusst als ein „zweites Gesetz" oder besser: die Wiederholung des Gesetzes. Deshalb ist auch immer wieder von den schon genannten Zeichen und Wundern die Rede, die der Herr „unser Gott" an Israel oder auch an den Feinden vollbracht hat – und die letztlich auch Mose mit der Kraft und im Auftrag des Herrn getan hat (vgl. 34,10-12).

Die Gebote und Satzungen, „auf die ich dich heute verpflichte", werden dabei nicht einfach wiederholt, sondern (neuen) zeitgeschichtlichen Gegebenheiten angepasst.

In dieser Funktion könnte das Dtn bewusst vor die Landnahme und damit vor Josua gesetzt worden sein, um den Rückkehrern aus dem Exil bei deren „zweiter Landnahme" einen Verhaltenscodex an die Hand zu geben. Der Pentateuch endet mit dem Blick auf eine Zukunft, die eigentlich bei Bewahrung und Beachtung der Satzungen Gottes nur eine heilvolle sein kann. Die Tradenten verweisen dazu auf die guten Voraussetzungen und erinnern an die vergangenen Heilstaten Gottes, mahnen freilich auch dazu, dass die Eltern ihren Kindern die Satzungen einprägen und sich damit auch selbst immer wieder daran erinnern. „Hilfsmittel" zur Erinnerung an die Gebote gibt es ja genug, angefangen von der Mesusa bis zu den Zizit, den Quasten am Gewand.

Damit war den späteren Redaktoren die Gesetzeswiederholung angesichts der (erneuten) Landnahme wahrscheinlich so wichtig, dass sie die Abtrennung der Landnahme und damit die fehlende Erfüllung der Landverheißung ganz bewusst in Kauf genommen haben. Die Platzierung des Dtn am Ende des Pentateuch stellt sich weder als Unfall noch als Zufall dar, sondern als ganz bewusste Setzung, so wie auch die Verkündung des Rechtes im Bereich von Esra und Nehemia am Anfang der erneuten Besiedelung des Landes durch die Rückkehrer steht.

Zusammenfassung

Das Buch Dtn bietet in verschiedenen Mosereden Gesetzesstoffe, die teilweise schon aus früheren Texten bekannt sind. Allerdings werden diese z.T. im Zuge der Aufnahme in das Dtn modifiziert, vielleicht sogar je neu im Zuge verschiedener Redaktionen des Buches.

Ein wesentlicher Gedanke ist das Privileg Jahwes: Nur dieser Gott Israels darf verehrt werden, und dies auch nur an der Stelle, die Gott dafür ausgewählt hat.

Das Buch in seiner Endfassung will aber auch Antwort darauf geben, warum es zum Niedergang Israels, ja zum Exil gekommen ist.

Die Rückblicke des „Mose" in die Geschichte rufen das besondere Verhältnis Gottes mit seinem Volk wieder ins Bewusstsein und zeigen einen Gott, der sich stets und mit großer Macht für sein Volk eingesetzt hat, um es aus Ägypten – und dann, laut Dtn 30, eben auch aus der Zerstreuung zu führen.

II. Die vorderen oder frühen Propheten – Die Geschichtsbücher Josua – 2 Könige

Die Frage nach dem Deuteronomistischen Geschichtswerk (DtrG)

Was ist das →*Deuteronomistische Geschichtswerk*? Es ist je nach Vorstellung des betreffenden Forschers ein mehr oder weniger großer Abschnitt der Schrift, der im Extremfall von Dtn bis Ende 2Kön reicht und sogar Spuren im Pentateuch hinterlassen hat.

Der Terminus Deuteronomistisches Geschichtswerk ist nicht aus dem Inhalt der angeblich zugehörigen Bücher gewonnen. Vielmehr wurde schon früh beobachtet, dass sich in den Büchern Jos bis 2Kön Vorstellungen, Theologie, Sprache und Stilmittel finden, die auch im Buch Dtn so oder ähnlich begegnen. Es scheint daher so etwas wie eine dtr Schule oder wenigstens Stilrichtung gegeben zu haben.

Es war Martin Noth, der das deuteronomistische Geschichtswerk als ein bewusst redigiertes und geplantes Opus eines Redaktors aus der Taufe hob.

Der Redaktor habe mit diesem Werk einen Versuch vorgelegt, das Trauma des Exils zu bewältigen. Verfasst worden sei es frühestens im Jahre 561, als der ins Exil geführte judäische König →*Jojachin* von Erwil Merodach (Amel Marduk) begnadigt und aus der Haft entlassen worden sei. Diese Erzählung beendet – je nach Anschauung – als hoffnungsvoller Ausblick oder als letzte Demütigung der Davidsdynastie das zweite Buch der Könige mit 2Kön 25,27-30. Israel habe mit seinem Verhalten und seinen ständigen Verstößen gegen den Bund mit Gott sein Schicksal selbst verursacht. Gott habe gar nicht anders handeln können, als letztendlich die ihm ständig zugemuteten Beleidigungen von Seiten seines Volkes zu bestrafen. Andernfalls hätte er seinen „guten Ruf" verloren und die Völker hätten ihn lächerlich gemacht. Die Bestrafung Israels geschieht in der Geschichte und unter Zuhilfenahme historischer Ereignisse und Völker.

Eine ganze Reihe von Beobachtungen Martin Noths lassen den Schluss zu, dass tatsächlich (mindestens) eine dtr Redaktion stattfand. Sie hatte das Gesamt des Geschichtswerkes im Blick, ungeachtet der Ausgangslage, die vorgefunden wurde.

Als wichtige Elemente in seinem Gesamtwerk und als Hinweise auf seine Arbeit wären zu nennen:

Die Reden und Geschichtsreflexionen, die an entscheidenden Stellen in den Ablauf der Ereignisse eingeschaltet wurden:

Dazu zählen beispielsweise:

- die beiden Reden des Josua in Jos 23 und Jos 24. Dass nicht beide von der gleichen Hand stammen, dürfte klar sein. Die Aussagen unterscheiden sich deutlich voneinander.
- die Reflexion Ri 2,11-3,6, die als Überschrift und Erzählmuster über dem ganzen Buch steht

- der Rücktritt des Samuel in 1Sam 12
- die Nathan-Weissagung in 2Sam 7. Dazu gehört auch die
- Rede des Salomo zur Tempeleinweihung 1Kön 8,14-21,
- das anschließende Gebet 8,22-53 sowie
- die Geschichtsreflexion anlässlich des Untergangs des Nordreiches in 2Kön 17,1-23
- Schließlich ist auch Dtn 1-3 zu erwähnen, das im Stil und in seiner Funktion zu den übrigen Reden zu passen scheint und für eine wie auch immer geartete Zugehörigkeit des Dtn zum DtrG spricht.

Ein zweites Element, das buchübergreifend die Texte miteinander verbindet, ist die Chronologie: Der Beginn des Tempelbaus bietet mit dem 480. Jahr nach dem Exodus nicht nur eine symbolische Zahl von zwölf Generationen. Diese Zahl ist darüber hinaus durch Addition der in den vorausgehenden Büchern genannten Geschichtsdaten herstellbar, freilich nicht ganz eindeutig und präzise. Die vorhandenen Zahlen müssen etwas manipuliert und einige der Angaben beiseite gelassen werden. Besonders die Daten im Buch der Richter mit den Unterdrückungs- und Ruhezeiten sowie der Regierungszeiten der einzelnen Richter tragen allerdings zum Erreichen der 480 bei.

Als Drittes sind Notizen und Bemerkungen zu nennen, die Zusammenhänge über größere Strecken herstellen oder vertiefen:
Z.B. erfüllt sich der Fluch Josuas aus Jos 6 über Jericho in 1Kön 16.

> *Jos 6,26 So ließ Josua damals schwören: Verflucht vor dem HERRN sei der Mann, der sich aufmachen und diese Stadt Jericho wieder aufbauen wird! Mit seinem Erstgeborenen wird er ihren Grund legen, und mit seinem Jüngsten ihre Tore einsetzen.*
> *1Kön 16,34 In seinen Tagen baute Hiel, der Betheliter, die Stadt Jericho wieder auf. Um den Preis von seinem Erstgeborenen, Abiram, legte er ihren Grund, und um den Preis von Segub, seinem Jüngsten, setzte er ihre Tore ein nach dem Wort des HERRN, das er durch Josua, den Sohn des Nun, geredet hatte.*

Es gibt prophetische Verheißungen von der Teilung der Reiche, vom Aufstieg des Nachbarkönigs etc., die über Buchgrenzen hinweg ihre Erfüllung finden. Bindeglieder sind auch die beständigen Qualifizierungen eines neuen Königs am Verhalten seiner Vorfahren. Insbesondere die Nordreich-Könige halten fest an der Sünde, zu der sie Jerobeam, der Sohn des Nebat, verführt hatte – gemeint ist damit die Bedienung der beiden Reichstempel in Bet El im Süden und Dan im Norden des Reiches sowie die Veränderung des Festkalenders.

Eine derartige Verheißung-Erfüllung-Korrespondenz ist nur von jemandem zu leisten, der den ganzen Umfang des DtrG oder doch zumindest weite Teile überblickt. Dies gilt auch für die kompliziert anmutende Chronologie im Bereich der Königsbücher (s.u.).

Entstehungsmodelle

In der Folgezeit allerdings wurde der Ansatz von Martin Noth modifiziert. Weil es z.B. einerseits die Aussage gibt, der Herr habe alle Völker vor Israel (bei der Landnahme) vertrieben, andererseits aber davon die Rede geht, es seien noch Völker übrig, die Israel zum Fallstrick werden könnten (Jos 23; Jos 24), oder auch weil es einerseits königskritische, andererseits königsfreundliche Passagen in den Büchern gibt, ging man davon aus, dass hier nicht nur *ein* Deuteronomist tätig war, sondern mehrere Hände an dem Werk gearbeitet hätten. Insbesondere in der so genannten Göttinger Schule um Rudolf Smend, Walter Dietrich u.a. versuchte man verschiedene dtr Schichten herauszuarbeiten und rekonstruierte einen DtrG, den Geschichtsschreiber, auch DtrH, Historiker, genannt, einen DtrP, eine prophetische Schicht (mit Elija, Elischa u.a., zum Teil namenlosen Propheten), und schließlich als jüngsten Redaktor den DtrN, den so genannten Nomisten, der für die Zufügung gesetzlicher Normen und Regelungen verantwortlich sei. Das →„*Schichtenmodell*" war geboren und prägte die Untersuchung des DtrGs über mehrere Jahrzehnte. Dieses Modell hat jedoch z.T. ähnliche Schwächen wie die Urkundenhypothese des Pentateuch, da sich auch hier die verschiedenen Schichten nicht derart eindeutig voneinander abtrennen lassen, dass eine Lösung allgemeine Zustimmung fände. Viele Untersuchungen zu den Schichten sind zudem rudimentär und wurden nur an einem begrenzten Textumfang durchgeführt.

Im Englisch-Amerikanischen Sprachraum wurde ein eigenes Modell entwickelt, das →„*Blockmodell*" von F.M. Cross. Es geht davon aus, dass ein erster größerer Block des Dtr zur Zeit des Königs Joschija abgeschlossen worden sei. Ein zweiter kleinerer Block umfasste demnach die Geschichte ab dem Tod des Joschija. Die Trennungslinie zwischen den beiden Blöcken wurde wesentlich davon bestimmt, dass der geschichtliche, gewaltsame Tod des Joschija anders verlief als der kurz zuvor von der Prophetin →*Hulda* verkündete friedliche Tod in Jerusalem. Zudem werde die →*Natanweissagung* durch das Exil und das Schicksal des Königs →*Jojachin* aufgehoben. Selbstverständlich kommt auch das Blockmodell nicht ohne die Annahme von redaktionellen – buchübergreifenden – Ergänzungen und Überarbeitungen aus. Vor allem aber gibt es für den Tod des Joschija und die Vorhersagen der Hulda eine redaktionsgeschichtliche Lösung anstelle der literarkritischen (vgl. Dorn: Joschija und Ahab).

In den neueren Pentateuchmodellen nimmt man nun z.T. völlig Abstand von einem DtrG. Die Zweifel am DtrG werden u.a. hervorgerufen durch deutliche Merkmale dtr Redaktion in weiteren Teilen des Pentateuch, so z.B. innerhalb Ex 12f bei der Einführung des Pascha (hier: Ex 12,24-27), das ansonsten zu großen Teilen auf das Konto der Priesterschrift gehen dürfte und des Festes der ungesäuerten Brote (Ex 13,3-11). Es müsste demnach ein (späterer) dtr Redaktor – erst nach der Priesterschrift – auch über den Rest des Pentateuchs hinweggegangen

sein. Zudem stellt sich gegen Dtn als Beginn des DtrGs die oben schon diskutierte Frage, warum der Pentateuch ohne Landnahme bleibt. Soll eine solche hinzukommen, müsste das Buch Josua zumindest teilweise zum Pentateuch hinzugezählt werden, so dass dieser zum Hexateuch würde. Josua gehörte dann aber nicht mehr zum DtrG, zumindest nicht vollständig!
Dessen ungeachtet wird nirgends bestritten, dass es so etwas wie deuteronomistische Spuren gibt, und sei es als eine umfassende Redaktionsschicht. Hier ist das letzte Wort noch nicht gesprochen. Daher wird hier nur aufgezeigt, wo sich deuteronomistische Passagen finden, in den einzelnen Büchern wie auch in größeren Zusammenhängen.

Die Bücher der so genannten vorderen oder frühen Propheten

8. Das Buch Josua

Kurz gesagt geht es im Buch Josua um eine kriegerische →*Landnahme*: die Eroberung, Verteilung und Besiedelung des Westjordanlandes. Dabei wird immer wieder von der Eroberung von Städten, zunächst und vor allem im mittelpalästinischen Gebiet des Stammes Benjamin gesprochen, während das „flache Land" scheinbar ohne Gegenwehr besiedelt werden kann.

8.1 Inhalt und Gliederung

Die zweieinhalb Stämme östlich des Jordans werden aufgefordert, ihren Brüdern im Westjordanland Waffenhilfe zu leisten, da diese auch bei der Eroberung des Ostjordanlandes geholfen haben (1). Josua sendet Kundschafter über den Jordan nach Jericho (2). Der Jordanübergang gestaltet sich wie der Durchzug durch das Meer beim Exodus – allerdings eine Nummer kleiner (3). Damit wird auch verdeutlicht, dass Josua als „zweiter Mose" zu verstehen ist. Man stellt daraufhin zwölf Malsteine auf (4).

Vor dem Einzug ins Land erfolgt nun erst einmal die Beschneidung ganz Israels, denn die Wüstengeneration war merkwürdiger Weise nicht beschnitten worden – obwohl die Beschneidung doch angeblich seit Abraham Bundeszeichen ist! Man feiert auch ein erstes Pascha im Land (vgl. 2Kön 23,22) und Josua trifft auf eine merkwürdige bewaffnete Gestalt (vgl. Gen 32 bzw. die Gottesbegegnung des Mose (5)).
Die Landnahme wird zum kultischen Ereignis: Die Mauern von Jericho fallen nach dem Umzug mit der →*Lade* von selbst ein (6). Ai wird erobert und der Bann an ihm vollzogen (7-8). Die erste Etappe der Eroberung wird durch die Errichtung eines Altars auf dem Ebal (in Mittelpalästina, nahe dem Garizim) abgeschlossen (8).
Es folgen weitere Eroberungen: Schlacht bei Gibeon u.a. gegen den König von Jerusalem: Gefangennahme und Hinrichtung der Könige von Jerusalem, Hebron, Jarmut, Lachisch, Eglon; Eroberung von Makkeda, Libna, Lachisch, Geser, Eglon, Hebron, Debir (10); Siege über die Könige des Nordens (Jabin von Hazor – noch einmal in Ri 4!) (11). Kap. 12 bietet eine Liste über 31 besiegte Könige. Schon hier wird deutlich, dass es sich dabei nicht um Königreiche handelt, sondern um Stadtkönige, d.h. bessere Bürgermeister.
Nach Kap. 13-19 verteilt Josua das Land. Es sind aber noch nicht alle Gebiete erobert! (vgl. auch die Liste der Eroberungen in Ri 1). Kap. 17 enthält einen interessanten Aspekt: Manasse lässt sich im offensichtlich weitgehend unbesiedelten Bergland nieder, rodet dort den Wald und baut Zisternen, d.h. das Siedlungsgebiet ist Neuland und nicht durch Eroberungen gewonnen. Man gründet →*Asyl- und Levitenstädte* (20-21 vgl. Num 35) und die Ostjordanstämme werden verabschiedet (22).
Zwei Reden in 23 und 24, der Tod Josuas und das Begräbnis des Josef im neuen Land – darauf hatte er in Gen 50,25 die Stämme eingeschworen – beschließen das Buch.

In Kürze

1	Beauftragung Josuas
2-12	Landnahme/Eroberungen (westlich des Jordan)
13-22	Landverteilung und Verabschiedung der ostjordanischen Stämme
23	erste Abschiedsrede des Josua
24	„Landtag“ zu Sichem; zweite Abschiedsrede des Josua, sein Tod und sein Begräbnis

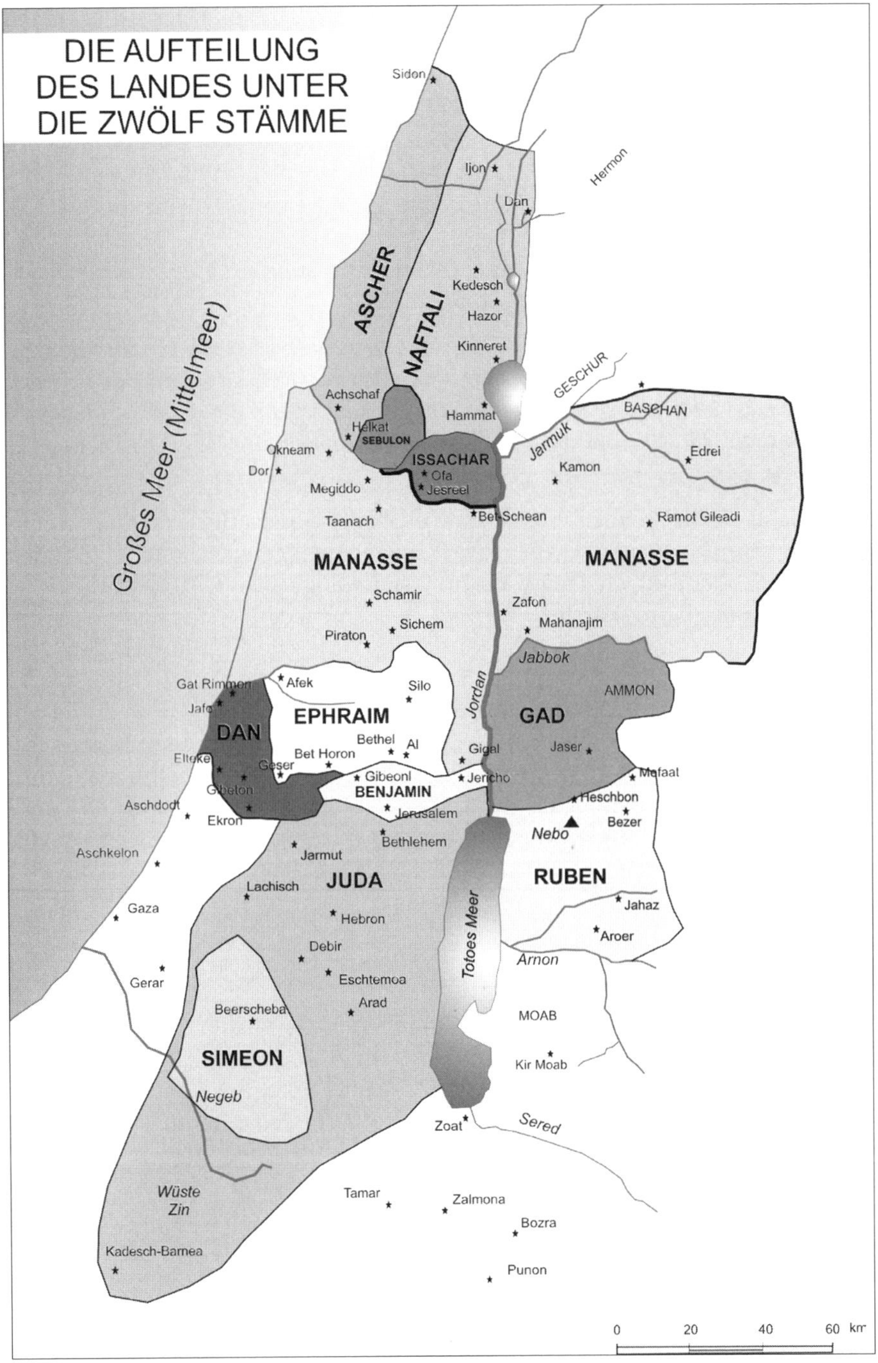

Abb. 4: Die Gebiete der zwölf Stämme Israels vor der Wanderung Dans in den Norden, erstellt von Janz

Zur Karte: Dan wechselt wegen der Bedrohung durch die Philister später seinen Siedlungsraum und lässt sich im Norden bei den Jordanquellen nieder. Zur Zeit des Simson, also in der erzählten Richterzeit, siedelt Dan noch in der Küstenebene, denn Simson steht in Kontakt mit den Philistern (philistäische Frau; Auseinandersetzung mit den Philistern, Einreißen des philistäischen Tempels). Statt des Stammes Josef finden sich die Stämme seiner beiden Söhne: Manasse und Ephraim. Der Stamm Levi bekommt kein Siedlungsgebiet, sondern wird auf verschiedene Städte verteilt.

Mit der Vollendung der Landnahme ist die Verheißung an Mose am Dornbusch erfüllt, ebenso die Verheißung an Abraham:

> *Gen 13,14 Und der HERR sprach zu Abram, nachdem Lot sich von ihm getrennt hatte: Erheb doch deine Augen, und schaue von dem Ort, wo du bist, nach Norden und nach Süden, nach Osten und nach Westen! 15 Denn das ganze Land, das du siehst, dir will ich es geben und deinen Nachkommen für ewig. (Vgl. Jos 1,6; 5,6; 21,43f; 23,14).*

„Angesichts der drohenden und de facto erlittenen Landverluste ist diese ‚Landtheologie' ein Gegenentwurf zur realen Geschichte" (Zenger: Einleitung[9], 263). Es stellt sich aber doch die Frage, warum Josua, völlig an der Historie vorbei, eine *gewaltsame* Landnahme darstellt. War sich Israel nicht darüber im Klaren, dass es militärisch nicht in der Lage sein würde, das verlorene Gebiet nach dem Exil wieder zurückzuerobern? Vermutlich wird hier im Vertrauen auf die Hilfe Jahwes in vergangenen Jahrhunderten eine heilvolle Zukunft ins Auge gefasst, die durchaus auch mit Waffengewalt erzielt werden kann. Wie wenig an Kampfkraft erforderlich ist, wenn der Kampf mit Gottes Hilfe geführt wird, erzählt immerhin eindrucksvoll das Richterbuch.

Es ist die Frage nach erzählter Zeit und Erzählzeit und somit auch nach der Erzählabsicht zu stellen.

8.2 Erzählte Zeit und Erzählzeit

Das Volk kommt nach 40 Jahren Strafaufenthalt in der Wüste im Ostjordanland an, erobert dieses als Siedlungsgebiet (Dtn 2f) für die zweieinhalb Stämme, die dort siedeln sollen (Ruben, Gad und halb Manasse) überquert anschließend den Jordan und erobert auch das Westjordanland. Die erzählten Kämpfe spielen sich hauptsächlich im mittelpalästinischen Bereich, d.h im Siedlungsgebiet der Rachelstämme (Benjamin; Josef mit Ephraim und Manasse) ab. Nur in einem knappen Kapitel, in Jos 11, wird auch der Sieg über die Könige des Nordens vermeldet. Das Land wird nach der Einnahme verteilt und fällt als Erbbesitz, d.h. als nicht veräußerbares Lehen von Gott, den verschiedenen Stämmen zu. Mit den beiden Reden in Jos 23 und 24 verpflichtet Josua das Volk erneut auf wichtige Punkte dtr Theologie: Warnung vor fremden Völkern und ihren Göttern,

Warnung vor der Abwendung vom Gott Israels, denn es droht der Verlust des „schönen Landes“. Laut Jos 24 kommt es sogar zu einem erneuten Bundesschluss (Jos 24,25).

Historisch fällt die „Landnahme“ – wenn Exodus und auch König Saul korrekt angesetzt sind – in etwa ins 11. Jh.

Die Stämme sind in der Darstellung von Jos insoweit bereits geeint, als alle Zwölf gemeinsam in die Eroberung der Siedlungsgebiete einbezogen sind. Die Reden des Josua in 23 und 24 erwecken den Eindruck, dass die Einheit Israels auch bereits für die Verehrung dieses einen gemeinsamen Gottes gilt. Dies alles setzt selbstverständlich den Pentateuch mitsamt der Vorstellung eines gemeinsamen Exodus voraus: Ganz Israel, alle zwölf Brüder und ihre Nachkommen, treten gemeinsam auf, denn nur in dieser Gemeinschaft sind sie in der Lage, die im Lande lebenden Kanaanäer zu vertreiben und ihre Städte einzunehmen. Die Tatsache, dass noch Völker übrig geblieben sind, die nicht vertrieben werden konnten oder vertrieben wurden, entspricht der Realität – und dies nicht nur zur Zeit des Verfassers.

Die Vorstellung eines geeinten →*Zwölf-Stämme-Volkes* dürfte hingegen kaum die historische Wirklichkeit wiedergeben. Vermutlich wird dieses Buch zu einer Zeit verfasst oder zusammengestellt worden sein, als Israel als Zwölf-Stämme-Volk gerade nicht mehr existierte, dies aber als Zukunftshoffnung lebendig blieb. Grundsätzlich dürfte die Zeitspanne, in der Israel ein solches Gemeinwesen – einen vormonarchischen Stämmeverband – darstellte, ausgesprochen kurz bemessen gewesen sein. Vielleicht gab es eine solche Gemeinschaft überhaupt nie. Das Buch Josua ist daher eher eine Rückerinnerung an eine „gute, alte Zeit“, ein goldenes Zeitalter, in der sich das gesamte Volk unter einem charismatischen Anführer nach Gottes Wahl „wie ein Mann“ füreinander einsetzt – und eben auch eine Hoffnung auf Zukunft. Als Erzählzeit in Betracht kommt damit für das Buch als Ganzes die Zeit unmittelbar nach der Reichstrennung nach Salomo, die Zeit des Untergangs des Nordreiches 722 oder die Zeit des beginnenden Exils für das Südreich 586.

Das Buch enthält somit vor allem eine Trostbotschaft in Zeiten des Landverlustes oder der Landlosigkeit: Jahwe hat die Macht, Israel sein Land (wieder-) zu geben, gegen alle Widerstände und alle fremden Feinde.

8.3 Redaktion und Tradition

Eine dtr Überarbeitung des Buches wird in den Reden, Summarien (z.B. 11,16-23), Aufzählungen (12,1-8) und auch im Thema „Ruhe“ greifbar. Die Frage nach der Tradition, wie und in welcher Form Josua vor dieser Überarbeitung ausgesehen hat – oder ob es vor der dtr Redaktion überhaupt schon ein Buch Josua gab – ist dagegen umstritten.

Offene Fragen

Ansonsten bleiben zu diesem Buch eine ganze Reihe von Fragen offen:

- Auch wenn das Buch als solches auf das Konto eines dtr Redaktors geht, der mehr oder weniger (mündlich?) umlaufende Erzählungen zum Buch Josua zusammengefasst hat, ist zumindest in Jos 23/24 mit zwei verschiedenen Händen zu rechnen.
- Gab es eine vordtr Landnahmeerzählung, die bereits mit Teilen der Mose-Exodus-Erzählung verbunden war? Gehörte somit das Ziel der Offenbarung an Abraham und Mose, die Erfüllung der Landverheißung, bereits zum „Pentateuch"? (so Kratz, Gertz).
- Ist mit Zenger davon auszugehen, dass eine vorexilische Josuaerzählung (2.8.21 vgl. Einleitung[9], 129) als Abschluss des →*Jerusalemer Geschichtswerkes* fungierte?
- Ist mit einer vorexilischen dtr Landeroberungserzählung (DtrL) von Dtn 1-Jos 21 zu rechnen (vgl. Lohfink: Pentateuch 51-110, bes. 66ff)?
- Schließlich: Wann kam es zu priesterschriftlichen und nachpriesterschriftlichen Zusätzen im Zuge einer Überarbeitung des Buches Josua? Entsprechende priesterschriftliche Elemente sind: Heiligung der Israeliten vor dem Jordandurchzug; die „Lade des Zeugnisses"; die Levitenstädte; der Gebrauch des Ausdrucks „Gemeinde" statt „Volk" als Hinweis auf die persische Zeit (Gemeinde in Jos 9,15.18.19.21.27; 18,1; 20,6.9; 22,12.16.17.18.20.30).

Dass sich die Landnahme nicht unbedingt im Kontext des Pentateuch bereits erfüllen musste, sondern als heilvoller Ausblick in die Zukunft überlieferungsfähig gewesen sein mag, zeigt der Pentateuch in seiner Endgestalt.
Wie weit die dtr Arbeit reicht, wird man daran entscheiden müssen, inwieweit und mit welcher Intensität sich dtr Anteile mit den vordtr Erzählungen verbinden.

8.4 Zeitgeschichte

Eine zentrale Aussage des Buches ist die Vollstreckung des →*Bannes*. Die Kriegsbeute wird menschlichem Gebrauch durch Zerstörung entzogen und damit der siegreichen Gottheit geweiht. Hielt man den Bann früher für eine Besonderheit des Jahwe-Glaubens und schrieb sie dem eifersüchtigen Wachen des Gottes über sein Volk oder gar der Vorstellung des Bundes zu, wurde die Forschung durch die Auffindung der →*Mescha-Stele* im Ostjordanland (Moab) eines Besseren belehrt. Auch dort ist vom Bann die Rede, und es finden sich Hinweise, dass dieser Bann eben nicht vollstreckt wurde. Vielmehr wurden die kriegsgefangenen Männer zu Fronarbeiten herangezogen – zumindest teilweise.

Es darf davon ausgegangen werden, dass, ähnlich wie in Moab, auch in Israel der totale Bann eher theologischer Kriegspropaganda entspricht als der Realität.

Ansonsten wäre kaum verständlich zu machen, warum man z.B. weibliche Kriegsgefangene nach einer gewissen Trauerzeit zur Ehefrau nehmen darf (Dtn 21).

Wie dem auch sei, die Landnahme ist unter historischem Gesichtspunkt ohnedies anders verlaufen als im Buch Josua erzählt. Wenn es keinen Exodus von ganz Israel mit über 600.000 Mann gab, dann natürlich auch keine Landnahme in dieser Größenordnung. Damit sind einer kriegerischen Invasion bereits die ersten Grenzen gesetzt. Es kommt hinzu, dass archäologische Erkenntnisse belegen, dass Jericho, der erste Hauptangriffspunkt der Invasoren, im 12./11. Jahrhundert kaum besiedelt war, auf jeden Fall aber keine Mauern besaß. Das Wunder von Jericho besteht darin, dass es vermutlich zur erzählten Zeit keine Stadt Jericho gab. Ähnlich wie bei Abraham, dem klugen Sippenvater, der die Städter über den Tisch gezogen hat, wird man es auch hier erzählt haben: Jericho, das ihr heute als kleine Siedlung seht, dieses Jericho war einstmals eine große Stadt, die unsere Väter bei ihrer Einwanderung in Schutt und Asche gelegt haben. Die negativen Besitzverzeichnisse in Josua und vor allem im Buch der Richter (Ri 1) signalisieren zudem, dass die wichtigsten kanaanäischen Städte gerade nicht erobert werden konnten.

Wenn es aber keine kriegerische Landnahme mit und durch alle Stämme Israels gegeben hat, wie muss man sich dann diesen Vorgang vorstellen?

Es wurde dazu sowohl eine allmähliche Sesshaftwerdung von ehemaligen Nomaden am Rande des Kulturlandes erwogen, wie auch ein Einsickern landloser Elemente, hier vor allem in das weniger besiedelte, bewaldete Bergland. Auch eine Sezession, d.h. eine Absetzbewegung weiter ländlicher Bevölkerungsteile, die ursprünglich den Städten verhaftet und von diesen abhängig waren, wurde in Erwägung gezogen. In diesem Falle müsste gleichzeitig eine Retribalisierung (Tribe = Stamm) angenommen werden, also die Rückkehr der Dörfer und Kleinstädte zu einem Sippen- und Stammessystem.

Eine neuere Vermutung geht dahin, dass es sowohl ein friedliches Einsickern der bisherigen Kulturrandbevölkerung gegeben hat wie auch eine nahezu gleichzeitige Sezessionsbewegung.

Der archäologische Befund aus der Zeit der Landnahme zeigt folgendes:

- Rückgang des Kulturniveaus im 12. Jh. in den Städten, möglicherweise wegen Epochen großer Trockenheit. Dies wird vermutet aufgrund von Keramikfunden in den Neusiedlungen, die zwar immer noch den alten Formen entsprechen, jedoch weitaus weniger aufwändig und kunstvoll hergestellt worden sind.
- Neubesiedelung bisher nicht besiedelter Gebiete im mittelpalästinischen Bergland nach Rodungen (vgl. Jos 17,15!), u.a. ermöglicht durch den Bau von wasserdichten Zisternen. Die Möglichkeit, den wasserdurchlässigen Kalk, der in Israel verbreitet ist, mittels Putz abzudichten, wurde anscheinend erst in dieser Zeit entdeckt.
- Archäologisch nachweisbar ist das deutliche Anwachsen der Zahl dörflicher Siedlungen im Gebirge Ephraim und diverse Neugründungen von Ortschaften ebendort (vgl. Fritz: Entstehung Israels, 75-92; vgl. auch: Die Anfänge Israels: Welt und Umwelt der Bibel, 3/08)

Man geht daher davon aus, dass die Neuzugänge der Exodusgruppe mit den Sezessionisten aus dem Kulturland zusammentrafen. Aus einer ähnlichen Ausgangssituation, nämlich der Flucht aus einem Unterdückungssystem, resultiert die rasche Übernahme des Gottes der „Neuen" durch die Alteingesessenen, denen daran gelegen war, die Macht dieses Gottes der Zuwanderer in ihrer analogen Situation ebenfalls zu erfahren. In der gemeinsamen Ursprungssituation und im Glauben an diesen hilfreich wirkenden Gott schließen sich beide Gruppen zusammen zu einem Stämmeverband „Israel". Die Zugehörigkeit der zwölf Söhne zu den jeweiligen Stammesmüttern signalisiert nicht nur die unmittelbare geographische Nachbarschaft der einzelnen Stämme zueinander, sondern ist ebenso ein erster Anhaltspunkt für das Alter eines Stammes und damit auch für die Frage, welcher Stamm denn nun zu den Zuwanderern und welcher zu den Alteingesessenen gehörte. Vermutlich sind es die immer wieder genannten und herausragenden Rachel-Stämme, die zuletzt eintrafen und sich als erstes auf die Exodustradition beriefen. Diese Gruppe lässt sich im ephraimitischen, also mittelpalästinischen Bergland nieder. Dass es sich bei diesem System der zwölf Stämme nicht um ein chronologisch oder soziologisch genau datierbares Phänomen handelt, ist sicher verständlich zu machen, denn genauere Angaben fehlen ganz einfach. Immerhin ist es der Exodustruppe offensichtlich gelungen, den Glauben an diesen erfolgreichen Gott Jahwe bei ihren neuen Brüdern und Schwestern höchst populär zu machen.

Wie intensiv – oder besser gesagt, wie schwach – der Zusammenhalt zwischen den Stämmen war und die Tatsache, dass es für diese Zwölf zunächst kein gemeinsames Volksbewusstsein gab, wird dann unten im Kontext des Richterbuches nachzuweisen sein. Es deutet vieles darauf hin, dass *das* Zwölf-Stämmevolk für den größten Teil der vermeintlichen gemeinsamen Geschichte eine Fiktion ist und keine historische Realität. Nach Salomo bricht das Ganze ohnedies wieder auseinander.

Zusammenfassung

Das Buch erzählt eine mehr oder weniger gewaltsame „Landnahme". Diese spielt sich insbesondere in Mittelpalästina, im Bereich der Stämme Ephraim und Benjamin ab. Wie schon beim Exodus werden auch hier die Ereignisse auf ganz Israel bezogen. Die Eroberung wird im Stile von Kriegen dargestellt, die vornehmlich von Gott selbst geführt werden. Deshalb steht ihm auch die Kriegsbeute zu: *Ex 15,3 Der HERR ist ein Kriegsheld, Jahwe sein Name.*

Historisch stellt sich die Sache freilich mit hoher Wahrscheinlichkeit völlig anders dar – im Sinne von Immigration und Emigration, Einsickern von Stämmen von außen und Abwanderung von sesshaften Stämmen aus der Vorherrschaft der Stadtstaaten „innen". Von daher gibt es für diese Zeit auch noch keinen Stämmeverbund.

9. Das Buch der Richter

Die Israeliten taten, was dem Herrn missfiel. Sie vergaßen den Herrn, ihren Gott, und dienten den Baalen und den Kultpfählen. Da entbrannte der Zorn des Herrn gegen die Israeliten, und er lieferte sie der Gewalt des XY aus. So mussten die Israeliten TT Jahre lang dem XY dienen. Als die Israeliten zum Herrn schrieen, gab der Herr den Israeliten einen →*Retter,* der sie befreite: NN. Der Geist des Herrn kam über ihn, und er wurde →*Richter* in Israel. Er zog in den Kampf, und der Herr gab XY in seine Gewalt, und NN unterwarf XY. Darauf hatte das Land vierzig Jahre lang Ruhe; dann starb NN. Und wiederum taten die Israeliten, was dem Herrn missfiel...

Dieses stereotype Schema des Ri-Buches lässt sich wie folgt darstellen:
- Abfall
- Zorn des Herrn über Israel: Unterdrückung Israels durch ein Nachbarvolk
- Dauer der Unterdrückung
- Israel schreit zum Herrn
- der Herr erweckt einen Retter
- Befreiung durch den Retter mit umfassender (!) Hilfe des Herrn
- Ruhe
- Tod des Retters
- erneuter Abfall...

Dieses Schema steht wie eine Überschrift über dem Buch der Richter und wird in Variationen bei fast jedem der einzelnen Richter wiederholt. Es stellt somit eine Art Bauplan für die einzelne, abgeschlossene Erzählung dar (vgl. ähnlich 1+2 Kön).

Die so genannten Richter erweisen sich als i.d.R. einmalig auftretende Helden, z.T. als Einzelkämpfer, die eine Bedrohung Israels durch den Tod des Gegners beseitigen. Es wird ferner deutlich, dass diesen Gestalten jeweils ein relativ eng umrissener Aktionsradius zugewiesen wird bzw. dass sie für einen bestimmten Stamm oder eine bestimmte Anzahl an Personen tätig sind. Der einzige Held aus dem Stamme Juda, ein gewisser Otniël, bleibt derart blass und unpräzise in seinem Wirken, dass er mit hoher Wahrscheinlichkeit als Produkt eines Redaktors erkannt werden kann, der dem Proporz Rechnung trägt und auch einen Judäer in der Liste der Helden aufführen möchte.

9.1 Inhalt und Gliederung

Nach Josua werden weitere Eroberungen berichtet, es findet sich aber auch wieder ein so genanntes negatives Besitzverzeichnis, d.h. eine Liste mit jenen Gebieten, die nicht erobert werden konnten (1-2). Die folgenden Abhandlungen zu den Richtern und Rettern besagen folgendes:
Der Judäer **Otniël** besiegt einen gewissen Kuschan-Rischatajim von Mesopotamien, eine Erzählung ohne jeden historischen Hintergrund (3). **Ehud** tötet den Moabiter Eglon (3). **Schamgar** tötet 600 Philister (3). **Debora** und Barak aus Naftali und Sebulon besiegen Sisera aus Hazor (schon Jos 11,1). Dieser Krieg wird von einer Koalition aus mehreren Stämmen durchgeführt (4f). **Gideon** führt Krieg gegen die Midianiter, lehnt aber die ihm angetragene Königswürde ab (6-8). In Ri 9 findet sich die königskritische →***Jotamfabel*** und die Gewaltherrschaft des **Abimelech**.
Jiftach, Sohn einer Prostituierten und Söldnerführer, vergleichbar David, kämpft gegen die →***Ammoniter***. Die Geschichte von seiner Tochter wird zu einer Ätiologie eines Jungmädchenfestes (11f).
In einem Stammeskrieg zwischen Efraim und Gilead entsteht das →„***Schibbolet***" als Erkennungsmerkmal: Das Wort „Schibbolet" (= Kornähre) in seiner dialekthaft unterschiedlichen Aussprache des Anfangsbuchstabens (S oder Sch) überführt die flüchtigen Efraimiter an den Jordanfurten (12,6). Der letzte große Held, der ohne Heer agiert, ist **Simson**, ein gottgeweihter „Nasirärer" und Einzelkämpfer gegen die Philister, der aufgrund der Tücke (s)einer Frau sein Ende findet (13-16).
Der weitere Text berichtet vom Stamme Dan, der sein Stammesgebiet wegen des Drucks der Philister aufgeben muss und weit im Norden an den Jordanquellen gewaltsam eindringt und sich dort niederlässt (17f).
19-21 erzählt von den **Untaten des Stammes Benjamin**, der daraufhin stark dezimiert wird. Man beschließt jedoch, dass Benjamin nicht untergehen solle und verschafft den Benjaminitern daher Ehefrauen bzw. erlaubt ihnen den Frauenraub.
In diese Erzählungen eingebaut sind Listen von Richtern, von denen nichts weiter berichtet wird, außer dass sie eben für eine bestimmte Zeit Richter waren, so in Ri 10 und Ri 12.

In Kürze

1,1-2,5	Nachtrag zur Landnahme
2,6-3,6	Prolog zur Richterzeit
3,7-16,31	Richter-/Rettergeschichten
17-18	Wanderungen des Stammes Dan vom Küstengebiet am Mittelmeer an die Jordanquellen
19-21	Geschichten um Benjamin

Aus dem Rahmen des Erzählfortgangs und der Heldengeschichten fallen die erwähnten Listen von namentlich genannten Personen, die eigens als „Richter“ ausgewiesen werden. Der Text bietet Informationen über ihre Herkunft (und damit auch über den Ort ihrer Tätigkeit?), über die Dauer der Tätigkeit, über die Anzahl der Kinder/Enkel und der Esel, auf denen sie ritten. Heute hat jeder Sohn eines Scheichs seinen Ferrari, damals hatte jeder Sohn oder Enkel seinen eigenen Esel. Vermutlich stellt dieser ein Statussymbol dar.

> *Ri 12,13 Und nach ihm richtete Israel Abdon, der Sohn Hillels, der Piratoniter. 14 Und er hatte vierzig Söhne und dreißig Enkel, die auf siebzig Eseln ritten. Und er richtete Israel acht Jahre. 15 Und Abdon, der Sohn Hillels, der Piratoniter, starb und wurde in Piraton begraben, im Land Ephraim, auf dem Amalekiterberg.*

Bei diesen Richtern, die keine Heldentaten vollbringen, könnte es sich um „echte“ Richter handeln, sofern es nicht zu dieser Zeit die Torgerichtsbarkeit der Orts-/Stadtältesten gab; vielleicht existierten beide Systeme auch nebeneinander.

Wie auch immer: Man erfährt über diese „Listen“-Richter fast nichts. Wenn sie dennoch aufgezählt werden, spricht dies für ihre Historizität!

Eine besondere Rolle spielt der Nasiräer Simson/Samson gegen Ende des Buches. In seinen Aktionen und in seiner Beschreibung unterscheidet er sich deutlich von den anderen Helden zuvor. Bemerkenswert ist ferner, dass auch von einer Frau als Richterin, Prophetin und Schlachtenführerin erzählt wird. Es geht um →*Debora*, die unten etwas genauer betrachtet werden soll.

Auch zum zeitlich (erzählte Zeit!) späteren Königtum finden sich Einlassungen im Buche Ri. Dieses wird nämlich ausgesprochen ambivalent beurteilt: Deutlich ablehnend spricht sich die Jotamfabel zum Königtum aus (Ri 9). Einziger sinnvoller Zweck des Königs ist es, für Schutz zu sorgen. Somit wird der König auf eine militärische Rolle fixiert und reduziert. Pro-monarchisch könnte hingegen der folgende Satz gemeint sein:

> *„In jenen Tagen war kein König in Israel. Jeder tat, was recht war in seinen Augen.“ (Ri 17,6; 21,25).*

In der Richterzeit kommt es auch zu Kämpfen zwischen den Stämmen. Das heißt, dass ohne eine Zentralgewalt Anarchie und Bruderkrieg herrschen.

9.2 Erzählte Zeit und Erzählzeit

Die erzählte Zeit umfasst die Epoche zwischen Landnahme und der Staat-Werdung unter König Saul, der Zeitraum beträgt ca. 150 Jahre und fällt ins 11. vorchristliche Jahrhundert. Es ist die Zeit der Stämme, die eher weniger als mehr unter dem Bewusstsein, ein Brudervolk aus zwölf Stämmen zu sein, nebeneinander existieren, gelegentlich in Grenzscharmützel oder handfeste Stammesfehden verwickelt. Es gab noch keinen König, und jeder tat, was ihm recht war.

Es ist dies aber auch die Zeit der Philister, die sich zunehmend in der Küstenregion etablieren und allmählich ihre Fühler ins Bergland ausstrecken – und damit den Stamm Dan verdrängen. Die Erzählungen um Simson berichten von den zunehmenden Spannungen zwischen Daniten und Philistern.

Das Richterbuch erzählt die Ereignisse freilich etwas anders. Durch einen Redaktor – auf welcher Überlieferungsebene auch immer – gewinnen Einzelerzählungen gesamtisraelitische Relevanz. Dies ist relativ einfach zu bewerkstelligen: Das Problem, das ein Unterdrücker verursacht, wird durch die einleitende Bemerkung, dass (ganz) Israel wieder einmal von seinem Gott abgefallen sei und der Herr deshalb einen Unterdrücker schickt, zu einem gesamtisraelitischen Problem. Erst nachdem der von Gott gesandte Held und Befreier die Gefahr beseitigt hat, wird der →*Heerbann* ganz Israels oder doch wenigstens mehrerer Stämme zusammengerufen und der Feind wird vernichtet (so in Ri 3,27-30; vgl. 4,24; 7,23-25).

Das Buch der Richter überliefert somit Heldensagen aus den verschiedenen Gebieten, und zwar vorzugsweise der mittelpalästinischen Stämme. Die gesamtisraelitische Ausrichtung erweist sich hingegen als sekundär und nur durch redaktionelle Ausweitung kommt es dazu, dass diese Einzelkämpfer überhaupt für Israel bedeutsam werden. Inwiefern es sich dabei tatsächlich um Persönlichkeiten handelt, die auch Recht sprachen, kann kaum mehr festgestellt werden. Diese Helden gehören ja durchaus nicht unbedingt zu den Honoratioren einer Stadt oder eines Stammes, sondern sind z.T. regelrechte Außenseiter, wie etwa Jiftach, der Sohn einer Hure.

Geht man, wie oben bereits erwähnt, von der Tragfähigkeit einer mündlichen Überlieferung über drei bis vier Generationen aus, und dies dürfte bereits ambitioniert sein, dann wäre eine erste Aufzeichnung in einem Abstand von ca. 120 bis 160 Jahren erforderlich. Diese fiele somit einerseits in die frühe Königszeit. Andererseits ist eine gesamtisraelitische Sicht in einer Zeit wahrscheinlich, als man einer glorreichen, „goldenen" und idealisierten Vergangenheit des (so nie oder nur kurzfristig existierenden) Zwölf-Stämme-Volkes nachtrauert. Damit kommt für diese Redaktion die gesamte nachsalomonische Epoche, vor allem aber die Zeit nach 722 und 586 in Frage.

9.3 Zeitgeschichte der Richterzeit

Wie man sich die vorstaatliche Zeit vorzustellen habe und wie das Zwölf-Stämme-Volk „Israel“ zu dieser Zeit ausgesehen haben könnte, versuchte man sich mittels der so genannten →*Amphiktyonie*-Hypothese klarzumachen. Die Stämme hatten ein gemeinsames Heiligtum, das reihum je einen Monat von einem Stamm betreut wurde. Dieses Modell wurde dann dahingehend modifiziert, dass man an die Stelle eines gemeinsamen festen Heiligtums ein transportables setzte: die Lade. Sie sei an verschiedenen Standorten aufgestellt und dort verehrt worden (Beth-El; Schilo, Gilgal). Dabei habe man sich bei den jährlichen Wallfahrtsfesten auch immer wieder das (gemeinsame) Gesetz ins Bewusstsein gerufen.

Diese Überlegungen überzeugen jedoch nicht. In einem derartigen System wäre eigentlich zu erwarten, dass die Lade in jedem der Stammesgebiete für jeweils einen Monat aufgestellt wurde, um die Gleichberechtigung der Stämme zum Ausdruck zu bringen. Rivalitäten zwischen den Stämmen um den Anteil an „ihrem“ Gott wären sicher an der Tagesordnung gewesen. Auch die Wallfahrtsfeste, die ja auch einen Wirtschaftsfaktor ausmachen, müssten reihum gefeiert worden sein. Davon ist jedoch nicht die Rede und die Lade kommt nie über Mittelpalästina hinaus. Schließlich steht zudem die Frage im Raum, inwieweit die zwölf Stämme in der vorstaatlichen Zeit tatsächlich bereits alle Jahwe-Verehrer waren. Die aggressive Mission der Propheten für Jahwe, allen voran Elija in der Königszeit, lässt doch eher vermuten, dass es zur Zeit der Richter noch gar nicht um den Abfall Israels von seinem Gott geht. Dieser Gott hat sich noch längst nicht ausreichend etabliert. Schließlich lassen die diversen Stammeslisten erkennen, dass die Zwölf keine konstante Größe waren, ja nicht einmal die Zahl Zwölf. Spiegeln diese Listen auch die Gegebenheiten zu unterschiedlichen Zeiten wider, so ist das Zwölf-Stämme-Volk Israel keineswegs daraus rekonstruierbar:

	Gen 29	Gen 35	Gen 46	Gen 49	Ex 1	Num 1
1	*Ruben*	*(Lea) Ruben*	*Ruben*	*Ruben*	*Ruben*	*Ruben*
2	*Simeon*	*Simeon*	*Simeon*	*Simeon*	*Simeon*	*Simeon*
3	*Levi*	*Levi*	*Levi*	*Levi*	*Levi*	*Juda*
4	*Juda*	*Juda*	*Juda*	*Juda*	*Juda*	Issachar
5	Dan	Issachar	Issachar	Sebulon	Issachar	Sebulon
6	Naftali	Sebulon	Sebulon	Issachar	Sebulon	Ephraim
7	Gad	(Rachel) Josef	Gad	Dan	Benjamin	Manasse
8	Asser	Benjamin	Asser	Gad	Dan	Benjamin
9	Issachar	(Bilha) Dan	Josef	Asser	Naftali	Dan
10	Sebulon	Naftali	Manasse	Naftali	Gad	Asser
11	Josef	(Silpa) Gad	Ephraim	Josef	Asser	Gad
12	Benjamin	Asser	Benjamin	Benjamin		Naftali
13			Dan			
14			Naftali			

	Num 13	Dtn 27	Dtn 33	Jos 21	1 Chr 12	Ez 48
1	*Ruben*	*Simeon*	*Ruben*	*Juda*	*Juda*	*Ruben*
2	*Simeon*	*Levi*	*Juda*	*Simeon*	*Simeon*	*Juda*
3	*Juda*	*Juda*	*Levi*	Benjamin	*Levi*	*Levi*
4	Issachar	Issaschar	Benjamin	Ephraim	Benjamin	Josef
5	Ephraim	Josef	Josef	Dan	Ephraim	Benjamin
6	Benjamin	Benjamin	Sebulon	Manasse	Manasse	Dan
7	Sebulon	Ruben	Gad	Issachar	Issachar	Simeon
8	Manasse	Gad	Dan	Asser	Sebulon	Issachar
9	Dan	Asser	Naftali	Naftali	Naftali	Sebulon
10	Asser	Sebulon	Asser	Ruben	Dan	Gad
11	Naftali	Dan		Gad	Gad	Asser
12	Gad	Naftali		Sebulon	Ruben	Naftali
13				Levi		

Bei den Listen ohne Levi dürfte es sich um die Siedlungsgebiete handeln, denn Levi, der Priesterstamm, der angeblich ursprünglich über ganz Israel und seine Heiligtümer verbreitet war, erhielt kein eigenes Siedlungsgebiet. Wenn die Stämme Ruben, Simeon und Juda voraus stehen, dann höchstwahrscheinlich deshalb, weil sie als „Lea-Stämme" die älteren sind und sich bereits vor der so genannten Landnahme im Lande befanden. Allerdings wird den Stämmen Simeon und Levi auch die Zerstreuung angekündigt. Dies kann ja wohl nur bedeuten, dass sie ihr Siedlungsgebiet oder ihre Eigenständigkeit irgendwann einmal verloren haben (Gen 49,5-7; Simeon fehlt in Dtn 33). Der alte Stamm Ruben scheint hingegen vom Aussterben bedroht zu sein (Dtn 33,6). Dies dürfte Anlass gewesen sein, die Liste der Stämme aufzustocken und v.a. die Josefsöhne Ephraim und Manasse – mit oder ohne ihren Vater Josef – in die Liste aufzunehmen, so dass auch Listen mit 14 Gliedern existieren (Gen 46).

Insgesamt zeigt die Fluktuation jedoch an, dass diese Zwölf keine ausreichend feste Größe sind, um darauf ein amphiktyonisches System aufzubauen.

Ein zweites gewichtiges Argument gegen ein Zwölf-Stämmesystem in vorstaatlicher Zeit findet sich mit dem Deboralied in Ri 5.

Dieses Lied gibt trotz zu vermutender redaktioneller Überarbeitung noch einen Einblick in die Zeit der Stämme und wirft Licht auf das Verhältnis der Stämme zueinander sowie auch zu deren Status im kanaanäischen Palästina überhaupt:

Ri 5,6-8 vermeldet, dass der Kontakt zwischen mittel- und nordpalästinischen Stämmen gefährdet war oder sogar unterbunden wurde. Der Verursacher scheint Sisera gewesen zu sein, der nach Ri 4 der Feldherr Jabins, des Königs von Kanaan (4,2) war. Einen „König von Kanaan" gab es zu dieser Zeit aber sicher nicht, aber nach Jos 11,20 kam Hazor eine führende Rolle unter den kanaanäischen Stadtstaaten zu. Hazor ist neben Megiddo sicher eine der wichtigsten Städte Palästinas an der Via Maris, der Hauptverkehrsstraße von Ägypten ins Zweistromland. Ob dieser Sisera auch eine Entwaffnung durchgeführt hat oder die Schilde und Speere nicht mehr zu sehen waren, weil man sich damit nicht mehr aus den Büschen traute, sei einmal dahin gestellt.

In *Ri 5,6-8* heißt es jedenfalls:

> *In den Tagen Schamgars, des Sohnes Anats, in den Tagen Jaels ruhten die Pfade; und die auf festen Straßen zogen, mußten gewundene Pfade gehen. 7 Es ruhten die Landbewohner; sie ruhten in Israel, bis ich, Debora, aufstand, bis ich aufstand, eine Mutter in Israel. 8 Man erwählte neue Götter; da war Kampf an den Toren! Wurden wohl Schild und Lanze gesehen unter 40000 in Israel?*

Infolge der Unterdrückung kommt es zu einem Aufstand. Unmittelbar betroffen von den Maßnahmen „Siseras“ sind vermutlich nur Sebulon und Naftali. Das Besondere ist nun, dass dieser Aufstand von einer Frau geleitet wird. In der patriarchalischen Welt des AT hätte man sicher auf eine derartige Notiz verzichtet, wenn diese Aussage kein Novum wäre und ihr kein historisches Faktum zugrundegelegen hätte.

Debora ruft verschiedene Stämme zur Waffenhilfe auf. Nicht alle Stämme folgen diesem Ruf; sie werden deshalb getadelt. Einige aus dem Zwölf-Stämme-System werden allerdings erst gar nicht angefragt.

Beteiligt waren demnach:
- Efraim
- Benjamin
- Machir (Machir gilt als Sohn Manasses)
- Sebulon
- Naftali
- Issachar
- Ruben (verspätet – oder gar nicht?)

Nicht oder zu spät beteiligt waren folgende Stämme, die deshalb getadelt werden:
- Gilead
- Dan (zu dieser Zeit noch in der Küstenebene siedelnd Ri 5,17)
- Ascher

Nicht einmal erwähnt werden:
  (Manasse)
- Juda
- Simeon
- Gad
- Levi

Es könnte demnach sein, dass in dieser Zeit kein Zwölf- sondern nur ein Zehn-Stämme-System bestand. Es ist aber nicht weniger wahrscheinlich, dass überhaupt keine Verpflichtung zwischen den Stämmen existierte und gar kein Anlass bestand, Juda, Simeon, Gad und Levi zu Hilfe zu rufen.

Den Informationen des Deboraliedes zufolge waren nur jene Stämme/Gruppen beteiligt, die unmittelbar bedroht waren, d.h. die Stämme des mittelpalästinischen Gebirges. Die Stämme am Meer und das südliche Juda beteiligten sich nicht: Gegenseitige militärische Hilfe erfolgte nur in Notfällen und auch nicht umfassend.

Der fehlende Zusammenhalt der Stämme wurde möglicherweise mit verursacht durch die beiden →*Städtequerriegel* im Land, die den Austausch in Nord-Süd-Richtung erschwerten bis verunmöglichten. Für welche Zeiträume und in welchem Ausmaß dies geschah, ist nicht sicher festzumachen.

Sicher können zum historischen Gehalt des Debora-Liedes Diskussionen angestellt werden. Die Tatsache, dass Dan noch in der Küstenebene angesiedelt wird, stärkt jedoch die Vermutung, dass die Ereignisse, die in diesem Lied besungen werden, relativ zeitnah wiedergegeben wurden.

Der Abschnitt über Simson/Samson zeigt zudem an, dass sich die Philister nach Osten auszubreiten beginnen und damit gleichfalls eine Gefahr für die mittelpalästinischen Stämme darstellen. Es ist daher nicht erstaunlich, dass der erste König Israels aus dem vermutlich am meisten bedrohten Stamm, aus Benjamin, stammt. Ein „Königtum", d.h. die erste Zentralgewalt in Israel, kann sich folgerichtig auch nur deshalb etablieren, weil der äußere Druck, den die Philister entfalten, nicht mehr allein durch einzelne Stämme aufgefangen und erwidert werden kann.

Durch die dtr Theologie hindurch lässt sich ansonsten aber – historisch durchaus wahrscheinlich – eine verbreitete Skepsis gegen die Etablierung einer Zentralgewalt erkennen. **Saul** wird nur gegen Widerstände im Volk zum König erhoben, die **Jotamfabel** zeichnet eine negative Einstellung zum Königtum, ebenso wie die Erzählungen um **Abimelech**.

Zusammenfassung

Das Buch erzählt die Geschichte der Etablierung Israels in seinem Land. Doch anstatt nun die Weisungen Gottes zu erfüllen, kommt es zu permanentem Abfall, vorzugsweise in Gestalt des dtr Motivs der Hinwendung zu anderen Völkern in der Nachbarschaft und zu deren Göttern. Gott straft Israel durch Unterjochung unter einen äußeren Feind. In der Not schickt er allerdings auch Retter. Diese Retter, die im Stil von sagenhaften Helden auftreten, stammen ursprünglich aus verschiedenen Stämmen und agieren auch jeweils mit ihrem Stamm oder gar als Einzelkämpfer. Die panisraelitische Komponente kommt erst sekundär bei der Verfolgung und endgültigen Vernichtung der Feinde ins Spiel. Die einzelnen – vermutlich weitgehend traditionellen – Stämmeüberlieferungen, die mit einer heldenhaften Person verknüpft sind, sind durchaus noch erkennbar. Auch hier gilt: Die Geschichte ist geprägt durch das besondere Verhältnis Israels mit seinem Gott, das von Israel aber immer wieder vergessen wird.

10. Das Buch Rut

Das Buch Rut ist die erste der so genannten fünf →*Megillot* (Rollen).

Bei den Megillot (Sg.: Megilla = Rolle) handelt es sich um fünf kurze Bücher des AT, die je eigens auf eine Rolle geschrieben werden und an den verschiedenen großen Fest- oder Gedenktagen verlesen werden. Es sind dies die Bücher Rut, Hoheslied, Kohelet, Klagelieder und Ester.

Rut wird zur Erntezeit, also zu Schavuot gelesen, dem Wochenfest, aus dem das christliche Pfingsten hervorgeht. Es ist die Zeit der Getreideernte (Weizen), wovon auch in dem Buch selbst die Rede ist.

10.1 Inhalt und Gliederung

Eine Familie aus **Bethlehem** wandert anlässlich einer Hungersnot und schlechter Ernten ins Nachbarland **Moab** aus. Die Familie besteht aus einem Ehepaar und seinen beiden Söhnen mit den merkwürdigen Namen **Machlon** (= Krankheit) und **Kiljon** (= Vernichtung). Die Frau wird **Noomi** genannt (= Freundlichkeit, Annehmlichkeit) und der Name des Mannes ist **Elimelech** (= El/Gott ist König).
Es ist klar, dass niemand seine Kinder „Krankheit" oder „Vernichtung" nennen würde. Kindern gibt man positive Namen, wie etwa Batsheba (= Tochter der Sieben, der Fülle, der Vollendung, oder einfach Glückskind). Daraus folgt, dass die Namen bereits den frühen Tod ihrer Träger verheißen. Und ein Zweites wird damit schon deutlich: Die Geschichte hat sich historisch nicht so abgespielt.

Die beiden Söhne nehmen sich in der Fremde moabitische Frauen: Die eine heißt **Orpa** (= Nacken, Widerborstigkeit – ob der Ehemann wohl Freude an ihr hatte?), der andere ehelicht eine Frau, die **Rut** (= Genossin, Freundin) heißt. Bald darauf versterben die beiden Ehemänner, also die Söhne von Noomi, ohne Kinder zu hinterlassen und auch Elimelech, Noomis Ehemann, stirbt. Noomi, auf sich alleingestellt mit ihren beiden Schwiegertöchtern, beschließt, **nach Bethlehem** zu ihrer Sippe **zurück**zukehren. Die beiden Schwiegertöchter wollen sie begleiten, doch Noomi lehnt ab und rät ihnen, sich in ihrer Heimat neu zu verehelichen. Orpa lässt sich überzeugen, Rut nicht. Sie steht zu ihrer Schwiegermutter und erklärt:

> *1,16 ....wohin du gehst, dahin will auch ich gehen, und wo du bleibst, da bleibe auch ich. Dein Volk ist mein Volk, und dein Gott ist mein Gott.*

Mit diesem Satz wird Rut nach jüdischer Überlieferung zur Urmutter der →*Proselyten* (1).

Die beiden Frauen kommen nach Bethlehem **zur Zeit der Getreideernte** und wohnen dort zusammen. Rut sorgt in erster Linie für den Lebensunterhalt, indem sie auf die Felder geht und gemäß dem Armenrecht **Nachlese** hält, d.h. sie sammelt die Ähren auf, die die Schnitter liegen ließen. Nach dem Armenrecht soll auch ein Streifen am Feldrand bei der Ernte stehenbleiben. Rut kommt dabei auf das Feld eines Mannes, der sie bevorzugt behandelt (2). Es stellt sich heraus, dass er ein **Verwandter der Noomi** ist. Noomi gibt der Rut einige Ratschläge, wie sie an den Mann herankommen kann. Nachdem sein Interesse an Rut geweckt ist, bevorzugt er sie weiterhin und will sie schließlich heiraten, d.h. er will die →*Leviratsehe* mit ihr eingehen. Wie diese konkret ausgesehen hat, ist angesichts der unterschiedlichen Aussagen im AT nicht mehr zu rekonstruieren. Die „schändliche" Form, die Dtn überliefert (Dtn 25), wird hier jedenfalls nicht angewandt (3).
Dazu geht **Boas**, so heißt der Mann, zum Tor und ruft die Ältesten zum →*Torgericht* zusammen. Nachdem ein anderer Mann existiert, der der Noomi verwandtschaftlich näher steht als jener Boas, muss zunächst ihm **die Leviratsehe** angetragen werden. Dieser – sein Name wird nicht genannt – verzichtet jedoch aus Besitz- und Erbgründen und so **heiratet Boas die Rut** (4,1-17). Aus dieser Verbindung geht nach einigen Generationen **König David** hervor – Rut ist seine Urgroßmutter. Somit hat David eine moabitische, nichtjüdische Vorfahrin (4,18-22).

In Kürze	
1,1-22	Auswanderung der Familie der Noomi und Rückkehr nach Bethlehem
2,1-23	Begegnung von Rut und Boas
3,1-18	Rut bei Boas auf der Tenne
4,1-17	Torgericht: Boas erwirbt Rut und mit ihr den Erbbesitz, ein Grundstück der Familie Noomis und damit auch die Sorge um Noomi
4,18-22	Genealogie auf David hin

Begründet wird das Verlesen des Buches zu Schavuot folgendermaßen: An Schavuot gedenkt das Judentum seines Versagens bei der Übergabe der Gebote durch Gott. Die Nacht zuvor wird mit Torastudium verbracht. Man tut also das, was man ehedem versäumt hat: Das Volk wurde einst aufgefordert, dem Bund beizutreten und das Gesetz seines Gottes als das seine anzunehmen. Insofern befand sich das ganze Volk im Status des Proselytentums, das aus einer anderen Religion, einer anderen Kultur kommend, dieses Gesetz entgegennimmt. Rut, die aus dem Volk der Moabiter stammt, nimmt nun ebenfalls den Gott Israels und das Gesetz an. Sie ist somit ebenfalls Proselytin, wie das Volk Israel.

Am Wochenfest wurde laut Überlieferung David geboren, an diesem Fest starb er auch. Auch aus diesem Grund ist es verständlich, Rut zu lesen, denn sie ist ja eine Vorfahrin von David.

Wie im Judentum üblich, gibt es also mehr als einen Grund, das Buch zu diesem Termin zu lesen. Auch die Gematrie des Namens „Rut" (= 606) spielt eine Rolle.

Fügt man zu dieser Zahl die sieben Gebote hinzu, die auch ein Nichtjude qua Schöpfungsordnung halten muss (faire Rechtsprechung, Vermeiden von Götzendienst, Gotteslästerung, Mord, Inzest, Raub, nicht koscheres Fleisch vgl. Lau: Juden 285), kommt man auf die berühmte Zahl 613, die Zahl der Ge- und Verbote, die Gott gegeben hat. Es ist die Anzahl der Knochen des menschlichen Körpers, es ist die gematrische Zahl der Zizit u.a.

10.2 Erzählte Zeit und Erzählzeit

Aufgrund der Genealogie am Ende der Geschichte ist die erzählte Zeit ganz gut zu bestimmen. Die Handlung spielt in der Zeit der Richter, und deshalb ist das Buch folgerichtig in der christlichen Bibel auch nach Richter und vor Samuel in den Kontext eingeordnet. Wenn Rut die Urgroßmutter Davids ist und man für eine Generation die üblichen 40 Jahre rechnet, hätte Rut ungefähr um 1100 oder 1150 v. Chr. gelebt.

Nun ist aber bereits an den Namen der beiden Söhne klar geworden, dass es sich hier nicht um die Nacherzählung eines historischen Ereignisses handelt, sondern um eine Erzählung mit einer ganz eigenen Aussageabsicht. Aus dieser Intention also muss die Zeit der Abfassung, die Erzählzeit bestimmt werden.

Zu allen Zeiten scheint das AT vor Ehen mit Frauen aus anderen Völkern zu warnen. Zum einen lesen wir Entsprechendes in den Weisungen dtn-dtr Prägung (vgl. Dtn 23,3), noch elementarer aber in den Aussagen von Esra und Nehemia, aus einer Zeit also, in der es um das Überleben des Judentums geht. Sowohl in Esra wie auch in Nehemia werden ausdrücklich auch Moabiterinnen als nicht akzeptable Ehefrauen genannt (Esr 9,1-4; 10,11; Neh 13,23-28).

Andererseits erlaubt Dtn 21,10-14 die Heirat einer Kriegsgefangenen, und dabei wird man sicher nicht nur an die Kriege zwischen Nordreich und Südreich gedacht haben. Somit ist das Verbot von Mischehen aller Wahrscheinlichkeit nach relativ jung: Es stammt aus deuteronomistischer und späterer Zeit.

Was will also das Buch Rut mit seiner expliziten Darstellung einer Mischehe? Steht diese wirklich im Vordergrund der Erzählung?

Es ist vorstellbar, dass dieses Buch, ganz ähnlich dem Buch Jona, gegen die Position von Hardlinern vorgeht und sich im Gegensatz zu Esr, Neh und auch zu dtr Vorstellungen gerade *für* die Ehe mit Ausländerinnen einsetzt – mit dem Verweis auf David, der mit Rut eine moabitische Urgroßmutter hatte. Die Genealogie am Ende dürfte zwar erst sekundär angeschlossen worden sein, mit dieser verweist das Buch aber darauf, dass aus einer Verbindung mit einer Ausländerin keinesfalls zwangsläufig der Abfall von Jahwe einhergeht. Das Paradebeispiel Rut zeigt nämlich im Bekenntnis einer Frau zu einem ihr zunächst fremden Gott und einem fremden Volk, dass Liebe und Solidarität die vom Gesetz gezogenen Grenzen überwinden können.

In der Erzählung als solcher ist freilich auch die genannte Solidarität bereits ein wichtiger Gesichtspunkt: Rut solidarisiert sich mit Noomi, diese umgekehrt mit Rut, Boas solidarisiert sich mit Rut, die Menschen beim Torgericht mit dem Paar, mit Boas und Rut, und die Frauen der Nachbarschaft solidarisieren sich bei der Geburt des ersten Sohnes, des Obed (= Knecht, Diener; vermutlich ist dies eine Kurzform von Obadja, Diener Gottes), mit Noomi. Dies geht so weit, dass sie dem Kind sogar den theophoren (= gotteshaltigen) Namen geben und es damit vollkommen in die Gemeinschaft Israels aufnehmen. Dies ist für das AT ungewöhnlich und völlig singulär!

Es geht also um eine Solidargemeinschaft, auch mit Nichtisraeliten, oder anders gesagt: Jahwe ist nicht allein der Gott des Judentums und für dieses relevant. Er kümmert sich – wie bei Jona – auch um andere Völker und sein Erbarmen und seine Zuwendung gilt auch ihnen; vielleicht muss man hier allerdings noch hinzufügen: zumindest allen, die ihn suchen. Damit fällt die Entstehung von Rut in die spätnachexilische Zeit.

Zusammenfassung

Im Buch Rut geht es um die Moabiterin Rut, die selbst Witwe ist und ihrer gleichfalls verwitweten Schwiegermutter in ein ihr fremdes Land folgt und dort für sie sorgt. Den klugen Ratschlägen ihrer Schwiegermutter folgend, findet sie einen angesehenen Mann, der sie ehelicht. Rut gilt als erste Konvertitin durch den Ausspruch gegenüber ihrer Schwiegermutter: *Dein Volk ist mein Volk und dein Gott ist mein Gott.* Das Buch stellt einerseits vorbildhaft die Solidarität der Rut mit ihrer Schwiegermutter dar, andererseits wird durch den Bezug auf David auch deutlich, dass eine „fremde Frau", aus einem anderen Volk stammend, nicht per se negativ zu betrachten ist. Damit wendet sich das Buch möglicherweise gegen Strömungen, Eheschließungen mit Nichtjüdinnen zu verbieten oder zu ächten. Die Ehe ist gesegnet und aus ihr geht eine der führenden Persönlichkeiten Israels hervor, eben ein Vorfahre von König David.

11. Die Samuelbücher

1 Samuel

Die beiden Samuelbücher – eine Trennung der Erzählung in zwei Bücher ist nicht zwangsläufig – zeichnen die Geschichte des Propheten, Priesters, Heerführers und Königsmachers Samuel, der den Büchern den Namen gibt. Mit ihnen endet die Herrschaft charismatischer Persönlichkeiten. Die Söhne des Samuel taugen als Nachfolger nicht. Entgegen seiner Überzeugung und gegen verschiedene Widerstände erfüllt Samuel den Willen des Volkes, das einen König verlangt, der vor ihm herzieht, also einen Soldatenkönig (vgl. die Jotamfabel in Ri 9,7-15).

Allerdings gibt es auch ausgesprochen königsfreundliche Aussagen, und dies nicht nur über David.

11.1 Inhalt und Gliederung

Der erste König, der aus unterschiedlichen Gründen ausgewählt wird, ist **Saul**. Von ihm und vor allem von seinem Sohn **Jonatan** werden einige siegreiche Scharmützel mit den Philistern berichtet, ehe beide in einer Schlacht gegen diese Gegner fallen. Damit ist der Weg frei für David, der schon unter Saul gegen diesen intrigiert und sich eine Hausmacht geschaffen hatte. **Sauls Abstieg** geht einher mit dem gleichzeitigen gloriosen **Aufstieg Davids**, der sich im zweiten Samuelbuch fortsetzt (Vereinigung von ganz Israel; Herrschaft über die Nachbarvölker aber auch Intrigen am Hof sowie Aufstände gegen David, u.a. durch seinen Sohn Absalom). Schließlich findet sich in den Samuelbüchern auch noch eine umfangreichere Erzählung vom Schicksal der angeblich aus der Wüstenzeit stammenden **Lade**, bis diese schließlich von David feierlich nach Jerusalem gebracht wird. Das ganze **zweite Buch Samuel beschäftigt sich mit David**. Samuel lebt zu dieser Zeit schon gar nicht mehr.
Mit dieser Grobgliederung werden auch die – nach verbreiteter Ansicht – vordtr – Überlieferungsstränge angezeigt, nämlich:

- vordtr Ladeerzählung
- Erzählung vom Aufstieg Davids
- Erzählung von Salomos Thronfolge

Im Detail heißt das:

Nach langer Unfruchtbarkeit seiner Mutter wird **Samuel** geboren und Gott geweiht; die Jugendzeit verbringt er im Tempel; Berufung im Traum (1-3).
Es folgt ein erster Teil der **Ladeerzählung**: In Kriegsnot wird die Lade, um sich der Unterstützung Gottes zu versichern, auf den Kriegsschauplatz geholt – und fällt in **die Hände der Philister**. Diese haben allerdings kaum Freude an dem Gegenstand, weil das **Unglück** über sie hereinbricht. Die Philister geben die Lade also zurück. Aber auch auf dem Rückweg verursacht die Lade Unannehmlichkeiten, ja sogar Todesfälle, so dass sie nur in verschiedenen Etappen zurückgebracht werden kann (4-6)
Hier endet die Ladegeschichte fürs erste. Sie wird erst in 2Sam 6 weitergeführt.

Die folgenden Kapitel beschäftigen sich mit **Samuel**. Er ist Richter, Retter, Prophet und Opferpriester. Das Volk bittet ihn, **einen König** einzusetzen. Samuel lehnt zunächst ab, übermittelt aber dann doch auf Geheiß Gottes das Königsrecht (8). Daraufhin wird **Saul** aus unterschiedlichen Gründen (z.B. weil er besonders groß ist) zum **König** gesalbt (9-11). In 12 hält Samuel seine Abschiedsrede. Sauls anfänglichen Erfolgen steht seine stufenweise Verwerfung gegenüber (13-15). Der **Abstieg Sauls korrespondiert mit dem Aufstieg Davids** (1Sam 16 – 2Sam 5). David wird bereits in Kap. 16 auf Gottes Anweisung hin von Samuel zum König gesalbt. Davon weiß Saul natürlich noch nichts, denn in der Folgezeit kommt es zu verschiedenen Begegnungen zwischen Saul und David – unter anderem wird David Musiker am Hof des Saul um jenen von Depressionen zu befreien. Auch die David-Goliathgeschichte (17) gehört hierher.
Die verschiedenen Erzählungen über David sind allerdings z.T. sehr widersprüchlich. Auf Grund von Rivalitäten zwischen Saul und David, unter anderem wegen konspirativer Verhandlungen zwischen dem Saul-Sohn Jonatan und David, kommt es zum Bruch mit Saul und zur Flucht Davids, obwohl David in der Zwischenzeit mit der Saul-Tochter Michal verheiratet ist. Mittels einer Totenbeschwörerin erfährt Saul, dass er die Schlacht gegen die Philister nicht überleben wird. Auch sein Sohn Jonatan fällt (19-31).

In Kürze

1Sam	
1-3	Geburt des Samuel, Loblied der Hanna; Samuels Berufung
4-6	Ladegeschichte: Verlust und Rückkehr
8-15	die Entstehung des Königtums – Saul
16-31	Davids Aufstieg und Sauls Abstieg; Sauls Tod

Für die in den vorderen Propheten erkennbar verbreitete Abneigung gegen eine Zentralgewalt gibt es verschiedene Erklärungsmodelle:

- Die alte, königsfeindliche Position könnte aus der Sippen- und Stammesstruktur resultieren, die damit aufgelöst wird und deren Repräsentanten damit zumindest teilweise entmachtet werden.
- Jüngere, königsfeindliche Positionen resultieren aus der theologischen Position eines „Jahwe-Königtums", das wiederum aus dem Scheitern des Königtums angesichts des Exils erwachsen sein dürfte.
- Die Annahme einer älteren, königsfreundlichen dtr Schicht, die sekundär von einer königsfeindlichen überarbeitet worden sei (so die Smend-Schule mit ihrem Schichten-Modell sowie auch Gertz: Grundinformationen[5], 302, allerdings in umgekehrter Reihenfolge) wäre ein weiteres Erklärungsmodell. Eine historische Abneigung gegen das Königtum ist auch angesichts dieser Hypothese möglich.

2 Samuel

11.2 Inhalt und Gliederung

Sauls Tod (1) macht den Weg frei für **David**, der in Hebron zunächst über Juda und später auch über Israel **zum König gekrönt** wird (1-5). Er führt div. Kriege und erobert **Jerusalem**, das er zu seinem Regierungssitz macht. Dorthin schafft er die Lade (5-6) und bindet damit jene Stämme, die Anteil an der Lade hatten, an seine Person und an Jerusalem. Kap. 7 enthält die bedeutende **Natanweissagung**, in der die Gottessohnschaft des Königs proklamiert und eine „ewige Dynastie" der Davididen verheißen wird. Es folgen weitere Kriege gegen die Nachbarvölker und deren Unterwerfung (8-10). David wird eine Art Großkönig über Gesamtpalästina und seine Nachbarn.

Die Kap. 11-20 berichten über das Leben bei Hofe, z.B. vom **Ehebruch Davids mit Batseba**. Aus der Verbindung **geht Salomo hervor**. David hat weder sich selbst noch seine Familie im Griff und so kommt es beispielsweise zu **Vergewaltigung und Mord unter Davids Kindern** und zum **Aufstand** seines Ältesten, **Abschalom**. Einige Nachträge u.a. mit der **Ortsätiologie für den Jerusalemer Tempel** beenden das Buch (21-24).

In Kürze

2Sam	Machtergreifung und Regentschaft Davids
1-4	David wird König über Juda/Südreich
5-10	David wird König über das Nordreich; Ladeerzählung; Nathanweissagung (Kap. 7); Kriege und Siege
11-20	Geschichten und Intrigen bei Hof
21-24	skizzenhafte Nachträge

11.3 Erzählte Zeit und Erzählzeit

Die erzählte Zeit ist die Zeit Sauls und Davids sowie die Gründung des Königreiches (Gesamt-) Israel durch David. David hat nicht nur den Süden und den Norden miteinander vereint, sondern darüber hinaus Jerusalem als persönliche Hauptstadt begründet. Jerusalem wird nicht vom Heer der Stämme →(*Heerbann*) erobert, sondern durch Joab, den Verwandten Davids. Dieser ist Anführer der persönlichen Söldnertruppe Davids aus vergangenen Tagen. Somit ist Jerusalem Davids Privateigentum, er lässt sich ausdrücklich zum Stadtkönig von Jerusalem krönen und entzieht die Hauptstadt damit dem Einfluss der Stämme. Erst unter diesen Umständen ist es auch möglich, dass Salomo als Favorit der Stadt Jerusalem sich gegen seinen Halbbruder Adonija, der sich auf die Stämme stützt (zumindest auf den Stamm Juda), durchsetzen kann.

Die umliegenden Nachbarvölker hat David laut Samuelbüchern erobert oder tributabhängig gemacht, die männliche Bevölkerung dezimiert, um Aufständen oder Abfall vorzubeugen.

Wie oben schon kurz erwähnt, hat das Großreich Davids und Salomos angeblich keinerlei archäologische Spuren hinterlassen, durch die die Angaben der Schrift verifiziert werden könnten. Die beiden Archäologen Finkelstein und Silbermann bestreiten daher seine Existenz. Fakt ist jedoch, dass zur Zeit Davids in der Region Palästina ein Machtvakuum herrschte, bedingt durch die Schwäche der Großmacht Ägypten und die Rivalitäten zwischen Assur und Babylon im Zweistromland. Es ist auch die Frage, ob man über eine „gute alte Zeit" völlig ohne historischen Anhaltspunkt erzählen konnte.

Die Erzählzeit dagegen ist auch für diese Bücher nur schwer zu erfassen und hängt eng mit der Frage zusammen, ob es die oben genannten Ladeerzählung, eine David-Aufstiegsgeschichte und eine Salomo-Thronfolgegeschichte gab.

Immerhin enthalten diese einzelnen Erzählblöcke vielfach noch sehr viele Indizien für eine zeitnahe Entstehung. Wenn z.B. eine Beteiligung Davids am Tod des Abner in einer Weise dementiert wird, wie es kein Regierungssprecher oder Propagandaminister besser formulieren könnte (*2Sam 3,37 Und das ganze Volk und ganz Israel erkannten an diesem Tag, daß es nicht vom König ausgegangen war, Abner, den Sohn des Ner, zu töten)*, dann dürfte dies zeitnah geschehen sein. Mit fortrückender zeitlicher Distanz zu diesem Ereignis wäre ein solches Dementi nicht mehr erforderlich gewesen. Man wird daher die Zeit nach der Reichstrennung ansetzen können, in deren Folge unter Umständen noch einmal Vorwürfe gegen die Davididen laut wurden. Dies gilt auch für die Erzählung über den Ehebruch Davids mit Batseba und die Geburt des Salomo. Auch hier dürfte die Notwendigkeit zur Legitimierung nicht über mehrere Generationen erforderlich gewesen sein, auch gegenüber dem Nordreich nicht.

11.4 Zeitgeschichte

Die Samuelgeschichte

Wie oben schon angesprochen, stellt sich Samuel fast wie ein neuer Mose dar in der Vielfalt seiner Aufgaben. Interessant ist vor allem, dass Samuel als Prophet bezeichnet wird und als solcher tut er das, was normalerweise für die Literaturpropheten gerade *nicht* typisch ist: Er ist Hellseher – gegen Entlohnung. Als Saul seine Eselinnen verliert, geht er zu Samuel, um von ihm ihren Aufenthaltsort zu erfahren. Eine derartige Funktion eines Propheten liest man sonst nirgends im AT. Vielleicht spielt die Schrift genau auf diese Funktion an, wenn es heißt:

> *1Sam 9,9 Vorzeiten sagte man in Israel, wenn man ging, Gott zu befragen: Kommt und lasst uns zum Seher gehen! Denn den man heute Prophet nennt, nannte man früher Seher.*

Samuel wird jedenfalls als charismatische Führergestalt, als Letzter in der Art der Helden des Richterbuches gezeichnet und geht doch über die Vorstellungen des Richterbuches bereits hinaus, denn dort ist keiner der Helden auch „Prophet".

Samuel wird nach langer Unfruchtbarkeit seiner Mutter geboren (vgl. Sara und Isaak; die Frau des Manoach und Simson, Elisabeth und Johannes sowie eben Hannah und Samuel). Wie Simson wird Samuel in den Dienst Gottes gestellt, allerdings als Priesterschüler am Tempel des Eli in Schilo.

Nach dem Tod des Eli – er stirbt an Herzinfarkt, als er hört, dass die Lade in die Hände der Philister fiel – ist Samuel der kommende Mann. Er salbt Saul und David zum König, er führt Krieg und ist die oberste Kontrollinstanz, die die Einhaltung der Gebote Gottes überwacht. Saul fällt in Ungnade, weil er an den Amalekitern nicht den Bann vollzieht. Dies holt Samuel eigenhändig am König der Amalekiter nach. Ohne Samuel – er stirbt vor Saul – ist dieser ohne seinen wichtigsten Berater und zunehmend hilflos. Mittels Totenbeschwörung befragt Saul vor der Entscheidungsschlacht gegen die Philister sein Schicksal. Der Totengeist, der sekundär mit Samuel identifiziert wird, sagt Saul seinen Tod in der Schlacht voraus. Die Prophezeiung erfüllt sich an dem unglücklich agierenden Saul.

Es ist wohl kaum ein Zufall, dass das Auftreten der Monarchie dieser Schrift zufolge mit dem Auftreten der Prophetie zusammenfällt, und zwar einer Prophetie, die nicht mehr weissagt, sondern die politisch agiert. Sie überwacht die Monarchie und tritt gegebenenfalls auch als – ethisches – Korrektiv ein (2Sam 12; vgl. auch das Verbot des Tempelbaus an David durch Natan, als Korrektur einer früheren, ersten Zustimmung zu den Plänen des Königs). Die Propheten verstehen sich als das Gewissen Israels, als Publikation des Gotteswillens gegenüber einem zunehmend säkularen und sich in politische Ränke verstrickenden Königtum. Von daher ist es verständlich, dass diese Art von Prophetie **erst** mit dem Königtum auftritt; es ist aber auch verständlich zu machen, **dass** sie mit dem Königtum auftritt.

Die Lade

Abb. 5: Die Lade als Touristensouvenir – Rekonstruktion nach Ex 25 (nachexilische Priesterschrift), Foto: Klaus Dorn

Einmal abgesehen von der Wüstenzeit, dem glorreichen Jordanübergang und der Eroberung Jerichos taucht die Lade, jener mobile Kasten der Gottespräsenz, recht unvermittelt auf. Sie steht im Tempel zu Schilo, dem Tempel, in dem Eli und Samuel Dienst tun.

Verfolgt man den Weg dieser Lade, so ist es ein Gegenstand, der einerseits für die Exodusleute, andererseits für Mittelpalästina von Bedeutung ist. Dies legt erneut die Hypothese nahe, dass sich die Exodusleute vor allem in den Rachel-Stämmen, die in Mittelpalästina siedeln, wiederfinden.

Da das Wüstenzelt-Heiligtum der Priesterschicht zugewiesen werden muss – der Rückprojektion des Jerusalemer Tempels nebst Kult in die Wüstenzeit – dürfte auch mit der Lade entsprechend verfahren worden sein. Sie wurde in idealisierter Form, weitaus prächtiger als sie vermutlich jemals war, ebenfalls in die Wüstenzeit zurückversetzt. Weil hier die stationären Cheruben des Jerusalemer Tempels nicht taugen, wird einfach der Ladendeckel mit solchen versehen. Trifft dies zu, kann sie so kaum bei dem wunderbaren Jordanübergang dabei gewesen sein, der ein zweites Meerwunder darstellt; bei der sagenumwobenen Eroberung von Jericho wird sie ohnedies nicht benötigt, denn diese fand ja nicht statt (s.o.).

Somit stoßen wir zum ersten Mal historisch fassbar im Tempel von Schilo auf die Lade, den „Aron ha kodesch", d.h. den heiligen Kasten. In einen Kasten legt man normalerweise etwas hinein, und deshalb wird auch davon berichtet, in der Lade seien sowohl die beiden Gesetzestafeln des Mose als auch eine Mannaprobe transportiert worden. Aber dies setzt ja wiederum die späte priesterschriftliche Tradition voraus. Lässt man diese beiseite, so wissen wir schlichtweg nicht, wozu der Kasten gedient haben mag. Es wurde z.B. erwogen, er habe die Kriegskasse enthalten, aber es ist wenig sinnvoll, diese mit ins Feld zu nehmen und damit ihren Verlust zu riskieren.

Ein Blick über den Tellerrand des AT hinaus zum südlichen Nachbarn Ägypten bietet da eine andere Perspektive. Bedenkt man zudem, dass entsprechende Praktiken bis ins letzte Jahrhundert auch in unseren Breiten üblich waren, so ist wahrscheinlich, dass hier etwas Sakrales mit in die Schlacht genommen wurde, eine geweihte Fahne, ein Gottesbild, eine Ikone, eine Statue oder Ähnliches. In Ägypten existieren tragbare Kisten als Untergestell für ein Götterbild, welches im Falle einer Prozession einfach darauf gesetzt wurde. Gilt dies auch für die Lade?

Für den Fall, dass zur Zeit der Lade Jahwe überhaupt und wenn ja bereits bildlos verehrt wurde, könnte die Lade als Symbol, als Thronsessel oder als

Abb. 6: Tragbarer Schrein mit Anubisstatue in der Tutanchamun-Ausstellung in Paris, 2012, Foto: Traumrune

Schemel für die Füße der Gottheit mitgeführt worden sein. Sollte die bildlose Verehrung zu dieser Zeit noch nicht praktiziert worden sein und auf der Lade stand tatsächlich ein Götterbild – die beiden Cheruben könnten immerhin noch Reminiszenzen daran sein – dann hat man dieses Götterbild im Zuge des Gebotes einer bildlosen Gottesverehrung sozusagen „literarisch" demontiert und dessen Platz leer gelassen. Wir werden nicht mehr erfahren, was einst auf der Lade stand oder saß. Von Götterbildern in Israel lesen wir jedenfalls z.B. in Gen 31,4; 1Sam 19,13 und Ri 17,1-5. Sie sind dem AT keineswegs fremd und häufig wird auch ohne jede Polemik oder Abneigung von diesen Bildern berichtet.

Die Lade, die mit in den Krieg genommen wird, geht also verloren und fällt in die Hände der Philister. Die Philister, die merkwürdigerweise sofort um deren sakrale Bedeutung wissen, transportieren sie in ihren Tempel. Dort richtet die Lade jedoch nur Unheil an: Der philistäische Gott stürzt von seinem Sockel und zerbricht. In der Folge kommt es zu weiteren Unannehmlichkeiten mit Geschwüren und einer Mäuseplage – vielleicht waren es aber auch Ratten und es kam die Pest, wie hierzulande im 14. Jahrhundert. Die Philister wollen jedenfalls den schrecklichen Kasten schnellstens wieder loswerden.

Aber auch in Israel herrscht nicht nur eitle Freude über die Rückgabe. Es kommt zu rätselhaften Todesfällen, als Unbefugte die Lade berühren. Das klingt nach Priesterüberlieferung, denn wer sonst sollte ein Interesse daran haben, zwischen geeignetem und nicht geeignetem Personal im Umgang mit der Lade zu fragen. Nach einem längeren Aufenthalt unterwegs im Haus eines Ausländers, des →*Edomiters* – oder Philisters (? ein Mann aus Gat) Obed Edom, (zu Deutsch: Edomiterknecht), wird die Lade weitertransportiert. Der Aufenthalt dort soll dazu dienen die gefährliche Kraft der Lade wieder etwas herunterzufahren. Dazu einen Nichtisraeliten heranzuziehen, macht durchaus Sinn: Wäre die Lade weiterhin verderblich, träfe es wenigstens keinen der eigenen Leute. Als das Haus Obed Edoms statt Verderben Segen erfährt, bringt David die Lade nach Jerusalem (2Sam 6). Der vor der Lade tanzende König ist seiner Frau Michal suspekt (2Sam 6,16). Als Strafe für ihr Unverständnis bleibt sie angeblich kinderlos – die göttliche Höchststrafe für eine verheiratete Frau. Eine andere Tradition bietet hierzu jedoch eine abweichende Aussage: Mit einem gewissen Adriël, dem Sohn des Barsillai, einem Getreuen Davids, soll sie Söhne gehabt haben (2Sam 21,8). Wir lesen aber auch noch, dass Michal mit einem Manne namens Palti verheiratet war – er läuft ihr lange hinterher, als sie von David wieder in seinen Harem zurückgeholt wird.

Mit der Überführung der Lade nach Jerusalem gelingt David ein hervorragender Schachzug: Das Heiligtum der mittelpalästinischen Stämme steht nun in der Hauptstadt Davids. Er schafft damit eine engere Beziehung der Stämme zur Hauptstadt und zum König. Angeblich wird die Lade unter ein Zelt gestellt und erst unter Salomo in ein festes Gebäude, eben den Tempel von Jerusalem, gebracht. Dass sie sich noch nie in einem Tempel befand (so 2Sam 7,6), stimmt angesichts der Samuelgeschichte jedoch nicht (1Sam 3,3). Freilich kann ein

Heiligtum, also ein Tempel, auch „Zelt“ genannt werden (Ps 15,1; 27,5.6; 61,5; **78,60** u.a.).

Warum hat sie David nicht schon in einen Tempel gestellt? Vermutlich hatte Jerusalem durchaus einen, der möglicherweise dem →*Šalim* (und seinem Bruder/seiner Schwester →*Šahar*?, das ist die Abend- und die Morgendämmerung) geweiht war. Wagte es David nicht, die Lade in das Jerusalemer Heiligtum zu überführen? Vielleicht war es für die Erzähler nicht opportun, dieses Gerät, das für sie natürlich nur im Kontext der Jahweverehrung denkbar war, in einen heidnischen Tempel zu schaffen. Schließlich muss man sich auch den Bauplatz des salomonischen Tempels als „jungfräulich“ vorstellen: Es ist nur eine Tenne, ein Dreschplatz, den David von dem Jebusiter Arauna zum Zweck des späteren Tempelbaus kauft: Der Tempel und der Platz, auf dem er steht, sind Eigentum des Königs, nicht des Volkes! Der Tempel wird damit zu einem Königstempel.

Im weiteren Verlauf hören wir nichts mehr von der Lade, bis sie in den neu gebauten Tempel des Salomo gebracht wird und dort ihren Platz im Debir, dem Allerheiligsten, erhält, das sich am Kopf des Tempels befindet, vermutlich im Westen. Der Tempel selbst ist nach Vergleichsfunden vermutlich als ein Langhaus vorzustellen.

Abb. 7: Tempel in Jerusalem aus herodianischer Zeit. Tempelmodell des Israelmuseums in Jerusalem, Foto: K. Dorn

Nachdem die Lade dort abgestellt ist, hören wir nichts mehr von ihr, noch nicht einmal, dass sie anlässlich von Festumzügen oder Prozessionen, die es doch auch in Jerusalem gegeben haben mag, irgendwie bewegt wurde. Sie verschwindet in der Geschichte und wird vermutlich bei der Eroberung des ersten, des salomonischen Tempels im Jahre 586 zerstört oder mitgenommen. Beim Bau des zweiten Tempels nach dem Exil wird nichts davon erzählt, dass man auch eine neue Lade geschaffen habe.

Äthiopischen Legenden zufolge soll die Lade dagegen schon viel früher aus Jerusalem weggeschafft worden sein: Der Sohn, der aus der Verbindung zwischen der Königin von Saba und Salomo hervorgegangen sei, habe die Lade mit oder ohne Billigung seines Vaters mit nach Äthiopien genommen. Sie befindet sich angeblich in einer der Felsenkirchen in Äthiopien.

Auf dem Triumphbogen des römischen Kaisers Titus, der Jerusalem eroberte, ist zwar auch der Abtransport eines tragbaren Kastens zu sehen, doch könnte es sich dabei auch um einen kleinen Altar, vielleicht einen Räucheraltar, handeln.

Abb. 8: Abtransport der Schätze, Replik eines Reliefs vom Titus-Bogen von Jean-Guillaume Moitte, Foto: Museum Associates/LACMA

„Offiziell" hören wir aus den Königsbüchern nichts mehr von der Lade. Nach 2Makk allerdings habe der Prophet Jeremia die Lade in Sicherheit gebracht und in einer Höhle versteckt.

2Makk 2,5 Dort fand Jeremia eine Höhle wie ein Haus. Er trug das Zelt, die Lade und den Rauchopferaltar hinein; dann verschloß er den Eingang. (EIN)

Offensichtlich verliert die Lade in der Königszeit an Bedeutung und ist nicht mehr erforderlich, denn die mittelpalästinischen Stämme, die ursprünglichen Verehrer der Lade, die durch die Reichstrennung zu Bürgern des Nordreiches werden, fordern die Lade nach der Trennung der beiden Reiche nicht zurück und brauchen sie scheinbar auch nicht mehr im Rahmen des Kultes. Vielleicht haben sie ganz einfach für ihre „goldenen Kälber" neue Transportkisten gebaut.

Saul und die Philister

Die von Ramses III. nach Palästina abgedrängten und dort heimisch gewordenen Seevölker, im AT zumeist global Philister genannt, siedeln sich in der Küstenebene Palästinas an und übernehmen die Herrschaft in mehreren Stadtstaaten, so dass es zu einer Pentapolis kommt, einem Städteverbund, im Wesentlichen mit fünf Städten. Woher diese Menschen kommen, ist ungewiss (vgl. Sternberg: Seevölker). Laut Amos 9,7 hat der Herr die Philister aus Kaftor (Kreta) herausgeführt und die Leibwache Davids besteht aus Keretern und Peletern (vgl. 2Sam. 8,18; 15,18; 20,23; 1Chr 18,17: „Kreti und Pleti"). Gewöhnlich vermutet man den ägäischen und Schwarzmeerraum als Ursprungsort. Es handelt sich jedenfalls um Nichtsemiten – gelegentlich werden sie auch mit dem Attribut „die Unbeschnittenen" versehen. Dies trifft sicher zu. David jedenfalls zählt statt der geforderten 100 die doppelte Menge von 200 Philistervorhäuten als Brautpreis für die Königstochter Michal auf den Tisch des Hauses – „Skalpe" der Antike sozusagen (1Sam 18,27).

Die Philister scheinen kriegserfahren gewesen zu sein, sonst hätte David sie nicht zu seinen Elitetruppen gezählt. In einem Punkt waren sie sicher ihren Gegnern gegenüber im Vorteil: in der Bewaffnung. Zum Ausgang der Bronzezeit gehören die Philister zu jenen Gruppen, die bereits Erfahrungen mit Eisen gemacht haben und möglicherweise ein Material- oder zumindest ein Herstellungsmonopol besitzen. Ob Israel überhaupt keine Waffen besaß oder nur keine eisernen, wird man daher eher im letzteren Sinne entscheiden.

vgl. 1Sam 13,22 Als es nun zum Krieg kam, fand sich im ganzen Volk, das bei Saul und Jonatan war, weder ein Schwert noch ein Speer. Nur Saul und sein Sohn Jonatan hatten [derartiges]

Daher stellte sich die Frage im Grunde überhaupt nicht, ob für Israel ein König opportun war, denn nur eine Zentralgewalt konnte auf die Expansionsversuche der Philister adäquat reagieren. In der Folgezeit kommt es immer wieder zu Gefechten zwischen den Philistern und dem Heer Sauls. Sauls Sohn Jonatan tat sich in diesen Scharmützeln offensichtlich besonders hervor, und selbst wenn man die 200 Vorhäute von David ins Reich der Legenden oder der Propaganda verweist, scheint auch David aufgrund seiner Erfolge die Aufmerksamkeit auf sich gelenkt zu haben. In der Folgezeit kommt es jedenfalls in irgendeiner Weise zu einer Vereinbarung zwischen David und Jonatan, die im Buch als „Freundschaftsbund" bezeichnet wird. Es ist denkbar, dass es dabei um eine Vereinbarung für die Zeit nach Saul geht.

Vgl. 1Sam 22,7 Da sagte Saul zu seinen Knechten, die um ihn standen: Hört doch, ihr Benjaminiter! Wird der Sohn Isais euch allen auch Felder und Weinberge geben, euch alle zu Anführern über Tausend und zu Anführern über Hundert machen,...
vgl. 1Sam 23,17 Und er sagte zu ihm: Fürchte dich nicht! Denn die Hand meines Vaters Saul wird dich nicht finden. Du wirst König über Israel werden, und ich werde der Zweite nach dir sein. Und auch mein Vater Saul hat erkannt, daß es so ist.

Kann man an der Historizität dieser Aussage zweifeln? Die Tatsache, dass sie durch den Tod des Jonatan von der Geschichte überholt wird, könnte ein Beleg für die Historizität sein.

David wird von Saul vermutlich wegen Hochverrats gesucht und muss fliehen. Seine Frau, die Tochter Sauls, hilft ihm dabei ebenso wie Sauls eigener Sohn Jonatan. Dass zwischen beiden ein homophiles Verhältnis bestand, wird immer wieder aufgrund von 1Sam 20,17 und 2Sam 1,26 behauptet, doch vermutlich handelt es sich nur um eine besonders blumige, orientalische Ausdrucksweise:

1Sam 20,17 Und Jonatan ließ nun auch David bei seiner Liebe zu ihm schwören. Denn er liebte ihn, wie er seine eigene Seele liebte.
2Sam 1,26 Mir ist weh um dich, mein Bruder Jonatan! Über alles lieb warst du mir. Wunderbar war mir deine Liebe, mehr als Frauenliebe.

Was von den Verfolgungszügen des Saul zu halten ist, der dem flüchtigen David bis ins judäische Bergland hinein nachgestellt haben soll, hängt davon ab, wie weit man das Macht- bzw. Einflussgebiet des Saul bemisst. Die Regierungsdauer des Saul ist zwar unbekannt. Die militärischen Erfolge des David nach Saul lassen sich aber leichter erklären, wenn man annimmt, dass bereits Saul größere Erfolge erzielte, als man ihm von Seiten der Geschichtsschreibung zuzubilligen bereit ist. Es ist durchaus die Absicht der Autoren, Saul als Versager darzustellen; umso heller erstrahlt das Licht des David.

Dass David zeitweise Vasall der Philister war, wird man kaum bestreiten dürfen, denn diese Tätigkeit gereicht David ja keinesfalls zur Ehre. Der oder die Erzähler unternehmen sonst ja auch einiges, um David nicht in negative Schlagzeilen zu bringen.

David

David war ein nachgeborener Sohn des Judäers Isai. Den Namen seiner Mutter erfahren wir nicht, wohl aber den Namen seiner Tante, die Zeruja heißt. Deren

Söhne sind Anhänger Davids, sein Cousin Joab zeitlebens oberster Hauptmann der davidischen Privatarmee. Er wird nach dem Tode Davids, im Zuge der Thronbesteigung Salomos, von Benja Ben Jehojada, dem Anführer der Kereter und Peleter umgebracht, obwohl er am Altar Asylschutz sucht. Es darf bezweifelt werden, dass David noch auf dem Sterbebett den Auftrag dazu gab. Joab gehörte der judäischen Landpartei an, hatte Einfluss, stand auf der Seite des Thronaspiranten Adonija und vor allem: Er wusste zuviel.

Als Nachgeborener verdingt sich David im Heer des Saul, wie auch seine älteren Brüder: David besitzt auf dem Kriegsschauplatz sein eigenes Zelt (1Sam 17,54). Den Riesen Goliat, den Vorkämpfer der Philister, hat er wahrscheinlich nicht erschlagen. Das war ein anderer, ein gewisser Elhanan ben Jair oder ben Jaare-Oregim. Dies geht aus einem Nachtrag in 2Sam hervor:

> *2Sam 21,19 Und wieder kam es bei Gob zum Kampf mit den Philistern. Und Elhanan, der Sohn des Jaare-Oregim, der Bethlehemiter, erschlug Goliath, den Gatiter; und der Schaft seines Speeres war wie ein Weberbaum.*

1Chr bessert an dieser Stelle noch einmal nach, so dass man auch weiterhin von David, dem Goliattöter reden kann. In 1Chr 20,5 heißt es:

> *Und wieder gab es einen Kampf mit den Philistern. Und Elhanan, der Sohn Jairs, erschlug Lachmi,* **den Bruder Goliats**, *den Gatiter; und der Schaft seines Speeres war wie ein Weberbaum.*

David bringt es zu einigem Erfolg, der Saul misstrauisch werden lässt. Trotz der Ehe mit der Saulstocher Michal verfolgt Saul seinen Schwiegersohn, der sich mit einer Truppe von 400 „Outlaws“ in die Büsche und Berge der Wüste Juda schlägt und dort offensichtlich von Raubüberfällen im größeren Stil (1Sam 27,8f) und von Schutzgelderpressung (1Sam 25) lebt.

Der Erzähler ist sehr darum bemüht, David als Vasall der Philister nicht an der finalen Schlacht gegen Saul teilnehmen zu lassen. Vermutlich beruht dies aber durchaus auf historischen Fakten, da David sonst kaum jemals wieder bei den Benjaminitern Boden unter die Füße bekommen hätte.

Durch Bestechungsgeschenke an die Ältesten Judas und durch militärischen Druck – David lässt sich mit seinen Truppen in Juda nieder –, erreicht er, dass man ihm die Königswürde anbietet. Im Nordreich herrscht nach Sauls Tod zunächst dessen Sohn als ein Marionettenkönig des Saul-Feldherrn Abner. Abner ist ein naher Verwandter Sauls, so wie Joab zur Familie Davids gehört.

Nach dem Tod des Abner, von Joab angeblich im Zuge einer persönlichen Blutrache ermordet und von David ausgiebig betrauert, wird David auch von den freien Männern des Nordens die Königswürde angetragen. David greift zu und wird König des (späteren) Nord- und Südreiches, von Israel und Juda. Dazu lässt er von seinem Vertrauten Joab die Stadt Jerusalem erobern, die erst jetzt und nicht schon zur Zeit des Josua eingenommen wird. Die gut befestigte und angeblich uneinnehmbare Jebusiterstadt wird über die Achillesferse einer jeden antiken

Stadt erobert: Über den Wasserschacht, den Joab ausfindig macht, steigt er in die Stadt ein und nimmt sie im Handstreich. Man liest nichts von Toten und nichts von einem Bann, der an der Stadt vollzogen wurde. Im Gegenteil: Ein gewisser →*Zadok*, Priester in Jerusalem, spielt bei der nachfolgenden Inthronisation des Salomo eine wichtige Rolle und richtet eine Priesterdynastie auf, die möglicherweise in der Partei der Sadduzäer noch in der Zeit Jesu ihren Nachhall findet. Scheinbar hat David die gesamte Stadt inklusive ihrer Beamten und Infrastruktur einfach übernommen.

In der Folgezeit kommt es nicht nur zu erfolgreichen Kriegen gegen die Nachbarn, die in diesem Zuge von David abhängig werden, sondern auch zu Intrigen, Inzest, Rebellion und Mord am Königshof. Der militärisch so erfolgreiche David ist nicht in der Lage, seine eigene Familie in Ordnung zu halten. Wie denn auch – er steckt selbst mitten in diesen Ungeheuerlichkeiten, indem er einem seiner Offiziere, der sich auf Davids Kriegszug im Feld befindet, die Frau ausspannt und sie schwängert. Sie wird die Mutter von Salomo. Um den Ehebruch zu vertuschen, sorgt er dafür, dass der Offizier im Anschluss an einen Heimaturlaub an der Front fällt. Der entsprechende Bericht ist allerdings nicht so ganz frei von literarischen Finessen. Es ist schon ein →*Topos*, dass das Opfer – hier der Offizier Urija – den Brief mit seinem eigenen Todesurteil an Joab, den Empfänger bringt. Selbstverständlich ist auch zu fragen, wie es dazu kommt, dass dieser doch sicher geheime Brief heute in der Schrift steht. Weder Absender (David) noch Empfänger (Joab) konnten ein Interesse daran haben, den Inhalt des Briefes der Öffentlichkeit preiszugeben; auch dies ist also eher ein literarisches Sahnehäubchen als historische Wirklichkeit.

David stirbt schließlich alt und altersschwach in seinem Bett. Ihm wurde nicht mehr warm, trotz eines hübschen jungen Mädchens, das sich um ihn kümmert: Abischag von Schunem. Angeblich spricht er mit seinen letzten Atemzügen Salomo die Thronfolge zu und bittet ihn, nach Regierungsantritt seine Parteigänger und Weggenossen der Reihe nach umzubringen.

Die Erzählungen über David sind keineswegs spannungsfrei. Er wird als junger Mann von Samuel gesalbt – und niemand soll das mitbekommen oder in Bethlehem ausgeplaudert haben? Das ist mehr als unwahrscheinlich. Die Geschwister und die Bethlehemiter hätte doch sicher ihre ganze Stadt beflaggt, wenn aus ihrer Mitte der neue König hervorgeht.

Ungereimtheiten ergeben sich auch in den Begegnungen mit Saul: Obwohl David am Hofe des Saul als →*Zitherspieler* auftritt, kennt ihn Saul nicht, als er auf das Schlachtfeld kommt und den Philister besiegt. Er erkennt ihn selbst dann nicht, als er ihm eigenhändig seine Rüstung umzulegen versucht.

Die Zitherspielergeschichte und die Kriegserzählung haben somit sicher ihre je eigene Überlieferungsgeschichte und sind erst sekundär zusammengearbeitet worden. Auch die mehrfachen Schonungen Sauls durch David, die als Dubletten bezeichnet werden können, dürften eine andere Geschichte haben, genauso wie der mehrfache Bundesschluss mit Jonatan. Zumindest wurden diese Erzählungen von verschiedenen Leuten überliefert.

Ansonsten geht die Geschichte von David aber durchaus flüssig und fortlaufend voran. Möglicherweise kommt Stefan Heym in seinem König-David-Bericht, der vom Redaktor Ethan zusammengestellt wird, der Entstehung dieses Erzählzusammenhangs durchaus nahe. D.h., es ist mit einem sinnvoll planenden und das Material weitgehend überschauenden Redaktor zu rechnen, der den Stoff arangiert hat. Dies wird eher vordtr als dtr geschehen sein, denn es gibt kaum tragende oder verbindende Aussagen zwischen den Einzelerzählungen innerhalb der Davidsgeschichte, die man unbedingt dieser Redaktion zuschreiben müsste. Jene Abschnitte, die zu literarischen Spannung führen, können nachträgliche Additive sein. Es darf dabei nicht übersehen werden, dass die LXX im Bereich der David-Goliat-Erzählung eine ältere, kürzere (!) Variante bietet d.h., der Fortgang der Erzählung konnte auch im hebräischen Text noch relativ spät erweitert werden.

Mit hoher Wahrscheinlichkeit dtr ist allerdings die Natan-Weissagung aus 2Sam 7. In deren Folge ist David der Musterknabe für alle weiteren Beurteilungen des Königtums. Er ist der von Gott erwählte →*Nagid*, der Anführer. Dieses dtr Modell setzt sich in den folgenden Königsbüchern fort. So wie David ist kaum einer der Folgekönige dem Herrn ergeben, und so wird die Erzählung auch nicht müde zu betonen: Denn der Herr war mit ihm! Woran man das feststellen kann? Am Erfolg natürlich!

11.5 Theologische Aussage

Die Samuelbücher bestehen mithin aus den Erzählungen über Samuel, über die Lade, über König Saul und über König David. Konnte jeder dieser Erzählkomplexe theoretisch selbständig entstanden und erst sekundär mit den anderen verbunden worden sein? Für die Samuelerzählung gilt dies nur mit Einschränkungen. Die Samuelgeschichte ist teilweise so eng mit der Saulgeschichte verbunden, dass eine je eigene Überlieferung nicht ohne Weiteres vorstellbar ist; bestenfalls Teile daraus können eigenständig tradiert worden sein. Die Davidsgeschichte ist hingegen nur in ihren Anfängen auf die Saulgeschichte verwiesen und auch die Ladeerzählung kommt zu guten Teilen ohne Samuel-, Saul- und Davidsgeschichte aus. Nur nach 1Sam 14,18 soll sich die Lade zur Zeit des Saul im Feldlager Israels befunden habe; man fragt sich zu dieser Stelle allerdings, wozu dies nötig gewesen sein sollte. Der Vers erweckt daher den Eindruck, dort redaktionell platziert worden zu sein.

Die Gestalt des Samuel ist Gott wohlgefällig. Er ist noch ein Charismatiker von altem Schrot und Korn, wie dies bei den großen Helden der Richterzeit der Fall war. Vor diesem Hintergrund muss die Forderung nach einem König notwendigerweise neutral oder insgesamt letztlich sogar negativ ausfallen, und damit die Bewertung der einzelnen Könige eigentlich auch. Das ist auch weitgehend so, vom Buch Samuel angefangen bis in die Königsbücher. Dass diese Sicht der Könige aus redaktionellen Bearbeitungen resultiert, ist durchaus vorstellbar, ja wahrscheinlich. Einige Ausnahmen in der negativen Königsschau gibt es jedoch, und das sind eben vor allem David, das Urbild des gottesfürchtigen Königs, mit Abstrichen sein Sohn Salomo sowie Hiskija und vor allem Joschija. Die übrigen haben es zumeist nicht geschafft, in die Reihe der guten Könige aufgenommen zu werden. Die Messlatte legen die Deuteronomisten selbst; es wird die Frage gestellt, inwiefern Jahwe korrekt verehrt wird. Man könnte es zusammenfassen mit: ein Gott, ein Tempel, ein Kult. Bei Nichtbeachtung auch nur einer dieser drei Vorgaben folgen unweigerlich Abwertung und Strafe durch Jahwe, ausgeführt durch fremde Völker, wie es das Raster zur Zeit der Richter schon zeigt.

Insgesamt aber steht die Gestalt Davids im Zentrum der Bücher. Er ist der von Gott erwählte Nagid und der Stammvater der Dynastie, die ihm Gott durch den Propheten Natan zusagt. Diese Verheißung, die mit dem Exil und spätestens mit der Rückberufung →*Serubbabels* (ein Davidide, der als Verwalter der persischen Provinz Juda eingesetzt wird) ein für allemal erlischt, ist die Grundlage der Hoffnung auf einen göttlichen Retter am Ende der Zeiten, den Gesalbten Gottes, den Messias. Somit bleibt für die Institution Königtum doch ein positiver Ausblick in die Zukunft wahrscheinlich.

Zusammenfassung

Die Samuelbücher markieren den Übergang von den charismatischen Rettergestalten (Samuel, teilweise auch Saul) zum Königtum. Dies wird durchaus ambivalent gesehen – einerseits abgelehnt, weil der menschliche König eine Funktion beansprucht, die eigentlich Gott zusteht, andererseits – und gerade in der Gestalt Davids – befürwortet, denn in der Zeit ohne König (Richterzeit) „tat jeder, was ihm recht schien"! David wird trotz seiner Schwächen und seines Versagens, vor allem im familiären Bereich, als das Muster eines Königs dargestellt, an dem sich alle anderen messen lassen müssen. Zudem sind er und seine Dynastie die von Gott legitimierten Könige. Der Davidide wird zum „Sohn Gottes".

Bei der ambivalenten Sicht des Königtums dürfte auch eine Rolle spielen, dass dieses letztendlich durch politische Fehleinschätzungen, die als „Abfall" ausgewiesen werden, zum Untergang Israels und Judas beiträgt.

Ein eigenes Thema ist die Geschichte der Lade, ein Kultgegenstand der wieder einmal auf die mittelpalästinischen Stämme verweist. Sein Zweck bleibt unbekannt mit Ausnahme der Tatsache, dass er die Gegenwart Gottes nicht nur symbolisiert, sondern bedeutet. David integriert ihn in seine Herrschaftsstruktur, indem er ihn in „seine Stadt" Jerusalem bringt. Damit legitimiert er sein Königtum und seine Hauptstadt.

12. Die Königsbücher

Auch bei diesen beiden Büchern ist die Trennung zwischen 1 und 2Kön inhaltlich nicht zwingend. Sie erfolgt bei und mit König Ahasja, und zwar mitten in der Erzählung über diesen König.

12.1 Inhalt und Gliederung

Das erste Königsbuch beginnt mit dem **Herrschaftsantritt Salomos**, der angeblich auf Wunsch seines Vaters die alten Weggefährten beseitigen lässt, ebenso seinen älteren Bruder Adonija, der sich in die schöne Abischag von Schunem aus dem Harem seines Vaters verliebt hat (1,1- 2,46). Denn wer eine Frau aus dem Harem begehrt, erhebt damit Ansprüche auf den Thron!
Über **Salomos Herrschaft** erzählen die Kap. 3-11, auch davon, dass es noch immer viele Opferstätten im Lande gibt. Salomo schafft sich angeblich eine Streitwagentruppe an, offensichtlich nur zu Repräsentationszwecken, denn sie kommt nicht zum Einsatz. Seine Lieder, Sprüche (5,9-14) und auch sein sprichwörtliches Urteil im Rechtsstreit zweier Frauen, belegen seine **Weisheit**. Mit Unterstützung von König Hiram aus Tyrus und dessen Handwerker baut er seinen **Palast** (sieben Jahre!) und den **Tempel** (nur drei Jahre!). Nach 1Kön 9 baut er auch eine **Handelsflotte** und bekommt Besuch von der **Königin von Saba** (10). Der von Salomo zumindest geduldete, teilweise auch unterstütze **Götzendienst** seiner Frauen wird mit der Ankündigung der Reichstrennung und dem Abfall einiger von seinem Vater unterworfener Nachbarvölker bestraft. Salomo unternimmt nichts, um diese Länder zurückzubekommen (11).
Ein Gouverneur Salomos, Jerobeam, erhebt sich gegen den König, kann sich aber nicht durchsetzen und flieht nach Ägypten. Nach Salomos Tod kehrt er zurück und wird erster König des Nordreiches (12). Der Aufstand wurde möglicherweise provoziert durch zu hohe Abgaben, die die verschiedenen Regionen bzw. Stammesgebiete an den Hof zu entrichten hatten. Jedenfalls ist dies der Streitpunkt zwischen dem **Salomo-Sohn Rehabeam** und den Abgeordneten der Stämme.
Mit der Abtrennung des Nordens beginnt die „**Sünde des Jerobeam**" (12,16-24). Ein bedeutendes Herrscherhaus des Nordreiches geht auf Omri zurück (16), auf den sein bedeutender Sohn Ahab folgt. Angeblich fällt in die Zeit des →***Ahab***, der mit Isebel eine Prinzessin aus Sidon ehelicht, die Zeit des militanten Monotheisten **Elija**. Sein Name ist Programm: Gott ist Jahwe! Dieser Elija kämpft, durchaus auch mit Mord und Totschlag, gegen den **Baalskult**, den angeblich Isebel zu verantworten hat, und für Jahwe (17-19). Die Aktivitäten Elijas werden dann in 2Kön 1-9 von seinem Schüler und Nachfolger **Elischa** fortgeführt.

In der Zeit der Propheten Jes und Mich **endet die Zeit des Nordreiches im Jahre 722** durch den Neuassyrer Tiglat Pileser III.

Das Südreich existiert bis 586 und bringt die nach Auffassung der Autoren bedeutenden Könige **Hiskija und Joschija** (Tod 608: 2Kön 23) hervor. In der Regierungszeit des Letztgenannten wird das ominöse Buch am Tempel von Jerusalem gefunden, vermutlich das Buch Deuteronomium (22,1-20).
Unmittelbar unter den Nachfolgern kommt es zum Aufstand gegen die Großmacht der Neubabylonier, die das Reich nach zweifacher Deportation (597 und 586) auflösen und den letzten König, Jojachin, mit ins **Exil** verschleppen (25). Es ist dies auch die Zeit der Propheten Ezechiel und Jeremia. Mit Jojachins Begnadigung im Exil, die man natürlich auch im Sinne eines würdelosen Gnadenbrotes am Tisch des babylonischen Königs deuten kann, endet das 2. Königsbuch.

In Kürze

1Kön	
1-2	Kampf um die Macht
3-11	Salomos Herrschaft
12-16	Reichstrennung bis Isebel/Ahab
17-19	Elija
20-22	Ahab bis Ahasja
2Kön	
1-9	Elischa
10-17	vom Usurpator Jehu bis zum Untergang des Nordreiches
18-25	die „Rest-Geschichte" Judas
	18-20 König Hiskija
	21 Manasse und Amon
	22-23 Joschija
	23-25 Judas letzte Könige und das Ende des Südreiches

Die Königsbücher starten also mit der Thronnachfolge Salomos und enden mit der Begnadigung Jojachins im babylonischen Exil.

Die ganze Zeit wird ausnahmslos aus der Sicht des Südreiches und seiner Davidsdynastie erzählt. Das wird schon dadurch deutlich, dass die Könige des Nordreiches grundsätzlich schlechte Bewertungen erhalten: Sie halten „an den Sünden des Jerobeam", des ersten Königs des Nordreiches, fest. Sie gelten als illegitim, denn sie sind ja keine Davididen und stehen somit gegen die Natan-Weissagung, die sich als Zusage einer ewigen Dynastie verstanden wissen will. Sie gelten als Götzendiener, weil sie die in den Tempeln von Bet-El und Dan aufgestellten goldenen Kälber, d.h. Stierbilder verehren (1Kön 12,28). Und sie gelten auch deshalb als Götzendiener, weil sie nicht in der gebotenen Strenge gegen Kulte ihrer kanaanäischen Staatsbürger vorgehen und den verhassten Baalskult unterstützen oder zumindest dulden. Das Ende des Nordreiches im Jahre 722 ist nach Ansicht der Verfasser der Königsbücher die Quittung für ihr Verhalten. Das weitaus unbedeutendere Südreich hält sich bis zum Jahre 586 – den Grund dafür finden die Autoren darin, dass es wesentlich gottesfürchtiger und jahwetreuer gewesen sei. Es hat die Dynastiezusage und verfügt über den einzigen legitimen Tempel. Dennoch stellen die dtr Verfasser fest, dass Jahwe im Zorn über das Südreich auch dessen Ende plant, vor allem wegen der Sünde des Königs Manasse, der das Südreich ca. 50 Jahre lang regierte und dies nach Aussage der Verfasser in einer Schreckensherrschaft, in der Ströme von Blut vergossen wurden. Wir erfahren leider nicht, wer da in Opposition zum König stand, aber die Erwähnung der Bluttaten und die schlechten Bewertungen, die Manasse erhält, lassen darauf schließen, dass sich seine Angriffe gegen jahwetreue Kreise richteten, bzw. diese in Opposition zu ihm standen, warum auch immer. Vorstellbar ist aber immerhin, dass Manasse, der unter der Vorherrschaft der Neubabylonier stand, deren Kult – ob freiwillig oder gezwungenermaßen wissen wir nicht, – eine gewisse Relevanz einräumte und am Jerusalemer Tempel auch andere Gottheiten verehrt wurden. Dies musste den Protest der Jahweanhänger hervorrufen.

In jüngeren Schriften versucht man das Problem aus der Welt zu schaffen, dass ausgerechnet dieser verrufene Manasse so lange regierte. Im Kontext des Tun-Ergehen-Zusammenhangs wird daher in einer neuen Fassung der Königsgeschichte, den Chronikbüchern, berichtet, dass Manasse bei einem Aufstandsversuch gegen die Babylonier in deren Gefangenschaft gerät und ins Gefängnis gesteckt wird. So ziemlich zur Halbzeit seiner Regierung zeigt er Reue, bekehrt sich und kehrt um. (2Chr 33 vgl. auch die Apokryphe „Gebet des Manasse“). Danach ist dieser „neue“ Manasse dann auch für jene Frommen erträglich, die den Tun-Ergehen-Zusammenhang um jeden Preis zu retten suchen.

Angesichts der konstruierten Chronologie ist plausibel, dass die Königsbücher nicht durch sukzessive Fortschreibung entstanden sind, sondern im Zuge eines redaktionellen Vorgangs. D.h. ein Redaktor hat das in Chroniken etc. vorliegende Material über die einzelnen Könige gesichtet und daraus diese beiden Bücher erstellt. Für die Zeit der Könige existieren ganz offensichtlich schon Aufzeichnungen, die der Verfasser einsehen kann und wahrscheinlich verwendet. So ist in den Büchern selbst von der „Chronik des Königs Salomo“ (Buch der Worte – oder Ereignisse – Salomos: sefer dibre Šelomoh: 1Kön 11,41), der „Chronik der Könige von Juda“ (1Kön 15,23 u.ö.) und der „Chronik der Könige von Israel“ (1Kön 14,19 u.ö.) die Rede. Sekundäre Nachträge sind nach einer ersten Fassung der Bücher natürlich ebenso wenig ausgeschlossen wie die Möglichkeit, dass die Zusammenstellung des Werkes auf mehr als einen Redaktor zurückgeht.

Die Chronologie ist nun so aufgebaut, dass sich der Erzähler wechselweise an den Königen im Südreich und an denen des Nordreiches orientiert. Das hört sich komplizierter an, als es ist:

Südreich (Juda)	Nordreich (Israel)
	Jerobeam
1Kön 15,1 Und **im achtzehnten Jahr des Königs Jerobeam** [Nordreich], des Sohnes Nebats, wurde Abija König über Juda.	
1Kön 15,9 **Im zwanzigsten Jahr Jerobeams**, des Königs von Israel, wurde **Asa** König von Juda [Südreich].	1Kön 15,25 **Nadab**, der Sohn Jerobeams, wurde König von Israel **im zweiten Jahr des Königs Asa von Juda**. Er regierte zwei Jahre über Israel.
	1Kön 15,33 Im dritten Jahr des Königs **Asa von Juda** wurde Bascha, der Sohn Ahijas, König über ganz Israel. Er regierte in Tirza vierundzwanzig Jahre
	1Kön 16,8 Im sechsundzwanzigsten Jahr des Königs **Asa von Juda** wurde **Ela**, der Sohn Baschas, König von Israel. Er regierte in Tirza zwei Jahre.
	1Kön 16,15 Im siebenundzwanzigsten Jahr des Königs **Asa von Juda** war Simri sieben Tage König in Tirza ...
	1Kön 16 23: im einunddreißigsten Jahr des Königs **Asa von Juda** wurde **Omri** König von Israel...
	1Kön 16,29: **Ahab**, der Sohn Omris wurde König von Israel im achtunddreißigsten Jahr des Konigs **Asa von Juda**...
1Kön 22,41: Und **Joschafat**, der Sohn Asas, wurde König über Juda im vierten Jahr **Ahabs**, des Königs von Israel.	
	1Kön 22,52 **Ahasja**, der Sohn Ahabs, wurde König über Israel in Samaria, im 17. Jahr **Joschafats**, des Königs von Juda; und er regierte zwei Jahre über Israel.
	2Kön 3,1 Und **Joram**, der Sohn Ahabs, wurde König über Israel in Samaria, im achtzehnten Jahr **Joschafats**, des Königs von Juda; und er regierte zwölf Jahre.
2Kön 8,16 Im fünften Jahr des **Joram**, des Sohnes Ahabs, des Königs von Israel, als Joschafat noch König von Juda war, wurde **Joram** König, der Sohn Joschafats, des Königs von Juda usw.	*(Demnach gibt es einen Joram von Israel und einen Joram von Juda – oder man hat sich irgendwie verzählt oder geirrt).*

Unterbrochen wird die fortlaufende Chronologie der Könige immer wieder von eingeschobenen Prophetenerzählungen, insbesondere über Elija und seinen Schüler und Nachfolger Elischa. Stellenweise scheint ein solcher Einschub unter zeitgeschichtlichem Aspekt völlig beliebig zu sein: Es ist, wie in 1Kön 22 oder auch in 2Kön 7, nur vom „König" die Rede, ohne dass man erfährt, um wen es sich dabei handelt. Das Auftreten der beiden Prophetengestalten kann sich also theoretisch auch in einer völlig anderen Zeit eines „Königs" des Nordreiches abgespielt haben.

Gerade deshalb ist es allerdings einerseits merkwürdig, dass abgesehen von Jes, Jer (letzterer nur in 2Chr und Dan) und Jona keiner der →*Schriftpropheten* in den Büchern, die über die Königszeit berichten, erwähnt wird. Andererseits erfahren wir eben auch bei den Propheten nichts über die angeblich so bedeutende Reform des Königs Joschija, obwohl gerade Jeremia auch stark dtr geprägt ist

12.2 Erzählte Zeit und Erzählzeit

Beide lassen sich relativ gut eingrenzen. Die erzählte Zeit ist tatsächlich die Königszeit von Nordreich und Südreich. Es geht um das Verhältnis der beiden Reiche zueinander wie auch zu den umliegenden Völkern, besonders auch zu den Großmächten. Es ist nicht daran zu zweifeln, dass die Verfasser noch auf alte Chroniken und Geschichtsbücher zurückgreifen konnten. Die erzählte Zeit reicht von der Inthronisation des jungen Salomo bis zum Ende der Königsherrschaft.

Die Erzählzeit dürfte nicht unwesentlich nach den berichteten Ereignissen liegen. Zum Ersten können die Leute bei Hof noch – oder bereits – aus den erwähnten Chroniken schöpfen und es stellt sich doch sehr die Frage, ob und inwieweit man während des Exils oder gar danach noch darauf zugreifen konnte. Zum Zweiten endet die Erzählung mit der Begnadigung des Königs Jojachins, den keine Schuld an dem Aufstand trifft. Er wird in Babylon aus der Haft entlassen. Dieses Ereignis fand 561 statt.

12.3 Zeitgeschichte

Nach David regiert unbestritten sein Sohn Salomo. Er stützt sich völlig auf die Jerusalemer Aristokratie und führt keine Kriege mehr mit dem Heerbann, dem Heer der freien Männer Israels. Anfallende Maßnahmen, die der Waffengewalt bedürfen, erledigt für ihn ein gewisser Benaja(hu), Sohn des Jojada, der Chef seiner Leibwache und Mann fürs Grobe. Er ermordet kurz nach der Thronbesteigung Salomos den Joab, den Anführer und Repräsentanten der davidischen Söldnertruppe am Altar, zu dem sich dieser geflüchtet hatte und an dem ihm möglicherweise Asyl zugestanden hätte. Er war der Cousin Davids. Auch Salomos älterer Halbbruder Adonija, der sich mit Unterstützung der alten judäischen

Hausmacht seines Vaters zum König ausrufen ließ (1Kön 1), wird von Benaja ermordet (1Kön 2,25). Die gleiche Szenerie dürfte sich bei beliebigen Thronwechseln in der Welt des Vorderen Orients abgespielt haben (und vermutlich nicht nur dort!). Es ist aber bemerkenswert festzustellen, dass sich Israel diesbezüglich nicht von seinen Nachbarn unterschied.

Unter der Herrschaft Salomos brechen Aufstände aus, die die Grenzen seines Reiches erodieren lassen und er unternimmt nichts dagegen – entweder es war ihm gleichgültig oder er traute sich einfach nicht, das Heer aufzubieten. Es darf nicht vergessen werden: Salomo ist der Emporkömmling der Jerusalemer Aristokratie und nicht der Kandidat der Stämme oder gar Judas, des Hausstammes Davids!

Salomo verfügt offensichtlich über ein gutes Verwaltungsnetz zum Eintreiben der Steuern und Abgaben. Einer seiner Fronvögte ist ein Mann namens Jerobeam, der einen Aufstand anzettelt. Er muss ins ägyptische Exil fliehen. Die Tatsache, dass Salomo mit dem regierenden Pharao (oder seinem Vorgänger?) verschwägert ist, spielt dabei keine Rolle. Jerobeam wird jedenfalls nicht ausgeliefert.

Nach Salomo will sein Sohn Rehabeam die Macht übernehmen. Ihn fordern die Ältesten des Nordens auf, nach Sichem auf eine Art Reichstag zu kommen und mit ihnen über die Bedingungen zu verhandeln, unter denen sie bereit sind, ihn als König anzuerkennen. Dies hatten David und Salomo nicht nötig: Zu David kamen – umgekehrt – die Ältesten und boten ihm das Königtum an, heißt es zumindest.

Rehabeam verhält sich sehr unklug und prahlt damit, er werde die Lasten für seine Staatsbürger noch schwerer machen als sein Vater: Mein kleiner Finger ist dicker als der Penis meines Vaters, sagt er (1Kön 12,10f). Die Ältesten lassen ihn daraufhin stehen und gehen nach Hause. Dabei hat Rehabeam offensichtlich nicht bedacht, dass er überhaupt nicht über die Mittel verfügt, seine Ansprüche durchzusetzen. So teilt sich das Reich und Jerobeam wird zum ersten König des Nordreiches erhoben.

Während im Südreich die Davididen als Dynastie kaum angefochten regieren, bringen es die Könige des Nordreiches kaum zu einer längeren dynastischen Thronfolge. Nach drei Gliedern ist in der Regel Schluss, meist sogar schon eher: Etliche Könige regieren nur wenige Tage. Ursache hierfür ist möglicherweise die alte Spannung zwischen den Stadtstaaten einerseits und der israelitischen Landbevölkerung und deren Aristokratie andererseits. Mal bringt die eine, mal die andere Partei ihren Kandidaten durch.

Die Stärke der beiden Reiche Israel und Juda hängt wesentlich von der Stärke v.a. der beiden Großreiche ab: Ägypten im Süden und Assur oder Babylon im Nordosten. Zu Zeiten der Schwäche Assurs prosperiert das Nordreich, besonders unter König →*Ahab*, einem Nachfolger Omris (873-53). Er soll in einem Krieg der Aramäer (Königreich Damaskus) gegen die Assyrer unter Salmanassar III. in der Schlacht bei Qarqar i.J. 854 oder 853 die stattliche Zahl von 2.000 Streitwagen und 10.000 Soldaten der Fußtruppen in die Koalition der Kleinstaaten gegen

Salmanassar beigesteuert haben. Nach den assyrischen Inschriften hat Salmanassar die Schlacht angeblich gewonnen, die Hauptstadt Qarqar dem Erdboden gleich gemacht und mit den Leichen einen Damm oder eine Brücke über den Orontes gebaut (vgl. Galling: Textbuch S. 49f). Mit dem Wahrheitsgehalt dieser Propagandaschrift dürfte es indes nicht gar zu weit her sein. Vermutlich ging die Schlacht unentschieden aus. Salmanassar III. muss jedenfalls 841 erneut gegen Damaskus ziehen. Dieses Mal lesen wir allerdings nichts davon, dass Hasa-El von Aram, der König von Damaskus, eine Koalition zusammengestellt habe. In der Folgezeit, als die Assyrer schwach sind, machen die Aramäer Israel immer wieder schwer zu schaffen, ehe unter Jerobeam II. das Joch der Aramäer für kurze Zeit wieder abgeschüttelt werden kann.

Der Süden führt dagegen ein Schattendasein. Gelegentlich kommt es zum Zwist mit dem Norden, einmal zur Verschwägerung und auch zum Bündnis zwischen Nordreich und Südreich. Einmal will das Nordreich sogar einen Davididen in Jerusalem absetzen, weil dieser sich weigert, in eine antiassyrische Koalition einzusteigen und sich lieber den Assyrern unterwirft und tributpflichtig wird. Dies geschieht in der Zeit des Propheten Jesaja, der sich allerdings *gegen* die Unterwerfung ausspricht. (Syrisch-ephraimitischer Krieg – zwischen 743 und 728.)

Fortgesetzte Aufstände gegen den Oberherrn aus Assur und antiassyrische Koalitionen mit anderen Kleinstaaten führen schließlich zum Untergang des Nordreiches im Jahre 722. Davon ist ausführlich in 2Kön 17 die Rede: Die obersten Zehntausend, Beamte, Intellektuelle, aber auch Handwerker werden ins Exil geführt und dort dezentral angesiedelt, so dass ihre Identität verloren geht und die Stämme des Nordreiches untergehen. Es ist eine Aufgabe Gottes oder auch seines Messias, am Ende der Zeiten die zehn verschollenen Stämme aus der Diaspora wieder zurückzuführen:

> *Jes 56,7b-8a: Denn mein Haus wird ein Bethaus genannt werden für alle Völker.*
> *8 So spricht der Herr, HERR, der die Vertriebenen Israels sammelt.*

Das unbedeutendere Südreich hält sich länger. König Hiskija kann nach einem Aufstandsversuch gerade noch rechtzeitig seine Vasallentreue durch finanzielle Zuwendungen unter Beweis stellen und bleibt dadurch auf dem Thron. Die wichtigsten Festungen Judas werden zwar erobert (v.a. →*Lachisch* und Aseka), Jerusalem aber kommt ungeschoren davon.

Der Nachfolger und Sohn des Hiskija, Manasse, scheint ein enges (Vasallen-) Bündnis mit Assur eingegangen zu sein. Sein Enkel Joschija hat dieses Vasallenverhältnis nicht mehr nötig, denn Assurs Stern ist im Niedergang begriffen. Wenige Jahre später gibt es das assyrische Weltreich nicht mehr: Die Neubabylonier stehen Lanze bei Fuß, um die Macht zu übernehmen. In dieser Zwischenzeit gelingt es Joschija, noch einmal für eine kleine Zeitspanne relativ autonom zu sein. Er lässt die assyrischen Kulte verschwinden, die unter Manasse vermutlich gepflegt wurden und führt eine nach Aussagen des Dtr spektakuläre und allumfassende Kultreform durch. Der Tempel wird gereinigt, die Altäre wieder an Ort und Stelle gerückt, der Opferdienst beginnt wieder. Dieser hoffnungsvolle Neuaufbruch endet abrupt durch Pharao Necho, der Joschija im Jahre 608 auf einem Kriegszug gegen die Babylonier kurzerhand umbringt.

Nur noch wenige Könige folgen Joschija auf dem Thron. Die in völliger Fehleinschätzung der Lage begonnenen Aufstände gegen die neuen Herrn, die Neubabylonier, führen allesamt ins Abseits und schließlich auch für den Süden im Jahre 586 in den Untergang des babylonischen Exils. Israel als Staat existiert nicht mehr.

12.4 Theologische Aussage

Grundsätzlich stehen die Könige in Konkurrenz zum „eigentlichen" König Israels, zu Jahwe. Dies wird bereits bei der Forderung, einen König einzusetzen, deutlich. Dennoch arrangiert sich Jahwe mit diesem irdischen König und verspricht ihm per Prophetenaussage eine ewige Dynastie, solange dieser König auf den rechten Wegen wandelt. Was darunter zu verstehen ist, wird immer wieder einmal angesprochen und entspricht völlig der dtr Vorstellung.

Vielleicht ist es einfacher zu sagen, wovor man sich hüten soll. Dies wird in 2Kön 17 zwar umfänglich aufgezählt, allerdings wenig präzise:

> *7 Und das geschah,*
> *weil die Söhne Israel gesündigt hatten gegen den HERRN, ihren Gott, der sie aus dem Land Ägypten hatte heraufkommen lassen aus der Hand des Pharao, des Königs von Ägypten, und weil sie*
> *andere Götter fürchteten 8 und*
> *in den Ordnungen der Nationen lebten, die der HERR vor den Söhnen Israel vertrieben hatte, und [in den Ordnungen]*
> *der Könige von Israel, die [diese] eingeführt hatten. 9 Und die Söhne Israel ersannen gegen den HERRN, ihren Gott,*
> *Dinge, die nicht recht waren;*
> *und sie bauten sich Höhen in all ihren Städten, vom Wachtturm bis zur befestigten Stadt. 10 Und sie*
> *errichteten sich Gedenksteine und Ascherim auf jedem hohen Hügel und unter jedem grünen Baum,*
> *11 und sie brachten dort auf allen Höhen Rauchopfer dar wie die Nationen, die der HERR vor ihnen gefangen weggeführt hatte.*
> *Und sie taten böse Dinge, um den HERRN zum Zorn zu reizen.*
> *12 Und sie dienten den Götzen, von denen der HERR ihnen gesagt hatte: So etwas sollt ihr nicht tun!*
> *13 Und der HERR hatte Israel und Juda durch alle Propheten [und] jeden Seher gewarnt und hatte gesagt: Kehrt um von euren bösen Wegen und bewahrt meine Gebote, meine Ordnungen, dem ganzen Gesetz gemäß, das ich euren Vätern geboten und das ich euch durch meine Knechte, die Propheten, gesandt habe!*

14 Aber sie hörten nicht, sondern verhärteten ihren Nacken gleich dem Nacken ihrer Väter, die dem HERRN, ihrem Gott, nicht geglaubt hatten.
15 Und sie verwarfen seine Ordnungen und seinen Bund, den er mit ihren Vätern geschlossen, und seine Warnungen, mit denen er sie gewarnt hatte, und liefen der Nichtigkeit hinterher – und wurden [selber] nichtig – und
[liefen] den Nationen nach, die rings um sie her waren, von denen der HERR ihnen geboten hatte, nicht wie sie zu tun.
16 Und sie verließen alle Gebote des HERRN, ihres Gottes,
und machten sich ein Gußbild, zwei Kälber,
und machten eine Aschera und
warfen sich vor dem ganzen Heer des Himmels nieder
und dienten dem Baal.
17 →Sie ließen ihre Söhne und ihre Töchter durchs Feuer gehen
und trieben Wahrsagerei und Zauberei und
verkauften sich, zu tun, was böse war in den Augen des HERRN, um ihn zum Zorn zu reizen.
18 Da wurde der HERR sehr zornig über Israel und schaffte sie fort von seinem Angesicht. Nichts blieb übrig als allein der Stamm Juda.

Fasst man die Anschuldigungen zusammen, die hier gegen das Nordreich zusammengetragen werden, geht es um nicht mehr und nicht weniger als um die korrekte Gottesverehrung des (einzig) legitimen Gottes am (einzig) legitimen Heiligtum und pauschal um die Einhaltung der Gebote dieses einen Gottes.

Alles, was dem zuwiderläuft, führt in den Untergang. Die Gefahr, die von den anderen Völkern und von einer Vermischung mit ihnen ausgeht, besteht darin, dass man von diesen eben genannten, höheren Zielen abgelenkt wird. Es sind somit nicht die fremden Völker an sich, die eine Gefährdung darstellen, sondern der daraus resultierende Abfall. Allerdings geht es in anderen atl. Texten dann durchaus auch um die Erhaltung des Volkes, die durch Ehen mit fremden Völkern gefährdet wird.

Die Könige werden jedenfalls daran gemessen, inwieweit sie diese Forderungen erfüllen. Restlos objektiv ist diese Messlatte allerdings auch wieder nicht, denn schon Salomo lässt sich, von seinen Frauen verführt, auf fremde Opfer ein, und er opfert auch außerhalb Jerusalems, zumindest so lange er noch keinen eigenen Tempel hat.

David dagegen ist über alle Zweifel erhaben. Er ist der königliche „Musterknabe", an dem sich alle messen lassen müssen. Unter diesen Vorgaben steht nur Joschija seinem Vorfahren in nichts nach, er überbietet ihn sogar noch: Kein König war wie Joschija – offensichtlich selbst David nicht:

2Kön 23,25 Vor Josia gab es keinen König wie ihn, der zu dem HERRN umgekehrt wäre mit seinem ganzen Herzen und mit seiner ganzen Seele und mit seiner ganzen Kraft nach dem ganzen Gesetz des Mose. Und auch nach ihm ist seinesgleichen nicht aufgestanden.

Nachdem die Forderungen immer wieder gebrochen werden, das Gesetz nicht eingehalten wird, besonders im stets schismatischen Nordreich, gehen beide Reiche unter, durch die Großmächte, die zumindest mit Erlaubnis Gottes gegen Israel vorgehen. Jedenfalls unternimmt Gott nichts, um diese Gefahr aufzuhalten. Das ist eben die Art, wie Jahwe seinem Zorn Gestalt verleiht (vgl. 2Kön 17, bes. die Verse 7.18.19-23; 2Kön 23,26f). Das negativer beurteilte Nordreich fällt nicht nur früher, es kommt auch nie mehr zu einer „Auferstehung“. Das Exil des Südreiches hingegen geht 538 zu Ende.

Zusammenfassung

Die Königsbücher, die mit der glanzvollen Herrschaft des Salomo beginnen, erzählen vom langsamen aber unaufhaltsamen (politischen) Niedergang der beiden Staaten. Dabei ist der Untergang des Nordreich Israel gewissermaßen schon in der Reichsteilung durch Jerobeam I. angelegt, denn das Nordreich spaltet sich damit nicht nur von der einzig legitimen Herrschaft der Davididen ab, sondern geht – durch Jerobeam veranlasst – auch religiös und kultisch eigene Wege. Dies muss zwangsläufig zum (frühen) Untergang führen.
Aber auch im Süden sind nicht alle Könige Gott so zugeneigt, wie der Vorfahre David. Zwei Ausnahmen gibt es: Hiskija zum einen und Joschija, der David sogar übertrifft, zum anderen. Den Untergang aufhalten können jedoch beide nicht. Dieser ereignet sich 722 für das Nordreich durch die Assyrer und 597 und 586 durch die Neubabylonier für das Südreich. Der Untergang markiert jedoch nicht die Ohnmacht des Schutzgottes Jahwe, sondern im Gegenteil seine Macht: Er ist es, der sich fremder Völker bedient, um sein Volk für seinen Abfall zu bestrafen.

Noch einmal: Das dtr Geschichtswerk und seine Entstehung

Wie oben in den verschiedenen Modellen zur Entstehung des Pentateuchs deutlich wird, geht die heutige Forschung in der Frage nach dem Dtr sehr unterschiedliche Wege. Es hat sich weder das so genannte Schichten- noch das Blockmodell durchsetzen können.
Es ist hier nicht der Platz, die bisher vorliegenden Überlegungen ausführlich zu sichten und auf ihre Plausibilität zu prüfen, aber es kann Folgendes zu den verschiedenen Büchern festgehalten werden:

Inhaltlich endet der Pentateuch erst mit dem Ziel der Verheißung – der Landnahme. So gesehen dürfte der Erzählzusammenhang erst mit irgendeiner Landnahmeerzählung, möglicherweise mit Jos, seinen Abschluss gefunden haben. Trotz dtr Spuren schon im Pentateuch ist Jos einerseits in anderem Stil verfasst als die voraus liegenden fünf Bücher: Hier sind die dtr Einflüsse viel dichter als zuvor. Andererseits stehen die Aussagen aus Jos häufig in erheblicher Spannung

zu den nachfolgenden Büchern, gerade was die Erzählungen über die Eroberung kanaanäischer Städte betrifft: Es wird hier die Einnahme von Städten behauptet (z.B. Jerusalem und Hazor), die in den folgenden Richter- und Samuelbüchern offensichtlich eben noch nicht in der Hand der Israeliten sind. Der gleiche Jabin, der in Jos 11,1 als König von Hazor auftritt und in Kapitel 11 besiegt wird, tritt mit seinem Feldherrn Sisera als Gegner Israels im Richterbuch auf. Diese Spannungen dürften wohl kaum auf einen dtr Redaktor zurückgehen. So gesehen nimmt das Buch Josua – und nicht nur Dtn! – eine Brückenfunktion zu den nachfolgenden Erzählungen ein.
Vermutlich gehörte das vordtr Josuabuch oder zumindest Teile daraus mit seiner Landnahme ursprünglich zum Erzählzusammenhang des Pentateuch oder zur Exodusgeschichte – eher ohne als mit dem vorausgehenden, den Erzählzusammenhang trennenden Dtn. Dass das Josuabuch stark dtr bearbeitet ist, steht außer Frage. Gerade die Fremdvölker, die alle vernichtet oder z.T. übrig gelassen wurden, um ein Fallstrick für Israel zu werden, sind ein klassisches dtr Thema.

Etwas anders steht es im Buch der Richter. Es erweckt den Eindruck, dass die Überlieferungsstufe der Einzelerzählungen noch nicht allzu weit zurückliegt. Die Erzählungen, die jeweils um einen „Helden“, eine →*Retterfigur*, kreisen, wurden gesammelt, zusammengestellt und mit einer panisraelischen Note, vermutlich dtr Herkunft, versehen. Die Liste der so genannten „Kleinen →*Richter*“ und einige Nachträge ergänzen das Ensemble. Tragendes Gerüst für den Zusammenbau ist neben der gesamtisraelischen Bedeutung das dtr Abfall-Befreiungsschema, das fast jeder der Retterfiguren voran steht. Die stark heterogenen Erzählungen von den einzelnen Rettern sind im Gesamt noch erkennbar und erklären die deutlichen Unterschiede im Buch als Ganzem.
Wieder anders die Samuel- und Königsbücher. Hier lagen nicht nur kurze Erzählkränze um einzelne Personen vor, sondern mit hoher Wahrscheinlichkeit schon größere Sammlungen, die nun in einen fortlaufenden Kontext gebracht werden mussten. Im Bereich der Königsbücher gab es offensichtlich Listen über die Thronfolge, die in den Büchern selbst erwähnten „Chroniken der Könige von Israel und Juda“ und möglicherweise noch andere größere Zusammenhänge.
Zumindest in den Königsbüchern findet sich allerdings ein dtr Gerüst, ähnlich dem in Ri. Dieses Gerüst besteht aus:

- der Einführung eines neuen Königs
- seinem Alter: er ist x Jahre alt und regiert y Jahre...
- seiner Abkunft: seine Mutter war..., eine Tochter von...
- und aus der Bewertung des Königs:
  - Er tat, was dem Herrn gefiel wie sein Vater David (so meist im Südreich).
  - Er tat was dem Herrn missfiel und folgte den Sünden des Jerobeam, des Sohnes des Nebat, der Israel zur Sünde verführt hatte.

Bei den Königen des Nordreiches wird häufig auch der Vater des Königs genannt, denn, wie gesehen, kommt es nur in seltenen Fällen zu einer mehrere Generationen umfassenden Dynastie.
Ein vergleichbares Gerüst gibt es in den Samuelbüchern nicht. Diese Bücher konzentrieren sich auf den Abstieg Sauls und dem parallel dazu erfolgenden Aufstieg Davids. Ansonsten werden die Bücher durch die Samuel-Erzählungen, die Ladegeschichte und natürlich und vor allem durch die Davidsgeschichten geprägt. Zusammen mit den schon erwähnten buchübergreifenden Notizen könnte eine erste Zusammenstellung des Stoffes durch einen dtr Redaktor erfolgt sein, der allerdings weitere Bearbeitungen folgten.
Die Art der Vorlagen und der überkommenen Stoffe scheint demnach sehr verschieden gewesen sein, und es bedurfte einer ordnenden Hand, diese disparaten Stoffe in einen fortlaufenden Kontext zu bringen. Deshalb dürfte es m.E. einen gemeinsamen Redaktor und damit auch ein DtrG gegeben haben, zu dem auch eine ursprünglich zum Pentateuch gehörige, dann aber dtr bearbeitete Landnahme gehörte. Es ist möglich, dass im Zuge der dtr Bearbeitung des Jos auch der Rest-„Pentateuch“, der ohne die Priesterschrift mit den Büchern Lev und Num ja noch gar kein Pentateuch ist, dtr bearbeitet wurde. Die Einfügung des Dtn aus der Zeit des Joschija (oder Hiskija), schafft den inhaltlichen Bruch zwischen Landverheißung einerseits und Landnahme andererseits. Denkbar ist dessen Einfügung gegen oder mit dem Ende des Exils, mit der Absicht, den Rückkehrern für deren „zweite Landnahme“ Verhaltensanweisungen an die Hand zu geben.
Warum der Pentateuch gerade mit Dtn abbricht, wurde oben schon erörtert: Es ist eine Pause im Fortgang der Geschichte, eine Stelle der Reflexion, wie es in dem Land weitergehen könnte, sofern die Gebote bewahrt würden. Nach dem Exil, das in Dtn bereits angesprochen wird, ergibt sich dazu eine neue Chance – Ende offen.

III. Das chronistische Geschichtswerk

„Ereignisse der Tage", Dibre ha jamim, steht als Überschrift der hebräischen Bibel über den beiden Büchern der Chronik. Der Begriff „Chronik" stammt von Hieronymus. Frei übersetzt könnte man die Chronikbücher eigentlich auch als „die Geschichte" übersetzen. Doch ganz so einfach ist es auch wieder nicht, denn Geschichte wird zwar erzählt, aber nur in Auszügen – und dies auch noch unter einem ganz besonderem Blickwinkel. Dieser aber ist nun keineswegs aus der Schrift selbst entnommen, sondern wird von außen an die Ereignisse herangetragen. In erster Linie geht es um die Geschichte der Davididen. Das so genannte Nordreich ist mehr oder weniger inexistent und das, was über den Süden erzählt wird, wird als Schwarz-Weiß-Malerei von gut und böse dargestellt, noch massiver als dies im Dtr der Fall war.

Dies wird noch an ein paar ausgewählten Beispielen verdeutlicht werden.

13. Das erste und zweite Buch der Chronik

13.1 Inhalt und Gliederung des ersten Buchs

Nach der **Herleitung des Menschengeschlechtes** (1-4) und Aussagen zu den einzelnen Stämmen (4,14-8,28), kommt die Darstellung ganz schnell zu den **Sauliden**, die in wenigen Kapiteln abgehandelt werden (8,29-10,14).

Der **Hauptteil** des Buches beschäftigt sich mit der **Geschichte Davids** (11,1-22,19), die in größter Ausführlichkeit erzählt wird. Im Wesentlichen entspricht dies durchaus 2Sam. Deshalb wird auch angenommen, dass die Verfasser von Chr kaum auf andere Quellen als 1Sam-2Kön zurückgreifen konnten. Und dennoch unterscheidet sich Chr theologisch deutlich, denn es ist ausschließlich **prodavidisch** gehalten. So wird die Volkszählung Davids, die nach 2Sam zum Ausbruch der Pest führt, hier nicht Davids Selbstherrlichkeit angelastet, sondern dem →*Satan*, der David dazu verführt (21,1-17). David kauft auch nicht nur den Bauplatz für den späteren Tempel, sondern bereitet auch schon Wesentliches für den Bau vor (21f). Bemerkenswert ist auch das **kultische Interesse von Chr**, das sich in den Ausführungen über Priesterordnungen und Tempeldienste (23-26) sowie Ausführungen zum Tempelbau (28f) abzeichnet.

In Kürze

1,1-9,44	Genealogien der Menschheit und einzelner Familien
10	Tod des Saul
11,1-22,19	Geschichte Davids
23,1-25,31	Levitenordnung
26	sonstige Tempeldienste
27	Heerführer, Stammeshäupter und Beamte
28,1-29,9	Vorbereitungen zum Tempelbau
29,10-30	Gebet Davids, Salomos Thronbesteigung und Abschluss der Davidsgeschichte

13.2 Inhalt und Gliederung des zweiten Buchs

2Chr beginnt dort, wo 1Chr aufhört: mit **Salomos Regentschaft**.
Drei Dinge sind dem Verfasser offensichtlich dabei wichtig: die legendäre **Weisheit** Salomos, sein **Reichtum** und natürlich – er ist ja lange genug vorgeplant: der **Tempelbau**. Im weiteren Verlauf, ab Kap. 10 folgen dann die an Salomo anschließenden Davididen, natürlich mit ausführlicher Bewertung. **Das Nordreich und dessen Könige kommen nicht zum Zuge**. 2Chr endet mit dem **Auftrag des Persers Kyros zum Wiederaufbau des Jerusalemer Tempels** und der Erlaubnis zur Rückkehr der Exilierten nach Judäa, geht also in der Geschichte Israels deutlich über 2Kön hinaus (und ist daher auch später zu datieren).

In Kürze

1-9	Geschichte Salomos
10-36	Geschichte seiner Nachfolger herausragende Könige sind: Rehabeam, der Sohn Salomos, Joschafat, Hiskija und Joschija

1 und 2Chr bieten zunächst einmal nichts Neues: Alle behandelten Könige des Südreiches finden sich selbstverständlich auch im Buch der Könige. Dort fehlt nur das Ende des Exils. Damit ist nicht nur der frühest mögliche Zeitpunkt der Endfassung vorgegeben, sondern es wird damit zugleich signalisiert, dass es sich um eine Relektüre der dtr Bücher handelt, eine Neufassung zu einer späteren Zeit, unter einem veränderten theologischen – und historischen – Blickwinkel.

Dies wird an einigen Textbeispielen sehr schnell deutlich.

Oben wurde schon ausführlich behandelt, dass 1Chr 20 die David-Goliatgeschichte dahingehend korrigiert, dass der in 2Sam 21,19 in Konkurrenz zu David genannte Goliattöter Elchanan ben Jair nicht den Goliat selbst, sondern dessen Bruder erschlägt. Damit bleibt David der unbestrittene Sieger über Goliat nach 1Sam 17.

Nach Sam will David einen Tempel für die Lade bauen, erhält dazu auch vom Propheten Natan die Zusage Gottes, doch muss dieser die Zusage aufgrund einer Weisung Gottes wieder zurückziehen. Nicht er, David, wird den Tempel bauen, sondern erst sein Sohn Salomo. Das Einzige, das David dazu beisteuern kann, ist der von ihm – privat – erworbene Platz, die Tenne des Arauna, die unbebaut ist. Auf diesem kultisch jungfräulichen Platz stand zuvor noch kein Heiligtum. David kauft gerade dieses Areal, weil dort die Pest zum Stillstand kommt, die David durch seine sündhafte Volkszählung provoziert hat. Sündhaft ist diese, weil sie als kritische Anfrage an die Vermehrung Israels (Gen 22,17) verstanden wird, vielleicht auch weil es sich um eine Amtsanmaßung Davids handelt.

In den Chronikbüchern wird zunächst einmal die Volkszählung nicht David angelastet und – natürlich! – auch nicht dem Herrn (so noch 2Sam 24), sondern der bislang unbekannte Satan tritt gegen Israel und David auf. Dann aber lässt David alles zum Tempelbau Nötige, vom Nagel bis zum Balken sowie die Steine bereits zum Bauplatz bringen. Salomo macht die Errichtung des Tempels nicht mehr Mühe als die Aufstellung eines Fertighauses. Zudem ergeht der Befehl zum Tempelbau von David unmittelbar an den noch jungen Salomo. Er bekommt die fertigen Baupläne, das dort bereits lagernde Material und die Kostenberechnungen. Sogar das Gewicht der Leuchter ist angegeben. Man könnte nach 1Chr 29,10-20, dem Gebet des David, meinen, der Tempel sei noch zu Lebzeiten Davids gebaut worden.

Warum David den Tempel nicht bauen darf, lassen im Übrigen beide Texte, sowohl 2Sam wie auch 1 und 2Chr, offen: Die Abneigung gegen den späteren Makkabäer Jonatan als Hohepriester dürfte aber nicht nur damit zusammenhängen, dass er nicht aus hohepriesterlichem Geschlecht stammte, sondern dass er als politischer Regent, als König, das Blut seiner Feinde an den Händen hatte, wie David.

Der Aufstand des Absalom und der des Scheba fehlen in den Chronikbüchern völlig. Ein gottesfürchtiger David wird von Gott nicht mit Aufständen geschlagen! Ebenso fehlt die Geschichte von David und Batseba: Die Mutter Salomos wird mit keinem Wort erwähnt, der Ehebruch auch nicht.

Interessant sind auch die Veränderungen der Chronisten gegenüber 2Kön bezüglich des Todes von Joschija:

2Kön 23,29 In seinen Tagen zog der Pharao Necho, der König von Ägypten, zum König von Assur hinauf an den Strom Euphrat. Und der König Josia zog ihm entgegen; aber Necho tötete ihn bei Megiddo, als er ihn sah.	2Chr 35,20 Nach all diesem, als Josia das Haus wieder hergerichtet hatte, zog Necho, der König von Ägypten, herauf, um bei Karkemisch am Euphrat zu kämpfen. Und Josia zog aus, ihm entgegen.
	21 Da sandte er Boten zu ihm und ließ ihm sagen: Was habe ich mit dir zu tun, König von Juda? Nicht gegen dich komme ich heute, sondern gegen das Haus, mit dem ich Krieg führe. Und Gott hat zu mir gesagt, daß ich eilen soll. Laß ab von Gott, der mit mir ist, damit er dich nicht verderbe! 22 Aber Josia wandte sein Gesicht nicht von ihm ab, sondern verkleidete sich, um gegen ihn zu kämpfen. Und er hörte nicht auf die Worte Nechos, die aus dem Mund Gottes kamen. Und er kam in die Ebene von Megiddo, um zu kämpfen. 23 Und die Bogenschützen schossen auf den König Josia. Da sagte der König zu seinen Knechten: Bringt mich weg, denn ich bin schwer verwundet!
30 Und seine Knechte *führten ihn auf einem Wagen tot von Megiddo fort*	24 Und seine Knechte schafften ihn aus dem Wagen hinüber und setzten ihn auf den zweiten Wagen, den er hatte,
und brachten ihn nach Jerusalem *und begruben ihn in seinem Begräbnis.* Vgl. 2Kön 22,20 Darum, siehe, ich werde dich zu deinen Vätern versammeln; und du wirst zu deinen Gräbern versammelt werden in Frieden [= natürlicher, gewaltloser Tod], und deine Augen sollen all das Unheil nicht ansehen, das ich über diesen Ort kommen lasse. Und sie brachten dem König die Antwort.	und brachten ihn nach Jerusalem. *Und er starb* und wurde in den Gräbern seiner Väter begraben. Und ganz Juda und Jerusalem trauerten um Josia. 25 Und Jeremia stimmte ein Klagelied über Josia an. Und alle Sänger und Sängerinnen haben in ihren Klageliedern von Josia gesungen bis auf den heutigen Tag. Und man machte sie zu einem festen Brauch in Israel. Und siehe, sie sind geschrieben in den Klageliedern. 26 Und die übrige Geschichte Josias und seine guten Taten nach dem, was im Gesetz des HERRN geschrieben steht, 27 und seine Geschichte, die frühere und die spätere, siehe, sie ist geschrieben in dem Buch der Könige von Israel und Juda.
Und das Volk des Landes nahm Joahas, den Sohn Josias, und sie salbten ihn und machten ihn zum König anstelle seines Vaters …	36,1 Und das Volk des Landes nahm Joahas, den Sohn Josias, und sie machten ihn zum König in Jerusalem anstelle seines Vaters.

Der gewaltsame →*Tod des Joschija* ist nach 2Chr nur so erklärbar, dass er sich gegen Gottes Willen vergeht. Der steht hier auf der Seite des Necho. Joschija erkennt dies schlichtweg nicht. Trotzdem geht Joschija letztlich in Frieden in sein Grab. Er stirbt zu Hause, in seinem Bett, und nicht auf dem Schlachtfeld.

Schließlich soll noch einmal auf den bereits erwähnten König Manasse hingewiesen werden. Der äußerst negativ bewertete König (vgl. auch Jer 15,4), der die unglaublich lange Zeit von 55 Jahren regiert, stirbt eines friedlichen Todes! Da stellt sich natürlich die Frage nach der Gerechtigkeit Gottes angesichts der Tatsache, dass eine ausgleichende Gerechtigkeit nach dem Tod (noch) nicht in Betracht gezogen wird. Die Lösung des „Problems" kann nur in einer Teilrevision des Bildes von Manasse bestehen, der sich in babylonischer Gefängnishaft bekehrt. Er macht nach der Haftentlassung sofort alle Veränderungen am Jerusalemer Tempel rückgängig und regiert den Rest seines Lebens als gottesfürchtiger König. Das Gebet, das Manasse im Gefängnis gesprochen hat, ist nach Ausweis von 2Chr in der nicht mehr erhaltenen „Chronik der Könige von Israel" aufgezeichnet

> *vgl. 2Chr 33,18 Und die übrige Geschichte Manasses und sein Gebet zu seinem Gott und die Worte der Seher, die zu ihm redeten im Namen des HERRN, des Gottes Israels, siehe, das ist geschrieben in der Geschichte der Könige von Israel. 19 Sein Gebet aber, und wie Gott sich von ihm erbitten ließ, und all seine Sünde und seine Untreue und die Orte, an denen er Höhen gebaut und die Ascherim und die Götterbilder aufgestellt hatte, bevor er sich demütigte, siehe, das ist geschrieben in der Geschichte der Seher. 20 Und Manasse legte sich zu seinen Vätern, und man begrub ihn in seinem Haus. Und sein Sohn Amon wurde König an seiner Stelle.*

Natürlich ist dieses Gebet heute ebenso wenig erhalten wie die erwähnte Geschichte der Seher. Die apokryphe Literatur hat sich jedoch dieser Materie angenommen und überliefert ein solches Gebet des Manasse (vgl. Oßwald: Das Gebet Manasses).

13.3 Erzählte Zeit und Erzählzeit

Vor allem die erzählte Zeit ist problemlos auszumachen und ergibt sich zweifelsfrei aus dem Inhalt. Es ist die auszugsweise erzählte Geschichte des Reiches Juda, in Spuren auch von ganz Israel. Diese Geschichte wird nicht als historische Abfolge von Ereignissen erzählt, sondern als gedeutete Geschichte, unter dem Aspekt der Legitimität von König, Tempel und Priestern.

Aber auch die Erzählzeit, zumindest der Endfassung der Bücher zu bestimmen, ist relativ einfach, weil in 36,22-23 der nachexilische Wiederaufbau des Tempels propagiert wird. Nachdem allerdings in den schon genannten Texten auch der wiederhergestellte Kult behandelt wird, darf man vermutlich die Einweihung des zweiten Tempels ebenfalls voraussetzen. Wir kommen damit in die Zeit nach 520. Es geht noch genauer: Da 1Chr 3,19-24 zufolge nach Serubbabel (537 v. Chr. in Jerusalem) fünf Generationen an Davididen gezählt werden – die Stammväter sind nach Serubbabel Hananja, Schechanjas, Schemaja, Nearja und Eljoenai — käme man bei ca. 40 Jahren pro Generation auf die Zeit um 300 bis 350.

Es ist allerdings auch zu fragen, warum mit Chr zu einer bestimmten Zeit ein neuer „Aufguss“ besonders des Reiches Juda geboten wird, und was die mutmaßlichen Leser damit anfangen sollen. Es ist die Frage nach dem Motiv der Neufassung: Betrachtet man die ausführlichen Aussagen zum Kult, könnte man an die mangelnde Begeisterung für den Wiederaufbau des Tempels in der Zeit des Propheten Haggai (ca. 520-515) denken. Man könnte aber auch die Zeit des Maleachi ins Auge fassen (5. Jh.?), der gegen die unzureichenden, ja unreinen Opfer spricht und schreibt. Doch wie gesagt konnte Chr zu dieser Zeit noch nicht die Nachfolger Serubbabels benennen. Somit wird man das Augenmerk auf die häufigen Kriegsaussagen lenken und die Überzeugung, dass Gott seinem Volk noch zu allen Zeiten beistand und sich als der Mächtige erwiesen hat. Als Abfassungszeit oder Zeitpunkt der Endredaktion käme daher viel eher die Epoche der Diadochenkriege *(→Diadochenreiche)* um die Vorherrschaft in Palästina im 3. und 2. Jh. in Frage. Diese führten zur Spaltung der jüdischen Gesellschaft. Die Listen und Stammbäume werden zu dieser Zeit als Beleg der Treue und Kontinuität des Handelns Gottes verstanden worden sein, vor allem aber auch zur Begründung der Legitimität bestimmter – vielleicht umstrittener – Amtsträger oder Gruppierungen, ähnlich den späteren Papst- und Bischofslisten der frühen Kirche. Es scheint überlegenswert, ob es hier um die Abgrenzung vom samaritanischen Klerus geht, die u.a. in Esr/Neh (v.a. Neh 13) angesprochen wird, sich aber über einen längeren Zeitraum hingezogen haben dürfte.

Wegen der ungewöhnlich ausführlichen Darstellung der Tempelsänger, die sich in dieser Weise sonst nirgends im AT findet, wird häufig die Auffassung vertreten, dass sich der/die Verfasser dieser Gruppe zugehörig fühlen. Angesichts des Interesses am Kult ist zumindest die Zugehörigkeit des Verfassers zum Kultpersonal durchaus denkbar. Vielleicht versuchen die Autoren aber auch die Hoffnung auf einen neuen Davididen aufzubauen.

13.4 Quellen und Autoren

Der folgende synoptische Vergleich zeigt ein breites Band an Gemeinsamkeiten zwischen 2Kön und 2Chr. Abgesehen von Präzisierungen (häufig priesterlicher Art), Ergänzungen, bes. im Bereich des „Personals“ und geringer Umstellungen, sind die beiden Versionen gleich. Gerade die Erweiterung im Bezug auf die genannten Personen und die Priester sind angesichts des Interesses der Chronikbücher an Stammes- und Sippenlisten sowie angesichts der Präzisierungen und Erweiterungen bezüglich der Priester als sekundäre Zufügungen der Chronisten wahrscheinlich.

2Kön 11,1 Als aber Atalja, die Mutter Ahasjas, sah, daß ihr Sohn tot war, machte sie sich auf und brachte die ganze königliche Nachkommenschaft um.[2] Doch Joscheba, die Tochter des Königs *Joram und Schwester des Ahasja,* nahm Joasch, den Sohn Ahasjas, und stahl ihn aus der Mitte der Königssöhne, die getötet werden sollten, und brachte ihn und seine Amme in die Bettenkammer. So verbarg*en sie* ihn vor Atalja, und er wurde nicht getötet.	2Chr 22,10 Als aber Atalja, die Mutter Ahasjas, sah, daß ihr Sohn tot war, machte sie sich auf und brachte die ganze königliche Nachkommenschaft *vom Haus Juda* um.[11] Doch Joscheba, die Tochter des Königs, nahm Joasch, den Sohn Ahasjas, und stahl ihn aus der Mitte der Königssöhne, die getötet werden sollten, und *sie* brachte ihn und seine Amme in die Bettenkammer. So verbarg ihn *Joscheba, die Tochter des Königs Joram, die Frau des Priesters Jojada – denn sie war die Schwester Ahasjas* – vor Atalja, *so daß sie* ihn nicht tötete.
3Und er hielt sich sechs Jahre lang bei ihr im Haus des HERRN versteckt. Atalja aber herrschte als Königin über das Land. 4Und im siebten Jahr *sandte* Jojada *hin und ließ die* Obersten über Hundert *von den Karern und den Leibwächtern holen und zu sich ins Haus des HERRN kommen.* Und er schloß einen Bund mit ihnen *und ließ sie im Haus des HERRN schwören und zeigte ihnen den Sohn des Königs.* 5*Und er befahl ihnen:* Das ist es, was ihr tun sollt: Ein Drittel von euch, die ihr am Sabbat antretet, *soll Wache halten* im Haus des Königs, 6und ein Drittel soll am Tor *Sur Wache halten und ein Drittel am Tor hinter den Leibwächtern [wörtl.: der Läufer] sein. Und ihr sollt abwechselnd Wache beim Haus halten.* 7*Die zwei Abteilungen von euch aber, alle die am Sabbat abtreten, die sollen im Haus des HERRN Wache halten beim König.*	12Und er hielt sich sechs Jahre lang bei ihnen im Haus *Gottes* versteckt. Atalja aber herrschte als Königin über das Land. 2Chr 23,1 Und im siebten Jahr *faßte* Jojada *Mut und* schloß *mit den* Obersten über Hundert, *Asarja, dem Sohn Jerohams, und Ismael, dem Sohn Johanans, und Asarja, dem Sohn Obeds, und Maaseja, dem Sohn Adajas, und Elischafat, dem Sohn Sichris,* einen Bund. 2*Und sie zogen umher in Juda und versammelten die Leviten aus allen Städten Judas und die Familienoberhäupter von Israel; und sie kamen nach Jerusalem.* 3*Und die ganze Versammlung schloß im Haus Gottes einen Bund mit dem König. Und Jojada sagte zu ihnen: Siehe, der Sohn des Königs soll König sein, wie der HERR über die Söhne Davids geredet hat.* 4Das ist es, was ihr tun sollt: Ein Drittel von euch, *von den Priestern und den Leviten,* die ihr am Sabbat antretet, soll *Torhüter an den Schwellen sein,* 5und ein Drittel soll im Haus des Königs sein, und ein Drittel am *Grundtor; aber alles Volk soll in den Vorhöfen des Hauses des HERRN sein.* 6*Und es soll niemand in das Haus des HERRN hineingehen. Nur die Priester und die diensttuenden Leviten, sie sollen hineingehen, denn sie sind heilig. Und alles Volk soll die Vorschriften des HERRN beachten.*
8Und ihr sollt den König von allen Seiten umgeben, jeder mit seinen Waffen in seiner Hand; *und wer in die Reihen eindringen will,* soll getötet werden; und ihr sollt bei dem König sein, wenn er herauskommt und wenn er hineingeht. 9*Und die Obersten über Hundert* taten nach allem, was der Priester Jojada befohlen hatte. Sie nahmen jeder seine Männer, die am Sabbat antraten, *zusammen* mit denen, die am Sabbat abtraten, und kamen zum Priester Jojada.	7Und *die Leviten* sollen den König von allen Seiten umgeben, jeder mit seinen Waffen in seiner Hand. *Und wer in das Haus hineingeht,* soll getötet werden. Und ihr sollt bei dem König sein, wenn er hineingeht und wenn er herauskommt. 8*Und die Leviten und ganz Juda* taten nach allem, was der Priester Jojada befohlen hatte. Sie nahmen jeder seine Männer, die am Sabbat antraten, *zusammen* mit denen, die am Sabbat abtraten; *denn der Priester Jojada hatte die Abteilungen nicht entlassen.*

10 Und der Priester gab den Obersten über Hundert die Speere und die Schilde, die dem König David gehört hatten *und* die im Haus des HERRN waren. 11 Und *die Leibwächter* stellten sich auf, jeder mit seinen Waffen in seiner Hand, von der rechten Seite des Hauses bis zur linken Seite des Hauses, zum Altar und zum Haus hin, rings um den König herum.	9 Und der Priester Jojada gab den Obersten über Hundert die Speere *und die Kleinschilde und die Rundschilde,* die dem König David gehört hatten, die im Haus Gottes waren. 10 Und er stellte *das ganze Volk* auf, und zwar jeden mit seiner Waffe in seiner Hand, von der rechten Seite des Hauses bis zur linken Seite des Hauses, zum Altar und zum Haus hin, rings um den König herum.
12 Und er führte den Sohn des Königs heraus und setzte ihm die Krone auf und gab ihm die Ordnung, und sie machten ihn zum König und salbten ihn. *Und sie klatschten in die Hände und* riefen: Es lebe der König!	11 Und *sie* führten den Sohn des Königs heraus und setzten ihm die Krone auf und gaben ihm die Ordnung, und sie machten ihn zum König. *Und Jojada und seine Söhne* salbten ihn und riefen: Es lebe der König!

Woher die zusätzlichen Informationen stammen, ist nicht zu ergründen; immerhin besteht die Möglichkeit, dass die Chronisten über Listenmaterial verfügten. Der große Rest allerdings stimmt zwischen 2Kön und 2Chr wörtlich(!) überein. Eine gewichtige sachliche Änderung besteht lediglich darin, dass im Gegensatz zu 2Kön nunmehr nicht die Leibwächter, sondern die Leviten(!) und das „Volk" die Sicherheit des Königs gewährleisten. Dieser Unterschied ist den Chronisten zuzuschreiben, die die Rolle des Kultpersonals ausbauen oder neu bestimmen. Insgesamt lassen die Parallelen auf literarische Abhängigkeit schließen, und dabei dürfte die ältere Textbasis 2Kön gewesen sein.

Es besteht, um dies noch einmal zu betonen, ein weitgehender Forschungskonsens darüber, dass die Königsbücher nicht nur die ersten Quellen für 1 und 2Chr waren, sondern auch die einzigen. 1 und 2Chr wurden ansonsten vermutlich nur durch Listenmaterial aufgefüllt.

13.5 Theologische Aussage

Wie im DtrG geht es auch in Chr um Geschichtsdeutung, um eine Erklärung für das Exil.

Da die judäischen Könige im Großen und Ganzen „gute" Könige sind, die das tun, was dem Herrn gefällt, wird es natürlich schwierig, einen Grund für den Untergang Judas zu finden. Von den Verfassern wird daher häufig ein „Ja, aber..." in die Vita des einzelnen Königs eingetragen. Bei Usija zum Beispiel heißt es:

> *2Chr 26,3 Usija war sechzehn Jahre alt, als er König wurde, und er regierte 52 Jahre in Jerusalem; und der Name seiner Mutter war Jecholja, von Jerusalem. 4 Und er tat, was recht war in den Augen des HERRN, nach allem, was sein Vater Amazja getan hatte. 5 Und er suchte Gott in den Tagen Secharjas, der ihn in den*

> *Gesichten Gottes unterwies; und in den Tagen, da er den HERRN suchte, gab ihm Gott Gelingen.....*
> *2Chr 26,16 Und als er mächtig geworden war, wurde sein Herz hochmütig, bis er verderblich handelte. Und er handelte treulos gegen den HERRN, seinen Gott, und drang in den Tempel des HERRN ein, um auf dem Räucheraltar zu räuchern.....*
> *18 Und sie widerstanden dem König Usija und sagten zu ihm: Nicht dir, Usija, steht es zu, dem HERRN Rauchopfer darzubringen, sondern den Priestern, den Söhnen Aarons, die geheiligt sind, Rauchopfer darzubringen! Geh aus dem Heiligtum hinaus! Denn du hast treulos gehandelt, und es wird dir nicht zur Ehre gereichen vor Gott, dem HERRN.*

Usija gibt dem Drängen der Priester natürlich nicht nach und wird daraufhin, in der Folge dieses Kompetenzstreites, mit Aussatz geschlagen. Das „Verbrechen" des Usija besteht also nicht im Abfall, nicht in der Verehrung von Fremdgöttern oder ähnlichem, sondern anscheinend „nur" im Bruch eines Priesterprivilegs. Eine solche Darstellung kann kaum von jemandem verfasst worden sein, der nicht aus diesen Kreisen stammt.

Bei König Ahas ist es jedoch etwas anderes: Er bekommt von vorneherein schlechte Noten, denn er stellt angeblich Gussbilder her und wandelt auf den Wegen der Könige von Israel und imitiert die Gräuel der Völker durch Menschenopfer (?) und durch Kulthöhen in den Städten.

Ahas ruft im Syrisch-Ephraimitischen Krieg Assur zu Hilfe. Er ist der König, der sich weigert, ein Zeichen Gottes zu fordern, und dem Jes daher die Geburt des Immanu-El ankündigt. Der Chronist schreibt Folgendes über ihn:

> *2Chr 28,16 In jener Zeit sandte der König Ahas zu den Königen von Assur, daß*
> *sie ihm helfen möchten. 17 Die Edomiter nämlich waren abermals gekommen und*
> *schlugen Juda und führten Gefangene weg. 18 Und die Philister fielen ein in die*
> *Städte der Niederung und des Südens von Juda und nahmen Bet-Schemesch ein*
> *und Ajalon und Gederot und Socho und seine Tochterstädte und Timna und seine*
> *Tochterstädte und Gimso und seine Tochterstädte; und sie wohnten dort. 19 Denn*
> *der HERR demütigte Juda um des Ahas, des Königs von Israel, willen, weil er in*
> *Juda Zügellosigkeit zugelassen und in seiner Untreue treulos gegen den HERRN*
> *gehandelt hatte. 20 Und Tiglat-Pileser, der König von Assur, zog gegen ihn und*
> *bedrängte ihn, anstatt ihn zu unterstützen. 21 Obwohl Ahas nämlich das Haus*
> *des HERRN und das Haus des Königs und die Häuser der Obersten beraubt und*
> *alles, was er geraubt hatte, dem König von Assur gegeben hatte, wurde ihm keine*
> *Hilfe zuteil. 22 Und in der Zeit seiner Bedrängnis, da handelte er noch treuloser*
> *gegen den HERRN, er, der König Ahas. 23 Und er opferte den Göttern von Damas-*
> *kus, die ihn geschlagen hatten, und sagte: Ja, die Götter der Könige von Aram, die*
> *helfen ihnen. Denen will ich opfern, dann werden sie auch mir helfen. Sie aber*
> *dienten ihm und ganz Israel zum Sturz. 24 Und Ahas brachte die Geräte des*
> *Hauses Gottes zusammen und zerschlug die Geräte des Hauses Gottes. Und er*
> *schloß die Türen des Hauses des HERRN und machte sich Altäre an allen Ecken*

> *in Jerusalem. 25 Und in jeder einzelnen Stadt von Juda errichtete er Höhen, um anderen Göttern Rauchopfer darzubringen. Und er reizte den HERRN, den Gott seiner Väter. 26 Und seine übrige Geschichte und all seine Wege, die früheren und die späteren, siehe, die sind geschrieben im Buch der Könige von Juda und Israel.*

Die Geschichte dürfte indes doch ein kleines bisschen anders verlaufen sein: Zwar trifft es wohl zu, dass Ahas, um den Tribut zusammenzubringen, die Wertgegenstände des Tempels weggenommen und vielleicht auch eine Sondersteuer/Reichensteuer erhoben hat. Dass er aber dennoch keine Hilfe durch Assur erfuhr, dürfte kaum zutreffen. Es macht auch keinen Sinn zu behaupten, dass er den Göttern von Damaskus geopfert habe, d.h. den Göttern von Aram, das doch von Tiglat-Pileser gerade dezimiert worden war: Man opfert nicht Göttern, die sich als schwach und hilflos erwiesen haben, sondern den Göttern der Sieger. Es ist immerhin denkbar, dass Ahas, um seine Vasallentreue unter Beweis zu stellen, gezwungenermaßen dem Reichsgott Assur opferte, aber sicher nicht den Göttern von Aram.

Nur kurz ein weiterer Hinweis: Gegen Hiskija, der von Assur abfällt, zieht Sanherib zu Felde. Er erobert sämtliche Festungen des Landes und die Eroberung Jerusalems wird nur in letzter Sekunde durch ein Wunder – historisch vermutlich durch Tributzahlungen, vielleicht auch durch den Ausbruch einer Krankheit unter den Belagerern – abgewendet. Selbstverständlich wird auch in 1Chr wie in 2Kön die Hauptstadt durch das Eingreifen Gottes verschont, der sich eben nicht verhöhnen lässt (vgl. 2Chr 32,17.22). Es dürfte auch eher dem Wunschdenken des Autors entsprechen, wenn es heißt, dass im Anschluss an die Belagerung von „Vielen“ (?) Gaben nach Jerusalem gebracht worden seien, vermutlich um den hilfreichen – oder übermächtigen – Gott zu ehren:

> *vgl. 2Chr 32,23 Und viele brachten Gaben für den HERRN nach Jerusalem und Kostbarkeiten für Hiskia, den König von Juda; und er war seitdem hoch angesehen in den Augen aller Nationen.*

Die Ansprache des Gesandten von Sanherib, der den Verteidigern Jerusalems die Aussichtslosigkeit ihres Unterfangens vor Augen stellen und die Übergabe der Stadt erreichen will, findet sich ebenfalls in 2Chr, dort sogar noch umfangreicher als in Kön. Im Gegensatz zu 2Kön ist im Chronikbuch jedoch nicht davon die Rede, dass Hiskija auf die Unterstützung der Ägypter baut. Ein König wie Hiskija verlässt sich nach 2Chr ausschließlich auf seinen Gott, wie sich das gehört.

Geschichtsdeutung

Die Historie wird uminterpretiert oder selektiv übernommen – man könnte böswillig sogar „gefälscht“ sagen – um der Lehre, also dem erkenntnisleitenden theologischen Interesse, zu entsprechen. Es wird hier ein völlig anderer Umgang mit Geschichte deutlich: Geschichte ist der Ort des Wirkens Gottes; dieses wird

dort erfahren. Diese Vorstellung ist uns heute völlig fremd und damit auch die heilsgeschichtliche Interpretation von Geschichte.
Obwohl zu vermuten steht, dass es zu allen Zeiten bewusste Manipulationen in der Geschichtsdeutung gab, die dem Staat, dem Herrscher, den Priestern oder wem auch immer nützten, muss doch auch einmal darüber nachgedacht werden, ob die Autoren nicht zutiefst davon überzeugt sind, dass diese nicht „gemacht" und auch nicht aus der Geschichte erwachsen, sondern von der Gottheit gesetzt ist. Die Tatsache, dass man die vorgetragene Deutung von Geschichte punktuell durchaus verifizieren konnte, musste als Bestätigung ihrer Gültigkeit verstanden werden. Wenn also die Autoren von einer Welt ausgehen, die von Gott für den Menschen gemacht wurde, wobei sich in dieser Welt der Wille, die Ordnung oder Weisheit Gottes Geltung verschafft, beispielsweise im Tun-Ergehen-Zusammenhang, dann können einzelne Ereignisse, die dieser Grundlage scheinbar nicht entsprechen, die „ideologische" Basis natürlich nicht zerstören: Der gewaltsame Tod des Joschija oder der friedliche Tod des Ahab sind lediglich einzelne Erfahrungen, die jene sich in Geschichte erhärtende Deutung nicht grundsätzlich in Frage stellen können. Sie können die zielgerichtete Geschichte der Welt nicht tangieren, die von Gott in der Zukunft, im Eschaton, ihr Ende bzw. ihre Vollendung findet.

Die Theologie ist also der Deuteronomistischen sehr verwandt, wird aber, vor allem durch das kultische Interesse, forciert. Die Gründe für den Untergang von Juda liegen auf der Hand: Das Vergehen der Könige gegen die Gebote und Weisungen Gottes.

Zusammenfassung

Nur die „legitime" Davidsdynastie wird in den Blick genommen. Die Davididen sind die von Gott erwählten Könige; das Heiligtum von Jerusalem, das auf David und seinen Sohn zurückgeht, ist das einzig legitime. Die Bücher sind also komplett und damit völlig einseitig aus der Sicht des Südreiches geschrieben. Das Schicksal des Nordreiches kommt so gut wie gar nicht vor.
Natürlich sind die Könige des Südreiches keineswegs allesamt gottwohlgefällig in ihrem Handeln. Sie entsprechen nicht immer den hohen Ansprüchen, die an sie gestellt werden. Um diesen dennoch Genüge zu tun, wird gegebenenfalls entsprechend redigiert oder es werden Passagen, die wir aus DtrG kennen, ausgelassen.
Dem/den Verfasser/n ist neben König und Tempel auch der dort gefeierte Kult offensichtlich ein besonders Anliegen. Es liegt den Büchern viel daran, diesen als legitim auszuweisen und dazu gehört natürlich auch eine legitime Priesterschaft, die genau den vorgegebenen Ordnungen folgt (vgl. bes. 1Chr 23-26; 2Chr 29-31).

14. Die Bücher Esra und Nehemia

Für die nachexilische Zeit sind die historischen Informationen ausgesprochen rar. Die Chronikbücher enden mit dem Ende des Exils, und so bleiben nur die Aussagen einiger nachexilischer Propheten, das späte Buch Daniel und v.a. die Bücher Esra und Nehemia, die von der Zeit unmittelbar nach 538 bis zum Wiederaufbau eines jüdischen Gemeinwesens reichen.

Die Reihenfolge der letztgenannten beiden Bücher ist im Hinblick auf die erzählten Ereignisse nicht unumstritten. Auch die darin enthaltenen Dekrete auf Aramäisch (4,8-6,18; 7,12-26), die angeblich eine von Kyrus ausgestellte Erlaubnis zur Rückkehr beinhalten – faktisch geht es um die Erlaubnis zum Wiederaufbau des Tempels – dürfen von einer kritischen Sichtung nicht ausgenommen werden. Hier schwankt die Einschätzung zwischen „echt" und „redaktionell".

Die beiden Männer, Esra und Nehemia, sind Juden, die im Auftrag der persischen Großmacht handeln und als eine Art Statthalter wirken. Allerdings heißt es in Neh 12,26, dass nur Nehemia Statthalter gewesen sei, Esra dagegen Priester und Schriftgelehrter. Dies geht aus dem Wirken der beiden allerdings nicht klar hervor.

14.1 Inhalt und Gliederung

Das Buch Esra beginnt mit dem so genannten →***Kyrusedikt*** (auch Kyros geschrieben), das den **Wiederaufbau des Jerusalemer Tempels** erlaubt. Der Bau wird in Kap. 3 auch in Angriff genommen. Kap. 4 zufolge müssen die Aktionen allerdings bald unterbrochen werden, da **Feinde** (Elamiter und Samariter) bei Artaxerxes, dem Nachfolger von Kyrus II., dagegen protestieren.
Nachdem die Hemmnisse beseitigt sind, wird der Tempel auf Betreiben der **Propheten Haggai und Sacharja** weitergebaut und unter dem Perser Darius vollendet (5-6). 6,3-5 bietet erneut das Kyrusedikt, allerdings in anderem Wortlaut!
Kap. 7 beinhaltet neben der Vorstellung der Person **Esras** auch ein Edikt des Artaxerxes, in dem u.a. Steuerfreiheit für das Kultpersonal gewährt wird. Ein **Heimkehrerverzeichnis** (8) und das Vorgehen **gegen Mischehen** (9) schließen das Buch ab.

Nach einem **Gebet Nehemias** (1) wird dieser vorgestellt (2,1-10). Seine erste Maßnahme ist der **Wiederaufbau der Stadtmauer** von Jerusalem (2,11-4,17). Auch hier kommt es zu Störaktionen durch **Feinde** (der Horoniter Sanballat und der Ammoniter Tobija), die Neh aber überwinden kann (5 und 6). Eine Liste der Laien und Priester wird hier (7), wie schon in Esr 2, vorgelegt.

In 8 erfolgt die **Verkündigung des Gesetzes** durch Esra(!), im anschließenden **Bußgebet** (ab 9,5) und bei der **Gesetzesverpflichtung** fehlt Esra jedoch wieder. Eine Liste über die Jerusalemer Bevölkerung (11-12,26), die Mauereinweihung (12,27-47) und ein Kapitel über Reformen (13) schließen sich an. Auch hier wird am Ende des Buches wieder die Mischehenfrage gestellt.

In Kürze

Esr 1,1-6,22	Heimkehr der Exilierten und Tempelneubau
Esr 7-Neh 13	Wiederherstellung der Jerusalemer Gemeinde durch Esra und Nehemia

Beide, sowohl Esra als auch Nehemia bauen – der eine am Tempel, der andere an der Mauer. In Esr 4,12 behaupten die „Feinde" freilich, auch der Maueraufbau sei bereits im Gange – eine Unwahrheit der Feinde? Träfe die Behauptung zu, müsste der Mauerbau schon durch Esra erfolgt sein.

Beide führen auch Reformen durch, besonders im Bereich der Eheschließung. Besonders Letzteres ist auffällig: Gleich ob man die Abfolge Esra–Nehemia oder Nehemia–Esra als historisch betrachtet – der Text selbst scheint von einer *gleichzeitigen Tätigkeit* der beiden auszugehen (Neh 12,26; 12,33) – stellt sich dennoch die Frage, warum das Mischehenverbot doppelt ausgesprochen werden muss. Hat die Verlautbarung des einen der beiden nicht gefruchtet und wurde übertreten? Oder wurde das Verbot fälschlicherweise auch dem jeweils anderen der beiden Verwalter zugeschrieben?

Auch die Reihenfolge der Ereignisse bedarf der Diskussion: Ist es denn wahrscheinlich, dass man erst den Tempel und dann die Stadtmauer baute? Normalerweise enthält der Tempel Wertgegenstände, Geräte aus Edelmetall (vgl. Esr 1,8-11; 5,14f; 8,24-34). Ließ man diese in dem noch ungeschützten Tempel, oder wurde nicht doch erst die (Stadt-)Mauer und dann der Tempel, innerhalb der Mauer, gebaut?

Diese Fragen können nur mit Blick auf die Ereignisse in beiden Büchern und dem Versuch einer Rekonstruktion der Vorgänge diskutiert werden.

14.2 Erzählte Zeit und Erzählzeit

Im Jahre 538 erlaubt der Perserkönig Kyrus II. den Wiederaufbau des Tempels und damit natürlich auch die Rückkehr der Exilanten. Wegen dieser Maßnahme – und vielleicht auch wegen der relativen Religionsfreiheit – verkündet ihn Deuterojes als Messias (Jes 45,1). Folgende Sachverhalte sind dabei zu bedenken:

Das Exil, das in 586, für manche sogar schon zehn Jahre früher, begann, wird 538 nicht mehr als Bedrückung empfunden. Man hat sich eingerichtet in der

Fremde. Eine zweite, vielleicht sogar schon dritte Generation wächst heran, die einen haben geheiratet, die anderen Geschäfte gemacht, wieder andere vielleicht einen Acker gekauft (frei nach Lk 14,18f.). Unter diesen Umständen dürfte sich die Begeisterung für eine Rückkehr in das Land, das manche noch nie gesehen haben, durchaus in Grenzen gehalten haben. Vielleicht fällt genau in diese Zeit die Erzählung über Abraham, der sein Land und seine Verwandtschaft verließ, um in eine unbekannte Fremde zu ziehen, weil Gott ihm dort Landbesitz zugesagt hat. Wer nun tatsächlich aus- bzw. zurückwandern wollte, wird vielleicht auch nicht stehenden Fußes aufgebrochen sein. Das Buch Esr dürfte zutreffend von verschiedenen Auswanderungswellen (Esr 1 und 7) berichten. Vermutlich waren es sogar mehr als nur die zwei angegebenen.

Zwischenzeitlich ist die Geschichte in Palästina seit der Deportation aber auch nicht einfach stehengeblieben – es wurden ja keineswegs alle Menschen von dort deportiert. Der einfache Bauer auf seiner Scholle, der die Abgaben und Steuern aufbringen musste, blieb zurück und das Land wurde weiter bebaut. Aber es ist anzunehmen, dass es in dieser Zeit zu Verschiebungen beim Landbesitz kam – angeordnet oder schleichend, d.h. man lässt das Königsland oder das Land der deportierten Priester und Höhergestellten nicht einfach brach liegen, sondern bebaut es. In der Regel war es durchaus das ertragreichere Land (1Sam 8,14f). Ohne Kataster werden sich daher die Eigentumsverhältnisse und die Grundstücksgrenzen verschoben haben. Auf diese Situation treffen die Rückkehrer.

Es gibt da auch noch das ehemalige Brudervolk im Nordreich Israel. Laut 2Kön 17 wurde die Bevölkerung zwar in die assyrischen Länder deportiert und an ihrer Stelle eine von anderswo stammende Bevölkerungsgruppe angesiedelt, doch darf dies in dieser Allgemeinheit bezweifelt werden.

Dazu gibt es drei interessante Beobachtungen zu machen: Zum einen erzählt 2Kön 17,24-28 davon, dass Löwen in das Land Israel einfallen und der Bevölkerung Schwierigkeiten bereiten. Man führt diese Löwenplage darauf zurück, dass der Landesgott nicht korrekt verehrt werde. Es wird ein deportierter Priester zurückbeordert, um den Kult auszuführen und damit die Löwen zu bändigen. Die Löwenplage scheint damit ausgestanden zu sein, jedenfalls wird nichts davon berichtet, dass die Bemühungen des Priesters fruchtlos geblieben wären. D.h., die im vorausgehenden Text stets als schismatisch verrufene Gottesverehrung des Nordreiches ist gar nicht so übel, denn Gott lässt sich davon beeindrucken.

Ein anderer Sachverhalt ist aus 2Kön 17,29-41 abzuleiten: Obwohl die im Nordreich wohnenden Völker angeblich ihre Götzenkulte aufziehen, kommen nicht erneut Löwen. Und die Völker handeln so bis auf den heutigen Tag – und keine Sanktionen folgen!

Eine dritte Beobachtung ergibt sich aus dem Propheten Jeremia:

> *Jer 41,1 Und es geschah im siebten Monat, da kam Ismael, der Sohn Netanjas, des Sohnes Elischamas, einer von den königlichen Nachkommen, und die Großen des Königs und zehn Männer mit ihm zu Gedalja, dem Sohn Ahikams, nach Mizpa.*

> *Und sie aßen dort zusammen in Mizpa. 2 Und Ismael, der Sohn Netanjas, stand auf und die zehn Männer, die mit ihm waren, und sie erschlugen Gedalja, den Sohn Ahikams, des Sohnes Schafans, mit dem Schwert. So tötete er den, den der König von Babel als Statthalter über das Land eingesetzt hatte. 3 Und Ismael erschlug alle Judäer, die mit ihm bei Gedalja in Mizpa waren, und auch die Chaldäer, die Kriegsleute, die sich dort befanden. 4 Und es geschah am zweiten Tag, nachdem er Gedalja getötet hatte, als noch niemand davon wußte, 5 da kamen Leute von Sichem, von Silo und von Samaria, achtzig Mann, die den Bart abgeschoren und die Kleider zerrissen und sich die Haut geritzt hatten, mit Speisopfern und Weihrauch in ihrer Hand, um es zum Haus des HERRN zu bringen. 6 Und Ismael, der Sohn des Netanja, zog von Mizpa aus ihnen entgegen, ging und weinte immerzu. Und es geschah, als er sie traf, sagte er zu ihnen: Kommt zu Gedalja, dem Sohn Ahikams! 7 Und es geschah, als sie in die Stadt hineingekommen waren, da schlachtete sie Ismael, der Sohn des Netanja, und warf sie in die Zisterne, er und die Männer, die mit ihm waren.*

Kurz zur Situation: Jerusalem ist von den Neubabyloniern erobert. Diese setzen einen Mann namens Gedalja als Statthalter ein, einen Judäer aus der einflussreichen Schafan-Familie (Schafan ist Staatsschreiber unter Joschija: 2Kön 22,3 u.a.), der aber nach kurzer Zeit von verbliebenen anti-babylonischen Aufständischen ermordet wird. Die Mörder fliehen nach Ägypten und verschleppen Jeremia als Parteigänger Gedaljas dorthin. Kurz zuvor allerdings kommen laut *Jer 41,5 „Leute von Sichem, von Silo und von Samaria, achtzig Mann, die den Bart geschoren und die Kleider zerrissen und sich die Haut geritzt hatten, mit Speisopfern und Weihrauch in ihrer Hand, um es zum Haus des HERRN zu bringen"*.

Man soll sich zwar nicht den Bart scheren und auch nicht die Haut ritzen (es handelt sich dabei um Trauerzeichen vgl. Jer 48,37, und es ist ein Schandmal! 2Sam 10,4) – aber diese 80 sind immerhin Jahwe-Verehrer, obwohl sie aus dem schismatischen Nordreich kommen. Und sie wollen zum Tempel, obwohl sich die Zerstörung des Tempels herumgesprochen haben musste. D.h. der Kult ging in Jerusalem offensichtlich auch ohne Tempel (Bauwerk) weiter! Möglicherweise errichtete man einfach einen Open-air-Opferplatz, wie er für Megiddo archäologisch belegt ist.

Aus alldem ergibt sich, ungeachtet der Ursachen für die Uneinheitlichkeit der Texte, dass im Nordreich nach wie vor treue Jahweanhänger leben, die eine gewisse Bindung an Jerusalem erkennen lassen. Es geht daher nicht an, die Bewohner des Nordens pauschal als Götzendiener zu behandeln, auch nicht nach dem Fall des Nordreiches.

Schließlich ist zu bedenken, dass die Rückkehrer ein ganz eigenes „Völkchen" sind. Es ist zum einen v.a. und zuerst die Intelligenz – oder zumindest die Oberschicht, die deportiert wird, die sprichwörtlichen Oberen Zehntausend. Diese bleibt im Exil unter sich und kann somit ihren Status weiter pflegen. Zum anderen kommen diese Leute auch mit dem entsprechenden theologischen

Selbstbewusstsein zurück: Sie sind die Gruppe, die im Exil geprüft wurde, sie sind diejenigen, die für ganz Juda – oder auch Israel – die Schuld gebüßt haben. Ein Gefühl der Erwählung und des (heiligen) „Restes" (Esr 9,2.15) scheint in dieser Gruppe gewachsen zu sein („Gemeinde der Heimkehrer" vgl. Esr 10,8), der in den von Esra und Nehemia vorgenommenen Maßnahmen offenbar wird: Esra verliest das Gesetz, nicht nur weil er offensichtlich ein Priester hohen Ranges ist und aus Babylon gesandt wurde, sondern ganz einfach auch deshalb, weil er, der Rückkehrer, das Gesetz zur Hand hat. Ob es bereits die Tora ist, ein Teil davon, das Bundesbuch, die Priesterschrift, oder das Dtn, ist nicht zu klären.

> *Vgl. Esra 7,12 Artahsasta, der König der Könige, an Esra, den Priester, den Beauftragten für das Gesetz des Gottes des Himmels, vollkommenes Heil! Und nun: 13 Von mir wird hiermit Befehl gegeben, dass jeder in meinem Reich vom Volk Israel, seinen Priestern und den Leviten, der gewillt ist, nach Jerusalem zu ziehen, mit dir ziehen darf, 14 weil du von Seiten des Königs und seiner sieben Räte gesandt bist, um eine Untersuchung über Juda und Jerusalem anzustellen* **nach dem Gesetz deines Gottes, das in deiner Hand ist**, *15 und um das Silber und das Gold zu überbringen, das der König und seine Räte dem Gott Israels gespendet haben, dessen Wohnung in Jerusalem ist, 16 sowie alles Silber und Gold, das du in der ganzen Provinz Babel bekommen wirst, samt der Spende des Volkes und der Priester, die sie spenden für das Haus ihres Gottes, das in Jerusalem ist.*

Auf dieser Basis setzen sowohl Esra als auch Nehemia u.a. die Ehegesetze durch, angeblich auch mit Handgreiflichkeiten. Einen Priestersohn, der mit dem Statthalter von Samaria, Sanballat, verschwägert ist, verweist Nehemia des Landes. Esra geht sogar noch weiter und zwingt Menschen zur Auflösung ihrer Mischehen, auch Priester (Esr 10,18-44). Dies wird keineswegs überall auf Gegenliebe gestoßen sein.

Die Rückkehrer fangen jedenfalls an, zunächst ihre Häuser instandzusetzen oder neu zu bauen. Dies stößt auf den Widerstand des Propheten Haggai, der zuerst den Tempel neu errichtet haben will. Offensichtlich wollen viele auch nicht in die Stadt Jerusalem ziehen und so wird das Los geworfen, wer in Jerusalem seinen Wohnsitz nehmen soll (Neh 11,1f). Schließlich werden Stadtmauer und Tempel wieder aufgebaut, in welcher Reihenfolge auch immer. Das angebliche Gesuch der Samaritaner, am Tempel mitbauen und damit natürlich auch an diesem opfern zu dürfen, wird von den Heimkehrern abgelehnt (Esr 4,1-4) und führt natürlich zu Missstimmungen. Der schon erwähnte Tobija, angeblich ein Ammoniter, der sogar mit dem Hohepriester (Neh 3,1) Eljaschib verwandt ist – vermutlich verschwägert – verliert sein Privileg, in einer im Kontext des Tempels stehenden Kammer seine (Handels-?) Güter zu lagern (13,4-9). All diese Maßnahmen machen die Zuwanderer nicht eben beliebt und es bedarf in vielerlei Hinsicht der Neuordnung, auch in Bezug auf eine Regierungsform: Es entsteht die Theo- oder Hierokratie.

Die Regenten der erzählten Zeit

Die Reihenfolge der Perserkönige und die erzählten Ereignisse aus Esr/Neh lassen sich nicht in Einklang miteinander bringen.

Historische Reihenfolge der Perser		Reihenfolge nach Esr/Neh
538-530	Kyrus II	Kyrus II (Esr 1,1ff)
530-522	Kambyses II	Ahasveros/Xerxes (Esr 4,6)
522-486	Darius I	Artaxexes (Esr 4,5-7; 8,1; Neh 2,1)
486-465	Xerxes I	Darius (Esr 4,5.24; 5,5-7; 6,1.12-15 u.a.)
465-423	Artaxerxes	[Sanballat um 450]
423-404	Darius II	
404-359	Artaxerxes II	
336-331	Darius III	

Esr 1,1ff: Kyros/Kyrus II. erlaubt **538** den Tempelneubau. Dieser wird angeblich im zweiten Jahr nach der Rückkehr bereits in Angriff genommen (Esr 3,8). Dies wäre also etwa um 536. Es folgt der **Baustop,** der laut Esr 4,24 bis ins zweite Regierungsjahr des Darius dauert (**Darius I. 549-486, Regent ca. ab 522)**, also bis etwa 520. Der Tempel müsste dann etwa 515 fertig gewesen sein.
Nach Hag und Sach wurde der Tempelbau aber nicht schon 536, sondern erst um 520 durch →*Serubbabel* begonnen (Esr 3,2.8). Dies passt zu Hag 1,1 demzufolge Serubbabel in der Regierungszeit des Darius I. tätig war, demnach um 522 oder etwas später. Auch diesen Daten zufolge wäre der Tempel um +/- 515 fertig gewesen. Dann aber kann Esra kaum daran mitgebaut haben, denn Esr 4,7; 8,1 wie auch Neh 2,1 lebten angeblich in der Zeit des **Artaxerxes (465-424)**: Unter Artaxerxes, so sagt Esra in 8,1, sei er aus Babel ausgezogen, also über 70 Jahre nach Kyrus! Die Ereignisse sind nur dann entsprechend der Darstellung der beiden Bücher möglich, wenn man die (historisch unzutreffende) Abfolge der Regenten aus Esr und Neh zugrundelegt. Nach der *historischen* Abfolge war der Tempel zur Zeit des Artaxerxes längst fertig und wurde nicht von Esra, sondern von Serubbabel gebaut, wie dies auch in Hag gesagt wird. Schließlich: Sanballat wird in die zweite Hälfte des 5. Jh datiert, also um 450. Dann kann er aber weder den Antrag zum Mitbauen gestellt haben, noch den Bau behindert haben.
Was die erzählte Zeit betrifft, die Abfolge der Ereignisse wie auch der Regenten, geht hier offensichtlich einiges durcheinander – eine fehlerhafte Zusammenstellung der Vorlagen? Eine historisch inkorrekte Reihenfolge der Perserkönige ist im Übrigen auch im Buch Daniel zu beobachten.

Die oben genannten Beobachtungen lassen jedenfalls vermuten, dass die Reintegration der Exulanten ihre Zeit gedauert hat und es mit einer Generation nicht getan war. In den Auseinandersetzungen mit Sanballat (um 450) und seinen

Parteigängern – welcher Art diese auch immer waren – liegt nicht zuletzt ein Grund für das spätere →*Samaritanische Schisma*.

Der Hypothese, dass Esra und Nehemia ursprünglich mit 1+2Chr ein einheitliches chronistisches Geschichtswerk bildeten, soll nicht nachgegangen werden. Nur so viel: Nach der relativ großflächigen Erzählweise von Chr, die Jahrhunderte abdeckt, ist es doch einerseits auffällig wenn in der Zeit nach dem Exil plötzlich derart kleinteilig – 23 Kapitel für gerade einmal ein Jahrhundert – weitergefahren wird. Andererseits bestehen Übereinstimmung mit Chr im Interesse am Kult, in der Überlieferung von Listen, den Abgrenzungstendenzen zum Nordreich und auch in der Theologie (Festhalten am Gesetz und Heil bei entsprechender Gesetzesbeachtung). Dies sind Indizien dafür, dass Esra und Nehemia aus der gleichen theologischen Richtung kommen wie Chr.

Wann aber waren Esra und Nehemia tätig? Ihre Aufgaben – der Bau der Mauer und des Tempels, die Verkündigung des Gesetzes, die Scheidung von Mischehen – machen weitaus mehr Sinn in der Frühzeit, nach dem Exil, d.h. vor 500, denn der Tempel war zur Zeit des Artaxerxes bereits fertig. Auch die Scheidung der Mischehen wie die Verlesung des Gesetzes werden nicht erst zwei, drei Generationen später stattgefunden haben. Und wenn der Tempel schon steht und wieder benutzt wird, dann ist es auch sinnvoll, ihn baldmöglichst durch eine Stadtmauer zu schützen und in die Stadt zu integrieren. Ungeachtet der zeitlichen Ansetzung von Sanballat dürfte daher für die Wirksamkeit von Esra und Nehemia eher die Zeit des Darius in Frage kommen. Eine zeitnahe Abfassung nach den Ereignissen wäre daher durchaus möglich. Da dem Verfasser aber offensichtlich sowohl Sanballat wie auch die Tobiaden ein Begriff sind, dürfte die frühest mögliche Erzählzeit erst um 420 oder 400 anzusetzen sein.

Die Theologie wurde verschiedentlich bereits angesprochen. Sie ist mit der der Chronikbücher identisch und stellt eine pointierte Zuspitzung der dtr Geschichtsschreibung dar.

Zusammenfassung

Wie die Chronikbücher, sind auch Esra und Nehemia ausschließlich am Südreich Juda interessiert. Mit der Weigerung, den Norden am Aufbau des Jerusalemer Tempels teilhaben zu lassen, legen sie einen der Gründe für das spätere samaritanische Schisma. Einen Davididen allerdings können sie nicht mehr vorweisen. Der Davidide Serubbabel, der auch in Sach und Hag erwähnt wird, bleibt eine Episode.

Umso wichtiger erscheint es, ein neues Gemeinwesen um den wieder aufgebauten Tempel zu etablieren. Diese neue Gemeinde grenzt sich in vielfacher Weise gegen jegliche äußeren Einflüsse ab, bis hin zur Scheidung von Ehen mit nicht jüdischen Partnern. Vielleicht versteht sich das Buch Rut als Opposition zu diesen Maßnahmen.

Diese Abgrenzung, verbunden mit der Rückbesinnung auf die eigenen Wurzeln, mag freilich zu dieser Zeit absolut erforderlich gewesen sein, um das Judentum überhaupt überleben zu lassen. Immerhin leisten die Bücher und ihre Protagonisten Entscheidendes in der Integration der Einwanderer und der im Lande verbliebenen Bevölkerung.

IV. Die Schriften

Der folgende Teil, der mit „Schriften“ überschrieben ist, hat nichts mit den „Schriften/Ketubim“ des jüdischen Kanons zu tun. Vielmehr handelt es sich bei den folgenden Büchern mit Ausnahme von Ester um „Deuterokanonische Bücher“, die sich im Kanon der katholischen Bibel finden.

15. Tobit

Dieses Buch zählt – wie auch Judit, Weisheit, Jesus Sirach oder Baruch – zu den Deuterokanonischen Schriften. D.h. sie sind in der katholischen Bibel enthalten, nicht aber in der Hebräischen und auch nicht in Bibelausgaben der Reformation.

Das Buch Tobit liegt vollständig – in verschiedenen Fassungen und →*Codizes* – nur in griechischer Sprache vor, hebräische und aramäische Fragmente sind allerdings in der Bibliothek von Qumran erhalten. Ob das Buch ursprünglich in Hebräisch oder in Aramäisch verfasst wurde, ist nicht ganz sicher.

15.1 Inhalt und Gliederung

Das Buch erzählt, angeblich aus der Zeit eines Königs Salmanassar, die Geschichte eines Juden namens **Tobit und seines Sohnes Tobias**. Dem Kontext zufolge muss es sich wohl um Salmanassar V. (727-722) handeln.

Tobit ist ein Mann aus dem Stamme Naftali, der – obwohl aus dem Nordreich stammend – schon immer den Tempel von Jerusalem besuchte. Er charakterisiert sich selbst als frommen Jahwe-Gläubigen. Er heiratet eine Frau aus seinem Stamm und sie bekommen einen Sohn namens Tobias. Bei der Niederwerfung des Nordreichs 722 wird auch **Tobit ins Exil nach Assur verschleppt** (1). In der assyrischen (nicht babylonischen) Verbannung wird sein Neffe Achikar zum Finanzminister des neuen Königs Asarhaddon. Weil er immer wieder Tote begräbt, auch solche, die hingerichtet wurden, muss Tobit zeitweise fliehen. Nach einem solchen Begräbnis übernachtet er einmal wegen seiner kultischen Unreinheit vor dem Haus. Dabei fällt ihm Kot von Sperlingen in die Augen und **er erblindet** (2). Achikar unterstützt den erblindeten Tobit. Gleichzeitig erfährt man von einer Frau namens **Sara**, die schon mit sieben Männern verheiratet war, welche sämtlich von einem eifersüchtigen Dämon namens Aschmodai in der Hochzeitsnacht umgebracht worden sind – ehe die Ehe vollzogen war. Sara ist also noch Jungfrau. Beide, **Tobit und Sara** haben also Probleme, beide beten zu Gott und der schickt den **Engel Rafael** (= Gott ist Arzt) um beiden zu helfen (3). Wir haben es damit zum ersten Mal mit einem Schutzengel zu tun.

Tobit hat in einer fremden Stadt bei einem Mann namens Gabaël Geld deponiert, das sein Sohn nun, da er selbst alt geworden ist, holen soll. Nach ausführlichen Unterweisungen und Verhaltensregeln durch seinen Vater – nicht zur Reise selbst, sondern für ein frommes, gottgefälliges Leben! (4) – macht sich Tobias auf den Weg. Auf der Suche nach einem **Reisegefährten** begegnet er **Rafael**, der mit ihm die Reise unternimmt. Er „outet" sich allerdings nicht als Engel, sondern erklärt, sein Name sei Asarja (= Jahwe hilft). Auf der Reise fängt Tobias einen Fisch im Tigris. Auf Anweisung Rafaels nimmt er Herz, Leber und Galle des Fisches mit. Der Engel klärt ihn auch über die wunderbaren Eigenschaften dieser Innereien auf – als Heilmittel bei Blindheit (die Galle) und als Mittel zur Vertreibung von Dämonen (Leber und Herz). Auf dem weiteren Weg kommen sie bei **Sara** vorbei. Rafael macht Tobias damit vertraut, dass die Familie zur Verwandtschaft gehört und dass **Tobias die Sara ehelichen soll** (5-7).
In der Hochzeitsnacht verbrennt Tobias, wie vom Engel unterrichtet, Leber und Herz des Fisches und vertreibt damit den Dämon. Das Grab, das Raguël, der Vater der Braut schon vorsorglich für Tobias aushebt, bleibt damit unbenutzt. Bei all dem ist natürlich auch das Gebet ein wichtiger Helfer (7-8). Die letzte Wegstrecke legt Rafael dann alleine zurück und holt das Geld (9,1-6). Schließlich macht sich **Tobias mit seiner Frau auf den Heimweg** zu seinem Vater Tobit, den er **mit der Galle des Fisches heilt** (10-11). Anlässlich der Rückkehr des Sohnes und seiner Verehelichung wird ein siebentägiges Freudenfest gefeiert. **Rafael gibt sich schließlich als Erzengel** zu erkennen (12,15). Dabei wird der Engel auch als Fürsprecher und Vermittler vorgestellt. Er hat die Gebete von Tobit und Sara vor Gott getragen. Damit geht nicht nur für uns heute, sondern auch schon für die Erzähler/Leser des Buches ein großes Stück an Gottesunmittelbarkeit verloren.
In den zwei abschließenden Kapiteln finden sich der **Lobgesang des Tobias** (13) und die **letzten Lebensweisheiten**, die Tobit seinem Sohn gibt (14).
Tobias zieht nach dem Tod seiner Eltern mit seiner Frau zurück in deren Heimat und beerbt auch noch seine Schwiegereltern (14). Im letzten Kapitel ist noch einmal von Achikar die Rede, der durch einen gewissen Nadab, seinen Neffen, in Lebensgefahr gebracht wird. Nadab kommt in der Falle um, die er Achikar gestellt hatte; **Tobias stirbt im Gnadenalter von 127 Jahren**, d.h. über dem Alter, das Gott den Menschen eigentlich zugemessen hat (Gen 6,3 – allerdings wird der fromme Tobit sogar 158 Jahre alt!). Vor seinem Tod erfährt er noch von der Zerstörung Ninives durch den Babylonier Nebukadnezzar und angeblich auch durch Xerxes. Ninive fällt 612 v. Chr., Xerxes hat damit nichts mehr zu tun, wohl aber lösen die Neubabylonier und die daran anschließenden Perser das Assyrische Reich ab.

In Kürze

1,1-2	Prolog: Vorstellung von Tobit
1,3-9	der fromme Tobit in Israel
1,10-22	Tobit im Exil
2,1-14	Erblindung und Auseinandersetzung mit seiner Frau
3,1-6	Tobits Gebet
3,7-15	Vorstellung Saras, Tochter Raguëls, und ihr Gebet
3,16f	Gottes Hilfsaktion durch Rafael
4,1-21	Frömmigkeitsbelehrungen für Tobias
5,1-7,9	Reise des Tobias mit Rafael alias Asarja; Fischfang und Ankunft im Hause Raguëls
7,10-8,21	Verehelichung von Tobias und Sara nach Vertreibung des Dämons
9,1-6	Rafael holt das deponierte Silber
10,8-11,19	Rückreise des Tobias mit Ehefrau Sara und Rafael. Heilung des Tobit
12,1-22	Rafaels Selbstoffenbarung als Engel Gottes
13	des Tobias Lobpsalm
14,1-11	letzte Verhaltensanweisungen Tobits an seinen Sohn; Verweis auf die Schandtat des Nadab an Achikar(?); Aufforderung des Tobit, mit Verweis auf den Propheten Jona(!), Ninive zu verlassen
14,12-15	Epilog: Tobias zieht in die Heimat seiner Frau, nach Ekbatana

Als interessante Einzelheit in der Erzählung ist nicht nur das Auftreten des Schutz- und Heilungsengels Raphael zu nennen, sondern auch die zu dieser Zeit scheinbar bereits geläufige Praxis, Geld gegen Schuldschein bei einem Glaubensgenossen zu deponieren, der es entweder als ein Darlehen genommen oder gewinnbringend angelegt hat. Beides verweist auf jeden Fall weit in die nachexilische Zeit als Erzählzeit.

15.2 Die Einheitlichkeit des Buches

Die Einheitlichkeit steht kaum in Frage. Lediglich in Kapitel 14 überraschen die Ausführungen zu Nadab und Achikar (auch Achiqar), von denen das Buch sonst nichts berichtet. Es geht zwar auch in dieser Szene um den Tun-Ergehen-Zusammenhang, aber wie oder inwieweit Nadab den Achikar geschädigt hat, wird nirgends berichtet. Hier entsteht der Eindruck, dass in dem Buch etwas fehlt – oder dass der Verfasser – wie auch im Buch Judit – auf eine sehr bekannte Erzählung verweist. Es scheint zwei Achikar-Überlieferungen gegeben zu haben: Eine Erzählung und eine Spruchsammlung. Beide wurden in Bruchstücken in aramäischer

Sprache auf der Nilinsel Elephantine gefunden, auf der es eine jüdische Garnison gab.

Die →*Achikarerzählung* berichtet von einem Ratgeber unter den Königen Sanherib (705-680 v. Chr.) und dessen Sohn Asarhaddon (680-669 v. Chr.). Nachdem Achikar kinderlos bleibt, zieht er seinen Neffen Nadin auf. Dieser tritt auch das Amt Achikars an, als dieser, alt geworden, sich zurückzieht. Dennoch verleumdet der Neffe seinen Onkel am Hof. Achikar wird deshalb verfolgt und ist in Todesgefahr. Der Offizier, der die Verfolgung leitet und einst von Achikar gut behandelt wurde, versteckt Achikar vor dem König. Achikar wird nach einiger Zeit rehabilitiert.

Auch in dieser *Achikarerzählung* wird ein gut funktionierender Tun-Ergehen-Zusammenhang vorausgesetzt; die Zitation der Geschichte in Tobit ist daher nicht auszuschließen.

Schließlich sei auch der Verweis auf den Propheten Jona noch kurz angesprochen. Tobit empfiehl seinem Sohn, Ninive zu verlassen, weil die Prophetie des Jona eintreffen werde (14,4.8). Dies aber ist gerade nicht der Fall! Jona verkündet zwar auf Gottes Weisung hin den Untergang von Ninive, nachdem sich die Stadt jedoch bekehrt, führt Gott das beabsichtigte Strafgericht nicht durch. Grundsätzlich aber ist Ninive natürlich untergegangen. Mit dem Hinweis auf das zerstörte Ninive wie auch auf die Vorhersage der Zerstörung Jerusalems will der Verfasser die Zeit der Abfassung noch einmal bestätigen.

Zusammenfassung

Das Buch soll der Belehrung dienen. Es geht von einem funktionierenden Tun-Ergehen-Zusammenhang aus: Der überaus fromme Tobit, sein frommer Sohn und seine Ehefrau präsentieren sich als gläubige Juden, die sich an die Gebote halten – entgegen der Praxis anderer Juden – und sich ausschließlich an Jahwe wenden. Folgerichtig greift Jahwe für sie ein und zwar nicht direkt, wie in älteren Büchern, oder ungenannt hinter den Kulissen, wie im Buch Rut oder Esther, sondern mittels seines Boten, des Schutzengels Raphael, der als heilkundiger Begleiter des Tobias auftritt. Natürlich könnte das Buch in der jüdischen Diaspora, in Ägypten wie auch in Babylonien, verfasst worden sein, durchaus auch in der erzählten Zeit, in der es spielt, vermutlich aber ist es in Palästina unter der Herrschaft der Seleukiden verfasst, denn auch unter diesem Regime ist es laut der Makkabäerbücher lebensgefährlich, die überkommenen Gebote zu halten. Ein Verbot, die hingerichteten Toten zu begraben, ist für diese Zeit durchaus denkbar, wenn auch nicht ausdrücklich überliefert (vgl. 1Makk 7,17). Der Leser soll dazu ermutigt werden, auch in Zeiten der Verfolgung zu den Weisungen Jahwes zu stehen und diese einzuhalten, unabhängig davon, was andere tun. Wer so lebt, steht unter dem Schutz Gottes und wird mit einem erfüllten Leben beschenkt.

16. Judit

16.1 Inhalt und Gliederung

König Nebukadnezzar von Assur, in Ninive residierend, plant einen Feldzug gegen Arphaxad, König der Meder in Ekbatana (1,1-6). Zu dieser Aktion fordert Nebukadnezzar alle Völker zur Heeresfolge auf. Diese wird jedoch von allen verweigert (1,7-12), denn niemand hat Angst vor ihm: Er ist ja auch nur **ein gewöhnlicher Mensch** (1,11). Nebukadnezzar siegt allerdings über Arphaxad (1,13-16) und leitet mittels des assyrischen Feldherrn **Holofernes**, der über schier gigantische Mengen an Menschen und Material verfügt, eine **Strafaktion wegen verweigerter Heerfolge** ein (2,1-3,8). Seine Macht ist so groß, dass er sogar die Götter der unterworfenen Völker beseitigt. Nur **Nebukadnezzar soll als Gott verehrt werden** (3,8).
Auch Israel ist bedroht. Es ist ausdrücklich davon die Rede, dass Juda eben erst aus dem Exil zurückgekehrt ist (4,3). Doch während sich die übrigen Völker und Städte dem Holofernes ergeben, bereitet man in **Israel** den **Widerstand** vor, betet und fastet (3,9-4,15). Im Kriegsrat des Holofernes gibt es den Ammoniter Achior, der unter Verweis auf eine kurzgefasste Heilsgeschichte Israels, vor diesem und seinem Gott warnt (5,1-6,9). Holofernes liefert daraufhin Achior an die Feinde, die Israeliten aus (6,10-21). Er wird dort jedoch freundlich aufgenommen. Es beginnt die Belagerung der Stadt Betulia, die bald unter Wassermangel leidet, weil Holofernes die Quellen besetzen lässt (7,1-32).
Im Folgenden wird **Judit**, eine schöne Witwe aus der Stadt vorgestellt (8,1-8). In einem Gespräch mit den Ältesten Kabri und Karmi **verspricht Judit Rettung** (8,9-36). Vor ihrer Aktion betet Judit (9). Daraufhin geht sie mit ihrer Dienerin ins feindliche Lager und wird zum Gespräch zu Holofernes vorgelassen (10,1-11,23). Sie wird zum **Gastmahl eingeladen**, beachtet aber dort die **rituelle Reinheit der Speisen**. Holofernes beabsichtigt, mit Judit zu verkehren, betrinkt sich aber völlig (12) – nicht gerade eine ideale Voraussetzung für die beabsichtigten amourösen Abenteuer mit Judit. **Judit** ist somit in der Lage, Holofernes zu erschlagen: **Sie schlägt ihm den Kopf ab**, packt diesen in einen Sack und kehrt in die Stadt zurück. Die Stadt dankt Judit und Gott (13). Nun gibt Judit Anweisung für die **Vernichtung der Assyrer** (14), die, nunmehr kopflos geworden, in Scharen fliehen. Die Flüchtigen werden durch ganz Israel verfolgt, das zurückgelassene Heerlager wird geplündert (15). Der an Israel ausgelieferte Achior bekehrt sich im Übrigen zum Gott Israels. 16,1-20 enthalten **Judits Lobgesang** und die Siegesfeier in Jerusalem. Ihre gesamte Beute übergibt sie dem Tempel, sogar das Mückennetz aus dem Zelt des Holofernes, wie betont wird. Im Buch Josua hätte es geheißen: **Sie vollstreckte den Bann**. Judit stirbt als Witwe ihres ersten Mannes im Alter von 105 Jahren, geehrt und man könnte sagen: alt und lebenssatt.

In Kürze

1,1-16	Nebukadnezzar von Assur kämpft erfolgreich gegen Arphaxad, den König der Meder in Ekbatana
2,1-7,32	der Assyrische Feldherr Holofernes unternimmt eine Strafaktion gegen die Völker wegen unterlassener Heerfolge
8-12	Judit im Lager des Holofernes
13	Tod des Holofernes durch Judit
14-15	Verfolgung der Assyrer und deren Tod
16	Lobgesänge und Freudenfest

Die Geschichte geht nicht auf ein historisches Ereignis zurück. Holofernes ist ebenso fiktiv wie die Stadt Betulia, die angeblich an einem Pass im Bergland nahe der Jesreel-Ebene liegt, oder auch die Städte Choba, Betomestajim und Kona (Judit 4). Immerhin wird wenigstens die Stadt Dotan auch in 2Kön 6,13 genannt. Sie wird als Aufenthaltsort des Elischa angegeben und liegt damit im Nordreich Israel.

Auch die chronologischen Daten sind nicht zutreffend: Einerseits wird erzählt, Israel sei gerade aus dem Exil zurückgekehrt und der Tempel eben wieder aufgebaut worden – dies führt in die Zeit um 520 –, andererseits ist von König Nebukadnezzar (605-562) die Rede, der das Südreich ins Exil geführt hat. Nebukadnezzar residiert nicht in Ninive, das zu dieser Zeit bereits zerstört ist (612) und er ist auch kein Assyrer, sondern ein Neubabylonier. Gerade diesen Regenten zu nennen, dürfte aus der traumatischen Erfahrung des Südreiches mit diesem Herrscher resultieren, der dem Reich und der davidischen Königsherrschaft ein Ende gesetzt hat. Er ist eine Negativgestalt der Geschichte Israels und kann deshalb auch dazu dienen, in jedweder vergleichbaren späteren Situation als Drohgestalt zu fungieren. Bei all dem wird der Eindruck erweckt, Israel sei das „geeinte" Israel der zwölf Stämme, denn die im Nordreich spielenden Ereignisse finden ihre Zustimmung und ihren Widerhall auch in Jerusalem.

Das Buch bemüht sich also nicht einmal, durch korrekte Daten authentisch zu erscheinen. Und der oder die Verfasser zerbrechen sich auch nicht den Kopf über die Rolle der Judit, die den Feldherrn Holofernes vorsätzlich belügt (Kap. 11) und ermordet. Mit moralischen Skrupeln hält man sich in dieser Geschichte offensichtlich nicht auf. Es geht ganz einfach um die Rettung Israels aus tödlicher Gefahr angesichts einer gigantischen Kriegsmacht, die auf den blasphemischen Antigott Nebukadnezzar (Judit 3,8) zurückgeführt wird. Somit dient die Geschichte dazu, aufzuzeigen, dass der ausdrücklich als „menschlicher" König dargestellte Nebukadnezzar, vor dem man sich nicht fürchten muss, gegen den Gott Israels ohne Chance ist – sofern Israel sich gottesfürchtig verhält. Und in diesem Punkt ist die Rede des Ausländers Achior in 5,5-21 durchaus zutreffend.

16.2 Erzählte Zeit und Erzählzeit

Wie schon angemerkt, steckt die erzählte Zeit voller Widersprüche, denn Nebukadnezzar herrscht vor dem Exil, die Erzählung aber zielt eindeutig auf die Zeit nach dem Exil (4,1-3). Eine Verortung der erzählten Ereignisse ist somit nicht möglich.

Aber auch die Erzählzeit ist nicht ohne Weiteres zu bestimmen. Nebukadnezzar kann theoretisch für jeden Herrscher stehen, der sich selbst als Gott präsentiert und Israel zu vernichten trachtet. Aus der Sicht Israels war und ist dies fast immer der Fall. Vermutlich verweist diese Konstellation aber auf die Zeit der Seleukiden, möglicherweise auf den als Gotteslästerer schlechthin verstandenen Antiochus IV. Epiphanes, womit die Datierung ins zweite Jh. v. Chr., in die Zeit des Buches Daniel fällt.

16.3 Theologische Aussage

Die theologischen Kernaussagen werden in den beiden Gebeten der Judit zum Ausdruck gebracht (9,1-14 und 16,1-17). Es geht um die Stärke des Gottes Israels und um die Rettung seines Volkes gegen einen gigantischen Gegner:

> *9,14 Laß dein ganzes Volk und alle Stämme erkennen und wissen, daß du der wahre Gott bist, der Gott aller Macht und Stärke, und daß es für dein Volk Israel keinen anderen Beschützer gibt als dich allein. (EIN)*
> *Vgl. 18,13 Ich singe meinem Gott ein neues Lied; Herr, du bist groß und voll Herrlichkeit. Wunderbar bist du in deiner Stärke, keiner kann dich übertreffen. 14 Dienen muß dir deine ganze Schöpfung. Denn du hast gesprochen, und alles entstand. Du sandtest deinen Geist, um den Bau zu vollenden. Kein Mensch kann deinem Wort widerstehen.... 17 Doch weh den Völkern, die mein Volk bekämpfen. Am Tag des Gerichts straft sie der allmächtige Herr, er schickt Feuer und Würmer in ihr Gebein; in Ewigkeit sollen sie heulen vor Schmerz. (EIN)*

Eine Reihe von Einzelheiten sollten aber auch nicht unbeachtet bleiben. Sie sind sicher ganz bewusst eingetragen worden: Judit nimmt an der Tafel des Holofernes nur koschere Speisen zu sich (vgl. Dan 1) und sagt ihm zu, dass er die Stadt einnehmen wird, weil man sich dort im Züge der Belagerung nicht mehr an die Speisegebote hält. Nach dem Sieg über die Assyrer spendet Judit ihre gesamte Kriegsbeute dem Tempel – und erfüllt damit die Gebote des Bannes, denn letztlich konnte sie nur durch Gottes Hilfe diesen Erfolg erringen. Betont wird auch, dass Judit bis zu ihrem Lebensende nicht mehr neu heiratet, obwohl sie viele Verehrer hat. Offensichtlich räumt man der Einzigehe hier einen hohen Stellenwert ein. Über die Grundzüge der Erzählung hinaus sind also eine ganze Reihe von weiteren Aspekten in der Geschichte vorhanden, die es zu beachten gilt.

Zusammenfassung

Die Wirkung der Rettung Israels wird, ähnlich wie im Buch der Richter, dadurch gesteigert, dass die Feinde hoffnungslos überlegen sind. Auf der Seite Israels steht zudem noch nicht einmal ein Kämpfer, ein Mann, sondern eine tugendhafte und gottesfürchtige Frau, wie seinerzeit David gegen den übermächtigen Goliat. Judit ruft zu Recht ihren Gott als den Gott der Schwachen an (8,11). Dass der größte Feldherr der angeblichen assyrischen Streitmacht von einer Frau geschlagen wird, unterstreicht nicht nur die großartige Hilfe Gottes, sondern muss als schmählicher Tod betrachtet werden und ist gewiss auch deshalb so erzählt worden (18,6-9).
Eine grundsätzliche Warnung vor Alkohol wird man aus der Geschichte allerdings nicht herauslesen müssen. Der Feldherr betrinkt sich nämlich wie nie zuvor in seinem Leben und wird nur deshalb handlungsunfähig (12,20).

17. Ester

Ester ist die Festtagsrolle für das vermutlich jüngste jüdische Fest – für Purim.

Die folgenden Ausführungen orientieren sich am hebräischen Text. Die LXX und Vulgata bieten nicht nur eine abweichende Abfolge, sondern auch eine Anzahl an Zusätzen. Diese sind in der EÜ mit abgedruckt. Es sind dies nach EÜ: Der Traum des Mordechai und die Aufdeckung der Verschwörung (1,1a-r), der Wortlaut des judenfeindlichen Ediktes (3,13a-g), das Gebet Mordechais und Esters angesichts der prekären Lage der Juden (4,17a-i; k-z), Esters Audienz beim König (5,1a-f.2a.b), der Wortlaut des Erlasses zum Schutz der Juden (8,12a-12x) und schließlich die Deutung von Mordechais Traum (10,3a-k) und das Kolophon (die Unterschrift) zum griechischen Esterbuch (10,31).

Schon hier kann festgehalten werden, dass diese Zusätze wegen ihres nachtragenden, die Geschichte präzisierenden und stark theologisierenden Charakters als sekundäre Zufügung ausgewiesen werden müssen. Damit wird der subtil vorhandene theologische Gehalt verbalisiert – was eigentlich nicht erforderlich wäre.

17.1 Inhalt und Gliederung

Die Geschichte in ihrer hebräischen Fassung spielt am persischen Hof unter einem König Artaxerxes.

1. Szene: **1,1-22**
Die Erzählung beginnt mit einem Festmahl am persischen Königshof. Geladen ist viel Prominenz, darunter auch die Satrapen/Vizekönige und Statthalter der Provinzen. Wie im Orient teilweise bis heute üblich, feiern die Frauen getrennt von den Männern, denn auch die Königin mit Namen Waschti hat zum Fest geladen. Am siebten Tag verlangt Artaxerxes in Weinlaune, dass die Königin in die Männerrunde gebracht werde, damit sich die Herren einmal ansehen können, welch prachtvolle Frau der König hat. Sie soll also regelrecht vorgeführt werden. Die Königin weigert sich, sich präsentieren zu lassen. Sie wird daraufhin verstoßen und der König erlässt einen Befehl, dass im ganzen Reich die Männer die Herren im Hause zu sein haben. Dass dieser Erlass damals schon so amüsant klang wie heute, darf bezweifelt werden.

2. Szene: **2,1-20**
Der König ohne Ehefrau geht auf Anraten seiner Höflinge auf Brautschau. Genauer gesagt, lässt er aus seinem ganzen Reich schöne Mädchen zusammenholen, lässt ihnen eine ausführliche Schönheitspflege angedeihen und sich dann eine nach der anderen jeweils für eine Nacht vorführen – fast wie bei einer Miss-Wahl mit mehr als 1.000 Mädchen.
Unter den Aspirantinnen ist auch Ester, eine schöne Jüdin, deren Onkel Mordechai ein Nachfahre Sauls zu sein scheint. Er war bei der Deportation zusammen mit König Jojachin ins Exil gekommen, hatte am persischen Hof eine Anstellung (u.a. Torwächter) und war Vormund der Waise Ester, die auch noch Hadassah (Hadas = die wohlriechende Myrthe) genannt wird. Hier denkt man an ein Märchenmotiv: Die arme Waise steigt zur Königin auf (vgl. auch die Mosegeschichte. Auch das Zusammenspiel von Mordechai und Ester erinnert an den Pentateuch, nämlich an das Verhältnis von Mose und Aaron).
Ester kommt also auch ins Frauenhaus, gewinnt die Gunst des Vorstehers (vgl. die Josefsgeschichte) und wird – wie die anderen auch – einer einjährigen Schönheitspflege unterzogen. Irgendwann ist auch Ester an der Reihe, im zehnten Monat des siebten Regierungsjahres des Königs. So hilft dieses Datum nicht weiter, aber vielleicht enthält es eine versteckte Botschaft. Ester wird vom König zur Königin gewählt. Ihre Volkszugehörigkeit verrät sie nicht.

3. Szene: **2,21-23**
Mordechai deckt eine Verschwörung gegen den König auf. Die Verschwörer werden durch Mordechai enttarnt und gehängt. Das Ereignis wird in der königlichen Chronik festgehalten.

4. Szene: **3,1-15**
Ohne erkennbaren Grund wird ein Mann namens Haman, ein Agagiter befördert. Auch hier ist es sicher kein Zufall, dass der Mann als „Agagiter" ausgewiesen wird: Agag war zu Zeiten Sauls der König der Amalekiter, der Erbfeinde Israels. Ein Bezug zu der Verschwörung wird nicht ausdrücklich genannt. Alle Diener am Königshof fallen vor Haman in seiner neuen Rolle nieder und huldigen ihm, außer Mordechai. Es kommt heraus, dass Mordechai Jude ist und Haman schmiedet Ausrottungspläne gegen „die Juden". Er ist bereit, für einen entsprechenden Erlass des Königs 10.000 Talente Silber zu zahlen. Der geeignete Termin für den Angriff auf die Juden wird ausgelost (Pur = Los, Anteil, Purim ist der zugehörige Plural; daraus ergibt sich anscheinend die Bezeichnung des Festes). Der König überlässt Haman den königlichen Siegelring, um den aufgesetzten Erlass, gegen die Juden vorzugehen, zu bestätigen. In dem Erlass wird befohlen, alle Juden im Reich am 13. Tag des zwölften Monats, dem Monat Adar, zu ermorden und ihr Vermögen zu plündern.

5. Szene: **4,1-17**
Mordechai hört davon, ebenso die Juden im Reich, die daraufhin ein Fasten ausrufen. Er verständigt Ester. Aber selbst für Ester ist es nicht so einfach zum König vorzudringen, denn laut Gesetz wird jeder getötet, der ungefragt zum König geht. Nur ein Gnadenerlass des Königs – er streckt sein goldenes Zepter der Person entgegen – kann den Betreffenden retten. Ester wagt es, trotz der Gefahr.

6. Szene: **5,1-14**
Ester legt Prachtgewänder an und geht zum König. Dieser streckt ihr sein Zepter entgegen. Ester ist gerettet. Sie lädt den König und Haman zum Abendessen ein und für den Folgetag noch einmal. Haman fühlt sich großartig, weil er Gast der Königin sein konnte, glaubt sich allerdings erst dann am Ziel seiner Wünsche, wenn die Juden ausgerottet sind. Er lässt schon einmal einen 50 Ellen (25 m) hohen Galgen errichten, um den renitenten Mordechai daran aufzuhängen.

7. Szene: **6,1-14**
Der König liest wegen Schlafproblemen in der Nacht in seiner Chronik, stößt per Zufall auf das enttarnte Attentat und fragt nach, welche Belohnung denn jener Mann bekommen habe, der ihn gerettet hat. Da eine solche Belohnung noch nicht vergeben wurde, fragt er Haman, welche Belohnung dem Betreffenden zuteilwerden soll. Haman, in der Annahme es gehe um ihn, schlägt eine großartige Belohnung vor, die er dann Mordechai zukommen lassen muss. Haman ist wenig erfreut über den Gang der Dinge, doch schon wird er zum Abendessen bei der Königin abgeholt.

8. Szene: **7,1-10**
Ester bittet den König beim Mahl um Gnade für ihr Volk und sich selbst. Ester teilt dem König auf Nachfrage mit, dass Haman für die Ausrottungspläne verantwortlich zeichnet. Der König geht für einen Augenblick voll Zorn in den Garten. Als er wiederkommt, sieht er Haman, der bei der Königin um Gnade bittet, in einer verfänglichen Situation. Der König meint, Haman wolle die Königin vergewaltigen und so wird er auf Befehl des Königs an dem Galgen erhängt, den er für Mordechai errichtet hatte. Auch hierbei handelt es sich um ein Märchenmotiv und um die Verifizierung einer Aussage der Weisheit: Wer anderen eine Grube gräbt, fällt selbst hinein (vgl. Sir 27,26).

9. Szene **8,1-17**
Mordechai rückt auf die Position Hamans auf, bekommt den Siegelring des Königs und auf erneute Intervention Esters hin darf er einen Erlass aufsetzen, der es den Juden gestattet, sich zu wehren. Denn ein vom König ergangener Erlass kann nicht wieder zurückgenommen werden, d.h. der erste Erlass Hamans bleibt in Kraft. Stattdessen riskiert der König lieber einen Bürgerkrieg in seinem Reich.
Allerdings ist das hier Geschilderte keineswegs unwahrscheinlich. In Zeiten unsicherer Herrschaft oder in einem großen Reich konnte ein derartiges Vorgehen die Regierungsstabilität durchaus erhöhen und dafür sorgen, dass keine Befehle irgendwelcher Usurpatoren ausgeführt oder die Befehle des Herrschers abgesetzt wurden.
Der Erlass Mordechais führt bei den Juden zu Freudentaumeln, das Fasten wird abgebrochen und stattdessen werden Freudenmähler abgehalten.

10. Szene: **9,1-19**
Der Trauertag, der 13. Tag des zwölften Monats wird für die Juden zum Freudentag. Obwohl sich so mancher auf die Seite der Juden schlägt, bleiben immer noch genug Gegner, die dem ersten Erlass des Haman folgen. Sie werden von den Juden besiegt und massakriert.

11. Szene: **9,20-32**
Mordechai veranlasst, dass dieser Tag zum Festtag wird, es ist das Fest Purim, das seit dieser Zeit gefeiert wird, nach einem Tag des Fastens. Das Buch endet mit einer kurzen Notiz über die Stellung des Mordechai am persischen Hof.

In Kürze

1,1-2,23	Ester wird Königin
3,1-9,19	das geplante Pogrom und die Rettung
9,20-10,3	das Purimfest

Die Erzählung weist eine ganze Reihe von Eigentümlichkeiten auf: Zunächst haben die Protagonisten heidnische Namen: Ester/ →*Astarde* oder *Ištar* und Mordechai/ →*Marduk*. Dies dürfte für jüdische Ohren zunächst durchaus ein Problem gewesen sein. Zum Zweiten sind die einzelnen Szenen in sich geschlossen. Die Übergänge zur jeweils nächsten Szene sind abrupt und ohne verbindende Elemente. Im weiteren Fortgang sind die einzelnen Szenen jedoch unverzichtbar und bedingen einander: Ohne Verstoßung der Königin gleich zu Anfang des Buches gäbe es später keine Königin Ester, ohne die Aufdeckung der Verschwörung durch Mordechai käme es später nicht zu dessen Erhöhung u.a.

Zum Dritten schließlich wirkt Gott zwar ständig hinter den Kulissen (vgl. Rut), wird aber nicht genannt und tritt selbst nicht in Erscheinung.

17.2 Erzählte Zeit und Erzählzeit

Die erzählte Zeit wird definiert durch den Namen des persischen Königs Artaxerxes. Sie ist damit aber nicht eindeutig, den es gab mehrere Könige dieses Namens:

- [Xerxes I. 485-465]
- Artaxerxes I (Regierungszeit 465-424)
- Artaxerxes II. (404-358)
- Artaxerxes III. (358-338)
- Artaxerxes IV. (338-336)
- Artaxerxes V. (330-329)

Dazu kommt König Xerxes II., Sohn von Artaxerxes I., der zwar Artaxerxes hieß, aber als Xerxes II. regiert (nur 424) und von seinem Bruder oder Halbbruder Sogidanus ermordet wird. Dieser wiederum wird von einem weiteren Sohn des Artaxerxes I. beseitigt, der dann als Darius II. regiert.

Es gibt nun in der Erzählung keine Anhaltspunkte auf einen der Könige. Im Übrigen lassen gerade das Männer-Emanzipationsedikt wie auch die Waschti-Geschichte vermuten, dass es sich um reine Erzählung handelt und nicht um einen Bericht über ein historisches Ereignis. Eine jüdische Königin Ester ist jedenfalls nicht bekannt und auch keine innerstaatliche Säuberung bzw. ein genehmigter Bürgerkrieg im persischen Reich, ebenso keine Königin Washti oder Vashti; unbekannt ist ein jüdischer oder amalekitischer Wesir, und schließlich wäre Mordechai als Exulant der ersten Stunde schon zur Zeit des ersten Xerxes 120 Jahre alt gewesen und hätte dann sicher nicht mehr am Tor Wache gestanden.

Trotzdem enthält das Buch auch eine ganze Reihe von Details, die historisch zuverlässig zu sein scheinen, wie:

- das Ausmaß des Reiches: Umschrieben wird das Reich, wie es unter Xerxes I. um 485-465 existierte
- Die Angaben zum Palast von Susa werden offenbar durch archäologische Untersuchungen bestätigt

- die sieben Fürsten (1,14)
- die königliche Post (3,13; 8,10.14) entspricht den Angaben →*Herodots* und →*Xenophons*
- die persische Hinrichtungsart durch Hängen
- persische Lehnworte: Pur (Los), Keter (Krone, Diadem)

Immerhin charakterisiert Herodot Xerxes I. derart, dass er für die Ereignisse in Frage käme. „Herodot entwirft von seinem Charakter ein im Ganzen wohl zutreffendes Bild, das A.R. Burn so zusammenfasst: Xerxes ist, wie die Perser überhaupt, für Naturschönheiten empfänglich; gerne zeigt er sich von fürstlicher Freigebigkeit; er vermag besiegten Feinden zu vergeben; er weint aus Mitgefühl über die Vergänglichkeit der Menschheit. Doch ebenso leicht reizt ihn Widerspruch zu Wutausbrüchen; er ist grausam, wenn man sich ihm widersetzt, selbst solchen gegenüber, die er vorher begünstigt hat; er ist ein Spielball sinnlicher Leidenschaft und im Grunde seines Herzens feige." (aus: Kienast, Art. Xerxes, 2099)

Letzten Endes ist weder genauer zu erheben, in welcher Zeit die novellenhafte Erzählung spielen soll, noch aus welcher Zeit das Buch stammt. Nur so viel: Es ist Erzählung, es ist nachexilisch und dies entspricht auch der Gründung des somit jungen Festes, das im AT sonst nicht erwähnt wird.

Die griechische Variante lässt durch 10,3 immerhin eine gewisse zeitliche Eingrenzung zu:

> *10,3l Im vierten Jahr der Regierung des Ptolemäus und der Kleopatra überbrachten Dositheus, der, wie er sagte, Priester und Levit war, und sein Sohn Ptolemäus den vorliegenden Purimbericht. Sie sagten, er sei echt; Lysimachus, der Sohn des Ptolemäus, ein Mann aus Jerusalem, habe ihn übersetzt (EIN).*

Es handelt sich hier um die Zeit etwa um 70 oder 77 v. Chr. Jesus Sirach (ca. 190 v. Chr.) erwähnt das Buch nicht und es wurde auch nicht in Qumran gefunden. Für die hellenistische Zeit sprechen das Verhalten der Ester und des Mordechai: Es ist manchmal besser, sein Jude-Sein zu verleugnen angesichts einer judenfeindlichen Umwelt, z.B. in der Makkabäerzeit. Der Entstehungszeitraum kann nach diesen Beobachtungen daher nur sehr weit angegeben werden: zwischen dem 4. und 2. Jh. v. Chr.

17.3 Die Einheitlichkeit des Buches

Bei näherem Hinsehen finden sich einige Spannungen im Text: Der oben erwähnte Doppelname von Ester, das doppelte Gastmahl – für die Provinzen 180 Tage, für die Stadt sieben Tage (1,4f); die verschiedenen Namen der Höflinge in 1,10 und 1,14 und des Hofeunuchen (2,3.8); die schwache Anbindung mancher Textelemente vgl. z.B. 2,19f; der abrupte Übergang und Bruch zwischen Kapitel 2 und

3 sind hier zu nennen. Weitgehend unverständlich ist sodann V. 3,7: Die Frage nach dem Zweck des Loses wird erst in 9,24 bekannt; daher könnte der Vers 3,7 ersatzlos fehlen.

Des Weiteren ist auffällig, dass nicht der Siegestag gefeiert wird, sondern der anschließende Tag der Ruhe. Es kommt hinzu, dass die Termine der Feier unterschiedlich angegeben werden: der 14. Adar in der Provinz und der 15. Adar in der Stadt. Vielleicht spielt hier schon eine Rolle, dass die meisten jüdischen Feste in der Diaspora zweitägig gefeiert werden.

Eine Harmonisierung scheint durch 9,20f zu erfolgen, denn 9,22-32 erweckt den Eindruck einer zweiten/sekundären Begründung des Festes. Beachtenswert ist auch, dass das Fest durch zwei verschiedene Dokumente (des Mordechai und der Ester) autorisiert wird.

Unmotiviert ist der Austausch von Esswaren (9,22), der Tod des Haman wird unterschiedlich begründet (7,8; 8,7), Ester weiß offensichtlich nichts von der Unwiderruflichkeit eines königlichen Erlasses (8,5.8 vgl. 1,19), 8,11 formuliert anders als 9,2; 9,12 a/b und 9,13 harmonieren nicht miteinander. Unklar ist schließlich auch, weshalb Frondienst angeordnet wird (10,1ff): Soll hier der Steuerausfall jener Summe kompensiert werden, die Haman zugesagt hatte?

Die Hinweise auf Uneinheitlichkeit können sich – zumindest teilweise – auch aus den verschiedenen Motiven der Erzählung und der Aneinanderreihung der Szenen ergeben. Es geht nicht nur um die Festätiologie, sondern z.B. auch um den theologischen und weisheitlichen Charakter des Buches. Vielleicht sind einige der Unebenheiten des Textes zur Spannungssteigerung oder als Stilelement bewusst gesetzt worden, so dass nicht unbedingt ein Anlass besteht, mit unterschiedlichen Traditionen oder einer sekundären Bearbeitung zu rechnen.

17.4 Theologische Aussage

Es wird an dieser Erzählung immer wieder deutlich, vor allem bei Bezügen zu vergangenen Ereignissen, die scheinbar zufällig erneut in den Mittelpunkt rücken, dass hinter dem Geschehen eine Macht steht, die den Ablauf der für die Juden heilvollen Geschichte in der Hand hält und sorgfältig arrangiert. Es kann nicht der pure Zufall sein – dafür läuft das Geschehen dann doch zu geradlinig einem heilvollen Ende entgegen.

An manchen Stellen scheint die Geschichte sehr aufgeklärt und emanzipiert zu sein, etwa da, wo die Königin sich weigert, wie ein Objekt zur Schau gestellt zu werden. An anderer Stelle ist das Verhalten des Königs einfach nur lächerlich, z.B. bei dem Erlass zugunsten seiner Geschlechtsgenossen. Gleiches gilt für die Tatsache, dass sich der König erst bei seinen Höflingen Rat holen muss, wie mit Waschti zu verfahren sei. Er zeigt sich hier etwas geistig unterbelichtet (1,13ff; vgl. auch 2,2-4). Der Ritus des Königs, Audienzsuchende mit dem Zepter zuzulassen, ist ein Zeichen von Willkür und Angst. Zudem erweist sich der König in dem ganzen Abschnitt als ausgesprochen launisch, ja als unfähig und nur dem eigenen Wohl zugeneigt. Er regiert nicht wirklich: Ihn interessieren die Feste und die schönen Frauen, die Arbeit lässt er von seinem ersten Wesir verrichten, der diese Stellung zu seinen Gunsten auch ausnutzt. Das gilt für Haman ebenso wie für Mordechai.

So gesehen ist die Erzählung nicht nur die Kult*ätiologie* für Purim, sondern auch ein Beleg für das Heilshandeln Gottes in der Geschichte, das nicht unbedingt mit großartigen Wundern daherkommen muss, sondern auch im Stillen, Verborgenen wirkt, nur durch das Zusammentreffen von Ereignissen, durch scheinbaren Zufall also.

Kein Problem hat der Erzähler offensichtlich mit der Tatsache, dass Mordechai sich nach dem Ende des Exils nicht ins gelobte Land zurückbegeben hat und auch nicht mit der Aussage, dass die Jüdin Ester die Frau eines heidnischen Fürsten wird.

Für wen ist das Buch geschrieben?

Vielleicht versucht man mit diesem Buch einen Ausgleich in der unterschiedlichen Gewichtung des Festes von Seiten des Judentums, d.h. das Fest wurde in unterschiedlichen Kreisen/Regionen nicht angenommen, so dass die Geschichte als Festlegende dem Fest eine weite Akzeptanz sichern sollte. Auf jeden Fall stellt das Buch ein Stück Heilsgeschichte dar – wie schon erwähnt: mit einem hinter den Kulissen segensreich für Israel wirkenden Gott.

17.5 Das Purimfest

Das jüdische Purimfest hat Elemente des christlichen Faschings angenommen. Wer mag, kann mit Kostümen in den Synagogengottesdienst kommen, es werden an diesem Tag Theaterstücke aufgeführt oder Reden gehalten, in denen die Obrigkeit aufs Korn genommen wird. Es wird gut gegessen (Hamantaschen oder Hamanohren, ein dreieckig geformtes Mürbeteiggebäck mit Mohn- oder Pflaumenfüllung) und getrunken. Von einem Rabbi stammt der Spruch, man müsse soviel Wein trinken, dass man nicht mehr weiß, ob man der böse Haman oder der gute Mordechai sei. Angesichts des vorausgehenden Fastens dürfte kein allzu großes Quantum Alkohol vonnöten sein, um diesen Zustand zu erreichen. Wenn sich jemand keinen Wein leisten kann, sollen andere, Freunde, Nachbarn, dafür aufkommen, denn alle sollen an dem fröhlichen Fest teilhaben.

Einen besonderen – und pädagogisch raffinierten – Trick wendet man für die Kinder an, denen es bei der Verlesung der Esterrolle langweilig werden könnte. (Man liest übrigens nach Möglichkeit tatsächlich aus einer Rolle und nicht aus dem Buch.) Die Kinder dürfen bei der Verlesung jedes Mal Lärm machen, wenn der Name des bösen Haman genannt wird. Man benützt dazu Ratschen, Trillerpfeifen oder andere „Instrumente". Da der Name Haman immer häufiger auftaucht, je weiter die Erzählung fortschreitet, ist die Aufmerksamkeit der Kinder bis zum Schluss gewährleistet.

Zusammenfassung

Das Buch beschreibt, wie das Volk Israel auf fast schon wundersame Weise gerettet wird. Immer wieder kommt es zu Situationen, die sich im Rückblick als glückliche Schickung und heilvolle Ereignisse ausweisen. Obwohl Gott nicht genannt wird, entsteht der Eindruck, dass er die Fäden in der Hand hat und alles zum Guten wendet. Insofern ist es eine Erzählung von der Fürsorge Gottes. Gleichzeitig handelt es sich aber auch um eine Festätiologie: Die Geschichte begründet das relativ junge Purimfest.

18. Die Makkabäerbücher

Neben den Ausführungen des Josephus sind die Makkabäerbücher die einzigen umfangreicheren Quellen, die uns Einblick in die jüdische Geschichte der letzten beiden vorchristlichen Jahrhunderte geben. Die Bücher sind in Griechisch überliefert und daher nicht Bestandteil des hebräischen Kanons. Für 1Makk ist jedoch die Entstehung in Hebräisch nachweisbar, 2Makk dürfte von Anfang an in Griechisch abgefasst worden sein.

Die beiden Bücher stellen keine geschichtlichen Fortsetzungen dar. Beide sind – obwohl nicht zum Tenach gehörig – auch Grundlage des →*Chanukkah-Festes*, das in Erinnerung an die Säuberung und Neueinweihung des Tempels durch Judas Makkabäus am 25. Kislew 165 v. Chr. acht Tage lang begangen wird.

18.1 Inhalt und Gliederung

1Makk

Eingeleitet wird 1Makk mit einem kurzen Abriss der griechischen Herrschaft von Alexander bis zu dem Seleukiden Antiochus Epiphanes IV. (1,1-10). In wenigen Versen (1,11-15) werden die **„Verräter" des jüdischen Volkes** ausgemacht: Es sind **prohellenistische Juden**. Die eigentlichen **Angriffe gegen Tempel** (1,16-28), Stadt **Jerusalem** (1,29-30) und **Volk** (1,41-64) bringen viele zum Abfall. Die Situation eskaliert, als der Herrscher angeblich Tora und Beschneidung verbietet und unreine Opfer fordert. **Der Aufstand beginnt mit Mattatias** (2,1-70) und seinen Söhnen **Simeon** und **Judas** als seine Nachfolger. In der Folgezeit erweist sich insbesondere Judas als ausgesprochen erfolgreich (3,1-9,22). Auf ihn gehen auch die Tempelreinigung sowie ein Bündnis mit Rom zurück.

Der nächste größere Abschnitt 9,23-12,52 stellt die **Erfolge und Misserfolge Jonatans** dar. Er wird ca. 150 als Hohepriester eingesetzt (Kap. 10). Auf ihn folgt sein Bruder **Simeon** (12,53-16,10). Simeon wird laut einer Propagandaschrift (14,25-49) vom Volk **zum immerwährenden Hohepriester und Anführer** (und „Fürst" 14,47) eingesetzt „bis ein wahrer Prophet auftrete" (14,41). Nach dem Tod des Simeon – i.d.R. fallen die Makkabäer irgendwelchen Verschwörungen zum Opfer – übernimmt **Johanan** (Johannes Hyrkan I.) die Ämter (16,11-24). Die Einsetzung Simeons und damit auch seiner Nachfolger als Hohepriester, Befehlshaber (Strategen) und Fürst (Ethnarch) bis zum Kommen eines wahren Propheten betont die Vorläufigkeit dieser Herrschaft. Andererseits erscheint diese Formulierung aber auch als Freibrief, denn wer entscheidet letztlich darüber, wer ein „wahrer Prophet" ist – vermutlich ja doch der Herrscher und Hohepriester.

Das Buch **2Makk** beginnt mit zwei Briefen an die Judenschaft in der Diaspora Ägyptens, und hat die **Feier des Tempelweihfestes** zum Gegenstand. Datiert wird der erste der beiden Briefe in das Jahr 143 bzw. 124 v. Chr. (1,1-2,18). Der zweite Brief ist wesentlich länger und berichtet von einem **Feuerwunder**: Zu Beginn des Exils habe man Feuer vom Tempel mit in das Exil genommen und dort in einem Brunnenschacht verborgen und wohl für eine gewisse Zeit auch am Leben gehalten. Als man es schließlich herausholen wollte, war das Feuer nicht mehr da. Stattdessen schwamm auf dem Wasser eine dicke Flüssigkeit, die man herausholte und über den Opferaltar goss. Durch Selbstentzündung sei nun ein Feuer entstanden und habe das Opfer verbrannt (1,10-2,18). Die Leute, so 2Makk 1,38, nannten die Flüssigkeit Neftar (Reinigung) oder Neftai. Das Wort Neft bedeutet daher im heutigen Iwrith (Erd-)Öl. Der Brief erzählt ferner davon, dass **die heiligen Geräte bei der Zerstörung des ersten Tempels im Jahre 586 durch Jeremia gerettet** und in eine Höhle verborgen worden seien. Gott werde diese Geräte nach der Sammlung seines Volkes wieder ans Licht bringen. Verwiesen wird hierzu auf „Schriften", in denen all das festgehalten worden sei.

Nach den beiden Briefen folgt ein **langer Prolog** der oder des Verfasser(s) mit Zügen, wie man sie auch im **Prolog des Lukasevangeliums** findet (2,19-32). Es wird auf **Vorarbeiten** verwiesen – auf ein nicht mehr vorhandenes fünfbändiges Werk eines **Jason aus Zyrene**. Es wird davon erzählt, wie mühevoll das ganze Unterfangen gewesen sei und von welchen Vorgaben sich der Schriftsteller leiten ließ, um aus dem fünfbändigen Werk ein einziges herauszudestillieren. Damit entspricht der Prolog einem verbreiteten schriftstellerischen Muster.

In Kap. 3 ist von einem **Tempelvorsteher Simeon** aus dem Stamm Benjamin die Rede, der aus **Rivalität zum Hohepriester Onias** (es handelt sich um Onias III.) den Seleukiden von märchenhaften Schätzen des Jerusalemer Tempels erzählt und damit **einen Tempelraub** provoziert. Es bleibt beim Versuch, denn der Tempel steht unter dem Schutz Gottes und somit wird der Raub verhindert. Kap. 4

befasst sich noch einmal mit diesem Simeon sowie der Usurpation des Hohepriester-Amtes durch **Jason**, den Bruder des Onias. Drei Jahre später wird Jason von einem gewissen **Menelaos**, der nun nicht mehr in die Familie der →*Oniaden* gehört, gestürzt – oder besser gesagt: finanziell überboten. Onias wird ermordet, der Tempelschatz mit Wissen und Billigung des Menelaos geplündert.
5,1-7,42 berichtet davon, wie **Jerusalem in die Hand der Heiden fällt**, die jüdische Religion verboten wird – es ist von den **„Gesetzen der Väter"** die Rede. Diese umfassen vermutlich nicht etwa nur die Tora, sondern auch Sitte und Brauchtum, die im Laufe der Zeit mit zur jüdischen Identität gehören. Vielleicht wird damit all das umschrieben, was unter „mündlicher Überlieferung" zu verstehen ist. Es kommt zum **Martyrium** von Juden um des Glaubens willen. Die Folge ist der Aufstand des **Judas**, der zunächst mit der **Tempelreinigung** endet (8,1-10,8). Auch in diesem Buch werden wieder die Kämpfe und Siege des Judas berichtet (10,9-13,26). In diesem Kontext wird in 12,32-45 erzählt, dass einige Juden im Kampf fallen. Es stellt sich heraus, dass sie unter ihren Kleidern Amulette von fremden Göttern tragen. Diesen Amuletten wird nun „die Schuld" an ihrem Tod zugeschrieben. Judas veranlasst, dass **postmortale Sühne** für diese Gefallenen geleistet wird. U.a. auf dieser Notiz fußt die Praxis der Katholischen Kirche, Verstorbenen durch **Gebet und Ablass** eine Unterstützung bei dem der **Auferstehung** vorausgehenden postmortalen Läuterungsprozess zu verschaffen. Von der Auferstehung ist in diesem Abschnitt ebenfalls die Rede.
14,1-15,36 behandelt Auseinandersetzungen des **Judas** mit dem Feldherrn **Nikanor**. Nach den Erzählungen über das Martyrium berichtet der Text über einen gewissen **Rasi**, der zu den Ältesten Jerusalems zählt und in einer militärisch ausweglosen Situation den **Freitod** wählt. Die Erzählung endet mit dem **Tod des Nikanor und der Einführung des Nikanor-Tages** am 13. des Monats *Adar*. In einem Nachwort beteuert der Autor noch einmal, sein Bestes getan zu haben (15,37-39).

In Kürze	
1Makk	Hellenisierungsbestrebungen führen zum Aufstand der Makkabäer
1,1-64	Erfolge und Misserfolge der verschiedenen Makkabäer als Könige
2,1-16,24	und/oder Hohepriester (Mattatias, Judas, Jonatan, Simeon, Johanan)
2Makk	die Geschichte des Judas, seine Erfolge und Niederlagen; zwei Festätiologien

18.2 Erzählte Zeit und Erzählzeit

Die beiden Bücher geben Auskunft darüber, wie es nach dem letzten seleukidisch-ptolemäischen Krieg um die Vorherrschaft über Palästina zur seleukidischen Herrschaft kommt. Es folgen die Hellenisierungsbestrebungen der Seleukiden, die mit diesem Prozess eine größere Homogenität in ihrem Vielvölkerstaat anstreben. Griechische Sprache und Kultur sollen als Bindeglied zwischen den verschiedenen Kulturen fungieren. Diese Bemühungen werden keineswegs allgemein abgelehnt, auch in der ehemaligen persischen Provinz Jehud nicht. Es ist vielmehr anzunehmen, dass dieser Wandel von proseleukidischen jüdischen Kräften vehement vorangebracht, vielleicht sogar initiiert wird. Die Grenze zwischen den Befürwortern und Gegnern dieses Kulturwechsels verläuft nicht nur zwischen Land und Stadtbevölkerung, sondern in Jerusalem sogar mitten durch die Familien oder Sippen, wie an den →*Tobiaden* deutlich wird.

Im Zuge dieses Wandels kommt es zur Absetzung des rechtmäßigen weil dynastischen Hohepriesters und dadurch bedingt in der Folgezeit zur Auswahl des Hohepriesters unter primär wirtschaftlichen Gesichtspunkten. Das Amt wird käuflich, die rechtmäßige Herkunft spielt eine zunehmend geringere Rolle, die dynastische Tradition wird ohnedies nicht mehr aufrechterhalten.

In diesem Kontext kommt es zu einem Kulturkampf, der von einer Priesterfamilie niederen Ranges vom Lande, aus der ca. 20 km südöstlich von Tel Aviv gelegenen Ortschaft Modein, angeführt wird. Bekannt ist diese Familie unter den Namen →*Hasmonäer* oder →*Makkabäer*. Der zweite Name, Makkabäer, wird gewöhnlich Judas aus dieser Familie beigegeben und als „Hammer" oder „Hämmerer" interpretiert. Die Herleitung vom aramäischen Wort Makkaba ist jedoch unsicher.

Der Familie gelingt es, sowohl durch militärische Aktionen als auch durch geschicktes Taktieren auf dem diplomatischen Parkett sowie durch Verhandlungen mit den Römern, ein Reich zu errichten, das ab ca. 152 von einem Makkabäer als Priesterfürst regiert wird. Heute würde man vermutlich von einem Gottesstaat sprechen; es sind die „Traditionalisten" die sich durchgesetzt haben: Die innenpolitische Ausrichtung ist eher konservativ und auf Abgrenzung zum Hellenismus bedacht, außenpolitisch werden Bündnisse geschlossen und gebrochen und zunehmend benimmt sich der jeweilige Priesterkönig wie ein ganz „normaler" absolutistischer Despot.

Selbstverständlich gibt es in diesem Staat auch eine nicht zu unterschätzende Oppositionsbewegung „Orthodoxer", die Anstoß daran nimmt, dass die Makkabäer als nicht rechtmäßige Hohepriester auftreten, wie auch daran, dass sie Hohepriester und König in Personalunion sind. Auch hier sei noch einmal daran erinnert, dass es dem militärisch erfolgreichen David nicht gestattet war, den Tempel zu erbauen, vermutlich weil er Blut an den Händen hatte. Gleiches musste natürlich auch für die Makkabäer gelten. Ihre Herrschaft dauert insgesamt knapp 100 Jahre ehe die nichtjüdische, idumäische, d.h. aus Edom stammende, Familie der Herodianer die weltliche Macht übernimmt.

Die Bücher sind mit Sicherheit aus den Reihen der Parteigänger der Hasmonäer hervorgegangen und sind entsprechend ausgerichtet. Es finden sich richtige Lobeshymnen – auch im wörtlichen Sinne – auf die Makkabäer, wie z.B. auf Simeon mit 1Makk 14,4-15. Negative Züge, wie sie sich in der Darstellung des späteren Josephus durchaus finden, werden beschönigt und der Text entsprechend umgeschrieben. Die Abfassung beider Bücher dürfte noch in der Regierungszeit der Hasmonäer anzusetzen sein.

Zusammenfassung

Während das erste Buch mehrere Personen aus der Familie der Makkabäer vorstellt sowie deren Wirksamkeit und Tätigkeit nennt, die selbstverständlich alle dem Judentum zum Wohle gereichten, beschäftigt sich das zweite Buch nur mit einem recht kleinen Ausschnitt aus der Geschichte der Makkabäer, nämlich vornehmlich mit Judas Makkabäus. Es dient als Begründung für zwei Gedenktage, das Tempelweihfest/Chanukka und den Nikanortag und hat somit auch kultätiologische Funktion.
Für die katholische Tradition ist es mit Blick auf die Auferstehungsaussagen und die postmortale Sühne von Bedeutung, für das *Judentum* im Blick auf den Freitod in aussichtsloser Situation, der dann auch anscheinend nach der Erstürmung von Masada praktiziert wurde.

V. Weisheit und Psalmen

Was ist Weisheit?

Weisheit hat nicht unbedingt etwas mit Intelligenz zu tun. Es ist vielmehr das Wissen um Sachverhalte, die zusammengehören, die sich gegenseitig bedingen; es ist das Wissen um einen sachgemäßen Umgang mit der Welt, ein Wissen um die Stellung des Menschen und das Wissen um die Ordnung in der Welt. Ein Handwerker, der Spezialist in seinem Beruf ist und Dinge „nach allen Regeln der Kunst" herstellt, gilt als Weiser. Er muss deshalb noch lange nicht *alles* in und über Welt wissen.

Die Bedeutungsbreite der Weisheit wird ganz gut in Prov/Spr 1,1-5 deutlich:

> *Spr 1,1 Sprüche Salomos, des Sohnes Davids, des Königs von Israel, 2 um zu erkennen Weisheit und Zucht, um zu verstehen verständige Worte, 3 um anzunehmen Zucht mit Einsicht, dazu Gerechtigkeit, Recht und Aufrichtigkeit, 4 um Einfältigen Klugheit zu geben, dem jungen Mann Erkenntnis und Besonnenheit. 5 Der Weise höre und mehre die Kenntnis, und der Verständige erwerbe weisen Rat,....*

Ein wichtiger Aspekt der Weisheit ist auch der Zusammenhang von Tun und Ergehen. Ausgehend von der anerkannten Ansicht, dass sich das Gute auszahlt, wird der Weise aufgefordert, stets das Gute zu tun: Hier und jetzt ruht Segen auf guten Taten. Wer Gutes tut, dessen Ansehen wird sich mehren und dadurch auch sein Wohlstand, den er in einem – hoffentlich – langen Leben auch genießen darf. So lange der Glaube an einen heilvollen, postmortalen Zustand nicht existiert – er lässt sich im Judentum erst im 2. Jh. v. Chr im Buch Daniel sicher nachweisen – muss sich alles Heil (und Unheil) in der Geschichte ereignen, gegebenenfalls an den Kindern und Kindeskindern. Dazu gibt es freilich auch andere Positionen: *Es soll nicht heißen: Die Väter haben saure Trauben gegessen und den Söhnen wurden die Zähne stumpf* (Ez 18,2). In der nachexilischen Zeit gewinnt angesichts der Spaltung des Judentums in der Frage nach seinen unaufgebbaren Eigenheiten der Aspekt einer individuellen Verantwortlichkeit an Boden.

Bedenkt man die Bedeutung von Weisheit, wird klar, warum Weisheit präexistent, d.h. vor aller anderen Schöpfung, existiert haben muss: Sie ist der Bauplan der Schöpfung. Nach diesem Plan schafft Gott die Welt, und deshalb kann die Weisheit dargestellt werden als ein vor Gott spielendes Kind vor aller Zeit (Spr 8,30f.).

Für das →*Frühjudentum* liegt alle Ordnung der Welt in der Tora, z.T. allerdings auch versteckt, weshalb die Tora nach allen Richtungen hin ausgelegt wird, d.h. nicht nur dem Wort nach, sondern auch hinsichtlich der Stellung eines Wortes oder Buchstabens im Kontext. Auch die Gematrie kommt bei der Deutung zum Einsatz. Es ist daher ebenfalls nicht erstaunlich, dass die Weisheit bald mit der – unüberbietbaren und das ganze Leben regelnden – Tora selbst identifiziert wird.

Auf dem Vorhang am Toraschrein der Marburger Synagoge, →*Parochet* genannt, steht der Spruch:

Spr 3,18 Ein Baum des Lebens ist sie für alle, die sie ergreifen, und wer an ihr festhält, ist glücklich zu preisen.

Diese Aussage gilt im ursprünglichen Kontext des Buches der Weisheit selbst, wird aber im Judentum auf die Tora bezogen.

Im Christentum nun wird Jesus, dessen Botschaft und Gestalt ja schon und vor allem in der so genannten →*Logienquelle* weisheitliche Züge trägt, als Erfüllung oder Vollendung der Schrift angesehen. Damit wird Jesus mit der präexistenten Weisheit identifiziert und somit selbst präexistent.

Dieser Dreischritt ist zwar stark verkürzt, simplifiziert und bedürfte weitergehender Erklärungen, zeigt aber zumindest eine Spur des religionsgeschichtlichen Werdegangs der Präexistenzvorstellungen auf.

Gleichwohl ist „Weisheit" auch ein Begriff für eine bestimmte Art von Literatur, die unter „Weisheit" zusammengefasst wird. Standeslehren, Biographien, Listenweisheit (→*Onomastica*), Weisheit in →*Omen*form (bes. Mesopotamien) und →*Zahlenspruch* sind nur einige literarische Formen der Weisheitsliteratur. Welche Bücher des AT zur Gattung Weisheitsliteratur gehören, ist dennoch nicht präzise anzugeben. Sprichwörter, Kohelet, Weisheit und Jesus Sirach wird man aber auf jeden Fall der Weisheitsliteratur zurechnen können.

Das AT erwähnt die Weisheit Assurs (Jes 10,13), Ägyptens (Jes 19,12), der Phönizier (Ez 28,3-5; Sach 9,2), Babels (Jes 47,10; Jer 50,35; 51,57), Edoms (Jer 49,7; Ob 8) und schließlich auch der Königin von Saba (1Kön 10), so dass im AT von der Verbreitung der Weisheit in der gesamten Umwelt ausgegangen wird, und dies dürfte durchaus den Tatsachen entsprechen. Insbesondere für Ägypten ist ein umfangreicher Bestand von Weisheitsliteratur nachzuweisen, und zwar schon voralttestamentlich. Es überrascht daher nicht allzu sehr, dass sich inhaltliche und sprachliche Beziehungen zwischen ägyptischer und israelitischer Weisheit finden. Besonders zwischen der Lehre des →*Amenope* und dem Buch der Sprüche gibt es eine Fülle von Übereinstimmungen.

Als weisester aller Weisen gilt freilich Salomo, der von Gott Weisheit erbittet und erhält.

19. Das Buch Ijob

Nicht nur wegen seines Inhalts, auch wegen seiner Sprache ist das Buch Ijob sicher eines der anspruchvollsten des AT, und dies auch deswegen, weil der Text oft nicht gut erhalten ist. Es findet sich eine größere Zahl von atl. →*Hapaxlegomena*, d.h. nur einmal im AT vorkommender Wörter. Dies erschwert natürlich die Möglichkeiten, ihre Bedeutung zu bestimmen.

Das Buch beschäftigt sich mit der →*Theodizeefrage* und erteilt dem Tun-Ergehen-Zusammenhang eine deutliche Absage, ohne dabei jedoch die Theodizeeproblematik zu lösen!

19.1 Inhalt und Gliederung

Der begüterte, angesehene und **fromme Ijob** wird vorgestellt (1,1-5).
Im Himmel treffen sich die Engel, darunter auch der **Satan**, der Zweifel hat an der Frömmigkeit des Ijob. Er erhält deshalb von Gott die Erlaubnis, seine Frömmigkeit zu testen, indem er Ijob mit Unglück überzieht (1,6-2,10). **Ijob verliert alles**, seine Habe, seine Kinder und schließlich wird er auch noch mit Krankheit geschlagen.
In dieser Situation besuchen ihn **drei Freunde**: Elifas von Teman, Bildad von Schuach und Zofar von Naama (2,11-13). Schließlich kommt in den Kap. 33-37 auch noch ein bis dahin unbekannter Elihu ben Barachel, ein Busiter (?), zu Wort. Diese vier sowie Ijobs Frau versuchen ihn davon zu überzeugen, dass er sich irgendwie und irgendwo **gegen Gott verfehlt haben muss**, da sonst sein Leiden nicht erklärbar sei – ein logischer Gedanke nach dem **Tun-Ergehen-Zusammenhang**. Ein Spitzensatz des Buches lautet:

> ***Ijob*** *2,10 Er aber sagte zu ihr [seiner Frau]: Wie eine der Törinnen redet, so redest auch du. Das Gute nehmen wir von Gott an, da sollten wir das Böse nicht auch annehmen? Bei alldem sündigte Hiob nicht mit seinen Lippen.*

Ijob weigert sich also, irgendein Vergehen zuzugeben und **beteuert seine Unschuld**. Er weiß nicht, warum er leidet, betont aber, dass er sich nicht verfehlt hat, entgegen aller Vorhaltungen seiner Freunde, die in vielfachen Reden und Gegenreden Ijobs vorgetragen werden:

3,1-26	Ijobs Klage
4,1-5,27	erste Rede des Elifas
6,1-7,21	erste Gegenrede des Ijob
8,1-22	erste Rede des Bildad
9,1-10,22	zweite Gegenrede Ijobs
11,1-20	erste Rede Zofars
12,1-14,22	dritte Gegenrede Ijobs
15,1-35	zweite Rede des Elifas
16,1-17,16	vierte Gegenrede Ijobs
18,1-21	zweite Rede des Bildad
19,1-29	fünfte Gegenrede Ijobs
20,1-29	zweite Rede Zofars
21,1-34	sechste Gegenrede Ijobs

22,1-30	dritte Rede des Elifas
23,1-24,25	siebte Gegenrede Ijobs
25,1-6	dritte Rede Bildads
26,1-27,23	achte Gegenrede Ijobs
28	über die Weisheit
29,1-31,40	Fortsetzung der Rede Ijobs

Ijob fordert schließlich Gott heraus, mit ihm zu rechten und zu reden und ihm dabei verständlich zu machen, warum er leiden muss.

> ***Ijob*** *31,35 Ach hätte ich doch einen, der auf mich hörte, – hier ist meine Unterschrift! Der Allmächtige antworte mir! Wo ist die Klageschrift, die mein Rechtsgegner geschrieben hat?*

Gott antwortet dem Ijob aus dem Sturm (38,1-41,26).
Ijob bleibt bis zuletzt bei seiner Aussage, akzeptiert jedoch seinen Zustand als gottgewollt, obwohl er keinen Grund für sein derzeitiges Ergehen erkennen kann. Und so antwortet er Gott:

> ***Ijob*** *42,2 Ich habe erkannt, daß du alles vermagst und kein Plan für dich unausführbar ist. 3 „Wer ist es, der den Ratschluß verhüllt ohne Erkenntnis?“ So habe ich denn meine Meinung mitgeteilt und verstand doch nichts, Dinge, die zu wunderbar für mich sind und die ich nicht kannte.*

Am Ende des Buches, im Epilog, der wie die Einleitung (bis Kap. 2,13) in Prosa gehalten ist, **wird Ijob rehabilitiert und erhält sein Vermögen zurück und erneut eine Familie (42).**

In Kürze

	Rahmenerzählung
1,1-5	Vorstellung des frommen Ijobs
1,6-2,10	erfolgreiche Bitte des Satan, Ijob prüfen zu dürfen
2,11-13	das Kommen der drei Freunde
	Poesie
3,1-26	Ijobs Klage
4,1-37,24	Reden der Freunde und Gegenreden Ijobs
38,1-41,26	zwei Reden Gottes
42,1-6	Ijobs Einsicht
	Rahmenerzählung
42,7-9	Ijob bringt für die drei Freunde Brandopfer und Fürbitte dar
42.10-17	Ijobs neues Glück

19.2 Erzählte Zeit und Erzählzeit

Natürlich fällt der Wechsel von Prosa zu Poesie auf. Die Rahmenerzählung könnte den Anlass für die folgenden poetischen Streitgespräche gegeben haben. Auffällig ist jedenfalls das zweimalige Auftreten der Göttersöhne und des Satan, das mit weitgehend gleichem Wortlaut eingeleitet wird (1,6-9 vgl. 2,1-3). Sie spielen im restlichen Buch sonst keine Rolle mehr.

Die Poesie, die im Stil der Psalmen gehalten und häufig als →*parallelismus membrorum* gestaltet ist, versteht sich dialogisch. Stets folgt einer zumeist anklagenden Rede eines Freundes die Gegenrede des Ijob. Dabei scheinen die Aussagen der Freunde unterschiedlich profiliert zu sein, auch wenn sie in den je weiteren Reden nicht unbedingt etwas Neues zu sagen haben. Elihu, der zusätzlich zu den in 2,11-13 genannten Freunden auftritt und der auch sonst nicht weiter vorgestellt wird, ist möglicherweise später eingetragen worden. Dies gilt auch für das aus dem Rahmen der Rede fallende Kapitel 28, das ebenfalls sekundär sein könnte. Insgesamt trägt das Buch deutlich weisheitliche Elemente und ist daher – auch aufgrund des Vokabulars, der Vorstellung vom Satan sowie der Streitrede mit Gott an sich – in der nachexilischen Zeit anzusiedeln. Welche Vorformen es gab, ist unklar. Religionsgeschichtlich interessant sind einige Vergleichstexte aus dem Zweistromland unterschiedlichen Alters, die aber nicht auf eine direkte literarische Abhängigkeit schließen lassen (Näheres dazu vgl. Zenger: Einleitung[9], 423).

Die Erwähnung Ijobs in Sir 49,9 macht jedenfalls deutlich, dass die Gestalt des Ijob im 2. Jh. bekannt war. Vermutlich lag zu dieser Zeit bereits das fertige Buch vor.

Eine erzählte Zeit ist in diesem Buch nicht festzumachen: Das Geschehen ist absolut zeitlos, die Frage nach Grund, Zweck und Umgang mit dem Leid sowie die Frage nach Gott sind Themen, die so alt sind wie die Menschheit selbst, auch wenn die Fragen des Ijob in dieser Direktheit und Eindringlichkeit nicht zu allen Zeiten *auf diese Weise* an Gott gestellt worden sind.

Die Theodizeefrage wird nicht beantwortet und sicher kann nicht jeder mit der Bewältigung des Leids derart umgehen wie Ijob: als von Gott gesandte Prüfung, deren Grund dem Menschen verborgen bleibt, zumal das „Happy End", wie hier bei Ijob, keineswegs immer eintritt. Es ist aber durchaus legitim, sich mit Gott zu dieser Frage eindringlich auseinanderzusetzen!

Zusammenfassung

Das Buch diskutiert die Frage nach der Herkunft des Leids und erteilt dem Tun-Ergehen-Zusammenhang eine Absage. Das Leid wird von Ijob als von Gott gegeben akzeptiert, ohne die Frage nach seinen Ursachen beantworten zu können.

20. Die Psalmen

Was ist ein Psalm?

Das Buch der Psalmen besteht aus insgesamt 150 Einzelpsalmen. Sie sind sowohl inhaltlich als auch formal z.T. äußerst unterschiedlich. Psalmenartige Abschnitte finden sich aber auch zusätzlich in anderen Büchern des AT: In der Mitte des Buches Jona betet dieser, im Bauch des Fisches sitzend, einen Psalm. Im Buch Daniel findet sich in Kapitel 3 ein psalmenartiger Abschnitt. Auch das Lied der Debora nach dem Sieg in der Schlacht gegen Jabin und Sisera (Ri 5) kann als Psalm bezeichnet werden. Dies wirft die Frage auf, was einen Text zu einem Psalm macht:

In erster Linie ist es die Form der Poesie, des Reimes, der häufig als parallelismus membrorum vorliegt. Darunter versteht man i.d.R. einen Zweizeiler, in dem die zweite Zeile einen Gedanken der ersten Zeile mit ähnlichem, aber nicht gleichem Wortlaut wiederholt.

Als Beispiel sei ein Vers gleich aus dem ersten Psalm genannt:

> *Psalm 1,5 Darum bestehen Gottlose nicht im Gericht,*
> *noch Sünder in der Gemeinde der Gerechten.*

Häufig wird diese Figur auch noch grammatikalisch durch die Stellung von Subjekt und Prädikat unterstützt, wie am nächsten Beispiel deutlich wird:

> *Psalm 1,6 Denn es kennt der HERR den Weg der Gerechten; aber der Weg der Gottlosen vergeht.*

Hier haben wir im Vorsatz die Stellung Prädikat, Subjekt, Objekt, im Nachsatz dagegen Subjekt, Objekt, Prädikat.

Das Prädikat findet sich also in einer →*chiastischen* Wortstellung, die so auch in der Übersetzung wiedergegeben werden kann. Eine derartige Wortstellung, die im Hebräischen Gleichzeitigkeit, aber auch adversative Bedeutung zum Ausdruck bringt, ist insofern besonders auffällig, weil in dieser Sprache normalerweise die Wortstellung Prädikat-Subjekt-Objekt vorherrscht.

Aufbau und Formen des Psalters

Die Anzahl der 150 Psalmen ist gewollt. Dies wird daran deutlich, dass man trotz unterschiedlicher Zählung in hebräischer und griechischer Bibel an der Zahl 150 festhält. Die LXX fasst Ps 9 und 10 sowie 114 und 115 zu je einem zusammen, zerlegt aber gleichzeitig 116 und 147 in zwei Psalmen, so dass die ursprüngliche Zahl wiederhergestellt ist.

Es wird auch deutlich, dass die Psalmen bewusst mit Ps 1, der das Studieren der Weisungen Gottes preist, eingeleitet werden. Mit einem Lobpreis Gottes in Ps 150, wird der Psalter abgeschlossen.

Das Buch, wie auch der einzelne Text, wird nach der griechischen Übersetzung des hebräischen Wortes Mizmor (= Lied) „Psalm“ genannt. Häufig findet sich das Wort Mizmor als Überschrift über den einzelnen Psalmen, verbunden mit dem Namen seines angeblichen Verfassers: *Mizmor l^e David. Ein Psalm. Von David.* Wie die Weisheit grundsätzlich Salomo zugeschrieben wird, so die Psalmen dem Sänger David, der schon dem schwermütigen König Saul Linderung verschaffte, als dieser von einem bösen Geist besessen ist (1Sam 16,23). In der Ikonographie wird David daher häufig als König mit einer Harfe dargestellt. Im Judentum ist dagegen die Bezeichnung der Psalmen als Buch der Preisungen (sefær t^ehillim) üblich.

Auch die Reihenfolge ist kaum zufällig. Zwischen den einzelnen Psalmen finden sich häufiger Stichwort- oder Motivverbindungen, aber auch Beziehungen formaler Art (→*alphabetische* Pss 111 und 112 mit gleicher Struktur und Länge und inhaltlichen Bezügen). Eine „gezielte redaktionelle Verkettung“ der Pss 90-92 sieht Zenger beispielsweise durch den Einschub von 90,13-17 gegeben (Einleitung[9], 435f).

Die Psalmen lassen sich auf verschiedene Art in kleinere Untergruppen zusammenfassen. Eine derartige „Sortierung“ kann sowohl unter formgeschichtlichem, inhaltlichem oder ästhetischem Blickwinkel geschehen, als auch nach Autor, Sänger oder Adressaten.

So werden die Psalmen 73-83 einem gewissen Asaf zugeschrieben, als Dichter oder als Adressat. 84, 85, 87-88 bezeichnet das Psalmenbuch als „Psalm der Korachiter“, andere sind „für den Chormeister“ bestimmt, zumeist allerdings mit dem Zusatz: „von David“.

Eine Ordnung anderer Art ergibt sich, wenn man die Psalmen von ihrem Inhalt her klassifiziert. Zunächst kann dahingehend unterschieden werden, ob der Psalm das Lied eines Einzelnen ist oder einer Gruppe. Unterschiede ergeben sich natürlich auch bezüglich der Aussage: Handelt es sich um eine Klage, ein Lob- oder Danklied/Hymnus oder eine Bitte/Wunsch und bei welcher Gelegenheit wurden sie gegebenenfalls gesungen bzw. gebetet: beim Gottesdienst oder bei der Wallfahrt, bei der Verfolgung durch Feinde und der Rettung vor ihnen, bei Krankheit oder Not. Auch die Tageszeit oder der gelegentlich vermerkte Wochentag können als Ordnungskriterium eine Rolle spielen. Einige Psalmen tragen Überschriften, die ihren Zweck bereits erkennen lassen: Liebeslied (45) oder →*Zions*lied (137). Schließlich finden sich auch Königspsalmen, wobei hierbei sowohl Gott als König wie auch der menschliche König – zumeist – gepriesen werden. Und jede der genannten Gattungen hat ihren eigenen, für sie typischen Aufbau.

Das ganze Psalmenbuch wird durch Zäsuren in fünf Abschnitte geteilt. Die Trennung der einzelnen Bücher/Abschnitte wird jeweils durch einen Lobpreis

Gottes markiert. Ein solcher Lobpreis findet sich am Ende von Ps 41; 72; 89 und 106. Diese Preisungen sind inhaltlich nicht Bestandteil des jeweiligen Psalmes, sondern offensichtlich redaktionell zum Abschluss jedes der fünf Bücher an die entsprechende Stelle gesetzt worden. Es ist sicher auch kein Zufall, dass, mit Ausnahme des vierten, jedes der fünf Bücher mit einem Königspsalm abschließt.

Schließlich sind einige Psalmen bewusst sehr kunstvoll gestaltet worden, etwa dadurch – und dies ist nur am hebräischen Original zu verfolgen – dass der jeweils nächste Vers mit dem nächsten Buchstaben des hebräischen Alphabets beginnt. Dies ist beispielsweise der Fall in Ps 25; 34; 111; 112; 119 (im letztgenannten beginnen je acht Zeilen mit dem gleichen Buchstaben des Alphabets) und 145. Auch Ps 136 weist eine Besonderheit auf: Jeder Lobpreis endet mit dem Spruch „denn seine Chæsæd (Huld/Gnade/Güte) währt ewig".

Die Unterschiede in Form und Aussagen verweisen bereits darauf, dass das Psalmenbuch mit Sicherheit nicht von einem einzigen Autor stammt. Seine Entstehung dürfte sich vielmehr über einen längeren Zeitraum erstreckt haben. Bei etlichen Psalmen gelingt der Nachweis einer Datierung – zumindest was die Eingrenzung für die Zeit vor oder nach dem Exil betrifft. Die Königspsalmen freilich können teilweise sowohl in die vorexilische wie auch nachexilische Zeit datiert werden, denn nach dem Exil lebt die Hoffnung auf einen künftigen König/Messias weiter und ein einstiger Königspsalm kann selbstverständlich zu einem messianischen Psalm verändert worden sein.

Auch die Einzelpsalmen sind keineswegs immer aus einem Guss. Hier ist mit redaktionellen Erweiterungen zu rechnen. So kann z.B. ein Hilferuf aus der Not zu einem Preispsalm angesichts der Erhörung umgestaltet worden sein (so möglicherweise in Ps 22). „So erfolgen im Laufe der Zeit in verschiedenster Weise aktualisierende, eschatologisierende, kollektivierende...frömmigkeitliche und historisierende Neuinterpretationen" (Smend: Entstehung 195).

Das Psalmenbuch als Ganzes dürfte etwa in der Mitte des 2. Jh. v. Chr. abgeschlossen gewesen sein. Die LXX, Gemeinsamkeiten in Sprache und Stil mit Jesus Sirach und auch die →*Qumranliteratur* können hierfür als Zeugnisse herangezogen werden (näheres hierzu bei Zenger: Einleitung^{9}, 450f).

19.2 Die Wirkungsgeschichte

Die Psalmen habe eine lange Wirkungsgeschichte, sowohl im Judentum wie auch im Christentum. Im Mönchtum der westlichen, lateinischen Kirche sind sie vor allem im klösterlichen Chorgebet bzw. im Stundengebet präsent, im Judentum haben sie einen festen Platz in den Gottesdiensten und an den diversen Festen.

Sicher kann man Psalmen überall beten, aber manche auch richtiggehend „erleben", wie etwa den Ps 23 bei einer Wanderung in einem der Wadis in der Wüste Juda, an den Quellen des Jordan oder dem Negev. Dort werden Psalmen „lebendig".

Abb. 9: An den Jordanquellen, Foto: K. Dorn

Ps 23:1 Ein Psalm. Von David. Der HERR ist mein Hirte, mir wird nichts mangeln.
[2] Er lagert mich auf grünen Auen, er führt mich zu stillen Wassern. [3]
Er erquickt meine Seele. Er leitet mich in Pfaden der Gerechtigkeit um seines Namens willen.
[4] Auch wenn ich wandere im Tal des Todesschattens, fürchte ich kein Unheil, denn du bist bei mir; dein Stecken und dein Stab, sie trösten mich.
[5] Du bereitest vor mir einen Tisch angesichts meiner Feinde; du hast mein Haupt mit Öl gesalbt, mein Becher fließt über.
[6] Nur Güte und Gnade werden mir folgen alle Tage meines Lebens; und ich kehre zurück ins Haus des HERRN lebenslang.

21. Die Sprichwörter/Sprüche Salomos/ Das Buch der Sprüche/Proverbien

Die Weisheit des Salomo scheint allgegenwärtig. Im ersten Buch der Könige bittet er Gott um Weisheit – und erhält sie. Im „salomonischen Urteil" über den Säugling fällt er ein weises Urteil. Die Königin von Saba kommt nicht nur wegen der Pracht an den salomonischen Hof, sondern auch wegen der Weisheit des Herrschers. Kurz: Salomo ist der Weise schlechthin, bis hinein in die arabische Märchenwelt, in der der Geist in der Flasche durch das Siegel des Salomo gebannt und am Ausfahren gehindert wird, denn wer über so viel Weisheit verfügt, dem gelingt es auch Mittel und Wege zu finden, um Dämonen zu bannen.

Wie schon angemerkt ist Weisheitsliteratur aber keineswegs spezifisch für Israel. Sie kommt vielmehr in vielen Kulturen rund um das Mittelmeer vor, so auch in Mesopotamien, und zwar sowohl in Form von Spruchsammlungen wie auch in der Form der Weisheitserzählung. Diese kennt das AT ja auch, und zwar in Gestalt der Josefserzählung: Josef gelingt es aufgrund seiner Weisheit das Land Ägypten vor einer Katastrophe zu bewahren und dabei gleichzeitig einen gesellschaftlichen Aufstieg zu erreichen. Er hält sich z.B. von der fremden Frau fern, ein zutiefst weisheitliches Verhalten, wie auch das Sammeln in Zeiten des Überflusses für die Zeiten der Not.

Da Salomo der Prototyp des Weisen ist, erstaunt es nicht, dass die Sammlung von weisheitlichen Sprüchen diesem König zugeschrieben wird, zumindest in Teilen. Er erscheint mehrfach in der Überschrift am Anfang des Buches und diese, wie auch andere Überschriften, gliedern das Buch der Sprüche in insgesamt sieben Abschnitte:

21.1 Inhalt und Gliederung

Der erste Großabschnitt ist als **Sprüche Salomos** ausgewiesen (1,1-9,18). Er enthält u.a. eine Rede der **personifizierten und präexistenten Weisheit** (8,12ff), vor allem aber Lehrreden an den Sohn/die Söhne zum Thema rechtes, d.h. „weises" Verhalten und zur Frömmigkeit/Gottesfurcht. Immer wieder hält der Redner den Sohn an, auf die Gebote, die Mahnungen von Vater und Mutter zu achten und diese einzuhalten (z.B. 2,1; 3,1; 6,20; 7,1). Gleichzeitig warnt der Text davor, sich mit „Sündern" einzulassen oder mit ihnen zu gehen. Abgeschlossen wird dieser erste Abschnitt durch eine Rede der Dummheit (9,13-18).

10,1-22,16 enthält weitere Sprüche Salomos, die **allgemeine Lebensweisheiten** thematisieren. Sie haben sich vielfach bis heute in Sprichwörtern erhalten, wie etwa die Mahnung zur Vorsorge in Zeiten der Fülle (10,5), zum Gut, das in Unrecht erworben wurde (10,16; 15,27), in verschiedener Formulierung zu unbedachtem Reden (z.B. 13,3), in der Nutzlosigkeit des Reichtums angesichts des Todes (11,4), zum Tun-Ergehen-Zusammenhang (11,21 u.ö.). In verschiedenen Worten und Bildern wendet sich der Sprecher gegen Faulheit, preist den Fleißigen und propagiert den Wert des wahren Zeugnisses (12,17.22; 13,5 u.ö.). Formal fällt hier auf, dass in diesem Abschnitt vielfach nicht mehr der Sohn direkt angeredet wird, sondern stattdessen über ihn gesprochen wird: Ein weiser Sohn (13,1)... ein kluger Sohn (15,20)...ein missratener Sohn (17,2)...ein törichter Sohn (17,25) usw.

Diese Themen sind auch Gegenstand der nächsten Sammlung, der **„Worte von Weisen"** (22,17-24,22) und weiterer Worte von Weisen (24,23-34), auf die wiederum weitere Sprüche Salomos folgen (25,1-29,27).

Es folgen Abschnitte mit Namen von Personen, die ansonsten völlig unbekannt sind: Worte Agurs aus Massa, des Sohnes des Jake, sowie ein Ausspruch des Mannes Latiel: **Reflexion zu Weisheit, zu Wahrheit und Verleumdung** (30,1-14) und Worte eines gewissen Lemuel, König von Massa, mit denen seine Mutter ihn unterwies (31,1-31). Dazwischen findet sich ein Abschnitt mit →***Zahlensprüchen*** (30,15-33). Darin sind nicht nur allgemeine Belehrungen enthalten, sondern auch das **Lob der tüchtigen Frau** in alphabetischer Reihenfolge (31,10-31).

In Kürze

1,1-9,18	Sprüche Salomos, des Sohnes Davids, des Königs von Israel,
10,1-22,16	Sprüche Salomos
22,17-24,22	Worte von Weisen
24,23-34	Sprüche Salomos
25,1-29,27	Worte Agurs, des Sohnes des Jake, aus Massa.
30,1-15	Ausspruch des Mannes Latiel
31,1-31	Worte Lemuels, des Königs von Massa

21.2 Mahnungen an den Sohn

Der erste Teil, also 1,8-9,18 ist nach allgemeiner Ansicht am stärksten durchkomponiert. Zäsuren setzen hier die Anreden und Mahnungen an den Sohn bzw. die Söhne, die ein Vater oder Lehrmeister an diese richtet. Entsprechende Anreden mit „mein Sohn“ oder „höre/achte mein Sohn“ oder „meine Söhne“ finden sich in 1,8.10.15; 2,1; 3,1.21; 4,1.10.20; 5,1.7; 6,1.20; 7,1; 8,32.

Die damit eingeleiteten Mahnungen richten sich gegen die Verlockungen der „Sünder“. Sie mahnen dazu, die Weisheit zu hören und anzunehmen um dadurch zur Gottesfurcht zu finden. Sie fordern zum Vertrauen auf den Herrn auf, zu Umsicht, Besonnenheit und Einsicht, warnen vor der fremden Frau und davor eine Bürgschaft zu übernehmen. Sie fordern die Einhaltung der Gebote und warnen noch einmal vor der fremden, verheirateten Frau. Es sind allesamt Verhaltensbereiche, die das Leben gelingen lassen – oder auch ins Verderben führen.

Erst ab Teil 2, mit 10,1, beginnen dann die eigentlichen Sprichwörter. Die Themen sind zum Teil identisch mit denen des ersten Teils, weitgehend in der Form des parallelismus membrorum oder auch in der Gestalt von „wer...der“-Sentenzen:

> *10,5 Wer im Sommer sammelt, [der] ist ein kluger Sohn, wer in der Ernte schläft, [der ist] ein schandbarer Sohn.*

Gerade diese Form des einen Sachverhalt konstatierenden „wer...der“-Satzes ist es, die das →*„Tun-Ergehen-Schema“* auch formal unterstützt:

> *12,28 Auf dem Pfad der Gerechtigkeit ist Leben, aber der Weg der Rachsüchtigen führt zum Tod.*

Dabei ist hier mit dem „Leben“ keineswegs in irgendeiner Weise Jenseitigkeit gemeint, sondern die Weisheit sieht Lohn und Strafe, Erfolg und Misserfolg in der realen, irdischen Welt verwirklicht. Ob man in 2,21 einen eschatologischen oder gar apokalyptischen Akzent sehen kann (so Witte, in: Gertz: Grundinformationen[5], 453) sei dahingestellt. Eine ausformulierte Jenseitsvorstellung mit Gericht und Heil fehlt hier jedenfalls ebenso, wie im Buch Jesus Sirach.

Eine besondere Notiz sei den Zahlensprüchen gewidmet, wie sie in Spr 30,15-53 vorliegen. Hier handelt es sich durchweg um den überbietenden, d.h. den gestaffelten Zahlenspruch:

> *Spr 3,15f: Drei sind es, die nicht satt werden, vier, die nicht sagen: Genug! Der Scheol und der verschlossene Mutterleib, die Erde, die an Wasser nie satt wird, und das Feuer, das nie sagt: Genug!*

Der Spruch nennt schon in der „Überschrift", worum es geht: Um Begehrlichkeiten, die nie befriedigt werden können. Sie werden dann im Spruch mit der dort angegebene Anzahl, und zwar immer mit der höheren der genannten Zahlen entfaltet.

21.3 Entstehung der Sprüche

Zur Entstehung der einzelnen Sprüche, der einzelnen Sammlungen – möglicherweise werden diese korrekt durch die verschiedenen Überschriften markiert – wie des ganzen Buches lässt sich nichts Konkretes angeben. Es fehlen jegliche Hinweise auf zeitgenössische Ereignisse, denn es ist ja die Absicht der Weisheitsliteratur, zeitlose und für immer gültige Sentenzen aufzustellen, die ihre Legitimation aus der Tradition wie auch aus der konkreten Beobachtung beziehen. Grundsätzlich ist nur zu sagen, dass die Weisheitsliteratur in Israel vor allem in der nachexilischen Zeit auftritt, wenngleich vermutlich nicht ausschließlich. Trifft es zu, dass Jesus Sirach aus Spr zitiert, dann müssen zumindest wesentliche Teile von Spr vor Sirach bekannt gewesen sein und mithin zu Beginn des 2. Jh. v. Chr. vorgelegen haben.

Wie sich das Buch vom Einzelspruch bis zum abgeschlossenen Buch entwickelt haben könnte, skizziert Witte (in: Gertz: Grundinformationen^5, 450) wie folgt:

„Modellhaft ist folgende *Entwicklung* vom Einzelspruch zum Sprüchebuch wahrscheinlich:

1) Mündliche Entstehung von Sprichwörtern und Einzelsprüchen
2) Verschriftung am Hof und in der Schule
3) Zusammenstellung von Spruchreihen nach formalen und inhaltlichen Aspekten
4) Neufassung vorhandener und Neuaufnahme weiterer Sprüche
5) Komposition von Spruchsammlungen
6) Komposition des Buchs der Sprüche

Dabei können sich die Prozesse der mündlichen Entstehung und der Verschriftung überlagern und parallel verlaufen."

Wie der Autor schon anmerkt, ist dies ein Modell, das aus dem Buch selbst und der Abfolge der einzelnen Sprüche und Abschnitte gewonnen wird.

21.4 Wirkungsgeschichte

Wie auch beim Buch Jesus Sirach finden sich in Spr einige Aussagen, die in das NT oder auch in die deutsche Umgangssprache eingegangen sind, wie etwa 16,18 *Hochmut kommt vor dem Fall* oder 26,27 *Wer andern eine Grube gräbt, fällt selbst hinein*. Darüber hinaus entspricht so mancher Spruch durchaus heute noch den Regeln zwischenmenschlichen Verhaltens. Mit der im Zuge der Individualisierung sich durchsetzenden Inakzeptanz des Tun-Ergehen-Zusammenhangs, wird jedoch auch ein großer Teil der Sprüche nicht mehr als zutreffend empfunden.

Es sei noch erwähnt, dass die LXX im Buch der Sprüche deutliche Abweichungen in der Reihenfolge und im Wortlaut gegenüber dem hebräischen Text aufweist, die entweder auf abweichende Vorlagen zurückzuführen sind oder auf Fortschreibung im Bereich der griechischen Sprachwelt.

Zusammenfassung

Bei dem Buch der Sprüche handelt es sich um eine lose Sammlung von weisheitlichen Sprichwörtern. Die vorliegenden Formen sind ebenso heterogen wie der Inhalt der einzelnen Sprüche. Man kann zusammenfassend sagen: Dem Gerechten, der fleißig ist, seine Zunge im Zaum hält, die Wahrheit sagt, sich um den Nächsten bemüht, demütig ist und Gott fürchtet, wird es gut gehen. Dem Sünder mit den gegenteiligen Eigenschaften und Verhaltensweisen geht es dagegen schlecht. Mehrfach wird dabei aber auch davor gewarnt, sich in Abhängigkeit zu begeben, indem man für andere bürgt, leiht etc., d.h. die Sorge um den Nächsten hat ihre Grenzen.
Erwähnenswert ist, dass als Instanzen, die Weisheit vermitteln, Vater *und* Mutter genannt werden, wie auch der Frau im „Lob der tüchtigen Frau“ ein eigener kleiner Abschnitt eingeräumt wird. Die tüchtige Frau geht dabei offensichtlich auch selbständig eigenen Geschäften nach (31,16: Ackerkauf; 31,24: Verkauf von produzierter Ware)!

22. Das Buch Kohelet

Kohelet ist wohl neben Ijob eines der schwierigsten aber auch der interessantesten Bücher des AT. Ein kurzer Blick auf zwei Abschnitte macht deutlich, warum:

> *Koh 7,1 Besser ein guter Name als gutes Salböl und der Tag des Todes als der Tag, da einer geboren wird. 2 Besser, ins Haus der Trauer zu gehen, als ins Haus des*

Gastmahls zu gehen; denn jenes ist das Ende aller Menschen, und der Lebende nimmt es sich zu Herzen. 3 Besser Verdruß als Lachen; denn bei traurigem Gesicht ist das Herz in rechter Verfassung. 4 Das Herz der Weisen ist im Haus der Trauer, das Herz der Toren aber im Haus der Freude. 5 Besser, das Schelten des Weisen zu hören, als daß einer das Singen der Toren hört. 6 Denn wie das Prasseln der Dornen unter dem Kochtopf so das Lachen des Toren. Auch das ist Nichtigkeit.

Koh 9,3 Das ist ein Übel in allem, was unter der Sonne geschieht, daß einerlei Geschick allen zuteil wird. Auch ist das Herz der Menschenkinder voll Bosheit, und Irrsinn ist in ihrem Herzen während ihres Lebens; und danach geht es zu den Toten. 4 Ja, wer noch all den Lebenden zugesellt ist, für den gibt es Hoffnung. Denn selbst ein lebendiger Hund ist besser daran als ein toter Löwe! 5 Denn die Lebenden wissen, daß sie sterben werden, die Toten aber wissen gar nichts, und sie haben keinen Lohn mehr, denn ihr Andenken ist vergessen. 6 Auch ihr Lieben, auch ihr Hassen, auch ihr Eifern ist längst verlorengegangen. Und sie haben ewig keinen Anteil mehr an allem, was unter der Sonne geschieht. 7 Geh hin, iß dein Brot mit Freude und trink deinen Wein mit frohem Herzen! Denn längst hat Gott Wohlgefallen an deinem Tun. 8 Deine Kleider seien weiß zu jeder Zeit, und das Salböl fehle nicht auf deinem Haupt. 9 Genieße das Leben mit der Frau, die du liebst, alle Tage deines nichtigen Lebens, das er dir unter der Sonne gegeben hat, all deine nichtigen Tage hindurch! Denn das ist dein Anteil am Leben und an deinem Mühen, womit du dich abmühst unter der Sonne. 10 Alles, was deine Hand zu tun findet, das tue in deiner Kraft! Denn es gibt weder Tun noch Berechnung, noch Kenntnis, noch Weisheit im Scheol, in den du gehst.

In diesen Texten sind nur schwer irgendwelche inhaltlichen Abschnitte oder Gliederungsmerkmale zu erkennen. Der Text plätschert vor sich hin und man kommt nicht so recht hinter den Sinn des Ganzen. Werden hier weisheitliche Regeln oder Einsichten vorgetragen, nach denen man sich richten soll – oder eben auch nicht? Spricht in diesem Buch ein absoluter Pessimist oder ein Optimist, ein Skeptiker, der hier und an vielen Stellen nur das Negative herausstellt und der keinen Fortschritt und keine Veränderung in der Geschichte ausmachen will und kann? Spricht hier jemand, der von der Zukunft nichts mehr erwartet und damit im Sinne des „carpe diem" nur im Genuss der Gegenwart lebt, isst und trinkt und es sich gut gehen lässt, „denn morgen sind wir tot"? Ist es jemand der einfach die alten Regeln nicht mehr wahrhaben will, den Tun-Ergehen-Zusammenhang für ungültig erklärt – oder zitiert der Verfasser alte, überkomme Positionen und gibt dann seinen kritischen Kommentar dazu, eine Art Diatribe also, eine Pseudodiskussion mit einem scheinbaren Gegner? Wenn dem so wäre: Wo beginnt die alte Position und wo beginnt der kritische Kommentar und stimmt Kohelet der alten Position zu oder verwirft er sie?

Wie ist sein Gottesverständnis? Geht es um einen zwar lenkenden Gott, dessen Planen und Handeln aber für die Menschen nicht erkennbar ist, weshalb sein Handeln für den Menschen planlos erscheint?

Auch bezüglich der Entstehung des Textes stellen sich Fragen: Liegt hier eine Sammlung von Sprüchen vor, die ihre jetzige Form durch Redaktion erhalten hat, so dass man redaktions- und ggf. literarkritisch an das Buch herangehen sollte, um Spannungen und Widersprüche zu erklären? Vielfach wird 1,1 und 12,9-14 als sekundär ausgewiesen, ggf. auch noch 1,2 und 12,8, ferner 3,17a; Teile von 7,27; 11,9b.10b; 12,1a; 2,26; 8,5; 8,12-13 u.a.!

Ist Kohelet als Ganzes eine kunstvolle Komposition mit planvollem Aufbau, ein Gesamtkunstwerk, oder besteht das Buch aus vielen kleinen in sich geschlossenen Sentenzen, die zusammengefügt wurden? Gibt es gar eine gedankliche Mitte, so etwas wie ein Zentralthema, eine Leitidee – oder vielleicht sogar mehrere dieser Art?

Kann die Formgeschichte weiterhelfen? Welche Form(en) liegen hier überhaupt vor?

Diese Fragen machen deutlich, dass hier nicht primär interessiert, wer da schreibt, ob der Erzähler wirklich König war – einen Namen Kohelet gibt es in den Königslisten nicht, also wird hier vermutlich wieder einmal auf den weisen Salomo angespielt –, sondern es geht um die Frage, was hier mir diesem Buch überhaupt geboten wird.

Einen Überblick über die Forschung und die Auslegungsmodelle bieten Birnbaum/Schwienhorst-Schönberger: Kohelet, bes. 279-310.

22.1 Inhalt und Gliederung

Die **Überschrift** in 1,1 nennt den angeblichen Autor/Sprecher: Es ist **Kohelet**, der **Davidssohn**, der König über Jerusalem war (1,1), der feststellt: **Alles ist Windhauch** (hæbæl – wie der Name des von Kain ermordeten Bruders), flüchtig, und: Was ist der Vorteil eines Menschen, der sich anstrengt unter der Sonne (1,2-3)? Die Frage, die V. 3 stellt, scheint durch V. 2 schon beantwortet, oder als rhetorische Frage entlarvt: Wenn alles Windhauch ist, dann gibt es **keinen Vorteil**. Die folgenden Verse (1,4-11) entwerfen einen steten Kreislauf allen Geschehens: Wind und Wasser kommen zu ihrem Ursprung zurück, und dies gilt auch für die Geschichte, in der es **nichts Neues** gibt. Wenn etwas neu zu sein scheint, gab es auch dies schon in der Vergangenheit; man erinnert sich nur nicht mehr daran (1,10). Die Erkenntnis, dass alles Windhauch ist, wird im Folgenden noch weiter entfaltet: **Weder unermessliches Wissen**, das sich ein Mensch aneignet (1,2-2,2), **noch Wohlstand** (2,3-11) bringen Befriedigung: Es gibt keinen Vorteil (2,11). Zudem muss er feststellen, dass es dem Gebildeten geht wie dem Ungebildeten, dem Wissenden wie dem Unwissenden. Sie werden alle vergessen, alle Anstrengung ist vergebens (2,16.22). Ob es dem Menschen gut geht oder nicht, hängt letzten Endes von Gott ab – der nicht ungerecht ist, dessen Pläne der Mensch aber nicht durchschaut. Er ist es auch, der die Zeiten bestimmt, auf die der Mensch keinen Einfluss hat (3,1-15).

Auf diesen ersten Abschnitt, dessen Fortgang durchaus logisch und überlegt erscheint, folgen ab 3,16 Texte, wie sie eingangs vorgestellt werden: Es sind nur schwer Zäsuren zu erkennen. In 3,16-6,10 finden sich **gesellschafts- und religionskritische Fragen**, u.a. auch zu Armut und Reichtum (5,7-6,2). Nach einer kurzen Einleitung (6,11-12), wiederum zum Thema der **Flüchtigkeit menschlichen Erkennens und Lebens** fährt 7,1-9,6 fort mit der Diskussion verschiedener weisheitlicher Positionen. In 9,1-6 folgt die Erkenntnis, dass alle ein und dasselbe Geschick trifft, ähnlich dem, was schon in 3,19ff geäußert wurde. Den Guten wie den Bösen, Mensch und Tier trifft das gleiche Geschick und mit dem Tod vergeht auch die Erinnerung. 9,7-12,8 überschreibt die EÜ mit: Ratschläge Kohelets, aber es sind nicht eigentlich Ratschläge. Beispielsweise wird in 9,11-12 festgestellt, dass der Mensch seine Zeit nicht kennt – und das Unglück fällt ohne Wissen des Menschen einfach irgendwann über ihn her. Dafür gibt es keine Ratschläge, außer vielleicht der Verweis auf den Zufall oder besser: auf die **Unverfügbarkeit Gottes**.

Die Lebensführung, die Kohelet empfiehlt, ist denn tatsächlich ein „carpe diem", erfasse den Tag, d.h. lebe im Jetzt: *12,1 Und denke an deinen Schöpfer in den Tagen deiner Jugendzeit, bevor die Tage des Übels kommen und die Jahre herannahen, von denen du sagen wirst: Ich habe kein Gefallen an ihnen! – ... 6 bevor die silberne Schnur zerreißt und die goldene Schale zerspringt und der Krug am Quell zerbricht und das Schöpfrad zersprungen in den Brunnen fällt. 7 Und der Staub kehrt zur Erde zurück, so wie er gewesen, und der Geist kehrt zu Gott zurück, der ihn gegeben hat.*
Abgeschlossen wird das Buch durch **zwei Nachworte**: 12,9-11 und 12,12-14 mit Informationen über diesen Kohelet bzw. einem Schlusswort, das nicht unbedingt mit den Positionen des Buches zu vereinbaren ist:
12,13 Das Endergebnis des Ganzen laßt uns hören: Fürchte Gott und halte seine Gebote! Denn das soll jeder Mensch tun. 14 Denn Gott wird jedes Werk, es sei gut oder böse, in ein Gericht über alles Verborgene bringen.
Hierzu passt die Vorstellung, Mensch und Tier hätten das gleiche Geschick nicht wirklich!

In Kürze

1,1	Überschrift
1,2-12,8	Weisheitslehren (mit 1,2f und 12,8 als Rahmen)
	1,4-11 Kosmologie
	1,12-3,15 anthropologische Probleme
	3,16-6,10 Gesellschafts- und Religionskritische Aussagen
	6,11-9,6 Kritik der Weisheit (Ideologiekritik)
	9,7-12,7 ethische Folgerungen
12,9-14	zwei oder drei (?) Epiloge

Kohelet (oder auch Qohelet) wird gewöhnlich von der hebräischen Wurzel qhl = versammeln, Versammlung, Gemeinde, abgeleitet. Kohelet ist allerdings ein feminines Partizip und bezeichnete somit, streng genommen, die Gemeindeleiter*in*. Ob es sich dabei um eine Amtsbezeichnung handelt oder, wie jetzt geläufig, um einen Eigennamen, muss offen bleiben. Übersetzt wird das Wort von M. Luther z.B. mit „Prediger". Mit 1,12-2,10 kommt der König (Salomo?) ins Spiel, für den es aber ansonsten keine Anhaltspunkte gibt.

22.2 Die Themen und ihr Einfluss auf die Entstehung des Buches

In der Forschung wird teils mit einem Gesamtthema gerechnet (Lohfink sieht ein solches in der Religionskritik Koh 4,17-5,6), häufiger aber mit mehreren Themen und damit auch mit einer mehrteiligen Gliederung des Buches. Es ist von vier bis sieben Teilkomplexen mit entsprechenden Teilthemen die Rede. Gleichwohl wird auch die Existenz eines solchen Gesamtthemas bestritten (zur Frage vgl. Willmes: Kohelet 11).

Ein sehr zentraler Gedanke des Buches scheint jedenfalls die Überzeugung zu sein, dass Weisheit – im Gegensatz zur traditionellen Vorstellung – eben *nicht* zur Einsicht führt, keinen „Mehrwert" an Lebensqualität verschafft. Koh 8,16f bringt dies zum Ausdruck:

> *8,16 Als ich mein Herz darauf richtete, Weisheit zu erkennen und das Treiben zu besehen, das auf Erden geschieht, – denn weder bei Tag noch bei Nacht sieht man Schlaf mit seinen Augen – 17 da sah ich am Ganzen des Werkes Gottes, daß der Mensch das Werk nicht ergründen kann, das unter der Sonne geschieht. Wie sehr der Mensch sich auch abmüht, es zu erforschen, so ergründet er es nicht. Und selbst wenn der Weise behauptet, es zu erkennen, er kann es doch nicht ergründen.*

Diese Skepsis ist schon angelegt in Spr 16,9; 19,21; 21,30f, hier aber, in Kohelet, wird sie entfaltet. Es wird dabei überhaupt nicht bestritten, dass es Ordnung gibt, aber sie ist für den Menschen nicht fassbar, auch für den Weisen nicht, der ja versucht, durch Erkenntnis der Ordnung „Gewinn" für sein Leben zu ziehen. Die Ordnung zu erkennen ist ja gerade das Wesen von Weisheit. Wer die Ordnung kennt und für sich nutzbar macht, ist ein Weiser, sagt die Weisheitsliteratur eigentlich.

Nun wird aber hier gesagt, dass es keine Erkenntnis gibt, auch für den Menschen nicht. Der Verfasser zeigt verschiedene Erkenntniswege auf, verifiziert oder (meistens) falsifiziert sie aber. Was bleibt, ist der – von Gott geschenkte – Genuss des Lebens. Aber auch dieser Genuss, die Lebensfreude, ist nicht planbar und nur mit Billigung Gottes möglich. Der Genuss steht auch keineswegs jedem zur Verfügung: Gott kann geben, oder eben auch entziehen. Der Mensch kann daran aber nichts ändern. Gott hat alles recht gemacht, aber wie er es gemacht hat, bleibt dem Menschen verborgen, auch dem Weisen.

Verbreitet ist heute folgende Zitationstheorie: Kohelet stelle ältere/andere Positionen vor und bespreche oder kommentiere diese kritisch. Die alten Positionen, so Kohelet, gelten nicht mehr und so verschafft Weisheit auch keinen Gewinn:

Gott ist im Himmel, du aber auf der Erde; von daher ist auch eine Klage an oder gegen Gott nicht angebracht. Kohelet bezeugt die Souveränität Gottes, wobei auch die Weisheit keine Hilfe ist, das Wirken Gottes zu erfahren, geschweige denn zu bestimmen. Die Skepsis richtet sich dabei aber nicht gegen Gott, sondern gegen die menschlichen Erklärungsversuche! Für den Menschen ist alles Zufall oder Geschick.

Demzufolge wird auch der Tun-Ergehen-Zusammenhang als Erklärungsmuster abgelehnt (vgl. 5,9ff; 6,7ff; 7,15; 8,5-14; 9,2f11). Dieser funktioniert nicht: Der Fromme und der Gottlose haben ein und dasselbe Schicksal (s.o. Koh 9). Der Tod ist der große Gleichmacher; vor diesem Schicksal relativiert sich alles. Der Glaube an die Unsterblichkeit des Menschen wird zumindest in Frage gestellt (vgl. 3,21f). Anderslautende Positionen sind entweder Korrekturen oder Zitate, die nicht Kohelets Meinung wiedergeben (vgl. 7,11f mit 13f als kritische Weiterführung).

Mit der Zitationstheorie wird allerdings der Zusammenhang zwischen den einzelnen Zitaten noch nicht ausreichend erklärt. Die Frage, ob es sich bei Kohelet um einen Schulbetrieb handelt, in dem die Schüler die Lehren nicht systematisch aufgezeichnet haben, muss ebenso weiter diskutiert werden wie der Ansatz von Michel, der behauptet mit Kohelet 1,3-3,15 liege ein Traktat vor, der anschließend entfaltet werde. Dabei müssen sich beide Positionen noch nicht einmal ausschließen (S. 1-83).

Die Abschnitte

Als Klassifikation der kleineren Einzelabschnitte findet man Bezeichnungen wie Mahnspruch, weisheitliche Betrachtungen, komparativischer tob-Spruch (tob, hebr. = gut), Reflexionen im Ich-Stil mit integrierten rhetorischen Fragen und kritischem Fazit. Hierbei ergeben sich allerdings signifikante Unterschiede, wie Ellermeier sie aufzeigt: Kritische Reflexion (Reflexion ist ein formgeschichtlicher Ausdruck für eine größere Redeeinheit) kann sowohl bei einer Negativaussage ansetzen und diese ausführen (Koh 3,16-22; 6,1-6), als auch bei einem positiven oder zumindest neutralen Ausgangspunkt und von dort aus zur Kritik vorstoßen (3,1-15; 4,13-16). Auch der Beginn im Negativen mit positivem oder neutralem Ende unter Beibehaltung des grundsätzlichen Vorbehalts kommt vor (4,4-6; 5,12-19). Anzumerken ist, dass im Buch Kohelet bestimmte Themen, die ansonsten in der Weisheitsliteratur durchaus eine Rolle spielen können, ausgeklammert werden: Aussagen zu Familienleben, gutnachbarlichem Verhalten, dem Verhältnis zum Staat bzw. zu den Regierenden fehlen, obwohl eine deutlich erkennbare Individualisierung vorliegt. Daher spielen Volk, Israel und Gemeinschaft kaum eine Rolle und kommen auch als Wort in dem Buch nur vereinzelt vor. Damit fehlt aber auch das schützende Eingebundensein in Volks- und Familientradition. Es geht – im Gegensatz zu Spr – nur um den Einzelnen und sein Ergehen, unabhängig vom Familienstand.

22.3 Alles hat seine Zeit (3,1ff)

Die beliebten Verse, die zu allen möglichen oder unmöglichen Anlässen gelesen werden, zur Hochzeit genauso wie im Trauerfall, sind längst nicht so nett gemeint, wie sie sich anhören. Auch in ihnen steckt eine deutliche Kritik an der Weisheit und eine Ironie gegen die Aussage der Verse selbst. Der Weise meint, dass es für alles Geschehen und Handeln einen günstigen Zeitpunkt gibt, wenn es effizient sein soll. Ein erster Wermutstropfen gegen diese Vorstellung liegt sicher in der Aussage: Es gibt eine Zeit zu sterben, denn kaum jemand wird den Zeitpunkt seines Todes als besonders günstig oder gelungen ansehen. Bei näherem Hinsehen wird dann deutlich, dass dieser Vorbehalt auch für viele andere Handlungen und Ereignisse gilt: Auch die Geburt eines Menschen ist nicht planbar, es gibt keinen geeigneten Zeitpunkt, um zu töten und auch nicht um zu heilen. Selbst die Anstrengungen des Arztes lassen keine Prognosen zu, ob und wann ein Heilungserfolg eintritt. Eine günstige Zeit zum Verlieren eines Gegenstandes gibt es ebenso wenig usw. Das aber heißt, dass die Grundansicht von Kohelet in Frage gestellt wird. Der Mensch hat es eben nicht in der Hand, für alles Geschehen den günstigsten Zeitpunkt zu wählen, nicht den Zeitpunkt für Trauer und nicht den für Freude.

Diesen bestimmt vielmehr das Schicksal – oder Gott (vgl. hierzu bes. Willmes: Kohelet, 110-118). Vielleicht sollte man vor diesem Hintergrund in Zukunft etwas vorsichtiger sein, diese Verse – gerade bei freudigen Anlässen – einzusetzen.

Parallel- oder Vergleichstexte

Kohelet ist in vielerlei Beziehung einmalig. Gleichwohl gibt es Aussagen im Umfeld des AT, die durchaus ähnlich sind, ohne dass man deshalb literarische Abhängigkeit annehmen müsste (vgl. Michel: Qohelet 52ff).
Zu nennen wären hier:

- das Gespräch eines Leidenden mit seinem frommen Freund (Babylonischer Kohelet, in neuerer Zeit eher mit Ijob in Beziehung gesetzt)
- das (satirische, sumerische) Streitgespräch eines Herrn mit seinem Knecht: (Du und ich, wir sind zusammen nichts als Wind vgl. Koh 1,2)
- zu Kohelet 9,7-10: Gilgamesch Epos, 10. Tafel
- Harfnerlieder (ägyptisch)
- Gespräch des Lebenden mit seinem ->*Ba* (ägyptisch)
- →*Papyrus Insinger* (ägyptisch)
- Lehre des Anch-Scheschonqi (ägyptisch)

22.4 Kohelet als Festrolle

Kohelet wird zu Laubhütten gelesen. Das Laubhüttenfest (Sukkot = Hütten) ist neben Pascha/Pesach und dem Wochenfest (Schavuot = Wochen, entspr. Pfingsten) eines der drei großen Wallfahrtsfeste, zu denen man einst zum Tempel zog um seinen Zehnten abzuliefern. Erwähnt wird das Fest in Lev 23,39ff und Dtn 16,13-15. Zu dieser Zeit sind die Trauben reif, aber auch die Feigen und die Granatäpfel. Seinen Namen hat es aus dem Brauch, nicht in festen Häusern, sondern in Erinnerung an den Wüstenzug in provisorischen Unterkünften zu leben – hier also in Laubhütten. Heute gibt es recht genaue Vorgaben, wie eine Laubhütte auszusehen hat.

Zum Fest gehört der Feststrauß, der Lulaw, bestehend aus Palmwedel, Myrte und Bachweide. Dazu kommt als viertes Element der Etrog, eine besondere Zitrusfrucht – er sieht aus wie eine besonders große Zitrone. Diese Vier trägt man, auch bei der Prozession zum Fest der Torafreude, einen Tag nach Sukkot.

Der Grund für die Lesung von Kohelet an Laubhütten besteht darin, dass Salomo an Sukkot den Tempel eingeweiht haben soll. Eine andere Deutung geht davon aus, dass das Sukkotfest, v.a. mit dem nachfolgenden Fest der Torafreude (Simchat Tora) ein Freudenfest ist. Kohelet aber passe mit seinem Geist von Freude und Optimismus zu diesem Fest; immerhin sei in Kohelet mehrfach von Freude die Rede: 2,10; 3,12.22; 5,18f; 8,15.

Als weitere Gründe werden genannt: Da die anderen Rollen schon vergeben sind, bliebe Sukkot ohne die Verwendung von Kohelet ohne Festtagsrolle. Koh 11,2 nennt die Zahlen sieben und acht. Nun wird Sukkot sieben oder acht Tage gefeiert, so dass sich hier ein weiterer Anhaltspunkt ergibt. Die Blumen, die die Laubhütte schmücken und die Zweige, das Schilf oder Gras auf dem Dach – sie alle sind vergänglich. Dies trifft sich mit einigen wichtigen Aussagen von Koh.

Wie im Judentum üblich, gibt es jedoch noch eine ganze Reihe weiterer Gründe für die Verbindung von Sukkot und Kohelet.

22.5 Verfasser und Kanonizität

Der Bezug zu Salomo hat sicherlich die →*Kanonizität* gefördert oder wurde eigens überhaupt erst deshalb angefügt. Per se ist das Buch nämlich nicht besonders „fromm“. Sein Skeptizismus bzw. seine Ironie gegenüber überkommenen Positionen wird von konservativer Seite sicher mit Misstrauen beäugt worden sein. Gott kommt zwar nicht gerade schlecht weg – immerhin schenkt er das Gute, das man genießen kann, aber dass er als willkürlich und unberechenbar empfunden wird, tangiert dann doch die heilsgeschichtliche Sicht dieses Gottes.

Daher hatte es das Buch nicht leicht, sich einen Platz im Kanon zu verschaffen, zumal der Bezug zu Salomo schon bald als unrichtig erkannt wurde, v.a. wegen 12,9, wo sich Kohelet als Weiser und/oder Volkslehrer vorstellt.

Im Übrigen haben Redaktoren vermutlich versucht, die Kanonizität durch kleine Eingriffe zu sichern. Der Redaktor des ersten Epilogs versuchte möglicherweise, die Inspiriertheit in Anspruch zu nehmen, falls die Rede vom Hirten in 12,11 auf Gott zielt. Der Verfasser des Zweiten versucht, den Skeptizismus etwas zu mindern und das Buch zu theologisieren. Ungeachtet der Aussage des Buches verweist er auf die Gebote und deren Einhaltung – dies tut Kohelet sonst nie! Auch die Rede vom Gericht (3,11; 11,9b) geht über Kohelet hinaus, verkehrt die Aussage von Koh und rettet damit vielleicht sein Ansehen. Und schließlich könnte der Versuch, den Tun-Ergehen-Zusammenhang beizubehalten (2,26; 8,12f) ebenfalls sekundär sein.

Für das Christentum ist das Buch interessant, weil Hieronymus 2,24 auf die Eucharistie bezieht, 3,18-21 auf die Zeit vor Christus.

Als Entstehungszeit wird das 3. oder 2. Jh. v. Chr. angenommen. Dies geschieht vor dem Hintergrund, dass eine Krise der Weisheit häufig aus der Krise einer Gesellschaft oder eines Staatswesens resultiert: In einer Krise werden die alten Regeln nicht mehr als stimmig empfunden.

Krisen hat es in Israel aber nun wahrhaftig genug gegeben, so dass die Datierung nicht unbedingt alleine daran festgemacht werden kann: 722, der Untergang des Nordreichs, 597/586 Untergang des Südreichs und Exil, nach dem Exil folgt das „dunkle Zeitalter“ zu dem nur wenige Informationen vorliegen. Mal, Esra und Neh zufolge kommt es immer wieder zu Auseinandersetzungen mit den Samaritern und den eigenen Volksgenossen. Und schließlich ist die Zeit der Diadochenherrschaft, der Ptolemäer und Seleukiden, als Krisenzeit zu nennen, eine Zeit, die offensichtlich die schwersten Einbrüche im Volksverständnis hervorgerufen hat.

Dennoch bietet das Buch keine Haftpunkte auf irgendein geschichtliches Ereignis. Die mögliche Kenntnis des Buches durch Sir, die persischen und aramäischen Lehnwörter, Textfunde in Qumran und das spät anmutende Hebräisch, das schon in Richtung Mischnahebräisch geht, lassen den o.g. Entstehungszeitrahmen als vernünftig und passend erscheinen. Abfassungsort könnte Jerusalem sein; der Verfasser scheint wohlhabend gewesen zu sein (vgl. 2,3-11.18-23; 4,4; 5,9f11.13; 6,3.7; 7,12.19; 8,10; 10,19).

Zusammenfassung

Das Buch Kohelet stellt eine Sammlung von Weisheitssprüchen dar, die von dem Verfasser vorgestellt, kritisch hinterfragt und zumeist falsifiziert werden. Die angebliche Weisheit und Ordnung bringt den Menschen bei näherem Zusehen nicht wirklich weiter, sagt der Autor. Es gibt keine Erkenntnis. Deshalb ist es gut und richtig, sich an den Gegebenheiten der Gegenwart zu orientieren und sich ggf. daran zu erfreuen, soweit Gott uns Gutes zukommen lässt.

23. Das Hohelied/Das Lied der Lieder

Da das Hebräische keine eigenen Steigerungsformen kennt (durch Prä- oder Suffixe oder neue Nomina), wird der Superlativ durch die Verdoppelung des Nomens im Plural hergestellt: Die Frau der Frauen ist die höchste, beste, schönste Frau, das Lied der Lieder ist das schönste Lied etc. Die Bezeichnung „Lied der Lieder", Hohelied, ist somit der Superlativ. Dieses Lied ist nicht zu überbieten.

23.1 Inhalt und Gliederung

Der Inhalt ist rasch umschrieben: Das Buch enthält **Liebeslieder in der Form von Wechselgesängen** vorzugsweise zwischen Frau und Mann, Geliebter und Geliebtem, in denen die Sehnsucht der beiden zueinander, aber auch die körperlichen Vorzüge zum Ausdruck gebracht werden. Die Lieder preisen die Schönheit von beiden wie auch die Schönheit der Liebe in Bildern und in erotischen Aussagen.

Es sprechen der Mann, die Frau, die Freundinnen der Frau (Töchter Jerusalems), die Brüder der Frau; darüber hinaus werden die Wächter der Stadt genannt. Es bedarf keiner allegorischen Deutung, um den Text zu verstehen. Der Text selbst enthält freilich **Allegorien** oder zumindest **bildhafte Umschreibungen der körperlichen Vorzüge** der beiden Protagonisten. Es ist die Rede von der Liebe im Garten wie im Haus, es geht um die Suche des Mannes nach seiner Geliebten wie auch der Geliebten nach ihrem Freund/Mann. Die Mutter des Mädchens und die Brüder stehen der Liebe der beiden allerdings im Wege und versuchen diese offensichtlich zu verhindern, indem sie das Mädchen zum Hüten der Tiere auf das Feld oder in den Weinberg schicken.

Dass hierbei auch die **Welt der Hirten oder der Gärtner** erwähnt wird, ist genau so wenig zufällig wie die Rede vom Weinberg und Acker als Bild für die Frau, denn im Altertum sind die Gärtner und die Welt der Hirten besonders erotisch konnotiert. Nicht umsonst gilt der Hirtengott Pan als Gott der Lust und der Liebe – und wird letztlich in einer lustfeindlichen Welt zum Abbild des Teufels mit Schwanz, Hörnern und Bockbeinen. Bei diesen Texten, wenn der/die Geliebte als Gärtner oder Hirte angesprochen wird, spricht man von **Travestie**. Dieses Stilmittel sorgt neben Parallelen und Stichwortverbindungen für die Verknüpfung der einzelnen Lieder.

Abb. 10: Pan lehrt Daphnis das Flötenspiel, ca. 100 v. Chr., Archäologisches Museum Neapel, Foto: Dave und Margie Hill/Kleerup

Aufbau und Entstehung betreffend gibt es viele Fragen:

„...ob das HL als Sammlung einzelner Lieder oder als eine ursprüngliche einheitliche dramatische oder undramatische Dichtung anzusehen ist, ob es sich bei den Liedern um Volks- oder Kunstdichtung handelt; ob sie sich gegebenenfalls auf die eheliche oder auch außereheliche Liebe beziehen und ob sie in einer Urform auf eine kanaanäische Kultdichtung des zweiten vorchristlichen Jahrhunderts zurückgehen oder ob es sich bei ihnen um Dichtung aus der frühen Königszeit, der vorexilischen oder spätnachexilischen Zeit handelt, ist durchaus umstritten." (Kaiser: Einleitung 361)

Und nicht nur das: Es ist noch nicht einmal unbestritten, dass es sich bei diesen Positionen grundsätzlich überhaupt um Alternativen handelt (Smend: Einleitung 217). Das heißt, es könnte sich beispielsweise sowohl um eheliche wie auch um voreheliche Liebe handeln. Sollte eine Liedersammlung vorliegen, so könnten hier Einzelstücke aus unterschiedlichen Zeiten miteinander verknüpft worden sein und die Einzelstücke können wiederum unterschiedliche Wurzeln haben. Ebenso umstritten war zumindest lange Zeit die formale Zuordnung des Liedes bzw. der darin enthaltenen Lieder. Da wurde z.B. ein kultdramatischer Hintergrund als →*Sitz im Leben* postuliert, d.h. man sah hier eine Götterhochzeit der Frühlingsgottheiten →*Tamuz und seiner Geliebten Ištar* abgebildet oder sogar nachvollzogen. Man glaubte, eine Vorlage für die heilige Hochzeit, die Hierogamie zu haben, die z.B. der König mit einer Priesterin/Tempeljungfrau vollzieht, um dem Land Segen zu bringen.

Derartige Überlegungen dürften jedoch eher der Phantasie der zumeist männlichen Ausleger zuzuschreiben sein als der Wirklichkeit. Für Israel sind derartige Vorgänge jedenfalls völlig spekulativ, auch wenn im AT von Hierodulen (hebr. Kedaschim mit der Wurzel kdš = heilig; →*Kultprostitution*) die Rede ist. Ob es sich dabei um Tempelprostituierte handelt (vgl. 1Kön 14,24; 1Kön 15,12; 1Kön 22,47; 2Kön 23,7), ist höchst ungewiss!

Für eine Sammlung von Einzelliedern sprechen die unterschiedlichen Charaktere der Abschnitte und auch die vorliegenden Wechsel bei den agierenden Personen. Wiederholungen von Ausdrücken oder Sätzen in den verschiedenen Teilen des Buches (Dubletten) untermauern diese Vermutung.

Schließlich wird immer wieder auf die Nähe des Textes zu ägyptischen Darstellungen aufmerksam gemacht: Die Beine des Jünglings und die Füße des Mädchens werden in der ägyptischen Kunst unverhüllt abgebildet. Der Bauch der Frau, der mit einem Getreidehaufen verglichen wird, entspricht der farblichen Darstellung von Getreide in Ockergelb und auch die besungenen kleinen Brüste entsprechen dem ägyptischen Schönheitsideal, wie Wandmalereien von Tänzerinnen mit unverhüllten Brüsten erkennen lassen.

Abb. 11: Tänzerin auf einem altägyptischen *Ostraka*, gefunden in Theben, heute im Turiner Museo Egizio, Malerei auf Kalkstein, 10,5x16,8 cm, 19. Dynastie, um 1300 v. Chr.

Unstrittig ist im Gegensatz zur Angabe in 1,1 Salomo jedenfalls *nicht* der Verfasser der Lieder. Dafür spricht u.a. auch 8,11f, wo der Vortragende/der Sänger von Salomo unterschieden wird. Salomonische Verfasserschaft wurde dem Buch angetragen um einer größeren Akzeptanz willen und auch aufgrund der Tatsache, dass Salomo grundsätzlich (weisheitliche) Dichtung und auch Lieder zugeschrieben werden

> *vgl. 1Kön 5,12 Und er verfasste dreitausend Sprüche und die Zahl seiner Lieder war 1005.*

Das Hohelied als Wechselrede

Im Folgenden wird versucht, das Buch als Wechselgesang vorzustellen. In den meisten Fällen geht aus dem Gesagten oder dem Kontext klar hervor, wer gerade spricht. Bei einigen Texten bleibt die Frage nach dem Sprecher bzw. der Sprecherin allerdings unsicher.

Überschrift

Hld 1,1 Das Lied der Lieder, von Salomo

Frau: 2 Er küsse mich mit Küssen seines Mundes, denn deine Liebe ist köstlicher
als Wein. 3 An Duft gar köstlich sind deine Salben; ausgegossenes Salböl ist dein
Name. Darum lieben dich die Mädchen. 4 Zieh mich dir nach, laß uns eilen! Der
König möge mich in seine Gemächer führen! Wir wollen jubeln und uns freuen
an dir, wollen deine Liebe preisen mehr als Wein! Mit Recht liebt man dich.
5 Schwarz bin ich und doch anmutig, ihr Töchter Jerusalems, wie die Zelte Kedars,
wie die Zeltdecken Salomos. 6 Seht mich nicht an, weil ich schwärzlich bin, weil
die Sonne mich gebräunt hat! Meiner Mutter Söhne fauchten mich an, setzten
mich als Hüterin der Weinberge ein. Meinen eigenen Weinberg habe ich nicht
gehütet.
7 Erzähle mir, du, den meine Seele liebt, wo weidest du? Wo läßt du lagern am
Mittag? Wozu denn sollte ich wie eine Verschleierte sein bei den Herden deiner
Gefährten?
Mann: 8 Wenn du es nicht weißt, du Schönste unter den Frauen, so geh hinaus
den Spuren der Herde nach und weide deine Zicklein bei den Wohnstätten der
Hirten! 9 Einer Stute an den Prachtwagen des Pharao vergleiche ich dich, meine
Freundin. 10 Anmutig sind deine Wangen zwischen den Schmuckkettchen, dein
Hals mit der Muschelkette. 11 Goldene Schmuckkettchen wollen wir dir machen
mit Perlen aus Silber.
Frau: 12 Solange der König bei seiner Tafelrunde *weilt*, gibt meine Narde ihren
Duft. 13 Ein Myrrhenbeutelchen ist mir mein Geliebter, das zwischen meinen
Brüsten ruht. 14 Eine *Blüten*traube vom Hennastrauch ist mir mein Geliebter, aus
den Weinbergen von En-Gedi.
Mann: 15 Siehe, du bist schön, meine Freundin, siehe, du bist schön, deine Augen
sind Tauben.
Frau: 16 Siehe, *auch* du bist schön, mein Geliebter, und hold, und unser Lager ist
frisches Grün. 17 Die Balken unseres Hauses sind Zedern, unsere Dachsparren
sind Wacholder. (vgl. 8,5)
2,1
Ich bin eine Narzisse von Scharon, eine Lilie der Täler.
Mann: 2 Wie eine Lilie unter Dornen so ist meine Freundin unter den Töchtern.

Auf diese und ähnliche Weise setzt sich die Wechselrede fort.

Bezüglich der Form der einzelnen Lieder glaubt man ein relativ großes Spektrum entdecken zu können, wie etwa Beschreibungslied, Bewunderungslied, Selbstschilderung, Prahllied, Sehnsuchtslied, Traumschilderung, Erlebnisschilderung, Beschwörungslied, Aufforderung zur Freude u.a. Diese Differenzierungen sind zwar interessant, helfen hier aber für die Feststellung des Sitzes im Leben oder auch hinsichtlich der Frage nach der Herkunft der evtl. traditionellen Lieder nicht wesentlich weiter.

Ob es sich um Kunst- oder Volksdichtung handelt und ob sich die beiden Möglichkeiten unbedingt ausschließen müssen, bleibt unklar.

23.2 Erzählte Zeit und Erzählzeit

Beides ist nur schwer zu bestimmen. Es bleibt ein Problem, das nicht völlig aufgelöst werden kann.

Die erzählte Zeit könnte die frühe Königszeit sein, nicht nur wegen Salomo, sondern auch wegen der Erwähnung der Stadt Tirza (6,4). Diese war unter König Jerobeam und den späteren Königen bis Omri (885-874) die Hauptstadt des Nordreiches gewesen, in der der König residierte. Omri verlegt dann die Hauptstadt nach Samaria, möglicherweise aus strategischen Gründen. Es ist aber fraglich, ob man aufgrund der Erwähnung dieser Stadt deshalb auch mit alten Texten rechnen muss. Vielleicht galt die Stadt als besonders schön oder besonders weltoffen oder eines der Lieder kommt eben von dort. Sie muss ja deshalb nicht mehr die Hauptstadt des Reiches gewesen sein. Ganz sicher hat Salomo dort nie residiert!

Somit bleibt das Lied bzw. die Lieder hinsichtlich der erzählten Zeit zeitlos und nicht datierbar. Jerusalem ist als Entstehungsort möglich und wird verschiedentlich auch angenommen angesichts der Nennung der „Töchter Jerusalems“.

Die Erzählzeit, die Zeit der Entstehung des Liedes, wird überwiegend relativ spät angesetzt, da sich in den Texten persische und griechische Lehnworte finden, so z.B. in 4,13 das Wort pardes (= Lustgarten, Paradies) oder auch in 3,9 das Wort appirjon für Tragsessel, Sänfte. Es kommen eine ganze Reihe von Aramaismen hinzu, die ebenfalls auf die nachexilische Zeit verweisen. Die in dem Lied verarbeiteten Abschnitte können älter sein und z.B. bei Eheschließungen vorgetragen worden sein, die Zusammenstellung und die zu vermutende redaktionelle Bearbeitung dürfte jedoch nachexilisch sein.

23.3 Das Hohelied als Festrolle

Das Lied wird etwa seit dem 8. Jh. n. Chr. zu Pesach/Pascha gelesen, und zwar an dem Tag der Pascha-Woche, der auf den Sabbat fällt. Die Verbindung zu Pascha ergibt sich aus einer Reihe von Anklängen an dieses Fest:

- Das Hohelied (Hld) preist den Frühling (2,11-12); Pascha ist ein Frühlingsfest.

- Hld enthält Hinweise auf die Geschichte des Volkes Israel; Pascha ist fest mit geschichtlichen Daten (Zeit in Ägypten; Exodus) verbunden.
- Im Lied ist von der Stute des Pharao die Rede; dies verweist nach Ägypten (Hld 1,9).
- Die Beziehung zwischen Gott und seinem Volk entspricht der Liebesbindung/dem Bund zwischen Mann und Frau im Hld; diese Liebe wird u.a. auch im Exodus offenbar.

23.4 Theologische Aussage

Damit wird bereits ein wesentliches Merkmal der Schriftauslegung des Hld deutlich: Bevorzugt wird sowohl im Judentum wie auch im Christentum eine allegorische Auslegung: Gott/Jesus ist der Bräutigam, der liebende Mann, das Mädchen ist Israel/die Kirche. Die letztgenannte Deutung auf Christus und seine Kirche findet sich seit Hippolyt von Rom (2. Hälfte des 2. Jh. n. Chr.).

In der christlichen Deutung begegnet man aber auch noch der Deutung auf Christus und auf die menschliche Seele oder auf Christus und Maria. Im Judentum ist die allegorische Auslegung möglicherweise schon im Buch Esr zu beobachten (5,24.26 vgl. Hld 2,1 und 6,9).

Ohne die Allegorisierung hätte das Lied möglicherweise nie den Weg in den Kanon gefunden, denn das Hld besteht zunächst aus einer Sammlung von hocherotischen Liebesliedern.

Zusammenfassung

Das Lied, das sich mit einiger Wahrscheinlichkeit aus verschiedenen Einzelstücken zusammensetzt und nur bedingt einen roten Faden besitzt, ist als Ganzes ein Liebeslied, das die Schönheit von Mann und Frau und auch die Schönheit der Liebe beschreibt, durchaus mit erotischen Momenten. Die schon früh nachweisbare Deutung der beiden Liebenden auf Gott und sein Volk bzw. auf Christus und die Kirche haben dem Lied seine Stellung und seinen Verbleib im Kanon gesichert.

24. Das Buch der Weisheit

Das zu den deuterokanonischen Schriften zählende Werk lag vermutlich von Anfang an nur in Griechisch vor. Zumindest existieren bis zur Stunde keine anderssprachlichen Zeugnisse und auch vom Stil und Inhalt her spiegelt es die griechische Welt des Diasporajudentums.

Als Verfasser gilt einmal mehr Salomo, der hier zwar nicht namentlich genannt wird, aber in 7,5 und 9,7 als König auftritt und ausdrücklich als derjenige dargestellt wird, der Gott um Weisheit bittet (7,7-18; 8,19-21). Auch die Mahnung an die Könige, Weisheit zu suchen (Kap. 6) könnte zunächst einmal als Mahnung des Salomo an seine „Kollegen" verstanden werden. Dennoch, und das sei schon einmal vorweggenommen, gehört das Buch nicht in die salomonische Zeit.

24.1 Inhalt und Gliederung

Ohne Überschrift beginnt das Buch gleich mit einer **Mahnung an die Herrscher: Liebt (die unsterbliche) Gerechtigkeit und denkt an den Herrn** (1,1). Die deuterokanonische Weisheit ist nicht mehr ausschließlich vom Tun-Ergehen-Zusammenhang geprägt, wenngleich sich auch hierfür Belege finden (z.B. 1,9; 3,17). Weitaus deutlicher sind die Verweise auf das **endzeitliche Gericht** und die **postmortale Existenz** mit ihrer ausgleichenden Gerechtigkeit. Es wird sogar ausdrücklich darauf verwiesen, dass die Vorstellung, nach dem Tod vergehe der Mensch vollkommen, als Irrglaube der Frevler zu betrachten ist: *2,2 Sie tauschen ihre verkehrten Gedanken aus und sagen: Kurz und traurig ist unser Leben; für das Ende des Menschen gibt es keine Arznei, und man kennt keinen, der aus der Welt des Todes befreit. 2,3 verlöscht er, dann zerfällt der Leib zu Asche, und der Geist verweht wie dünne Luft. .... 2,21 So denken sie, aber sie irren sich; denn ihre Schlechtigkeit macht sie blind (EIN).* Wie man sich dieses „Jenseits" vorzustellen hat, und in welcher Form es eine postmortale Existenz für den Menschen gibt, wird indes nicht gesagt

Die folgenden Kapitel widmen sich der Frage nach dem **Los der Gerechten und der Frevler** – nach dem Tod. Dabei wird auch deutlich gemacht, dass ein kurzes Leben des Gerechten im Gegensatz zu früheren Ansichten nicht etwa eine Strafe Gottes darstellt, sondern vielmehr eine Belohnung (4,10), denn: *Die Seelen der Gerechten sind in Gottes Hand, und keine Qual kann sie berühren ....3,7 Beim Endgericht werden sie aufleuchten wie Funken, die durch ein Stoppelfeld sprühen.....*

Den Frevlern steht dagegen das folgende Schicksal bevor: *4,19 Dann werden sie verachtete Leichen sein, ewiger Spott bei den Toten. Sie werden verstummen, wenn er sie kopfüber hinabstürzt und aus ihren Grundfesten reißt. Sie werden völlig vernichtet und erleiden Qualen; die Erinnerung an sie verschwindet. (EIN)*

Das ganze Kap. 5 befasst sich dann mit **dem Schicksal von Gut und Böse im Endgericht**. Der erste Abschnitt schließt mit der Mahnung an die Könige, nach Weisheit zu trachten, sie zu suchen und über sie nachzudenken: *So führt das Verlangen nach Weisheit zur Herrschaft hinauf* (6,29). Von der Mahnung, die Gebote der Weisheit zu halten (6,16) ist es nur ein kleiner Schritt hin zur Identifizierung der Gebote mit der Weisheit und damit zur Gleichung: Weisheit = Tora. Der Abschnitt schließt, wie er beginnt: Mit einer Mahnung an die Herrscher der Völker (6,21)

Mit 6,22 beginnt ein neues Thema: *6,22 Ich will verkünden, was die Weisheit ist und wie sie wurde, und will euch kein Geheimnis verbergen. Ich will ihre Spur vom Anfang der Schöpfung an verfolgen, ihre Kenntnis will ich verbreiten und nicht an der Wahrheit vorbeigehen.* D.h. die folgenden Kapitel befassen sich mit der Weisheit selbst, **dem Wesen der Weisheit** (6,22-8,18).

Eine Einleitung (8,19-21) leitet zum nächsten Thema über: Es findet sich ein **Gebet des Salomo um Weisheit** (9,1-19), das freilich jener Bitte um Weisheit in 1Kön nicht entspricht. Lediglich in 9,8 klingt die Zeit des Salomo an: Der Bau des Tempels.
An sieben Personen der frühen **Heilsgeschichte** zeigen die folgenden Ausführungen, wie Weisheit zur Rettung führt. Genannt werden Adam, Noach, Abraham, Lot, Jakob, Josef und schließlich das Volk Israel (10,1-11,4).
Mit 11,5 beginnend werden die **ägyptischen Plagen** als Strafen gegen die Gegner Israels aufgelistet (11,5-19,21). In dieser Reihe fremd erscheinen **zwei Exkurse** in 11,13-12,14 und 13,1-15,19, die die Reihe der Plagen unterbrechen. Der erste Exkurs hat **Strafe und Milde Gottes** zum Thema, der zweite **die Torheit des Götzendienstes**. Völlig deplatziert ist insbesondere die **Götzenkritik** an dieser Stelle nicht, denn gerade Ägypten ist in der Anzahl seiner Götter nur schwerlich zu überbieten.

In Kürze	
	Das Buch kann in drei Teile gegliedert werden:
1,1-6,21	Leben nach der Weisheit
6,22-8,18	Wesen der Weisheit und ihr Wirken
8,19-19,21	Gebet des „Salomo" um Weisheit (8,19-21); das Wirken der Weisheit in der Heilsgeschichte von Adam über die ägyptischen Plagen beim Exodus bis zur Rettung am Meer
19,22	Schlusssatz: Preis der Macht Gottes, mit der er sein Volk unterstützt hat

24.2 Erzählte Zeit und Erzählzeit

Wie es sich für weisheitliche Texte gehört, sind diese zeitlos gültig. Daher ist auch für dieses Buch eine erzählte Zeit nicht auszumachen. Dabei partizipiert das Buch an der „internationalen" Weisheit der nachexilischen Zeit und bietet eine Fülle von Anklängen an kanonische, außerkanonisch-jüdische wie auch hellenistische Literatur (vgl. Zenger: Einleitung[9], 497).

Die Erzählzeit freilich lässt sich deutlich eingrenzen: Aussagen zur Auferstehung und zum Jenseits finden sich in der kanonischen Literatur besonders bei

Daniel. Der geschichtliche Hintergrund ist die Situation des Judentums unter der Seleukidischen Herrschaft, in der der leidende Gerechte, der ggf. als Märtyrer für seinen Glauben stirbt, Gottes Zuwendung über den Tod hinaus erwarten soll und kann. Es ist demnach die Situation, die wir zurzeit des →*Makkabäer*aufstandes vorfinden mit dem Kampf der „Abtrünnigen" gegen diejenigen, die das Gesetz befolgen. In diese Zeit hinein spricht das Buch seine Worte des Trostes an die Frommen wie auch die Mahnungen bzw. die Ausführungen über die gottesferne Zukunft für die Frevler. Die Aufforderung an die Könige, Weisheit anzunehmen, dürfte sich in gleicher Weise an die Könige der Seleukiden (und/oder Ptolemäer) wie auch an die eigenen Könige aus den Reihen der Makkabäer richten. Wer dem Beispiel des Salomo folgt und Weisheit mehr schätzt als Zepter und Macht, lebt gottgefällig. Dies zeigt sich auch schon in der Geschichte an den Heilstaten Gottes.

Eine noch genauere zeitliche Eingrenzung könnte aufgrund der Verse 19,15f gelingen:

> *19,15 Noch mehr: Gewiß wird auch jene eine Strafe treffen, weil sie Fremde feindselig empfangen hatten; 16 diese aber haben Gäste, die sie festlich aufgenommen hatten und die schon die gleichen Bürgerrechte genossen, mit schwerem Frondienst geplagt.*

Hier kann in Erwägung gezogen werden, ob die Aussage nicht aus dem zunehmenden antijüdischen Klima Ägyptens erwachsen ist und damit auch in die nachchristliche Zeit von Caligula und Claudius datiert werden könnte (vgl. Zenger: Einleitung[9], 495).

Die vehemente Götzenkritik, die sich in Weish 13f (als sekundäre Zufügung?) findet, stellt sich etwa im Vergleich zum Brief des Jeremias im Buch Baruch nur in verkürzter Form dar. Die Grundtendenz ist freilich die Gleiche. Wie sollen Gebilde aus Menschenhand irgendjemandem helfen können. Die Gefahr des Götzenglaubens war im seleukidischen Großreich durchaus gegeben, vielleicht jedoch noch massiver in der Götterwelt des alten Ägyptens. Die Abfassung des Buches in der griechischen Diaspora Alexandriens ist daher durchaus vorstellbar, wenngleich nicht eindeutig zu beweisen.

Der Zweck der Schrift ist in jedem Falle die Propaganda für die Weisheit jüdischer Prägung.

25. Jesus Sirach

Der Übersetzer des Buches aus dem Hebräischen ins Griechische gibt sich selbst als der Enkel eines gewissen Jesus, Sohn des Eliasars, Sohn des Sirach zu erkennen, und dies sowohl im ungezählten Vor- wie auch im Nachwort (50,27). Der

Übersetzer berichtet von sich, er sei im 38. Jahr des Königs Euergetes nach Ägypten gekommen. Euergetes (= Wohltäter) ist indes der Beiname von zwei verschiedenen Ptolemäern: Ptolemaios III. als Euergetes I. und Ptolemaios VIII. als Euergetes II.

Ptolemaios III. regierte von 246 v. Chr. bis 222 v. Chr, so dass er kein 38. Regierungsjahr erreicht. Somit kommt nur Ptolemaios VIII. in Betracht, der von 180 (andere Zählung 170) bis 116 (andere Zählung 111) regiert. Er trägt wegen seines Leibesumfangs als weiteren Beinamen die Bezeichnung Physicon, der Dicke.

Der Übersetzer hält sich somit etwa um 142 in Ägypten auf. Nimmt man an, er sei als erwachsener Mann dort gewesen, also mit ca. 20 Jahren, und nimmt man weiter an, sein Vater sei bei seiner Geburt in etwa 20 oder 25 Jahre alt gewesen, so kommt man für den Großvater Jesus Sirach auf die Zeit vor 180.

25.1 Inhalt und Gliederung

Das Buch zerfällt in drei Teile:

1,1-23,27	Aussagen zu **Mühe und Lohn der Weisheit**
24,1-42,14,	**Lob der Weisheit** und Identifikation derselben mit der Tora
42,15-51,30	**Lobpreis der Schöpfung**, in der ab Kap. 44 die **Viten der Großen der Heilszeit** einen eigenen Abschnitt darstellen

Mit seinen 51 Kapiteln liegt eine wahre Fundgrube an Weisheit vor – aber auch an Formen. So ziemlich alle Lebensbereiche bis hin zur Reflexion über die Weisheit selbst werden erfasst. Es gibt Ratschläge zum Umgang mit Kindern, mit Freunden, mit Frauen, zum Verhalten gegenüber Mitmenschen in Not, zum Thema Borgen und Bürgen, zu Höhergestellten wie zu Untergebenen. Etliche bis heute verwendete Sprichwörter stammen aus diesem Buch oder sind ihm zumindest sinngemäß, z.T. als Vulgarismen, entnommen:

„Lieber im Wald bei einer wilden Sau als zu Haus bei einer bösen Frau" vgl. Sir 25,16;
„Wer andern eine Grube gräbt, fällt selbst hinein" Sir 27,26;
„Besser arm und gesund als reich und krank" Sir 30,14;
„Die Frauen und Gesauf, reiben den Menschen auf" Sir 19,2.

Das Buch bietet eine Fülle von Parallelen zum Buch der Sprüche, es zitiert Kohelet (Sir 39,21.33f) und wird seinerseits im Neuen Testament zitiert (11,19f vgl. Lk 12,19f; Sir 29,11 vgl. Mk 10,21 parr). Selbst ein Sprichwort, aus der griechisch-römischen Welt findet sich in Sir 7,36: Bei allem, was du tust, denk an das Ende; so wirst du nicht sündigen (vgl. Quidquid agis, prudenter agas et respice finem = Was du auch tust, tue es weise und bedenke das Ende – vermutlich das Resümee aus Äsops Fabel 43: Als die Frösche das Wasser suchten).

Über die Richter stellt der Verfasser ein vernichtendes Zeugnis aus:

> *8,14 Rechte nicht mit einem Richter; denn er spricht Recht, wie es ihm beliebt. (EIN) (vgl. „Auf hoher See und vor Gericht sind wir in Gottes Hand").*

Die Reflexionen über die Weisheit wie auch der Weisheit über sich selbst, betreffen nicht nur ihre Schöpfung vor allem anderen und ihre Existenz bis in Ewigkeit, sondern auch ihre Identifikation mit der Torah (Kap. 1; 24).

Grundlage der vorliegenden Sprüche ist immer wieder der Tun-Ergehen-Zusammenhang, der sich in der Geschichte erfüllen wird (9,12), denn der Mensch ist für alle seine Taten selbst verantwortlich (15,11ff). Die Zeit nach dem Tod wird von der klassischen Scheol-Vorstellung geprägt, d.h. der Mensch existiert unterschiedslos in dem Scheol als Schatten, abgeschnitten von Gott, der sich nicht um die Unterwelt kümmert (Sir 17,27f; 21,10; 41 vgl. bes. Jes 38,18 u.a.). Darüber hinaus finden sich Anhaltspunkte für eine →*Prädestinationsvorstellung* (33,7-19). Die Beschreibung des Opfers (38,11; 45,16; 50,15) erinnert an die Opferaussagen, wie sie in Gen bis Num vorherrschen. Gott riecht den beruhigenden Duft des Opfers (erstmals Gen 8,21 beim Opfer des Noach). In 38,11 geht es um ein Opfer im Falle von Krankheit, doch fügt der Text gleich hinzu, man solle es nicht dabei bewenden lassen, sondern auch einen Arzt hinzuziehen (38,12). Damit ist die Position des Buches ausgesprochen „modern" und weltoffen. Dies zeigt sich beispielsweise auch in der Empfehlung zu reisen, um seinen geistigen Horizont zu erweitern (34,9-11).

Am Schluss des Buches, ab Kapitel 44, finden sich Kurzfassungen der Vita bedeutender Personen aus der Geschichte Israels, zumeist in positiver Sicht. Negativ wird teilweise Salomo dargestellt, weil er sich von seinen Frauen beeinflussen ließ (47,19). In 49,4 wird festgestellt:

> *Außer David, Hiskija und Joschija haben alle Könige ruchlos gehandelt: Bis zu ihrem Untergang haben die Könige von Juda das Gesetz des Höchsten verlassen. (EIN)*

Diese drei Könige sind es, die auch im DtrG die besten Bewertungen erhalten!

Offensichtlich ist der Verfasser der Auffassung, dass die Vielweiberei Salomos die Reichstrennung zur Folge hat (47,19-21). Die Auflistung endet mit dem Hohepriester Simeon, vermutlich Simeon II., Sohn des Onias II. (215-196 v. Chr.).

25.2 Formen und Entstehung

Mehrfach kommt es zu thematischen Dubletten (Kap. 6 vgl. 37; Kap. 4 vgl. 41,16ff)

Als Ordnungsprinzip scheint häufiger die →*Stichwortverbindung* eine wichtige Rolle zu spielen (v.a. 28,13-16; 29,15-19).

Auch formal findet sich ein breites Spektrum: In der Poesie der parallelismus membrorum, Verbote, wenn auch nicht in der klassischen Form der Prohibitive aus dem Dekalog, aber auch →*Zahlensprüche* in unterschiedlicher Form (v.a. Kap. 25). Es finden sich Belehrungen, Gebete u.a. (vgl. Sprüche Salomos).

Angesichts der Vielfalt an Inhalten und Formen stellt sich der Entstehungsprozess des Buches vermutlich ebenfalls sehr komplex dar. Selbst wenn Jesus ben Sirach den ganzen Text aufgeschrieben haben sollte, sind für die einzelnen Abschnitte vor deren Verschriftlichung unterschiedliche Überlieferungswege möglich. Es ist anzunehmen, dass bereits Sammlungen verschiedener Inhalte und unterschiedlichen Umfangs existierten. Auch der Sitz im Leben der einzelnen Überlieferungen dürfte unterschiedlich sein. Der jüdischen Tradition zufolge gab es zu dieser Zeit schon Gelehrte, die sich mit den Überlieferungen befassten. Unter Umständen gab es auch schon Lehrhäuser, die die Texte nach bestimmten Kriterien zusammenstellten. Am Ende des Buches liegen jedenfalls zwei Abschlüsse vor mit zweifacher Nennung des Autors, und zwar 50,27-29 und 51,30.

25.3 Erzählzeit

Die Sammlung, die, wie schon gesagt, viele Lebensbereiche umfasst und sich über Gott, die Weisheit, die Torah und das Verhalten der Menschen auslässt, ist genau dafür auch gedacht: Richtschnur für das Verhalten in Zeiten der Unsicherheit zu sein. Damit ist das Entstehungsdatum jedoch auch nicht näher zu bestimmen, denn die Zeit der Diadochen war spätestens ab der seleukidischen Zeit geprägt von Werteverfall und dem Verzicht auf „die Überlieferung der Väter". In einer solchen Zeit ist beispielsweise der Umgang mit den Mächtigen keineswegs ohne Risiken. Mit der Parteinahme für die Ptolemäer einerseits und die Seleukiden andererseits, die bis in die höchsten Spitzen der Jerusalemer Aristokratie ganze Familien spaltet, ist auch die Frage nach einem wahren Freund durchaus angebracht. Die Parteinahme für die Armen, die an Amos erinnert, wie auch die Vorsicht, zu der der Verfasser beim Borgen und Bürgen mahnt, spiegeln eine Zeit, in der man offensichtlich schnell um sein Hab und Gut kommen konnte, beispielsweise durch zunehmende Verschuldung, Pfändung oder Enteignung bei „falscher" Parteinahme.

Es ist klar, dass der Weise gottgefällig handelt, Erfolg hat, belohnt wird, während der Frevler Gottes Ungnade und Strafe zu spüren bekommt. Kommt die Weisheit von Gott, so ist ihre Beachtung und die Befolgung ihrer Ratschläge im letzten Sinne Gottesdienst und Ausdruck der wiederholt genannten Gottesfurcht.

An einem Jenseitsglauben oder einer jenseitigen Gerechtigkeit ist der Verfasser überhaupt nicht interessiert. Für ihn zählt der Tun-Ergehen-Zusammenhang, der nach seiner Vorstellung offensichtlich noch immer ohne Wenn und Aber funktioniert.

Nicht nur die in unsere Sprache übergegangenen Sprichwörter belegen eine bleibende Aktualität des Buches, auch wenn man dem Bild der Frau wie überhaupt der Position des Hausherrn über sein ganzes Haus (mit der mehrfach genannten

Prügelstrafe v.a. für den Sohn) kaum mehr zustimmen wird. Auch die Vorstellungen vom Tun-Ergehen-Zusammenhang entsprechen z.T. nicht mehr unserer Zeit und auch nicht dem christlichen Glauben. Gerade die Armenfürsorge aber oder auch die Kritik am ausschließlich gewinnorientierten Zwischenhandel sind hingegen an Aktualität kaum zu überbieten:

> *Schwerlich bleibt ein Kaufmann frei von Schuld; ein Händler wird sich nicht rein halten von Sünde. (26,29EIN)*

Zusammenfassung

Das Buch stellt eine Sammlung von weisheitlichen Aussagen dar, die auschließlich nach dem Prinzip von Tun und Ergehen ausgerichtet sind. Insofern „bedarf" es keiner ausgleichenden Jenseitsvorstellung.
Formal bietet das Buch, wie schon die Sprüche, ein recht breites Spektrum an Redeformen.
Da es schon von den drei Teilen des Tenach spricht, gibt es auch wichtige Hinweise auf die Zeit der Entstehung des Tenach als Einheit.

VI. Die Propheten, die Nebiim

Was ist ein Prophet?

In dem Wort „Nebiim“ ist der Wortstamm nb’ enthalten. Dieser bedeutet „in Verzückung geraten“, „außer sich sein“ und „rasen“ (vgl. 1Sam 18,10). Allerdings dürfte es sich dabei nicht um die ursprüngliche Bedeutung des Wortes handeln. Näher liegend ist eine Herleitung von dem assyrischen Wort „nabû“ = rufen, verkünden. Ein Nabi ist somit in der ursprünglichen Bedeutung des Wortes ein Verkünder. Gleichzeitig aber ist er zu dieser Aufgabe ausgewählt, er ist berufen. Somit kommt man der Bedeutung des Begriffs am nächsten, wenn man von einem „zum Rufen berufenen Rufer“ spricht.

Es wäre sicher übertrieben zu sagen, atl. Propheten gäbe es wie Sand am Meer (ntl. gibt es selbstverständlich auch Propheten – z.B. in 1Kor 12,28f), aber es sind doch immerhin mehr als die drei großen Propheten und die zwölf kleinen, die man kennen sollte, dazu noch Daniel.

Gerade die drei großen Propheten sind in der richtigen Reihenfolge gut zu merken, weil diese auch ungefähr ihrem chronologischen Auftreten entspricht: Jesaja um 730, Jeremia zur Zeit der Deportation 586 und Ezechiel. Dieser ist zwar schon 597 deportiert worden, wirkt aber eine ganze Weile im Exil, das bis 538 andauert.

Die übrigen Propheten des AT sind zum Teil namenlos, zum Teil wird von ihnen in den so genannten „frühen“ Propheten, also Jos-2Kön erzählt (z.B. von einem Micha Ben Jimla in 1Kön 22). Und dann gibt es ja auch noch Propheten, die eigentlich nie so richtig welche waren – oder sie waren gar mehr als Propheten, wie etwa Mose oder Samuel, die als Propheten bezeichnet werden.

Es stellt sich natürlich die Frage, wie man Prophet überhaupt definiert, und was seine Aufgabe ist, denn im AT gibt es auch noch andere Bezeichnungen und Begriffe für Männer, die irgendwie unter die Rubrik „Prophet“ fallen. Es ist neben dem Nabi auch noch die Rede vom „Seher“ Ro’æh (aus der Wurzel ra’ah = sehen), vom ḥozæh (abgeleitet von ḥazah = sehen, schauen) und vom „Gottesmann“, dem ’iš ha’ælohim (wörtl: Mann Gottes oder Mann der Götter). Ferner ist in Mi 3,7 – und nur dort – auch noch von Wahrsagern oder Hellsehern die Rede, die dort Qozmim genannt werden. Und schließlich finden sich im AT auch Ekstatiker, die als Propheten bezeichnet werden (vgl. Num 11,25; 1Sam 10,5.11f; 19,20-24), nebenbei bemerkt auch Propheten anderer Götter (1Kön 28).

Es scheint, dass diese verschiedenen Bezeichnungen im Laufe der Zeit verschwinden und alles zusammenfließt in dem Begriff Nabi/Nebiim:

> *1Sam 9,9 Vorzeiten sagte man in Israel, wenn man ging, Gott zu befragen: Kommt und laßt uns zum Seher gehen! Denn den man heute Prophet [nabi] nennt, nannte man früher Seher [ro’æh].*

Allerdings geht mit der Wandlung der Bezeichnung offensichtlich auch ein Wandel der Funktion einher, denn während in 1Sam der spätere König Saul zu Samuel, dem Seher geht, um ihn zu fragen, ob er ihm durch seine hellseherische Kraft nicht bei der Suche nach seinen entlaufenen Eseln helfen könne, dies gegen Bezahlung, treten die späteren Propheten/Nebiim nur noch auf der politischen Bühne auf und stehen „Privatleuten" als Hellseher scheinbar nicht mehr zur Verfügung. Stattdessen liest man in den Königsbüchern von Prophetengruppen, die dem König dienen und im Falle eines Krieges z.B. eine Vorhersage über dessen Ausgang abgeben. Es ist wohl kaum erstaunlich, dass diese Prophetien ganz im Sinne des Königs, also positiv, ausfallen und selbstverständlich nehmen diese Nebiim für sich in Anspruch, auch im Sinne Gottes, durch ihn beauftragt und von ihm erleuchtet, zu sprechen. An einer Stelle zumindest wird dies auch gar nicht in Abrede gestellt: Gott hat einen Lügengeist auf die Königspropheten geschickt, der ihnen die falsche Botschaft eingibt. Die Propheten sagen somit nicht einmal bewusst die Unwahrheit.

> *1Kön 22,20 Und der HERR sprach: Wer will Ahab betören, daß er hinaufzieht und bei Ramot in Gilead fällt? Und der eine sagte dies, und der andere sagte das. 21 Da trat der Geist hervor und stellte sich vor den HERRN und sagte: Ich will ihn betören. Und der HERR sprach zu ihm: Womit? 22 Da sagte er: Ich will ausgehen und will ein Lügengeist sein im Mund aller seiner Propheten. Und er sprach: Du sollst ihn betören und wirst es auch können. Geh aus und mache es so! 23 Und nun, siehe, der HERR hat einen Lügengeist in den Mund all dieser deiner Propheten gegeben, denn der HERR hat Unheil über dich geredet.*

Was nun die atl. Propheten, die uns überliefert sind, insgesamt ausmacht, ist Folgendes:

- Der Prophet versteht sich als Überbringer bzw. Bote der ihm zuteil gewordenen Botschaft Gottes, die er kompromisslos und unabhängig, ohne Ansehen der Person und ohne Rücksicht auf sein eigenes Schicksal übermitteln muss. Häufig verwendet er dazu die so genannte Botenformel „so spricht Jahwe" oder „Spruch des Herrn", mittels derer er seine eigene Aussage von der ihm zuteil gewordenen Aussage Gottes unterscheidet.
- Der Prophet hat das Charisma der scharfen Gegenwartsanalyse bzw. Gegenwartskritik, die gewöhnlich den Ausgangspunkt seiner prophetischen Rede bildet.
- Der Prophet sucht die Öffentlichkeit: Seine Adressaten sind der König, die Priester, die Richter, die Oberschicht als solche und ggf. auch das Volk.
- Der Prophet ist Kritiker, Visionär und „Protestant". Seine einzige Legitimation, die jedoch nicht überprüfbar ist, ist seine Gottesunmittelbarkeit, eben als Geginstanz zu Amt und Institution(en).

Der wahre Prophet wird in der Regel nicht gehört, wie z.B. der erwähnte Micha ben Jimla, der als Einzelner und nicht besoldeter Prophet vor dem König auftritt und – wie immer – die Wahrheit sagt. Das Problem dabei ist, dass er stets etwas verkündet, was der König gar nicht hören will, d.h. nur schlechte Nachrichten. Er sagt das Unheil voraus, doch der König hält sich lieber an die Aussagen seiner Hofpropheten, die ihm positive Botschaft verkünden, de facto sich jedoch als Lügenpropheten erweisen und ihm damit Verderben bringen:

> *1Kön 22,10 Und der König von Israel und Joschafat, der König von Juda, saßen jeder auf seinem Thron, bekleidet mit königlichen Gewändern, auf einem freien Platz am Toreingang von Samaria. Und alle Propheten weissagten vor ihnen. 11 Und Zedekia, der Sohn des Kenaana, machte sich eiserne Hörner und sagte: So spricht der HERR: Mit denen wirst du die Aramäer niederstoßen, bis du sie vernichtet hast. 12 Ebenso weissagten alle Propheten, indem sie sagten: Zieh hinauf nach Ramot in Gilead und führe <Israel> zum Sieg! Der HERR wird es in die Hand des Königs geben.*

An Micha wird deutlich, dass unliebsame Propheten auch verfolgt oder aus dem Verkehr gezogen werden. Die uns als Bücher überlieferten Propheten sind in der Regel Leute wie dieser Micha: Oppositionelle „Einzelkämpfer“, die unliebsame Wahrheiten verkünden.

> *1Kön 22,27 und sage: So spricht der König: Setzt diesen ins Gefängnis und speist ihn mit Brot der Bedrängnis und mit Wasser der Bedrängnis, bis ich in Frieden zurückkomme! (vgl. auch Am 7,12).*

Derartige Texte sind die Grundlage der Aussage, Israel verfolge seine Propheten und töte sie gegebenenfalls (Mt 23,37 vgl. Lk 13,34; vgl. auch Mt 22,6; Lk 11,49-51; Hebr 11,37). In der zwischentestamentarischen, außerkanonischen Literatur finden sich entsprechende Werke, die das Schicksal bzw. das →*Martyrium von Propheten* beschreiben, allen voran das des Jesaja, der angeblich in der Zeit des Manasse zersägt worden sei. Vor allem in katholischen Barockkirchen werden nicht nur die Apostel, sondern auch Propheten mit ihren Marterwerkzeugen dargestellt.

An Micha wird zugleich erkennbar, dass es nicht die *Form* der Verkündigung ist, die ihn und andere unbeliebt machen, denn die Hofpropheten bedienen sich, ganz wie die „wahren“ Propheten, der gleichen Stilmittel, der gleichen Formen der Aussage (s.u.) und auch →*prophetischer Symbolhandlungen*, um ihre Botschaft anzusagen und damit bereits in Gang zu bringen. Es ist vielmehr *der Inhalt* der Botschaft und v.a. seine absolute *Rückbindung an den einen Gott* Israels.

Wie viele Propheten am Hofe Dienst taten, ist kaum mehr zu rekonstruieren, da die Aussagetendenzen zu zahlenmäßigen Verschiebungen geführt haben könnten, d.h. die Zahlen könnten übertrieben sein! König Ahab jedenfalls, einer der Könige des Nordreichs, der dtr äußerst negativ dargestellt wird, soll 450 Propheten des Baal und 400 Propheten der Aschera unterhalten haben.

Dass es auch Prophetinnen gibt, und zwar durchaus prominente, wird an Deborah deutlich; eine weitere ist Hulda, und Jesaja ist mit einer verheiratet, sofern „Prophetin“ nicht einfach nur die Frau des Propheten bezeichnet (Jes 8,3).

Zu den verschiedenen Funktionen und Aufgaben eines Propheten empfiehlt sich die Lektüre von 1Sam 9. Demnach erhält dieser Prophet durchaus auch ein Erfolgshonorar und ist mit folgenden Aufgaben betraut:

- **Die Offenbarung**: *1Sam 9,15 Der HERR aber hatte dem Samuel das Ohr geöffnet, einen Tag bevor Saul kam, und gesagt....*
- **Der Königsmacher**: *...9,16 Morgen um diese Zeit werde ich einen Mann aus dem Land Benjamin zu dir senden, den sollst du zum Fürsten über mein Volk Israel salben! Der wird mein Volk aus der Hand der Philister erretten. 17 Als nun Samuel Saul sah, teilte ihm der HERR mit: Siehe, da ist der Mann, von dem ich dir gesagt habe, daß er über mein Volk herrschen soll. 18 Da trat Saul im Tor auf Samuel zu und sagte: Zeig mir doch, wo <hier> das Haus des Sehers ist.*
- **Der Opferpriester**: *9,11 Als sie eben die Anhöhe zu der Stadt hinaufstiegen, trafen sie Mädchen, die herauskamen, um Wasser zu schöpfen. Und sie sagten zu ihnen: Ist der Seher hier? 12 Sie antworteten ihnen und sagten: Ja, siehe, er ist <schon> vor dir <da>. Eile jetzt, denn er ist heute in die Stadt gekommen, weil das Volk heute ein Opferfest auf der Höhe begeht! 13 Sowie ihr in die Stadt kommt, werdet ihr ihn finden, bevor er zur Höhe hinaufgeht, um zu essen. Denn das Volk wird nicht essen, bis er gekommen ist; denn {er} segnet das Schlachtopfer, danach essen die Geladenen. So geht hinauf, denn gerade heute werdet ihr ihn finden!... 19 Samuel antwortete Saul und sagte: {Ich} bin der Seher. Geh vor mir auf die Höhe hinauf, denn ihr sollt heute mit mir essen, und morgen früh werde ich dich ziehen lassen! Und alles, was du auf dem Herzen hast, werde ich dir kundtun.*
- **Der Hellseher:** *9,20 Und was die Eselinnen betrifft, die dir heute vor drei Tagen verloren gegangen sind, so brauchst du dir um sie keine Sorgen zu machen, denn sie sind gefunden.*

Propheten sind darüber hinaus auch eine Mode- oder Zeiterscheinung – in Israel ca. vom 8. bis zum 5. Jh. – und: Es gibt sie nicht nur in Israel. Spätestens durch den Fund der →*Bileam-Inschrift* ist nachzuweisen, dass derartige Gestalten auch außerhalb Israels existieren. Diese Inschrift wurde 1967 bei Ausgrabungen am →*Tell* Der-Alla im Jordantal gefunden. Angeblich soll der Schriftträger (Putzfragmente) aus der Zeit um 816 +/- 70 Jahre stammen. Der Prophet Bileam, der in Num 22-24 erwähnt wird und Israel verfluchen soll, sieht sich dazu nicht in der Lage. Stattdessen segnet er es, sehr zum Ärger seines Auftraggebers, des Königs von Moab.

Die beamtete Prophetie ist jedoch in Misskredit geraten, denn es heißt:

> *Mi 3,11 Seine Häupter richten für Bestechung, seine Priester lehren für Lohn, und seine Propheten wahrsagen für Geld. Und <dann> stützen sie sich auf den HERRN und sagen: Ist der HERR <etwa> nicht in unserer Mitte?*

Die Bücher, die ihren Namen tragen – und damit ist noch lange nicht gesagt, dass sie auch selbst literarisch tätig waren – erfahren im Laufe der Zeit redaktionelle Änderungen, sie werden erweitert im Sinne einer Relektüre, d.h. sie werden unter den jeweiligen zeitgeschichtlichen Verhältnisse neu ausgelegt und aktualisiert. Um es gleich auf den Punkt zu bringen: Die Verkündigung des Propheten Jesaja an den König Ahas im 8. Jh., dass Gott ein Zeichen setzen werde durch die Geburt des Immanuel, sagt zu dieser Zeit selbstverständlich nichts über den kommenden Christus aus. Ein solches Zeichen, mehr als 700 Jahre später, hätte für Ahas keinerlei Relevanz gehabt, und er hätte sich beruhigt im Sessel zurücklehnen können. Das von Jes verkündete Zeichen macht für den König und seine Zeitgenossen nur dann Sinn, wenn es unmittelbar als Zeichen Gottes erlebt wird.

Die Deutung des Immanuel auf Jesus Christus, wie sie besonders bei Mt durch das Schriftzitat vorgenommen wird, ist daher eine Neuinterpretation des Jes im zeitlichen Horizont der Geburt Christi, eine Relektüre.

Wie wird man nun Prophet?

Prophet wird man nicht aus eigener Kraft, sondern durch Berufung. Eine „klassische →*Prophetenberufung*" findet sich z.B. in Ex 3,4

Der Ruf Gottes	*Als aber der HERR sah, daß er herzutrat, um zu sehen, da* **rief ihm Gott mitten aus dem Dornbusch zu** *und sprach: Mose! Mose! Er antwortete: Hier bin ich. 5 Und er sprach: Tritt nicht näher heran! Zieh deine Sandalen von deinen Füßen, denn die Stätte, auf der du stehst, ist heiliger Boden!*
Selbstvorstellung Gottes	*6 Dann sprach er:* **Ich bin der Gott** *deines Vaters, der Gott Abrahams, der Gott Isaaks und der Gott Jakobs. Da verhüllte Mose sein Gesicht, denn er fürchtete sich, Gott anzuschauen. 7 Der HERR aber sprach: Gesehen habe ich das Elend meines Volkes in Ägypten, und sein Geschrei wegen seiner Antreiber habe ich gehört...*
Sendung des Gerufenen	*10 Nun aber* **geh hin, denn ich will dich zum Pharao senden**, *damit du mein Volk, die Söhne Israel, aus Ägypten herausführst!*
Einwand des Gerufenen (1)	*11 Mose aber antwortete Gott:* **Wer bin ich**, *daß ich zum Pharao gehen und die Söhne Israel aus Ägypten herausführen sollte?*
Zeichenzusage Gottes	*12 Da sprach er:* **Ich werde ja mit dir sein**. *Und dies sei dir das Zeichen, daß {ich} dich gesandt habe: Wenn du das Volk aus Ägypten herausgeführt hast, werdet ihr an diesem Berg Gott dienen.*
Einwand des Gerufenen (2)	*13 Mose aber antwortete Gott: Siehe, wenn ich zu den Söhnen Israel komme und ihnen sage: Der Gott eurer Väter hat mich zu euch gesandt, und sie mich fragen:* **Was ist sein Name?, was soll ich dann zu ihnen sagen**?
Beseitigung des Einwands	*14 Da sprach Gott zu Mose: {Ich bin, der ich bin}. Dann sprach er:* **So sollst du zu den Söhnen Israel sagen:** *<Der> {„Ich bin»} hat mich zu euch gesandt.*
Neuer Auftrag (2)	*15 Und Gott sprach weiter zu Mose ...18 Und sie werden auf deine Stimme hören.* **Und du sollst zum König von Ägypten hineingehen**, *du und die Ältesten Israels, und ihr sollt zu ihm sagen: Jahwe, der Gott der Hebräer, ist uns begegnet. So laß uns nun drei Tagereisen weit in die Wüste ziehen, damit wir Jahwe, unserm Gott, opfern! 19 Aber ich weiß wohl, daß der König von Ägypten euch nicht ziehen lassen wird, auch nicht durch eine starke Hand <gezwungen>.*
Erneute Zeichenzusage	*20* **Deshalb werde ich meine Hand ausstrecken und Ägypten schlagen** *mit all meinen Wundern, die ich in seiner Mitte tun werde. Danach erst wird er euch ziehen lassen.*

	Es folgen eine ganze Reihe von weiteren Einwänden und weiteren Zeichen oder Zusagen Gottes bis Mose am Ende der Berufung folgt:
Letztmaliger Sendungsauftrag und Erfüllung desselben durch den Berufenen	*Ex 4,13 Er aber erwiderte: Ach, Herr! Sende doch, durch wen du senden willst! 14 Da entbrannte der Zorn des HERRN gegen Mose, und er sprach: Ist nicht dein Bruder Aaron <da>, der Levit? Ich weiß, daß {er} reden kann. Und siehe, er geht auch <schon> aus, dir entgegen. Und wenn er dich sieht, wird er sich freuen in seinem Herzen. ... 29* ***Da gingen Mose und Aaron hin*** *und versammelten alle Ältesten der Söhne Israel. 30 Und Aaron redete <zu ihnen> alle Worte, die der HERR zu Mose geredet hatte, und tat die Zeichen vor den Augen des Volkes.*
	Selbstverständlich ist der Normalfall derart, dass der Gerufene gleich dem ersten Anruf Gottes folgt. Ein Zeichen zu fordern oder es zugesagt zu bekommen, ist jedoch völlig regulär und auch nicht anstößig.

Es wird aber auch deutlich: Die Berufung kann für den Berufenen unerwünscht erfolgen und zur Qual werden – und daher mit nachhaltiger Gegenwehr gegen die Berufung verbunden sein, wie bei Mose, Jeremia oder Jona.

Berufen werden freilich nicht nur Propheten, sondern auch Rettergestalten (Buch der Richter) – wie etwa Jiftach, der dreimal ein Zeichen einfordert und dieses auch erhält. Im NT werden Paulus oder auch Maria (mit Einwand) berufen.

Formen des Botschaftsempfangs

Auf welche Weise bezieht ein Prophet seine Botschaft?

Es finden sich Schauungen, Visionen und Träume:

> *Joel 3,1 Und danach wird es geschehen, daß ich meinen Geist ausgießen werde über alles Fleisch. Und eure Söhne und eure Töchter werden weissagen [es steckt im Hebräischen das Wort nabi darin!], eure Greise werden Träume haben, eure jungen Männer werden Gesichte [= Visionen] sehen.*

Darüber hinaus gibt es den Offenbarungsgewinn durch Ekstase:

> *1Kön 18,28 Da riefen sie mit lauter Stimme und ritzten sich, wie <es> bei ihnen Brauch <war>, mit Messern und mit Spießen, bis das Blut an ihnen herabfloß.29 Und es geschah, als der Mittag vorüber war,* ***da gerieten sie in Raserei*** *bis <zur Zeit, da> man das Speisopfer opfert; aber da war kein Laut, keine Antwort, kein Aufhorchen. [Beachten Sie: im hebr. Text steht eine Verbform von nb', also: sie weissagten; im Kontext ist jedoch gerade hier von ekstatischer Prophetie auszugehen]*

Gleiches gilt für die Texte Num 11,25 und 1Sam 10,10.

Die verschiedenen Formen von Offenbarungsgewinn oder Prophetieempfang werden jedoch keineswegs alle gleich bewertet:

Eher negativ begegnet man der Ekstase und – von Joseph und Daniel einmal abgesehen – den Träumen. Als verlässlicher werden dagegen Schauungen und Visionen eingeschätzt:

> *Am 8,1 So ließ der Herr, HERR, mich sehen: Siehe, ein Korb mit Sommerobst …*

Auch das Hören des Gotteswortes, die Audition, gilt als zuverlässige Weise des Offenbarungsempfangs:

> *Jes 6,8 Und ich hörte die Stimme des Herrn, der sprach: Wen soll ich senden, und wer wird für uns gehen? Da sprach ich: Hier bin ich, sende mich!*

Das AT tut sich aber dennoch schwer, Leitlinien mit auf den Weg zu geben, wie denn nun ein wahrer von einem falschen Propheten unterschieden werden kann. Unter anderem versucht man dies an der moralischen Integrität des Propheten, an seiner Lebensweise festzumachen. Wenig hilfreich ist dabei sicherlich auch der Vorschlag, dass man den wahren Propheten daran erkennt, dass sich seine Botschaft durch das Eintreffen der Ereignisse bewahrheitet (vgl. Dtn 13,2-4; 18,22), denn dann ist es für die Adressaten zu spät, um sich nach seinen Worten zu richten.

Irgendwann hält man die Zeit der Propheten auch für beendet: Vgl. 1Makk 14,41; →*Syrischer Baruch* 85,3.

Die Entstehung der Prophetenbücher

Nach heutigem Stand der Prophetenforschung stammt kein einziges Prophetenbuch von dem Propheten selbst, dessen Namen es trägt. Es ist freilich denkbar und wird in der Schrift auch berichtet, dass Propheten gelegentlich etwas schriftlich niedergelegt haben. Dennoch sind es wahrscheinlich erst die Sympathisanten, Schüler oder Jünger dieser Männer, die ihre Botschaft niederschrieben, vielleicht prophetische Kreise, von denen wir bei Samuel oder Elija erfahren. Ein recht bekannter Schüler ist der Prophet Elischa, der das Werk seines Lehrers und Meisters Elija weiterführt. Die Prophetenjünger, die das Wort ihres Meisters aufschrieben, es in seinem Sinne ergänzten und auch aktualisierten, waren nicht auf die unmittelbare Generation nach dem Propheten beschränkt: Einzelne Prophetenbücher sind planvolle Kompositionen und stellen eine sich über Jahrhunderte erstreckende Fortschreibung dar. Es zeichnet sich hier das Bestreben ab, originale, okkasionelle Prophetenworte als lebendige und gültige Worte Gottes auch späteren Generationen zu überliefern.

Folgende Etappen des Überlieferungsprozesses scheinen dankbar:
- mündliche Verkündigung durch den Propheten
- erste Verschriftlichung mit dem Ziel, die bleibende Gültigkeit der prophetischen Botschaft festzuhalten

- aufgezeichnetes Originalgut wird um weiteres Material literarisch vermehrt und erweitert; dabei werden als gültig akzeptierte traditionelle Worte den veränderten Zeitumständen angepasst.
- Redaktionen, die jeweils die Bücher als Ganze betreffen, diese gliedern und häufig eine Einteilung in drei Blöcke vornehmen mit Rede gegen Israel/Juda, Rede gegen die Völker und schließlich Heilsaussagen für Israel/Juda und ggfs. auch für die Völker. (vgl. Zenger: Einleitung[9], 518)

Obwohl die Formel: „Unheilspredigt = Prophet, Heilsaussicht = Fortschreibung" die Sache viel zu stark simplifiziert, ist festzuhalten, dass Unheilsaussagen und Heilsaussagen häufig als mehr oder weniger geschlossene Einheiten aufeinander folgen. Grundsätzlich stellt sich zwar die Frage, inwieweit die einzelnen Propheten das Heil Israels auch (noch) im Blick hatten, aber es ist schon auffällig, dass sich Heilsaussagen häufig, wenn auch nicht ausschließlich, am Schluss der Bücher finden und diese Abschnitte aus inhaltlichen Gründen meist auch als sekundär und nicht in die Zeit des Propheten passend ausweisen (vgl. Amos, Micha, Zefanja, Haggai).

Die Fragen nach der Entstehung der einzelnen Bücher, der Authentizität, der „Echtheit" eines Prophetenwortes und damit auch nach der Einheitlichkeit des jeweiligen Buches sollen im Folgenden in der Regel nur gelegentlich angedeutet, aber nicht weiter verfolgt werden.

Formen prophetischer Rede

Die Propheten verwenden zum Ausdruck ihrer Botschaft Formen, die den Zuhörern teilweise bekannt gewesen sein dürften, wie z.B. die Botenformel oder den Botenspruch. Es kommen Liedformen (z.B. Leichenlied) zum Einsatz oder auch Gerichtsrede, Unheilsandrohung, Heilsaussagen u.a. Darüber hinaus finden sich aber auch spektakuläre Aussagen, wenn beispielsweise die bekannten Formen verfremdet werden. H.-W. Jüngling hat in seinem erzählerischen Aufsatz über das Auftreten des Amos (Amos in Bet El, 154f) einen Entwurf vorgelegt, demzufolge Amos die Ausrufe der Priester des Tempels aufgenommen und persifliert hat:

> *„Kommt nach Bet El, kommt herbei. Bringt am Morgen eure Schlachtopfer, am dritten eure Zehnten! Verbrennt als Dankopfer gesäuertes Brot! Ruft zu freiwilligen Opfern auf, lasst es laut hören! Das liebt Gott'".*

Amos macht daraus die aus seinem Buch bekannte Rede:

> *„‚kommt nach Bet-El – und begeht Verbrechen! Nach Gilgal – begeht noch mehr Verbrechen! ...Ruft zu freiwilligen Opfern auf, lasst es laut hören! Denn so liebt ihr es, ihr Söhne Israels!'"* (Am 4,4-5)

Gerade im Rahmen von prophetischen Symbolhandlungen finden sich z.T.:

- kräftige, schockierende oder auch obszöne Bilder
- rhythmisch-poetische Sprache, kunstvolle Gedicht- und Liedformen
- spektakuläre Szenen
- Zeichenhandlungen, Rollenspiele
- Einsatz von „Flugblättern" und Briefen (vgl. Zenger: Einleitung[9], 517)

26. Der Prophet Jesaja/Jeschajahu ben Amoz

Der Name des Propheten ist zusammengesetzt aus jš' und der Kurzform des Gottesnamens in der Form Jahu und bedeutet: Gott ist Heil, er hilft, er ist Rettung.

Der Vatersname Amoz ist ebenso angegeben wie die Zeit seines Auftretens. Während bei manchen Propheten dieser Zeitrahmen nur bedingt mit der tatsächlichen Zeit des Propheten übereinstimmt oder dieser ggf. auch völlig unwahrscheinlich ist, wird hier das Engagement des Propheten ganz gut auf die Zeiten des Königs Ahas und des Syrisch-Ephraimitischen Krieges (734 oder 733) eingrenzbar.

Die Verbindung zu Ahas verdeutlicht des Weiteren, dass der Prophet im Südreich auftritt.

Jesaja ist mit einer Prophetin verheiratet, also einer Frau, die möglicherweise auch prophetische Fähigkeiten hat. Es scheint, als gehörte er der Jerusalemer Oberschicht an, denn er hat offensichtlich ungehinderten Zugang zum König.

Während man früher akribisch versuchte, die „Original"-Anteile des Jesaja herauszuarbeiten, womit – gewollt oder ungewollt – zumeist auch eine höhere Wertschätzung dieser Abschnitte verbunden war, nimmt man inzwischen, zu Recht, die Botschaft des ganzen Buches mit seinen je neuen und eigenen Adressaten in den Blick. Auch die Hintergründe, die zu den verschiedenen Abschnitten der Fortschreibung führten, werden als solche ernst genommen. Dadurch wird die Verzahnung von (Zeit-)Geschichte und Botschaft umso einsichtiger.

Der ungewöhnlich große Umfang des Buches, die Verschiedenheit der Themen und sein Formenreichtum führten in der Forschung zu einer Dreiteilung des Buches:

(1) Jes 1-39 Protojesaja
(2) Jes 40-55 Deuterojesaja
(3) Jes 56-66 Tritojesaja

Die Entstehung der Teile

Man ging man davon aus, dass jeder dieser drei Teile für sich entstanden sei und die einzelnen Teile in mehr oder weniger „fertigem“ Zustand aneinandergereiht wurden (Vereinigungshypothese). Diese Hypothese ist mittlerweile in die Kritik geraten, insbesondere bezüglich des letzten Teils, des Tritojesaja. Dieser Teil des Buches wird in der neueren Debatte eher als Fortschreibung des zweiten Teiles verstanden. Fortschreibung im Gegensatz zur Vereinigung meint, dass z.B. Jes 56-66 nicht als eigener Komplex entstanden und sekundär angefügt wurde, sondern der zweite Teil des Buches, Jes 40-55, über einen kürzeren oder längeren Zeitraum unter Berücksichtigung der Zeitverhältnisse ergänzt und im Sinne Jesajas weitergeschrieben wurde (zur Entstehung vgl. Beuken: Jesaja I, S. 26-30).

„Echte“ Abschnitte, die mehr oder weniger direkt auf den Propheten zurückgehen können, deshalb aber nicht unbedingt von ihm selbst niedergeschrieben worden sein müssen, finden sich im ersten Teil des Buches, dem Protojesaja. Zu diesen Abschnitten gehören mit hoher Wahrscheinlichkeit jene Passagen, die sich mit dem Syrisch-Ephraimitschen Krieg und der Immanuelweissagung beschäftigen. Letztere wird im Kontext dieses Krieges geäußert. Vermutlich ist auch in Kapitel 9 mit der Prophetie zur Geburt des Davididen als gerechtem König noch ein Bezug auf diesen Immanuel gegeben.

26.1 Inhalt und Gliederung

Nach einer **Überschrift** mit Benennung des Propheten, der Adressaten seines Wirkens und der Zeit der Könige, unter denen er tätig ist (angeblich unter Usija, Jotam, Ahas und Hiskija), beginnt das Buch mit **Warnungen und Drohungen gegen das eigene Volk**. Dabei gehen auf Jes 1,3 wahrscheinlich der Ochse und Esel an der Weihnachtskrippe zurück. Auch Opferkritik bringt Jes vor (1,11) – ähnlich dem Propheten Hos. Nach der Aufzählung der verschiedensten Vergehen durch Jes folgt in 1,24, eingeleitet mit dem **Botenspruch, das drohende Unheil**, das Gott über das Volk bringen wird. Auffällig ist eine erneute Redeeinleitung in *Jes 2,1: Das Wort, das Jesaja, der Sohn Amoz, über Juda und Jerusalem geschaut hat.* Die Schau des Jes richtet sich auf den →„***Tag des Herrn***“ (2,12ff) als Gerichtstag (2,2-4,6). Eingeleitet wird die Schau aber mit dem Ausblick auf eschatologisches Heil für alle Völker (2,2-5). Auch das folgende **Weinberglied** wendet sich ab 5,7 ausdrücklich gegen Israel und Juda. Das Lied ist sehr kunstvoll aufgebaut und erst im Verlauf der Aussagen wird deutlich, dass es um eine **Unheilsankündigung** gegen Juda und Israel geht. Dem Weinberglied folgen eine ganze Reihe von **Weherufen** (5,8.11.18.20.21.22).

Das Buch Jesaja enthält auch eine **Prophetenberufung**, die allerdings nicht am Anfang des Buches steht, sondern erst in Kap. 6. Die Form der Berufung enthält alle Elemente einer solchen.
Kap. 7 bietet erneut eine Zeitnotiz (Zeit des Ahas) und widmet sich ansonsten dem schon mehrfach genannten **Syrisch-Ephraimitischen Krieg** mit der **Verheißung des Immanuel**. Es folgen die Geburt des Prophetensohnes mit dem komplizierten Namen Maher-Schalal-Hasch-Bas, d.h. schnelle Beute, rascher Raub als prophetische Symbolhandlung (8), der **Verheißung des messianischen Kindes** (9,1-6) und Gerichtsankündigungen, Weherufen und Drohworten (9,7-10,34), ehe mit Kap. 11 und 12 das **messianische Reich** angekündigt wird.
Die daran anschließenden Kapitel 13-23 enthalten diverse **Worte über verschiedene Völker**, mit 22 allerdings **auch gegen Jerusalem**.
Ein eigener, sicher relativ junger Komplex, ist die **Jesajaapokalypse** (24-27 s.u.). Auf ihn folgen erneut **Worte über Israel und Juda** (28-35) mit der Nennung von **Assur als Geisel Gottes**, die Gott selbst (30,27-33) züchtigt und der Warnung vor Koalitionen mit Ägypten (31,1-3). Der Abschnitt endet mit einer (erneuten) **Verheißung messianischen Heils**. 36-39, zu großen Teilen im Prosastil, erzählen parallel zu 2Kön 18,13-20,19 die Belagerung Jerusalems durch Sanherib in der Zeit des Hiskija.

Deuterojesaja enthält vorwiegend Heilsansagen und blickt offensichtlich schon auf das Ende des Exils zurück; **Kyrus II** wird genannt und als **Messias** bezeichnet. Der Abschnitt 49-55 spricht von der **Rückkehr aus dem Exil** nach Zion. Es schließen sich weitere Mahnungen (56-59) an („Tritojesaja").
Das Buch endet mit Aussagen zur **Herrlichkeit des Zion und Verheißungen zum Heil** für die Frommen (60-66) – und zwar aus aller Welt (66,23).

In Kürze	
1-12	Gerichts- und Heilsworte über Jerusalem/Zion und Juda
13-23	Drohworte über/gegen einzelne Völker
24-27	die so genannte Jesaja-Apokalypse: Bilder von der Endzeit
28-35	Gerichts- und Heilsworte über Israel und Juda/Jerusalem
36-39	Erzählungen über die Rettung Zions und die Heilung Hiskijas
40-55	Deuterojes: Aufforderung zur Heimkehr aus Babel und Verheißung der wundervollen Wiederherstellung des Zion Kyros II wird als Messias gesehen
56-66	so genannter Tritojesaja: Verheißung der inneren Erneuerung der Zionsgemeinde und ihr Verhältnisses zu den Völkern

Wichtige Themen des Protojesaja

Besonders erwähnt werden soll aus Protojesaja die Rede vom „Tag des Herrn“ – nicht als Freuden-, sondern als Gerichtstag, als Tag der Vernichtung (vgl. Jes 2,12; 13,6-13). An ihm kommt alles Hochmütige zu Fall, allein Jahwe wird triumphieren und seine Herrschaft aufrichten (Jes 2,12-17). Den Grund für das Gericht sieht der Prophet vor allem im Bruch des Gottesrechts, den er immer wieder beklagt. Der Prophet spricht weiter von der Erwählung und vom Schutz des „Zion“ sowie von der Vorstellung der eschatologischen Heils- oder Endzeit, die zurück auf das „goldene Zeitalter“, auf die Zeit der Schöpfung verweist und Zustände beschreibt, die man als →*„Schöpfungsfrieden“* bezeichnen kann (Jes 11, vgl. noch einmal Jes 65,16-25, aber auch Jes 35). Dabei greift der Erzähler vorzugsweise auf die erste Schöpfungserzählung zurück, der zufolge Mensch und Tier in Frieden und Eintracht als Vegetarier leben und sich somit nicht gegenseitig gefährden: Es ist eine Zeit ohne Gewalt. Dieser Erzähler müsste demnach die priesterschriftliche erste Schöpfungserzählung bereits kennen und wäre dann nach dieser, also nachexilisch, anzusetzen. Freilich finden sich auch in der zweiten Schöpfungserzählung Mensch und Tier in Partnerschaft zueinander: Die Tiere werden als Versuch geschaffen, dem Menschen eine Hilfe zu sein. Dennoch ist der Gedanke des Schöpfungsfriedens in der ersten Erzählung weitaus deutlicher ausgeprägt.

Ob Jes mit der Umkehr seiner Adressaten und einer neuen Heilszeit rechnet, ist abhängig von der Bedeutung des Namens, den er im Sinne einer prophetischen Symbolhandlung seinem Sohn gibt: Er nennt ihn laut Jes 7,3 „Schear Jaschub“ = „Rest kehrt um“ (vgl. auch 10,20-22). Es wird darüber gerätselt, ob es sich um eine positive oder negative Ansage handelt. Gibt es einen Rest in Israel, der umkehrt und damit einen Neubeginn ermöglicht? Oder ist davon die Rede, dass *vom Heer* ein Rest übrig bleibt? Ist es einschränkend und damit negativ gemeint im Sinne von *nur* ein Rest kehrt um oder etwa positiv *ein Rest aber wird umkehren*? Alle diese Möglichkeiten kommen grammatikalisch in Betracht und so ist aus dieser Zeichenhandlung nichts sicher ableitbar. Immerhin: Der Neubeginn nach dem Gericht liegt nach der Vorstellung des Propheten in einer Erneuerung Jerusalems (1,26).

Erstmals bei Jes findet sich neben den beiden Themen „Gericht“ und „Rest“ auch noch die Prophetie vom „Gesalbten Gottes“, vom neuen Davididen, der aus dem Stumpf →*Isais*, d.h. aus der Davidsdynastie kommen wird. Der Verweis auf den Wurzelstock lässt vermuten, dass nicht nur die Dynastie fortgesetzt, sondern ein völlig neuer David auftreten wird. Er wird von Gott eingesetzt und der beständige Friede während seiner Regentschaft weist die völlig neue Qualität seiner Herrschaft aus (Jes 8,23-9,6). Wurde dieser Davidide erst in ferner Zukunft erwartet und nicht vielmehr im Zuge des sich durch Assur vollziehenden Strafgerichts? Soll er das Joch zerbrechen, das Assur Israel auferlegt hat (9,3 vgl. 10,27)?

Die Zuweisung dieser Heilsprophetien an Jes selbst mit der Ankündigung des messianischen Reiches und seines Friedens (Jes 11) schafft einige Schwierigkeiten, denn der Prophet blickt in 1,5-9 auf das von den Assyrern verwüstete Land und übt Kritik am Verhalten der Jerusalemer Bevölkerung nach dem unerwarteten Abzug der Feinde im Jahre 701 zur Zeit des Hiskija (Jes 22,1-14), weil das Volk noch immer nicht Gott als seinen Retter anerkennt. Vor allem Angesichts des Verstockungsauftrags an Jesaja (Jes 6) wird daran gezweifelt, dass Jesaja überhaupt noch eine heilvolle Zukunft für Israel im Blick hatte.

Jes hat natürlich von Gott nicht den Auftrag bekommen, das Volk zu verstocken. Das wäre widersinnig und diskreditierte die Prophetie und ihre paränetischen Aussagen von vorneherein. Wenn der Prophet aber fortwährend Ablehnung erfährt und sich nicht ernst genommen fühlt, kann er seinen Auftrag subjektiv und retrospektiv natürlich im Sinne eines Verstockungsauftrags erfahren. Wie auch immer, letztendlich erfüllen sich die Unheilsaussagen dieses und anderer Propheten in Gestalt der völligen Auflösung des Nordreiches durch die Assyrer im Jahre 722 v. Chr., in der Vernichtung des Südreiches durch Zerstörung von Hauptstadt und Tempel sowie der Deportation v.a. der Oberschicht in den Jahren 597 und 586 durch die Neubabylonier.

Ein weiteres Thema des Protojesaja ist die Eschatologie. Das Buch bietet einige Aussagen, die Einblicke in das Totenreich geben, wie man es sich in Israel vielleicht schon in der vorexilischen Zeit vorstellte. Hier ist vor allem Jes 14 zu nennen.

In diesem Text ist davon die Rede, dass der König von Babel an sein weltliches Ende kommt und in das Totenreich hinabfahren muss. Dort ist der „Unterdrücker", unter dem Israel, aber auch andere Völker zu leiden hatten, ein Wesen wie alle anderen auch. Es gibt keine Unterschiede mehr. Die Vorstellungen des Königs, er werde dereinst im Götterpantheon thronen, erweisen sich als nichtig, denn auch er muss in den Scheol hinabfahren. Dort existiert er – wie alle anderen – als kraftloser Schatten.

Ganz im Gegensatz etwa zu den Jeseitsvorstellungen Ägyptens, in denen der Pharao nach seiner Mumifizierung im gleichen Status wie bisher weiter-„lebt" und kleine modellierte Figuren (Uschebtis) als Diener dafür sorgen, dass er nicht zu Arbeitseinsätzen herangezogen wird, gibt es in der Unterweltvorstellung Israels keine Rangordnung mehr. Die Könige sitzen zwar auf ihren Thronen (14,9), aber diese scheinen ihnen keinen Vorteil einzubringen (14,10). Als besondere Schmach gilt allerdings, dass nach Aussage von 14,19 der Herrscher nicht im Grab seiner Väter mit diesen versammelt wird, sondern ohne Begräbnis bleibt. Das Grab der Väter scheint immerhin Ruhe zu versprechen – und es garantiert Gedenken durch spätere Generationen. Auch hier scheidet der Prophet als Urheber aus, wenn diese Prophetie schon ursprünglich den König von Babel im Blick hatte, denn die Babylonier treten erst ca. 600 auf, also zeitlich nach dem Propheten.

Es ist auffällig für Protojesaja, dass immer wieder historisch relativ gut fassbare Ereignisse aufgegriffen werden. Dies ist nicht bei allen Propheten der Fall! Insbesondere der Abschnitt 36,1-39,8 enthält Aussagen, die weithin auch schon in 2Kön 18,13-20,19 zu lesen sind und wahrscheinlich von dort importiert wurden. Aber auch schon zuvor spricht sich der Prophet mit 30,1-7 gegen ein politischmilitärisches Bündnis mit dem Nachbarn Ägypten aus, denn dies wird als ein Hintergehen und Geringachten der Fürsorge Gottes verstanden. Jes warnt zudem vor Ägypten, weil es nicht helfen kann, weil dieses Volk nichts nützt und seine Truppen, Pferde und Wagen ja auch nur „Fleisch" sind und nicht Geist, somit sterblich und ohne Wundermacht (vgl. ebenso 31,1-3).

Nicht nur in diesem Abschnitt wechseln sich Anklagen, Gerichtsansagen und Heilszusagen ab. Vor dem historischen Teil, der aus 2Kön entnommen ist, findet sich noch einmal die Ansage messianischen Heils, das vor allem dadurch gekennzeichnet ist, dass in der Wüste Quellen entspringen und sie zum Blühen bringen.

Die Jesajaapokalypse

Ein eigener Block im Protojesaja ist Jes 24-27, die so genannte Jesaja-Apokalypse. Angekündigt wird kein Gericht über Israel oder einzelne Völker, sondern ein die ganze Welt umfassendes Gericht mit allgemeinen und sehr pauschalen Vorwürfen und Anschuldigungen gegen die gesamte Weltbevölkerung: Nur wenige werden übrig bleiben (Jes 24,6b). Im folgenden Kapitel dagegen findet sich mit 25,6-8 eine Heilsaussage in Gestalt eines (endzeitlichen) Festmahles, in dessen Kontext auch der Tod sein Ende findet. Man kann hier durchaus von einem eschatologischen Mahl sprechen, wie es auch Jesus in verschiedener Form angekündigt hat. Neben Dankliedern auf Gott für die Vernichtung verschiedener Feinde (25,1-5.9-12) und einem Lied auf den Herrn als „ewigen Fels", auf den man sich verlassen kann, findet sich im folgenden Kapitel auch ein Preislied auf die Gerechtigkeit Gottes, der Frieden schenkt und die Toten erweckt (26,19). Kapitel 27 enthält ein Lied auf den Weinberg, das im Gegensatz zum Weinberglied in Kapitel 5 die Pflege des Weinbergs durch den Herrn zum Ausdruck bringt, also das erste Lied korrigiert. Der Abschnitt endet mit der Sammlung der Zerstreuten Israels (Vgl. 56,7).

Es sind vor allem die Aussagen zur Totenauferweckung und zum universalen Gericht, die eine Datierung dieses Abschnitts in die Zeit des Jesaja unwahrscheinlich erscheinen lassen. Auch wenn es hier möglicherweise noch nicht um eine Auferstehung im Sinne eines endzeitlichen und universalen Ereignisses geht, sind derartige Aussagen für das 8. Jh. sonst noch nicht fassbar.

26.2 Erzählzeit und erzählte Zeit

Zunächst finden sich Aussagen, die in die Zeit des Propheten selbst reichen, wie etwa die Erzählung über Ahas, dem das Zeichen des Immanuel verheißen wird. Die Begegnung des Propheten mit dem König an der Wasserleitung (die dieser inspiziert? vgl. Jes 7), könnte sich am Vorabend des Krieges zugetragen haben. Auch andere Abschnitte lassen sich mit einiger Wahrscheinlichkeit in eine Zeit einordnen, in der Jes aufgetreten sein mag. Sie sind vermutlich nicht sehr lange nach Jes aufgeschrieben worden. Damit liegen für diese Teile Erzählzeit und erzählte Zeit relativ eng zusammen. Die Botschaft des Jes in dieser Zeit der Schwäche des Südreichs ist es, ein Stück weit in politische Tatenlosigkeit zu verfallen, die aber in diesem Augenblick als Vertrauen in Gottes Handeln interpretiert wird. Jes empfiehlt eben keine Verbindung mit der assyrischen Großmacht einzugehen, nicht zu lavieren und Bündnisse zu schließen. Es ist die Aufforderung, sich still zu verhalten, das eigene Schicksal Gott zu überlassen und auf ihn zu vertrauen.

26.3 Deuterojesaja

Auch aus diesem Teil des Buches sollen einige Themen herausgegriffen und eigens vorgestellt werden:

Das zweite Jesajabuch entstammt deutlich einer späteren Zeit. Man kann etliche Teile daraus relativ genau datieren, denn hier wird der Perser Kyrus II., der das Exil beendet, als messianische Gestalt dargestellt (ausdrücklich in Jes 45,1; vgl. 44,28; 45,1; vgl. auch 46,8-13; 48,12-16) und die Rückkehr aus dem Exil ins Auge gefasst (40,1-11; 41,1-20; 43,1-7.14-21 u.a.). Die Inthronisation des Kyrus als König von Babel und die Rückkehrerlaubnis werden auf das Jahr 538 datiert. Möglicherweise handelt es sich auch bei dem ersten der Gottesknechtslieder (Jes 42,1-9, bes. 6f) um ein Lied über Kyrus.

Wie auch an anderer Stelle des Jes ist es Gott, der die Geschichte lenkt, aber er tut dies, indem er sich – strafend oder rettend – der Großmächte oder (allgemein) fremder Völker und deren Könige/Fürsten bedient.

Israel, Jahwes Volk, zieht zurück in sein Land und Gott ebnet ihm dafür den Weg: Jes 42,10-17; 43,1-21; 44,21-23; 48,20f; 49.9-13 u.a. Der Zion wird zum Heilsort, und zwar nicht nur für Israel, sondern auch für fremde Völker, die zu diesem Berg kommen, um Jahwe dort ebenfalls zu verehren (z.B. 49,14-26; 52,1-12).

Ein wichtiger Bestandteil des Deuterojesaja ist die Götzenkritik. Der Prophet stellt die Götterbilder als menschliche Machwerke dar, von denen keine Hilfe zu erwarten ist (Jes 40,18-25; 41,7f; 44,9-20; 45,20; 46,5-7). Auf dieser Reflexionsebene sind die Götter der Völker nicht nur dem Gott Israels untergeordnet, sondern als hilflose, weil von Menschen gemachte Figuren bzw. Bilder verstanden. Dies bedeutet, dass sie letztlich gar keine Götter sind. In gleicher Weise argumentiert Jeremia gegen „handgemachte" Götter, die sich nicht gegen die Zerstörung ihrer Tempel wehren können.

Eine weitere Besonderheit des Deuterojesaja sind die insgesamt vier →*Gottesknechtslieder* in 42,1-9; 49,1-9; 50,4-9 und 52,13-53,12. Bei dem Gottesknecht handelt es sich keineswegs immer um die gleiche Gestalt: Im ersten Lied tritt der Gottesknecht als der von Gott erwählte Befreier des Gottesvolkes auf. Dazu ist er geschaffen und auserwählt worden. Ähnliches könnte auch noch für das zweite Lied gelten (bes. 49,6). Im vierten Lied dagegen stellt sich der Knecht als der

Leidende dar, der verstoßen wird und die Schmerzen und die Schuld vieler trägt. Gerade dieses vierte Lied zeigt eine Vielzahl von Aussagen, die sich in der Passion Jesu finden und dort zitiert werden:

> *Vgl. 53,7 Er wurde mißhandelt, aber er beugte sich und tat seinen Mund nicht auf wie das Lamm, das zur Schlachtung geführt wird und wie ein Schaf, das stumm ist vor seinen Scherern; und er tat seinen Mund nicht auf. (ELB)*
> *Joh 19,9 und er ging wieder hinein in das Prätorium und spricht zu Jesus: Woher bist du? Jesus aber gab ihm keine Antwort.*

In gewisser Hinsicht finden sich derartige Zitate in der Passion auch aus dem dritten Gottesknechtslied: Der Knecht wird geschlagen, geschmäht und bespuckt, wie dies im Kontext der Geißelung Jesu und der Dornenkrönung erzählt wird.

Wer aber im dritten und vierten Lied gemeint sein könnte, ist weitgehend unklar und umstritten. Es ist die Rede von Israel, dem Propheten selbst (dem Verfasser), einem Messias oder Davididen am Ende des Exils, von dem wir nichts wissen.

26.4 Der Tritojesaja

Ob ein Buch „Tritojesaja" als eigenständiger, selbständiger Teil geschaffen und als mehr oder weniger „fertiger" Block an Deuterojesaja angeschlossen wurde, ist umstritten. Vielfach wird Tritojesaja neuerdings „nur" als Fortschreibung des bis dahin vorliegenden Jesajabuches verstanden.

Ein herausragendes Thema des letzten Teils des Jes ist die Frömmigkeit. Dem Frommen wird besonderes Heil verheißen, und dies gilt auch für „Fremde", die sich an den Gott Israels wenden (56,1-8). Hier findet sich der bekannte Spruch, den Jesus im Kontext der Tempelreinigung zitiert, wenngleich nicht in ganzer Länge. Vers 8b wird nicht von ihm zitiert:

> *Jes 56,7 ...denn mein Haus wird ein Bethaus genannt werden für alle Völker. 8 So spricht der, HERR, der die Vertriebenen Israels sammelt.*

Auch in diesem Teil des Jesaja findet sich also die Heilsaussicht, dass die Völker zum Zion kommen, um dort den einzigen Gott, den Gott Israels zu verehren (60,1-22). Auch von einem kommenden Gesalbten des Herrn ist die Rede. Der Zion wird in überschwänglichen Worten und Bildern umschrieben (60,1-22; 62,1-12). Mit einer Gerichtsankündigung und einem Ausblick auf das kommende, endzeitliche Heil (ab 65,16b) endet das Buch. Bemerkenswert ist, dass sich die endzeitliche Heilszeit nicht in einer neuen Welt oder in einem neuen Äon/Zeitalter ereignet, sondern in der Geschichte. Von einer zeitlosen Existenz des Menschen weiß das Buch nichts, sondern es spricht davon, dass die Menschen das Leben bis zu ihrem Ende genießen können. Fruchtbarkeit der Erde und langes Leben der Menschen markieren diese Zeit – allerdings ist es auch eine Zeit des

Gerichts (66,16). Im Rahmen der Veränderungen, die verheißen werden, ist zwar auch von einem neuen Himmel und einer neuen Erde die Rede (66,22), doch bleibt das Heil ein irdisches, der Herr wird auf dem Zion verehrt und die Völker kommen zu ihm.

Zusammenfassung

Das Buch Jesaja stellt sich als ein Werk dar, das über einen beträchtlichen Zeitraum hinweg gewachsen ist. Insofern kann man auch nicht von *dem* Thema des Buches sprechen. In verschiedenen Teilen des Buches finden sich Aussagen, die eine recht konkrete Datierung zulassen, wie etwa die Ankündigung des Immanuel an König Asa. Für die Bezeichnung des Kyrus als gottgesandten Messias wird man die frühe Zeit nach dem Exil ansetzen können. Neben den Aussagen über den Zion, den Berg der Zukunft, der Hoffnung und des Heils, die einen gewichtigen Platz beanspruchen, bietet das Buch auch mehrfach die Vorstellung, dass Gott auch über fremde Völker herrscht bzw. sich ihrer bedient. Folgerichtig besteht daher auch eine Heilsaussicht für die Fremdvölker, die nach Vorstellung der Verfasser zum Zion wallfahren, um dort dem Gott Israels zu huldigen.

27. Der Prophet Jeremia

Das Jeremiabuch liegt in verschiedenen Längen vor: Die griechische Variante der LXX ist deutlich kürzer als der masoretische Text. Entweder existierten verschiedene hebräische Fassungen des Buches vor dessen Übersetzung ins Griechische oder die hebräische Vorlage wurde nach ihrer Übersetzung noch erweitert, wobei dies die Existenz verschiedener hebräischer Fassungen natürlich nicht ausschließt. Da es auch Unterschiede in der Ereignisabfolge gibt, ist Letzteres wahrscheinlich.

Die griechische Fassung zeigt jedenfalls in der Abfolge das „klassische" Schema eines Propheten: Unheil gegen das eigene Volk, Unheil gegen fremde Völker, Heilsansage. Diese klare Abfolge bietet der masoretische Text nicht. Hier folgen z.B. die Völkersprüche erst auf die Heilsansage an Israel gegen Ende des Buches.

Jeremia tritt in den ersten Jahren des Exils und davor auf. Wie vielfach bei Propheten üblich, ist diese Zeit in den ersten Versen des Buches vermerkt, zusammen mit dem Namen seines Vaters und seinem Herkunftsort Anatot, in der Nähe von Jerusalem gelegen. Demnach war Jeremia ab dem 13. Jahr der Regierung des Joschija tätig (ca. 628), ebenso unter Jojakim, dem Sohn Joschijas, bis ins 11. Jahr des Königs Zidkija (Jer 1,1-3: ca. 586). Er scheint – wie zuvor Jesaja – relativ freien Zugang zum letztgenannten König gehabt zu haben.

Am Anfang des Buches findet sich seine Prophetenberufung mit den klassischen Elementen: Berufung, Gegenrede/Einwand des Berufenen, Hilfszusage und bestätigendes Zeichen, Sendung. Einige Elemente sind auch aus anderen Kontexten geläufig, so z.B. die „Erwählung vom Mutterleibe an" (vgl. z.B. Paulus, Brief an die Galater 1,15):

> *Jer 1,4 Und das Wort des HERRN geschah zu mir so: 5 Ehe ich dich im Mutterschoß bildete, habe ich dich erkannt, und ehe du aus dem Mutterleib hervorkamst, habe ich dich geheiligt: zum Propheten für die Nationen habe ich dich eingesetzt (vgl. Sir 49,7).*

Mit der Berufung des Mose berührt sich der Text bezüglich des Einwands des Jeremia, er sei kein großer Redner (vgl. Jer 1,6 mit Ex 4,10).

27.1 Inhalt und Gliederung

Anders als Jes beginnt Jer mit der **Berufung des Propheten** (1) um mit Kap. 2, eingeleitet mit der →*Wortereignisformel* (*Und das Wort des HERRN geschah zu mir* 2,1), gleich medias in res zu gehen: Es folgen **Reden gegen Israel wegen der Verehrung fremder Götter, Bruch des Bundes (2-3) und Forderung zur Umkehr** – dabei verwendet Jeremia auch das Bild von der Liebe und Ehe zwischen Gott und seinem Volk (2,2.29.31; 3,8) sowie vom Weinberg (2,21; 3,3 vgl. das Weinberglied bei Jes). Dabei scheint auch dieser Propheten realpolitische Bündnispolitik als Abfall von Jahwe als Schutzgott zu verstehen. Entsprechend dtr Duktus folgt die Strafe auf dem Fuße (vgl. 2,16ff, aber auch 4,18 u.a.). Gegen Schluss der Rede stellt Jer im Falle der Umkehr die Wiedervereinigung der beiden Teilreiche in Aussicht (3,17f).

So folgt ab 3,22 bis 4,4 ein **Aufruf zur Umkehr.**

Mit 4,5-6,26 spricht Jer vom Krieg, dem →***Feind aus dem Norden.*** Der Feind kommt zwar eigentlich aus dem Osten, wegen der syrisch-jordanischen Wüste zogen die Armeen der Großreiche von Euphrat und Tigris aber immer von Norden gegen Israel und auch gegen Ägypten. In den Worten Jer wird ausdrücklich und häufiger auch **Jerusalem als Ziel der Feinde** genannt (bes. Kap.6), die wie ein gewaltiger Gewittersturm über das Land und seine Städte fegen (4,13).

Der Herr setzt in dieser Situation den **Propheten als Prüfer des Volkes** ein (6,27-30).

Mit einer erneuten Wortereignisformel folgt in Kap. 7 eine **Rede über den Tempel**, verbunden mit **Opfer- und Götzenkritik** und **Umkehrforderung**, in 8-9 eine Rede über den **Abfall des Volkes** und die Strafe dafür. Kap. 10 ergeht sich in **Götzenkritik** und der auch schon bei Jes bereits beobachteten Polemik gegen Götterbilder.

Mit 11-20 schließt eine große Rede mit **Klage- und Gerichtsworten** an. Der Abschnitt enthält Mordplänen gegen Jer (11), Aussagen zur Not des Propheten (13), Klage Gottes und Strafankündigung (**Exilsdrohung** und Kriegsgefahr aus dem Norden), Zerstörung Jerusalems, wechselweise Unheilsdrohung (Dürre), Klage des Volkes, Gerichtsansage, Symbolhandlungen und Drohreden. 15,5-9 spricht vom **Ende Jerusalems**. In 11-20 finden sich sodann auch die so genannten →***Konfessiones*** (eigentl. Bekenntnisse), die Klagen des Jer über sich selbst und seine Situation (12,1-7; 15,10-21), über sein Amt (17,14-18; 18,18-23), über die Nachstellungen und Anschläge (20,7-18). Der Abschnitt endet mit einer Selbstverfluchung in 20,14-18 (vgl. Ijob 3).

Die Worte an die Führenden in 21-25 enthalten erneut eine Ansage der **Zerstörung Jerusalems** und die **Verkündigung des Exils** (25), aber auch erneut die Forderung zur **Umkehr**.

In einem längeren Prosaabschnitt (26-29) liest man vom **Schicksal des Propheten und seiner Auseinandersetzung mit dem Hofpropheten Hananja**, der ganz offensichtlich auf der Seite der Kriegspartei steht.

Dem nächsten größeren Prosablock (36-45) über das **Schicksal des Propheten in der belagerten Stadt**, den Konflikt mit dem König, der Eroberung Jerusalems, der Ermordung Gedaljas, der **Verschleppung nach Ägypten** und der letzten Aktion des Propheten (43) gehen **Heilsworte voraus** (30-35): Es ist die Rede vom **Neuen Bund**. Dazu findet sich eine Symbolhandlung mit Aussicht auf eine heilvolle Zukunft und Heil für Jerusalem.

46-51 bietet noch einmal **Prophetenworte/Drohreden** gegen fremde Völker. Mit einem Prosatext zur Zerstörung Jerusalems und zur Begnadigung Jojachins (vgl. 2Kön 24f) in Kap. 52 endet das Buch.

In Kürze

1	Berufung Jeremias
2-3	Rede gegen Israel
3,19-4,4	Aufruf zur Umkehr
4,5-6,26	Ansage des Krieges
6,27-30	der Prophet prüft das Volk
7	Tempelrede mit Opfer- und Götzenkritik; Umkehrforderung
8-9	Abfall des Volkes (Juda) und Strafe
10	Götzenkritik – Polemik gegen Götterbilder
11,1-17	Verpflichtung auf das Gesetz als Voraussetzung der Heilszusage
11,18-23	Mordpläne gegen den Propheten

12-13	Klage Gottes und Strafankündigung
14-20	wechselweise Unheilsdrohung (Dürre), Klage des Volkes, Gerichtsansage, Symbolhandlungen und Drohreden. 15,5-9: Ende Jerusalems; Konfessionen/Klagen in 12,1-7; 15,10-21; 17,14-18; 18,18-23; 20,7-18
21-24	Worte an die Führenden
25	Ansage des 70-jährigen Exils; Umkehrforderung
26-29	Prosatext zum Schicksal des Propheten
30-35	Heilsworte
36-45	Prosatext über das Schicksal des Propheten in der belagerten Stadt; Eroberung Jerusalems; Ermordung Gedaljas; Zug nach Ägypten und letzte Aktion des Propheten (43)
46-51	Prophetenworte/Drohreden gegen fremde Völker
52	Prosatext: Zerstörung Jerusalems und die Begnadigung Jojachins (vgl. 2Kön 24f)

Aus der Übersicht werden zum einen thematische Doppelungen erkennbar – so z.B. die mehrfache Ansage der Zerstörung Jerusalems. Zum anderen wird deutlich, dass die Stoffe weithin keine thematische Ordnung erkennen lassen. Dies deutet darauf hin, dass das Buch keine direkte Mitschrift ist bzw. nicht als Ganzes auf das Diktat des Jeremia zurückgeht. Freilich sind die Passagen, die Jeremia tatsächlich diktiert haben könnte (s.u.), als solche auch nicht mehr zu erkennen. Das Buch ist demnach, wie auch andere Prophetenbücher, aus der Kombination „echter" Prophetenworte und sekundärer Ergänzungen entstanden. Die häufig verwendete einleitende „Wortereignisformel" – *das Wort Jahwes erging an Jeremia...* – macht es möglich, disparate Stoffe ohne größere Probleme aufeinander folgen zu lassen. Zudem stellt sich, wie auch bei Jes, die Frage, ob und ggf. in welchem Umfang dem Propheten auch Heilsworte zuzuordnen sind oder inwieweit diese mehr oder weniger ausschließlich auf eine Überarbeitung/Fortschreibung zurückgehen.

Immerhin wird es sich bei einigen kleineren thematisch verwandten Blöcken bereits um kleine Sammlungen gehandelt haben, etwa wenn der Prophet sich gegen Widersacher (Propheten/Könige) richtet, die schon erwähnten Heilsworte bes. in 32-35, oder auch die Reden gegen falsche Prophetie, die etwa Hoffnung auf Rückkehr in Bälde in Aussicht stellt (21-23). Die Auffassung, in den poetischen Stücken am ehesten Jeremias eigenes Wort zu sehen (Schreiner: Jeremia I, S. 6), geht von der Überlegung aus, dass die meisten Propheten ihre Botschaft angeblich poetisch formuliert haben. Die in der Tradition der Propheten stehenden Bearbeiter scheinen dies allerdings – zumindest teilweise – ebenso getan zu haben.

Im Gegensatz zu anderen Propheten hat Jeremia eine Verschriftlichung seiner Botschaft ausdrücklich gewollt und betrieben. Er hat seinem Freund und Schüler

Baruch seine Botschaft – oder Teile davon – diktiert (36,4.18). Das Schriftstück wird zwar vom König verbrannt (36,23), aber Jeremia diktiert daraufhin noch einmal (36,28).

Die so genannten „Konfessionen“ des Jeremia machen deutlich, wie sehr der Prophet mit seiner Person für seine Botschaft einsteht. Sie zeigen einen Mann, der von dem, was er verkünden muss, selbst betroffen ist und mit seinem Auftrag ringt, zumal ihn seine Botschaft wiederholt in Lebensgefahr bringt. Authentisch müssen sie aber deshalb nicht sein! Sie sind übrigens auch ein Grund dafür, dass die Klagelieder Jeremia zugeordnet werden. In seinem Leiden erfährt er freilich auch immer wieder Hilfe von Menschen, insbesondere von Ebed Melech, einem Kuschiter (d.h. einem Afrikaner mit dem Namen „Königsknecht“), einem Mann aus dem Königspalast, der ihn z.B. aus der Zisterne rettet.

27.2 Der Prophet als Mahner zum Frieden

Sein Schicksal ist gerade für seine letzten Jahre vor der Deportation relativ genau zu rekonstruieren: Er steht in Opposition zu jenen Gruppen, die sich von der babylonischen Vorherrschaft lossagen wollen und plädiert dringend dafür, weiterhin unter dem Joch der Großmacht zu bleiben:

> *27,11 Die Nation aber, die ihren Hals in das Joch des Königs von Babel steckt und ihm dient, die werde ich in ihrem Land lassen, spricht der HERR; und sie wird es bebauen und darin wohnen.*

Für diese Einstellung des Jeremia bedarf es noch nicht einmal einer besonderen Eingebung: Schon aus rationalen Gründen musste es völlig unsinnig erscheinen, gegen die Großmacht aufzubegehren. Das Schicksal des Nordreiches konnte hier als Warnung dienen. Dennoch kommt es zum Abfall von Babylon. Insoweit diese Politik nach Vorstellung des Propheten gegen die Pläne Gottes gerichtet ist, stellt dies auch einen Abfall von Gott dar.

Seine Gegner lassen Jeremia wegen „Wehrkraftzersetzung“ (vgl. 38,4) in einer wasserlosen Zisterne gefangen setzen. Die Tatsache, dass der König den Propheten heimlich zu sich bringen lässt und mit ihm spricht, macht deutlich, dass der König kein Hasardeur war. Er wusste sehr wohl um das Risiko eines Aufstandes und hätte diesen wahrscheinlich gerne vermieden, konnte sich aber gegen dessen Befürworter nicht durchsetzen.

Nach der Eroberung des Reiches und der Stadt im Jahre 586 wird Jeremia von den Eroberern vor die Wahl gestellt, im Lande zu bleiben oder mit ins Exil zu gehen (Jer 40). Jeremia entschließt sich zu bleiben (40,6). Offensichtlich wussten die Babylonier sehr gut über die Vorgänge in der Stadt Bescheid und auch darüber, dass Jeremia den Aufstand eigentlich vermeiden wollte.

In Jerusalem wird durch die Großmacht der schon erwähnte Gedalja zum Stadthalter eingesetzt. Noch immer im Lande gebliebene radikale Oppositionelle bringen Gedalja als Parteigänger der Babylonier um und fliehen dann nach Ägypten (Jer 40f). Dabei wird der Prophet verschleppt, seine Spur verliert sich.

Das Buch bietet somit einiges an Informationen, die über die Königsbücher hinausgehen. Insbesondere die letzte Etappe vor der Eroberung, die Verhältnisse im Land nach der Deportation und die Flucht jüdischer Rebellen nach Ägypten werden nur bei diesem Propheten überliefert. Interessant für das Verhältnis von Nordreich und Südreich ist die Notiz, dass Pilger aus dem Nordreich nach Jerusalem ziehen, um dort Opfergaben darzubringen. Dies bedeutet, dass es im Nordreich, das ja bereits i. J. 722 untergegangen ist, noch immer Menschen gibt, die am Jerusalemer (!) Jahwekult interessiert sind. Die dtr Aussage in 2Kön, im Nordreich habe sich nur eine schismatische oder gar neuheidnische Mischbevölkerung befunden, wird damit entkräftet (s.o.).

Die Mahnung des Jeremia, keine „Realpolitik" zu betreiben, sondern sich in die geschichtlichen Gegebenheiten zu fügen, richtet der Prophet auch an die Exilierten. Sie sollen dort sesshaft werden, Immobilien erwerben, dort auch heiraten und Kinder bekommen:

> *29,5 Baut Häuser und wohnt darin! Pflanzt Gärten und eßt ihre Früchte! 6 Nehmt Frauen und zeugt Söhne und Töchter! Und nehmt Frauen für eure Söhne, und eure Töchter gebt Männern, damit sie Söhne und Töchter gebären, damit ihr euch dort vermehrt und nicht vermindert! 7 Und sucht den Frieden der Stadt, in die ich euch gefangen weggeführt habe, und betet für sie zum HERRN! Denn in ihrem Frieden werdet ihr Frieden haben. 8 Denn so spricht der HERR der Heerscharen, der Gott Israels: Laßt euch von euren Propheten, die in eurer Mitte sind, und von euren Wahrsagern nicht täuschen! Und hört nicht auf eure Träume, die ihr euch träumen laßt! 9 Denn Lüge weissagen sie euch in meinem Namen; ich habe sie nicht gesandt, spricht der HERR. 10 Denn so spricht der HERR: Erst wenn siebzig Jahre für Babel voll sind, werde ich mich euer annehmen und mein gutes Wort, euch an diesen Ort zurückzubringen, an euch erfüllen.*

27.3 Theologische Aussage

Theologisch ist das Buch in seiner Endfassung, wie erwähnt, sehr von dtr Vorstellungen geprägt. Dies schlägt sich auch in der Sprache nieder: Jeremia spricht vom „Lande Ägypten" (2,37; 7,22 u.a.) und von der „Herausführung" von dort (7,22; 11,4; 16,14; 23,7) sowie von Zeichen und Wundern, die Gott an Israel getan hat (32,20). In typisch dtr Sprache ist von dem Bund die Rede, den der Herr geschlossen hatte und von dem Israel abgewichen ist (31,32). Besonders eindrucksvoll sind diesbezüglich Jer 32,21 und 34,13f:

32,21 Und du hast dein Volk Israel aus dem Land Ägypten herausgeführt mit Zeichen und mit Wundern und mit starker Hand und mit ausgestrecktem Arm und mit großem Schrecken.
34,13 So spricht der HERR, der Gott Israels: Ich habe einen Bund mit euren Vätern geschlossen an dem Tag, als ich sie aus dem Land Ägypten, aus dem Sklavenhaus, herausführte, und habe gesprochen 14 Am Ende von sieben Jahren sollt ihr jeder seinen hebräischen Bruder entlassen, der sich dir verkauft hat; er soll sechs Jahre dein Sklave sein, dann sollst du ihn als Freien von dir entlassen. Aber eure Väter hörten nicht auf mich und neigten ihr Ohr nicht zu mir.

Mit der negativen Sicht Ägyptens korrespondiert das eindringliche Gebot des Propheten, sich nicht wieder freiwillig dorthin zu begeben (42,17-19; 43). Das Unheil aber, das über Israel hereingebrochen ist, resultiert aus dem Bundesbruch des Volkes (bes. Jer 44). Ob das Buch von dtr orientierten Autoren geschrieben oder von einschlägigen Redaktoren bearbeitet worden ist, bleibe einmal dahingestellt.

Gerade angesichts der dtr Einflüsse muss daher umso mehr auffallen, dass Jeremia – aber auch alle anderen Propheten –, nichts über die Reform des Joschija verlauten lassen (vgl. vielmehr *Jer 3,6 Und der HERR sprach zu mir in den Tagen des Königs Josia: Hast du gesehen, was Israel, die Abtrünnige, getan hat? Sie ging auf jeden hohen Berg und unter jeden grünen Baum und hurte dort)*. Ihr Schweigen als Zustimmung zu deuten ist zwar möglich, aber es wäre z.B. zu erwarten gewesen, dass Jeremia in den Mahnungen und Drohungen gegen das Volk Joschija als positives Beispiel anführt. Nebenbei bemerkt scheint die Reform des Königs auch nicht lange nachgewirkt zu haben, denn nirgends wird weiter darüber reflektiert. Möglicherweise waren die Ausmaße der Reform dann doch nicht ganz so spektakulär, wie sie uns in 2Kön „verkauft" werden.

Wie schon Jesaja bietet auch Jeremia eine schneidende Götzenkritik. Die von Menschenhänden gemachten Götter können keine Hilfe bieten, da sie ja nur menschliches Machwerk sind (10,1-16). Der einzige Gott, der helfen kann, ist der Herr. Als weitere Gemeinsamkeiten mit Jesaja sind die prophetischen Symbolhandlungen (z.B. Jer 13: Gürtelkauf; 16: Ehelosigkeit; 19: der irdene, zerbrochene Krug; 27f: das Joch; 32: Ackerkauf; 43: Pflasterung vor dem Haus des Pharao) zu nennen. Bei Ez und anderen Propheten werden sich weitere derartige Handlungen finden.

27.4 Erzählzeit und erzählte Zeit

Die erzählte Zeit lässt sich dank präziser Zeitangaben in 1,1-3 sowie in 26,1; 27,1; 28,1; 32,1; 34,1; 35,1; 36,1; 37,1; 39,1 u.a. sehr genau angeben. Die Tätigkeit des Propheten wird hier eng mit der Regentschaft der verschiedenen Davididen und deren Regierungszeit vor dem Exil verknüpft. Auch die Ereignisse, die berichtet werden, sind zeitlich relativ genau einzuordnen und nicht beliebig verschiebbar. Jeremia ist ganz offensichtlich in der Zeit ab Joschija und in der Zeit des Untergangs von Juda tätig gewesen. Er hat sowohl die erste Deportation 597 wie auch die zweite 586 erlebt, ehe er nach der Zerstörung von Stadt und Tempel nach Ägypten verschleppt wird.

Die Erzählzeit ist dagegen weitaus weniger genau festzumachen: Wenn es zutrifft, dass Jeremia zumindest Teile seiner Botschaft diktiert hat, so muss das sehr zeitnah zu den Ereignissen geschehen sein. Leider ist es aber nicht möglich, die „Originalteile" sicher abzugrenzen. Ebenso können mögliche oder sogar wahrscheinliche Überarbeitungen und Zufügungen (s.o.) nicht datiert werden. Und selbst die LXX, die eine masoretische Variante als Vorlage verwendet, bietet keine Datierungshilfe, weil nicht geklärt werden kann, welche Vorlage die ältere ist. Vielleicht stellen Klagetexte im Gegensatz zur Anklage ein Merkmal für ältere Überlieferung dar (Schmid, in: Gertz: Grundinformationen[5], 352) und auch direkte Auseinandersetzungen mit dem König dürften ursprünglich oder zumindest zeitnah hinzugefügt worden sein, da sie in größerer zeitlicher Entfernung zum Ereignis kaum Sinn machen: Nach dem Exil gibt es keine Könige mehr, denen man in einer Relektüre die Aussagen des Jeremia neu vorhalten könnte.

Insgesamt aber kann die Erzählzeit angefangen vom ausgehenden 7. Jahrhundert bis in die spät- oder nachexilische Zeit reichen. Dies gilt mit Blick auf die Entstehung des Deuteronomistischen Geschichtswerks auf jeden Fall für die mögliche(n) dtr Bearbeitung(en).

Zusammenfassung

Der Prophet, der in der Zeit kurz vor dem Beginn des Exils auftritt, wendet sich gegen jegliche Versuche, sich gegen die neubabylonische Vorherrschaft aufzulehnen. Er plädiert vehement dafür, unter dieser Herrschaft zu bleiben. Der König, auf den er offensichtlich doch Einfluss hat, erweist sich allerdings als zu schwach, um gegen die größere Oppositionsgruppe im Volk zu entscheiden. So kommt es zum Abfall von Babylon und in der Folge zur Deportation und zur Zerstörung Jerusalems, die der Prophet angekündigt hatte. Die Gründe für den Untergang sieht Jeremia freilich nicht nur in einer verfehlten Realpolitik, sondern im ständigen Abfall des Volkes von seinem Gott, den er immer wieder neu beklagt. Dabei geht es nicht nur um Fremdgötterverehrung, sondern auch um eine defizitäre Verehrung Jahwes, z.B. mit üppigen Opfern bei gleichzeitiger Missachtung der Armen. Dazu gehört freilich auch die Bündnispolitik mit anderen Völkern, da dadurch der Gott Israels als Schutzgott seines Volkes (vgl. Jes im Gespräch mit Ahas in Jes 7) nicht mehr ernst genommen wird. Angesichts dieser Verhältnisse fordert Jeremia immer wieder Umkehr.

Der Prophet leidet unter seinem Auftrag, den er von Gott erhalten hat und unter der Verfolgung, die ihm deswegen widerfährt. Er leidet darunter, dass er immer wieder gegen Gewalttat anrennen und Zerstörung verkünden muss (20,8). Dies kommt in den Konfessionen, den Bekenntnissen des Propheten zum Ausdruck.

Die Heilsansagen sind verschiedentlich nicht nur an Juda, sondern auch an Gesamtisrael gerichtet. Wie oben erwähnt, stellt der Prophet z.B. das Zusammenwachsen der beiden Brüdervölker in Aussicht – und damit auch das Ende der Diaspora des Nordreiches. Dass diese Heilsaussichten kaum angesichts des drohenden Exils des Südreiches geäußert worden sein dürften, sondern erst gegen Ende oder nach dem Exil, liegt auf der Hand.

28. Die Klagelieder

Das Buch der Klagelieder blickt auf die Zerstörung Jerusalems und seines Tempels zurück und beklagt und betrauert diese. Es ist daher auch keine Festtagsrolle, sondern wird zum 9. *Ab/Av* gelesen, dem Tag, an dem nach jüdischer Überlieferung:

- Jerusalem und der salomonische Tempel zerstört wurden (586 v. Chr.)
- der zweite Tempel zerstört wurde (70 n. Chr.)
- die Festung →*Betar/Bitir* eingenommen wurde (135 n. Chr.), sie liegt wenige Kilometer westlich von Jerusalem und war die letzte Bastion im zweiten Jüdisch-Römischen Krieg, dem *Bar-Kochba-Krieg*
- im Jahre 1290 König Eduard von England ein Edikt zur Ausweisung aller Juden unterschrieb
- im Jahre 1492 die Vertreibung der Juden aus Spanien begann

Natürlich sieht das nach einer künstlichen „Schreckenschronologie“ aus. Es kommt Skepsis auf, ob sich tatsächlich alle diese Dinge am gleichen Tag ereignet haben, aber ein Blick auf die Deutsche Geschichte und den 9. November sollten etwas zur Zurückhaltung mahnen, hier ein vorschnelles Urteil abzugeben:

Am 9. November fiel nicht nur im Jahre 1989 die Berliner Mauer, sondern auf diesen Tag fällt im Jahre 1938 auch die „Reichs-Pogromnacht“, 1923 fand der Hitler-Ludendorff-Putsch statt, und es begann die Novemberrevolution i. J. 1918 mit dem Ende der Monarchie und der Ausrufung der deutschen Republik. Geht man in der Geschichte noch weiter zurück, ereignen sich eine Reihe weiterer politisch einflussreicher Ereignisse an diesem 9. November.

Am 9. Av wird jedenfalls 24 Stunden gefastet und so ist dieser Tag nach Jom Kippur der strengste Fasttag. Und es werden eben die Klagelieder gelesen.

Die Klagelieder, lateinisch (Vulgata) Lamentationes, griechisch Threni genannt, werden gewöhnlich dem Propheten Jeremia zugeschrieben (wg. 2Chr 35,25a), entsprechend dem Talmudtraktat Baba Batra 15a und Josephus contra Apionem I,40. Ob wirklich Jeremia der Verfasser ist, wird unterschiedlich beurteilt. Hebräisch heißt das Buch 'ækah = ach, wehe, und so wird es auch heute bezeichnet. Früher wurde das Buch allerdings auch qinnot genannt, dem hebräischen Wort für Klagelieder.

28.1 Inhalt und Gliederung

Das Buch besteht offensichtlich aus fünf verschiedenen Klagen, die sich mit der Kapitelzählung decken.

1,1-22	Verödung Jerusalems; Schuldbekenntnis
2,1-22	die Vernichtung der Stadt entspricht dem Willen Gottes: Klagen und Flehen
3,1-66	Klage eines Einzelnen, aber auch Hoffnung auf Gott
4,1-22	Schicksal und Schuld: Schicksal der Kinder und des Königs, Schuld der Propheten und Priester
5,1-22	das schwere Schicksal des (besiegten) Volkes: Wehe den Besiegten! Bitte um Zuwendung Gottes

Das dritte Kapitel fällt aufgrund des Umfangs und des Inhalts aus der Reihe: Es geht nicht um Jerusalem und das Volk, sondern um die individuelle Klage eines Einzelnen! Und auch der Aufbau ist ein anderer. Das Kapitel wird formal allerdings in das Buch eingebunden, da es sich wie in Kapitel 1, 2 und 4 um einen „alphabetischen" Aufbau handelt, der freilich nur im Hebräischen erkennbar ist. Das nennt man ein →*Akrostichon*. Ein solches liegt vor, wenn Zeilen- und Strophenanfänge nach einem bestimmten Muster erfolgen. Hier ist es das Alphabet, wie auch in Ps 9/10; 25; 34; 111; 112; 119; 145 und in Spr 31,10-31. Warum man dieses Muster verwendet, ist unklar. Es wird „magisches Denken" in Erwägung gezogen oder auch die Möglichkeit, die Verse besser auswendig lernen zu können. Da aber gerade wegen dieses Musters ggf. die Gedankenführung und die Syntax umgestellt werden müssen, ist das für das Auswendiglernen eher hinderlich. Und so bleibt als mögliche Lösung – abgesehen von der einfachen Lust, ein solches Muster zu bilden – die Variante, von A bis Z sei alles gesagt.

Wenn nun Kapitel 3 dreimal so viele Verse hat wie die anderen Kapitel, rührt dies daher, dass in diesem nicht die jeweils nächste Zeile mit dem im Alphabet folgenden Buchstaben beginnt, sondern jeweils drei Zeilen hintereinander mit dem gleichen Buchstaben anfangen, ehe zum nächsten übergegangen wird. Es sieht demnach so aus, dass das Buch bewusst so aufgebaut ist mit zwei Kapiteln am Anfang und am Schluss mit 22 Zeilen, entsprechend dem hebräischen Alphabet mit seinen 22 Zeichen und das Kapitel in der Mitte mit 66 Zeilen.

Die 22 Anfangsbuchstaben des fünften Kapitels die in Vers 1 nicht mit Aleph, dem ersten hebräischen Buchstaben beginnen, sondern mit einem S-Laut, lassen sich zu einem hebräischen Satz konstruieren der da lautet: „Die Hurenden, das Volk, verschmähe ich, strafend mit Verachtung. So klagt dein Gott." (so Augustin/

Kegler 321f). Ob das bewusst so gedacht ist, sei dahin gestellt. Die geringfügige Änderung in der alphabetischen Reihenfolge in den Liedern 2, 3 und 4 könnte auch eine ältere Reihenfolge des Alphabets wiedergeben.

Auf die Schilderung der Ereignisse folgt jeweils der Höhepunkt der Aussagen, die dann in der zweiten Hälfte gedeutet werden. Da nach dem vierten Lied die Strafe Gottes bereits vollzogen ist, folgt in Lied 5 die Bitte um den Geist der Buße und der Umkehr.

Nicht diskutiert werden soll hier die umstrittene Frage nach einem Metrum in der hebräischen Dichtung und auch nicht nach der Gattung der Klgl (vgl. hierzu Kaiser: Klagelieder)

Tradition und Redaktion

Ein Problem bleibt, das in den meisten Einleitungen und Kommentaren angesprochen wird, nämlich die Frage, ob alle Lieder vom gleichen Autor stammen – z.B. vom Verfasser des dritten Liedes – oder ob hier eine Liedsammlung vorliegt, die erst sekundär zu den Klageliedern vereinigt wurde.

Für eine Dichtung von der Hand eines Autors spricht die Tatsache, dass alle dem gleichen Akrostichon folgen, mit den genannten Varianten in Kapitel 3 und Kapitel 5. Dennoch gibt es eine ganze Reihe von anderslautenden Vermutungen bezüglich der Entstehung:

- Auftragsarbeit für eine Kultfeier im zerstörten Tempel
- Der Verfasser von Kapitel 3 ordnet die anderen Lieder an und verbindet sie durch einen allen gemeinsamen theologischen Aspekt.
- unterschiedlicher zeitlicher Ansatz der verschiedenen Lieder, aber doch noch zeitlich nah am Geschehen
- ein kooperierender Autorenkreis
- Sehr differenziert hierzu ist die Position von Kaiser, ATD und Einleitung, der die Reihenfolge der Entstehung der verschiedenen Lieder zu rekonstruieren sucht.

28.2 Erzählzeit und erzählte Zeit

Der zerstörte Tempel begegnet uns immer wieder in den Liedern. Es dürfte dabei der salomonische, also der erste, vorexilische Tempel gemeint sein.

Die vorhandenen Aramaismen – sofern sie nicht aus Sprachgefühl sekundär eingetragen wurden – deuten auf eine Abfassungszeit nach dem Exil hin, also in die Perserzeit. Da eine nachträgliche Setzung der Lieder als Akrostichon nur schwer vorstellbar, bzw. sogar kaum möglich ist, ohne dabei auch die Aussage zu ändern, dürfte doch eher an einen Autor/gemeinschaftlichen Autorenkreis und an eine mehr oder weniger gleichzeitige Abfassung zu denken sein.

29. Das Buch Baruch

Das Buch gehört zu den deuterokanonischen Werken bzw. Apokryphen. Es liegt – auch in Qumran – nur in Griechisch vor, allerdings auch dort nur fragmentarisch. Baruch bedeutet in der deutschen Sprache „gesegnet".

In der Einleitung des Buches heißt es:

> *Bar 1,1 Das ist der Wortlaut des Buches, das Baruch, der Sohn Nerijas, des Sohnes Machsejas, des Sohnes Zidkijas, des Sohnes Hasadjas, des Sohnes Hilkijas, in Babel geschrieben hat. 2 Es war im fünften Jahr, am siebten Tag des fünften Monats, zur selben Zeit, als die Chaldäer [d.i. die Neubabylonier] Jerusalem eingenommen und in Brand gesteckt hatten. 3 Baruch verlas den Wortlaut dieses Buches vor König Jojachin von Juda, dem Sohn Jojakims, und vor dem ganzen Volk, das zusammengekommen war, um die Schrift zu hören. (EIN)*

Demnach wäre das Buch im Exil vorgelesen worden, und zwar fünf Jahre nach der (zweiten) Deportation und damit im Jahr 581. Dann aber wird dieses Buch, angeblich zusammen mit Spendengeldern und den geplünderten Tempelgeräten, nach Jerusalem gesandt, um dort vorgelesen zu werden (1,14). Wieder einmal stimmen dabei die Angaben über die Babylonischen Könige nicht mit der Historie überein: Wie schon im Buch Daniel (Dan 5,2) wird auch hier behauptet, Belschazzar sei Sohn des Nebukadnezzars gewesen. Er war aber der Sohn Nabonids und in Vertretung seines Vaters auch Regent, aber selbst nicht König und schon gar nicht zur angegebenen Zeit. Zutreffend ist immerhin, dass im Jahre 581 noch Nebukadnezzar regierte.

Thematisch ist das „Buch" aber kaum als solches zu bezeichnen. Die einzelnen Abschnitte sind kaum miteinander verbunden, wie bereits aus der nachfolgenden Gliederung deutlich wird.

29.1 Inhalt und Gliederung

Baruch schreibt ein Buch, das vor dem versammelten Volk des Exils, vor dem König und seinen Notabeln in Babel verlesen wird. Eine daraufhin abgehaltene Kollekte soll nach Jerusalem gebracht werden, um dort den Opferdienst zu fördern. Angeblich hat Baruch selbst die Tempelgeräte schon ausgehändigt bekommen, um sie nach Jerusalem zu bringen. Das Buch Baruch soll dann auch in Jerusalem verlesen werden (1,1-14). Der Text fordert auch zur Fürbitte für die Exilierten wie für Nebukadnezzar und Belschazzar auf.

Die Fürbitte ist erforderlich angesichts der Vergehen, die in 1,15-3,8 im Schuldbekenntnis im dtr Stil mit etlichen Zitaten aus Jer und Ez vorgetragen werden. In 3,9-4,4 findet sich der Preis der Weisheit, die in 4,1-4 mit dem Gesetz Israels

identifiziert wird. Ein Leben in Weisheit, d.h. nach den Geboten Gottes führt zur Einsicht (und damit zur Umkehr und zum Heil). Formal folgen eine Rede an das Volk (4,5-9), eine Rede „Jerusalems" über seine Kinder (4,10-29) und eine Rede an Jerusalem (4,30-5,9) mit der Aussicht auf Freude angesichts der Rückkehr der Exilierten. Für sie wird Gott die Wege ebnen (5,7).
Mit 6,1 beginnt merkwürdigerweise eine Ankündigung des zukünftigen Exils. Ansonsten enthält Kap. 6 vor allem Opferkritik. (Auf die Probleme von 6,9 im Kontext von LXX und Vg soll hier nicht eingegangen werden).

In Kürze

1,1-14	Einleitung: Verlesung von Bar in Babylon vor den Exilierten und Auftrag zur Verlesung in Jerusalem
1,15-3,8	Schuldbekenntnis im dtr Stil mit etlichen Zitaten aus Jeremia und Ez. Bitte um Vergebung
3,9-4,4	Preis der Weisheit = Gesetz Israels (4,1-4)
4,5-9 (?)	Rede an das Volk
4,10-29	Rede „Jerusalems" über seine Kinder
4,30-5,9	Rede an Jerusalem
6,1-72	Brief Jeremias an die Exilierten mit Götzenkritik

Der Brief des Jeremia (Bar 6)

Dem Buch Jeremia zu Folge wurde er selbst – möglicherweise schon kurze Zeit nach der Zerstörung Jerusalems (vgl. Jer 39,1f; 41,1) – nach Ägypten verschleppt. Dort wendet er sich (vgl. Jer 44) gegen den Götzendienst der nach Ägypten geflohenen Judäer. Falls es sich dabei um zuverlässige Nachrichten handelt, dürfte der Informationsfluss zwischen den nach Ägypten gezogenen Menschen und Juda nicht abgebrochen gewesen sein. In gleicher Weise dürfte es auch Kontakte zu den Exilierten in Babylon gegeben haben. In Jeremia 29 wird ein solcher jedenfalls behauptet (Brief des Jeremia an die Exilierten). Der Brief aus Jeremia 29, wie auch die Warnung vor Götzendienst aus Jeremia 44, könnten nun literarische Grundlage für jenen Brief sein, den Jeremia laut Baruch 6 an die Menschen in Babylon sandte. Vom Stil und Inhalt her entspricht er der Intention des Jeremia, der mehrfach die Nichtigkeit der Götzen thematisiert. Zudem existiert, von der Erwähnung des Götzenopfers in 4,7 abgesehen, kaum eine Beziehung zwischen Bar 6 und den vorausgehenden Aussagen des Baruch.
Die Selbständigkeit des Briefes wird dadurch untermauert, dass die LXX diesen als eigenständiges „Buch" bietet, als Epistulae Jeremiou, den „Brief des Jeremia".

In stereotyper Weise ist dort von den Göttern die Rede: Sie sind menschliches Machwerk, unfähig irgendetwas zu bewirken. Sie können noch nicht einmal für sich selbst sorgen, werden daher gegebenenfalls bestohlen und müssen von Menschen beschützt werden, auch vor Wurmfraß. Sie sind Gebilde, aus Gold und Silber (vgl. Bar 6,3. 7. 9f 29. 38. 50. 54. 56f 69f), vor denen man sich nicht fürchten muss (vgl. Bar 6,14. 28. 64. 68), denn sie sind keine wirklichen Götter (Bar 6,14. 22. 28. 49ff 64. 68. 71). Sie haben keine Macht und keinen Verstand und können auch keinen Regen bewirken (vgl. Jer 14,22).
Abgesehen von dem eigenständigen Brief des Jeremia aus Kapitel 6 ist aber auch der Rest des Bar in sich uneinheitlich, wie man besonders in den Reden von 4,5-5,9 mit unterschiedlichen Rednern und Adressaten erkennen kann. Offensichtlich ist das Buch wesentlich von Zitaten aus allen Teilen des Tenach geprägt.

29.2 Erzählte Zeit und Erzählzeit

Die erzählte Zeit ist im Buch angegeben – es ist die Zeit des Exils.

Für die Erzählzeit gibt es jedoch keine eindeutigen Hinweise: Die Ausrichtung an der Diaspora passt so ziemlich in jedes Jahrhundert nach dem Exil, sogar in die christliche Zeit. Vielleicht aber ist die mehrfache Nennung von Ägypten (freilich auch als Land des Exodus) ein Hinweis darauf, dass es um die Diasporasituation in Ägypten geht. Dann wäre das 2. oder 1. Jh. vor Christus, speziell die Zeit der Flucht des Hohepriesters Onias III. oder wahrscheinlicher: IV. nach Leontopolis und die dortige Gründung eines Tempels um 170 zu vermuten.

Eine Schrift, die tatsächlich für die babylonische Diaspora bestimmt ist, wäre allerdings ebenso möglich. Das heißt aber nicht, dass sie an die Menschen im Exil gesandt wurde. Eine babylonische Diaspora hatte sich ja gerade im Anschluss an das Exil gebildet: Nicht alle Exilierten kehrten ab dem angeblichen Rückkehrdekret des Kyrus im Jahre 538 auch tatsächlich wieder zurück und der spätere, nachchristliche „Babylonischen Talmud" zeigt, dass die dortige Diaspora äußerst rege war. Die Anklänge und Parallelen zu Sir und Dan legen die Abfassung im genannten Zeitrahmen des 2. oder 1. Jh. v. Chr. nahe.

Zusammenfassung

Die Intention des Buches Baruch als Ganzes ist Trost und Warnung gleichermaßen: Trost und Hoffnung darauf, dass Gottes Heilswirken dem in Sünde und Abfall lebenden Israel wieder aufscheinen wird; Warnung davor, wieder in alte Verhaltensweisen zurückzufallen.
Hilfe zu einem gottgefälligen Leben bietet die Weisheit in Gestalt der Gebote Gottes. Diesbezüglich thematisch nahestehend ist das Lob der Weisheit in Sir 24 und Ijob 28, zu Daniel 9 finden sich wörtliche Parallelen (9,7f vgl. Bar 1,15; 2,6: *uns treibt es die Schamröte ins Gesicht*).

30. Ezechiel

Ezechiel wirkt vermutlich im Exil. Die Zeit seiner Berufung ist angegeben:
Dazu heißt es in Ez 1,1f

> *Ez 1,1 Und es geschah im dreißigsten Jahr, im vierten Monat, am Fünften des Monats; als ich mitten unter den Weggeführten am Fluß Kebar war, da öffneten sich die Himmel, und ich sah Gesichte Gottes. 2 Am Fünften des Monats – das ist das fünfte Jahr nach der Wegführung des Königs Jojahin*

Wenn das Exil 597 mit der Wegführung Jojachins begann, tritt Ezechiel mithin um 592 auf. Allerdings ist nicht klar, was es mit dem 30. Jahr aus V. 1 auf sich hat. Vielleicht meint der Text das Alter des Propheten bei seinem Auftreten.

Derartige Zeitangaben finden sich durchgängig bis zu 40,1. Sie erwecken den Eindruck der Authentizität der damit eingeleiteten Passagen. Aber schon am Anfang des Buches wird deutlich, dass es sich nicht um eine Mitschrift der Verkündigung Ezechiels handelt: Nicht nur die beiden chronologischen Aussagen sind auffallend, sondern auch die Angaben, wonach es sich in V. 1 angeblich um eine Vision handelt, in V. 2 dagegen um eine Audition. Zur Erscheinung Gottes von 1,4-28, wie auch weiterer Schauungen (vgl. Kap. 8 die Entrückung nach Jerusalem durch eine Feuergestalt), die sehr bildhaft umschrieben werden, passt auf jeden Fall die Vision aus V. 1 besser.

Das Buch ist ansonsten ebenso das Produkt einer Redaktion, wie auch die anderen Prophetenbücher, wieder mit dem üblichen Wechsel von Heils- und Unheilsaussagen. Hier findet sich wiederum die klassische Dreiteilung: Unheil gegen das eigene Volk, Unheil gegen fremde Völker, Heilsaussagen.

30.1 Inhalt und Gliederung

Kaum richtig vorstellbar sind die komplizierten **Tiere** und v.a. **die Räder an Gottes Thron** in Kap. 1. Anfang Kap. 2 wird der Prophet zum **„Haus Israel"** gesandt, bietet aber dann ab Kap. **25 Drohsprüche gegen die Völker** rings um Israel, z.B. gegen Ägypten (Kap. 29ff) und das sagenhafte →*Gog* (Kap.38). Die vielfach verwendete Anrede →„*Menschensohn*" ist in diesem Buch nicht titular gemeint, sondern steht für „Sohn eines Menschen", also einfach für „Mensch".
Ab Kap. 4 erhält der Prophet den Auftrag, durch immer wieder neue prophetische **Symbolhandlungen gegen Juda und Jerusalem** zu prophezeien. Es wird die **Vernichtung Judas und die Zerstörung Jerusalems** inklusive des Tempels angesagt und schließlich auch bestätigt (33,21-22). Davon erfährt Ezechiel im Exil nicht nur durch Visionen, sondern auch durch einen Flüchtling, der den Untergang selbst erlebt hat (Ez 33,21-22).

Mit der Zerstörung des Tempels verlässt die **Herrlichkeit Jahwes**, seine **Kabod** (wörtlich: die Schwere, die Bedeutung) denselben (10,18-22). Der Untergang von Tempel, Stadt und Reich ereignet sich bekanntermaßen wenige Jahre nach dem Auftreten des Ezechiel im Jahre 586. Diese zweite Deportation verkündet er wieder als **symbolische Handlung**.
Dem Problem der **falschen Propheten**, die im Namen Gottes Worte verkünden, die er ihnen nicht eingegeben hat, widmet sich das Buch in einem eigenen Kapitel (Ez 13). Ähnlich Hosea benutzt er das **Bild von der treulosen Frau** (Kap. 16), dazu von den **beiden Schwestern Israel und Juda**, die sich wie schamlose Dirnen benehmen, indem sie sich Ägypten und Chaldäa/Babylon anbiedern (Kap. 23). Im Gegensatz zu Hosea steht dagegen die **Wüste** nicht als Zeit des ungetrübten Verhältnisses zwischen Israel und seinem Gott, sondern entsprechend den Erzählungen des Pentateuchs als Zeit der Widerspenstigkeit des Volkes und des Abfalls (Kap. 20).
Ein interessanter Aspekt, findet sich in Kap. 18: **Die Schuld der Väter wird** nach dieser Aussage **eben nicht an den Söhnen gerächt** (anders dagegen mehrfach im Pentateuch und auch in Jer 32,18), sondern jeder wird nur für seine eigenen Verfehlungen zur Rechenschaft gezogen: **Nur wer sündigt, soll sterben** (Ez 18,4b.20; vgl. Jer 31,29f ; Dtn 24,16; 2Kön 14,5f), der Gerechte aber wird am Leben bleiben (18,9). Es sei aber auch darauf hingewiesen, dass nach 21,8 Gerechte und Sünder unterschiedslos durch das Schwert fallen werden.

> *21,8: Und sprich zu dem Land Israel: So spricht der HERR: Siehe, ich will an dich und werde mein Schwert aus seiner Scheide ziehen; und ich werde aus dir den Gerechten und den Ungerechten ausrotten!*

Dennoch liegen die Umkehr des Sünders (vgl. 33,10f), die Hoffnung und der Ausblick auf neues Heil dem Buch in seiner Endgestalt besonders am Herzen.

Die verschiedenen Aussagen oder **Symbolhandlungen** sind in nahezu allen Fällen durch die Einführung: *Das Wort des Herrn erging an mich: Menschensohn...* oder mit der Wendung: *Du, Menschensohn...* eingeleitet, einige wenige Abschnitte werden erneut datiert: 32,1: *Am ersten Tag des zwölften Monats im zwölften Jahr erging das Wort des Herrn an mich...* (vgl. 32,17). Ähnlich formelhaft schließen auch viele Abschnitte mit der Wendung *Spruch Gottes, des Herrn*: *Daran werden sie erkennen, dass ich der Herr bin* oder auch mit: *Ich, der Herr, habe gesprochen und ich führe es aus.*
Eine der **Heilsaussagen** hat, dem Propheten Jesaja vergleichbar, zum Inhalt, dass am Ende der Zeit die Zerstreuten Israels zurückgeführt werden. Ferner bietet Ez in 34 eine adäquate Vorstellung zu Jes (40,11) im **Bild des guten Hirten,** der für seine Schafe einen Hort der Sicherheit, des Friedens und eines guten Auskommens schaffen wird.

Eine außergewöhnliche Aussage findet sich in Kap. 37 mit der Vision der **Totenauferweckung**. Wieder wird der Prophet entrückt und sieht die Auferstehung Israels, das von Gott belebt wird, um in das Land zurückgeführt zu werden. Außergewöhnlich ist diese Stelle insofern, als hier zwar von der Auferweckung die Rede ist, es sich dabei aber nicht um eine Auferweckung im eschatologischen Kontext handelt. Immerhin wird erkennbar, dass der Gott Israels die Macht hat, sein Volk aus dem Tode herauszuführen und neu erstehen zu lassen.

38,1-39,22 erzählt den Kampf gegen das **sagenhafte Gog**, der von Gott selbst geführt wird, und er tut dies mit allen Elementen einer Theophanie und unter Einbeziehung der Naturgewalten: Feuer, Beben, Pest, Wolkenbrüche, Hagel u.a.:

> *Ez 38,22 Und ich werde ins Gericht mit ihm gehen durch Pest und durch Blut. Und einen überschwemmenden Regen und Hagelsteine, Feuer und Schwefel lasse ich auf ihn regnen und auf seine Scharen und auf die vielen Völker, die mit ihm sind. 23 Und ich werde mich groß und heilig erweisen und werde mich kundtun vor den Augen vieler Nationen. Und sie werden erkennen, daß ich der HERR bin.*

Schließlich ruft Gott auch noch die Wildtiere herbei, die die Gefallenen auffressen (39,17-20). Dieser Kampf hat die **Unreinheit des Landes** zur Folge, die durch die Einsammlung und Bestattung der Leichen wieder beseitigt werden muss (39). Er hat nicht das primäre Ziel, Israel zu retten, sondern dient der Selbstoffenbarung Gottes (vgl. auch 36,22f) gegenüber den Völkern. Israel wurde gezüchtigt, und dies geschah bewusst als Strafaktion Gottes:
39,23: *Und die Nationen werden erkennen, daß das Haus Israel um seiner Schuld willen gefangen weggezogen ist, weil sie treulos an mir handelten und ich mein Angesicht vor ihnen verborgen und sie in die Hand ihrer Bedränger gegeben habe, so daß sie allesamt durchs Schwert gefallen sind.* (vgl. auch 38,16; 39,21f u.s.).
Der häufig vorkommende Schlusssatz: ***Dann werden sie erkennen, dass ich der Herr bin*** macht deutlich, dass es immer wieder darum geht, dass sich Gott selbst vor den Völkern ins rechte Licht setzen muss, denn aus dem Verhalten Israels seinem Gott gegenüber und der Reaktion Gottes darauf kann man keinesfalls schließen, dass dieser Gott der Gott Israels ist. Das Verhalten Israels desavouiert seinen Gott.
Die Kap. 40 bis 48 befassen sich mit dem neuen Israel, das die verschollenen Stämme des Nordreiches einschließt (39,23-29; vgl. Kap. 34). In diesem Kontext findet sich auch eine als Vision vorgetragene Vorstellung des neuen Tempels (und Jerusalems), der in seinen Ausmaßen exakt beschrieben wird. Der Tempelbezirk umfasst demnach ein Quadrat von 500 Ellen Seitenlänge. Der **Herr** wird nach seinem Auszug in Kap. 10 **wieder in den Tempel einziehen** und der Kult wird wieder aufgenommen.

In Kürze

1-24	Gerichtsworte über Jerusalem und Juda
25-32	Gerichts- und Drohsprüche gegen die Nachbarvölker
33-48	Gericht und Heil

Wie schon bei Jeremia stellt sich auch hier die Frage der Form: Haben Propheten ihre Botschaft ausschließlich in der Form der Poesie verbreitet oder auch Prosa verwendet? Der Poesieanteil bei Ezechiel ist nun auffallend gering. Würde man sich für ein Entweder-oder entscheiden, müsste man dem Propheten große Teile des Buches absprechen – oder das Buch für weitgehend authentisch halten. Die Aneinanderreihung einzelner Abschnitte, die gewöhnlich mittels der Formel *So spricht Gott der Herr* oder mit *Das Wort des Herrn erging an mich: Menschensohn...* eingeleitet werden und mit der Wendung *Spruch Gottes, des Herrn* enden, ist auch dann möglich, wenn die Inhalte nicht aufeinander aufbauen und keinen thematischen Kontext ergeben.

Mit Wahrscheinlichkeit ist das Buch nicht einheitlich: Dagegen sprechen inhaltliche Doppelungen an unterschiedlichen Stellen im Kontext. So findet sich sowohl in Kapitel 25 wie auch in 35 ohne einen ersichtlichen Grund eine Rede gegen Edom. In Kapitel 23, der Rede über die beiden Schwestern, erwecken die Verse 37 bis 45 den Eindruck, sekundären Ursprungs zu sein, denn all das wird vorher schon einmal geboten.

Ein einheitlicher Eindruck wird lediglich durch die „Ich-Reden" des Propheten vermittelt, der zusätzlich durch die verschiedenen Datierungen in weitgehend chronologischer Folge (1,1f; 8,1; 24,1; 26,.17; 30,20; 31,1; 32,1.17; 33,21; 40,1) verstärkt werden kann. Allerdings können die Entsprechungen zwischen dem ersten und letzten Teil des Buches nur auf einen Redaktor zurückgehen, der das Ganze überblickt.

Demgegenüber wirft der Verweis auf Noach, Daniel und Ijob als **den** drei Gerechten die Frage auf, ob hier bereits das Buch Daniel als bekannt vorausgesetzt wird, denn allein aus der namentlichen Erwähnung eines Daniel in den Listen von Esra und Nehemia kann kaum auf seine übergroße Gerechtigkeit geschlossen werden. Einzelne Personen in der Überlieferung als besonders „gerecht" auszuweisen ist zudem eine Aussage, die sich zwar nicht exklusiv, aber vor allem in der nachexilischen Literatur findet.

Das Buch Ez ist daher ebenso wie Jes und Jer nicht als einheitlich zu bewerten, wenngleich der Nachweis dafür in Ez am wenigsten gelingen mag. Der Umfang sekundären Materials ist nur ansatzhaft zu bestimmen.

„Trotzdem ist das Buch nicht aus einem Guß. In ihm kommt ein vielschichtiger und im Einzelnen schwer durchschaubarer Traditions- und Redaktionsprozeß zu seinem vorläufigen Abschluß. 39,23-29 wirkt wie der Abschluß eines Buches, das 40-48 noch nicht enthielt, 28,25f wie der Schluß einer älteren Sammlung von Völkersprüchen. Das Wort gegen die Berge Seirs (35) steht außerhalb der Sammlung 25-32. Das Gliederungsschema ‚Unheilszeit – Heilszeit' ist mehrfach durchbrochen (5,3-4a; 6,8-10; 11,14-21; 16,59-63; 17,22-24; 20,32-44). Es gibt Anzeichen für ältere Sammlungen....". (Fuhs: Ezechiel, 9)

30.2 Erzählte Zeit und Erzählzeit

Die erzählte Zeit ist im Buch Ez entsprechend der Datierungen vielfach bis auf den Tag genau angegeben. Ez spricht in der Zeit des Exils, wenige Jahre nach dessen Beginn. 40,1 nennt als letztes Datum eines Prophetenwortes das 14. Jahr nach der Eroberung Jerusalems (586) und somit das Jahr 573/72. Ez 29,17 zufolge erhält der Prophet allerdings ein bis zwei Jahre später (571) noch einmal ein Gotteswort. Die chronologische Abfolge ist also nicht perfekt.

Die Erzählzeit hingegen ist kaum zu bestimmen und hängt mit der o.g. Problematik zusammen, authentische Texte von sekundären Ergänzungen zu unterscheiden. Das Buch schreibt zwar noch nichts von der hierokratischen Herrschaft in Juda nach dem Exil, die Ez aufgrund seiner priesterlichen Herkunft eigentlich hätte erwähnen können, aber vielleicht hat Ez mit den Angaben zu den Ausmaßen des neuen Tempels diesen bereits vor Augen.

Einen Hinweis auf eine späte Überarbeitung könnte sich in Kapitel 37 finden, der Vision von der Auferstehung. Zunächst ist die Rede davon, dass in einer Ebene viele Gebeine liegen, die sich mit Haut und Sehnen überziehen und vom Geist lebendig gemacht werden. In 37,9 hingegen handelt es sich um Erschlagene, also gewaltsam zu Tode gekommene, die wieder lebendig werden. Vielleicht verweist dieser Vers auf die Zeit der Makkabäer, wo für die Gerechten, die um der Gebote willen erschlagen, also zu Märtyrern werden, die Auferstehung erwartet wird (2Makk 12,44, vgl. Schmid, in: Gertz: Grundinformationen[5], 369).

Ebenso dunkel wie die Zeit der Abfassung bleiben auch der oder die Sammler, Tradenten und/oder Redaktoren. Obwohl auch Ezechiel den Untergang von Staat und Stadt Jerusalem (wie auch des Nordreiches) im Verhalten Israels begründet sieht und somit seine Botschaft dem Tun-Ergehen-Zusammenhang entspricht, liegt mit Kapitel 18 eine Relativierung dieser Position insoweit vor, als hier nur der jeweils schuldig gewordene Mensch für seine Tat einstehen muss – dies im Gegensatz zu Kapitel 21. Es ist kaum vorstellbar, dass beide Kapitel vom gleichen Autor stammen.

30.3 Apokalyptisches

Ezechiel trägt bereits Züge apokalyptischen Denkens in sich, denn er blickt nur bedingt (Wiederherstellung Israels; Rückführung der Exulanten; Herrschaft Davids, Rückkehr Gottes in seinen (neuen!) Tempel) auf eine Heilsgeschichte zurück, auf die kommendes Heil gründen könnte. Eine heilvolle Geschichtsepoche etwa zur Zeit der Väter, des Exodus oder auch des Wüstenzuges (letzteres findet sich z.B. bei Hos), vermisst man bei Ez. Es gibt einerseits nur wenige, die aus dem alten Volk übrig bleiben (vgl. 20,36-38). Andererseits werden die unter die Völker Zerstreuten von Gott gereinigt (36,24f; ebenso ihre Städte 33f) und mit neuem Geist und neuem Herz ausgestattet. Das neue Gottesvolk ist dadurch kennzeichnet, dass Gott ihm das Herz aus Stein aus der Brust reißt und ihm ein Herz aus Fleisch implantiert (11,19; 36,26). Der Neuanfang ist daher alleine eine Sache Gottes, und geht nicht von einer Umgestaltung von Altem aus!

Zusammenfassung

Ezechiel ist der Prophet des Exils. Er wurde mit den sprichwörtlichen „oberen Zehntausend" im Kontext der ersten Deportation aus dem Südreich im Jahre 597 nach Babylon verschleppt. Er muss folglich aus der Jerusalemer Oberschicht stammen. Bestätigt wird dies in Ez 1,3, wo er als Priester bezeichnet wird. Daraus resultiert auch sein Interesse an Reinheit und Unreinheit, bes. in Kap. 39 (vgl. auch 22,26; 36,25; 37,2; 43,26 und zweimal in Kap. 44). Dabei gehörte er sicherlich nicht zum niederen Landpriestertum, das turnusmäßig am Tempel Dienst tut, sondern zur Priesterschaft, die in Jerusalem ansässig ist. Wie der ältere Jeremia hofft er als Heilsaussage auf das Ende des Exils. Er erwartet einen neuen Davididen (34,23f; 37,24ff), vor allem aber die Sammlung und Heimführung der Exilierten aus Nord- und Südreich, die Wiederherstellung und Wiederver-einigung der beiden Reiche (37,15-28) mit einem neuen, von Gott verwandelten Gottesvolk. Besonders erwähnenswert ist die Rede von der individuellen Verantwortlichkeit des Menschen – gegen die Vorstellung einer generationsübergreifenden (Kap. 18)!

31. Das Buch Daniel

Das Buch folgt in der christlichen Bibel den drei großen Propheten Jesaja, Jeremia und Ezechiel. Es hat keinen Eingang in das Zwölfprophetenbuch gefunden, weil dieses zur Zeit seiner Abfassung vermutlich schon geschlossen und die Zwölfzahl bereits erreicht war. Zudem handelt es sich bei Daniel gar nicht so recht um einen Propheten. Die Gestalt des Daniel steht viel eher dem Josef der Genesis nahe, denn auch Daniel wird verschleppt, lebt in fremdem Land, ist Traumdeuter und steigt aufgrund dieser Fähigkeiten gesellschaftlich auf. Wie Josef findet er sich aber auch im Gefängnis (bzw. in der Löwengrube) wieder. Mit der Geschichte vom Standbild, das alle verehren sollen, steht Daniel inhaltlich auch der Esthererzählung nahe.

Daniel geht andererseits aber auch weit über die Josefserzählung hinaus, denn das Buch bietet deutlich apokalyptische Passagen und ist somit – abgesehen von der Jesaja-Apokalypse – *das* apokalyptische Buch des AT.

Von einem frommen Daniel spricht bereits eine alte kanaanäische Dichtung aus Ugarit/Ras Schamra aus dem 12. Jh. Sie könnte der Nennung von Daniel zusammen mit Noach und Ijob in Ez 14 zugrunde liegen (Lebram: Daniel 9f) und damit ein Hinweis darauf sein, dass es durchaus ältere Überlieferungen gegeben haben kann, die mit diesem Namen verknüpft sind.

Zur Bestimmung von →*Apokalyptik* sei hier an die Definition von K. Müller angeknüpft: Demnach unterscheidet sich Apokalyptik von „bloßer" Eschatologie dadurch, dass die apokalyptische Endzeit zum einen alleine von Gott herbeigebracht wird und zum anderen die „neue Zeit" gänzlich ohne Rekurs auf eine wie auch immer geartete Heilsepoche Israels formuliert wird. Anders gesagt: Die Zukunft kommt allein von Gott und sie ist völlig neu. Bei Apokalyptik geht es demnach nicht um das Vorhandensein oder Nichtvorhandensein bestimmter Vorstellungen und Bilder, wie etwa Einteilung der Zeit in Epochen und damit die Möglichkeit der Berechnung des Endes oder um elitäre Restgedanken u.ä.

31.1 Inhalt und Gliederung

Erster Abschnitt: Geschichten über Daniel

Daniel und seine Freunde (sie sind besonders weise und gutaussehend!) kommen im Zuge der **ersten Deportation 597** zusammen mit Jojakim **an den babylonischen Hof**, in das Land Schinar. **Daniel hält die jüdischen Speisevorschriften** ein. Der weise Daniel wird zum Berater am Hof bis zu Kyrus (1,1-21). Nebukadnezzar hat in der Nacht einen Traum, den seine Weisen jedoch nicht erraten können. Er gibt daraufhin den Befehl, sie hinzurichten (2,1-12). Dann aber wird dem frommen Daniel der **Traum des Königs vom Standbild** offenbart (2,13-36), er deutet ihn und wird daraufhin erhöht (2,37-49) – und rettet auch das Leben der babylonischen Weisen! Wie auch bei Esther und Jona zu beobachten, wechselt abrupt die Szene: **Die Juden** Schadrach, Meschach und Abed-Nego (= Hananja, Mischaël und Asarja aus 1,9?) weigern sich, ein Standbild zu verehren. Sie werden daher in einen glühenden **Feuerofen** gesteckt und nach dem Gebet des Asarja durch einen Engel behütet, der zu den dreien in den Ofen steigt, (3,1-97). Auch **das Gebet der Männer im Ofen** – ein Psalm – wird eigens überliefert (3,25-90). Da die Männer unversehrt bleiben, lässt sie der König herausholen (3,91-97) und am Königshof erhöhen. Nebukadnezzar hat daraufhin **erneut** einen **Traum**, den Daniel alias Beltschazzar deutet (4,1-34). In Kap. 5 dagegen ist der namensähnliche **Belschazzar** jener König, der mit den Tempelgeräten frevlerisch ein Gastmahl hält, worauf eine Schrift an der Wand erscheint – das sprichwörtliche **„Menetekel"** (Mene, mene tekel upharsin: 5,25). Daniel deutet auch diese und sagt Belschazzar den Tod voraus. Dieses Kapitel des Daniel bildet die Grundlage des Gedichtes von Heinrich Heine über Belschazzar, das viele Schülergenerationen auswendig lernen mussten. Daniel steigt in die Beamtenschaft auf, wird aber verleumdet und in die **Löwengrube** geworfen. Auch aus dieser geht er unbeschadet wieder hervor und wird zum Beamten des Kyrus (6,2-29).

Zweiter Abschnitt: Daniels Erlebnisse
Daniel träumt von den vier Tieren, die vier Weltreiche verkörpern (vgl. Offb. des Johannes!) und vom Auftreten des Einen **„wie ein Menschensohn"**; dieser himmlische „Menschensohn"-Regent ist wohl die Vorlage für die späteren Vorstellungen vom Menschensohn schlechthin, einem Titel, der auch Jesus zugewiesen wird. Die Deutung der Vision erfolgt durch einen Deuteengel (vgl. Sacharja; 7,1-28). Es folgt die Vision **von Widder und Ziegenbock**, die Alexander den Großen meinen dürfte (8,1-27). 9,1-27 enthält das Gebet des Daniel mit der Bitte um die Vergebung der Sünden der Vorväter. Eine erneute **Offenbarung über die 70 Wochen** fällt angeblich in die Zeit des Darius.
Kap. 10 erzählt in der Zeit des Persers **Kyrus** von der **Erscheinung eines prachtvollen Mannes** vor Daniel; einer wie ein Mensch erklärt die Vision und reinigt Daniel. Er sagt ihm auch die kommenden Herrscher und Reiche voraus. Schließlich tritt **Michael, der Engelsfürst** und Schutzpatron Israels auf. Es kommt zur **Auferstehung der „Vielen"** (12,1-3). Daniel erhält den Auftrag diese Worte geheim zu halten und das Buch mit den Worten zu versiegeln bis zu einem späteren Zeitpunkt (12,1-13), wobei der Zeitpunkt der Öffnung in verschlüsselter Form mit zwei verschiedenen Daten angegeben wird (12,11: 1290 Tage ab der Aufstellung des „verwüstenden Gräuels" und 12,12 eine Frist von 1335 Tagen). Schließlich wird Daniel noch seine eigene Auferstehung angekündigt (12,13).

Die griechischen (deuterokanonischen) Zusätze
Die **Rettung der unschuldigen Susanna** durch Daniel ist eine der bekanntesten Geschichten aus dem Buch, gehört aber „nur" zu den deuterokanonischen Texten. Daniel macht damit seinem Namen (Gott hat gerichtet) alle Ehre (13,1-64). In zwei weiteren Zusätzen **entlarvt Daniel das Götterbild des Bel** und seine Priester (14,1-22) und tötet einen Drachen, der als Gott verehrt wird, durch eine äußerst unbekömmliche Vorspeise. Zeitweise landet Daniel erneut in der **Löwengrube**, bekommt aber auch Besuch vom Propheten Habakuk, der mit einer Essensration für Daniel mittels eines Engels aus Judäa zu Daniel hin und zurück transferiert wird (14,23-42).

In Kürze

1,1-2,49	Daniel als Traumdeuter am babylonischen Königshof
3,1-97	die Jünglinge im Feuerofen
4,1-34	Nebukadnezzars Traum vom Baum
5,1-6,1	Belschazzars Gastmahl
6,2-29	Daniel in der Löwengrube
7,1-12,13	Visionen Daniels
13,1-14,42	deuterokanonische Zusätze: Rettung der Susanna, Entlarvung der Bel-Priester, Tötung des Drachen

Bei Daniel handelt es sich nun zweifelsohne um eine apokalyptische Schrift, wie an dem Traum Nebukadnezzars vom Standbild (Kap. 2) deutlich wird. Das Standbild, das die verschiedenen Zeitalter symbolisiert, überliefert ein verbreitetes Bild von Welt und Geschichte (z.B. Ovid, Metamorphosen; vgl. auch Hesiod, Werke und Tage, dort sind es allerdings fünf Zeitalter). Es beginnt mit einem goldenen Haupt und der jeweils folgende Körperabschnitt des Standbildes ist aus minderwertigerem Material als zuvor. Hier, bei Daniel, wird diese Statue der vier Zeitalter von einem Stein, der sich „ohne Zutun von Menschenhand“ löst (2,24.45), vernichtet um Platz zu machen für ein neues, analogieloses und von Gott selbst aufgerichtetes Reich (2,44). Der Name Dani-el (= El hat gerichtet), der in Ez 14,14 zusammen mit Noach und Ijob genannt wird und im Buch der Jubiläen als Schwiegervater des Urvaters Henoch (4,20) gilt, verweist wie der Name Isra-El auf die früh- oder vorisraelitische Zeit. Dieser Name wurde aber nicht gewählt um den Verfasser in eine noch frühere Vorzeit zurückzuversetzen und seine Prophetie damit umso glaubwürdiger zu machen. Der vorzeitliche Daniel macht vielmehr deutlich, dass keine Notwendigkeit besteht, auf die vergangene Heilsgeschichte Gottes mit seinem Volk zurückzuverweisen, denn dieser Daniel des Jubiläenbuches existiert lange vor der Geschichte Israels.

Ansonsten stehen die Einzelerzählungen relativ isoliert und z.T. ohne thematischen Zusammenhang im Buch. Berührungen gibt es zwischen Kapitel 2 und 7 oder auch zwischen den beiden Geschichten von Daniel in der Löwengrube (Dan 6 und Dan 13). Die Uneinheitlichkeit wird daran erkennbar, dass Teile des Buches in hebräischer (1,1-2,4a; 8-12) und andere in aramäischer Sprache vorliegen (2,4b-7,28). Allerdings lässt sich zwischen 2,4a (Hebräisch) und b (Aramäisch) keine literarische Spannung feststellen. Eine allseits akzeptierte Begründung für diesen Sprachwechsel ist zwar noch nicht gefunden worden, aber in der zu vermutenden Zeit der Entstehung des Buches war Aramäisch die Volkssprache in Judäa/Palästina. Es ist deshalb denkbar, dass der Eingang des Buches aus dem Aramäischen ins Hebräische übersetzt wurde, um dem Buch die nötige Würde zu verleihen, denn Hebräisch war zu dieser Zeit *die* Sprache der hl. Schriften.

Schließlich sind die Abschnitte 3,26-90 (die Gebete des Asarja und der Psalm der drei Jünglinge) sowie Kapitel 13 und 14 in Griechisch abgefasst. Die letztgenannten beiden Kapitel sind überhaupt erst in der lateinischen Übersetzung mit dem Buch verbunden worden und fehlen daher in der hebräischen Textausgabe, wie auch in den Ausgaben der Kirchen der Reformation.

31.2 Erzählte Zeit und Erzählzeit

Die Geschichte des Daniel und sein Auftreten spielen in der erzählten Zeit im babylonischen Exil, in das Daniel mit seinen Freunden Hananja, Mischaël, Asarja und anderen im Jahre 597 verschleppt worden war. Sein Leben spielt sich ganz im Exil ab. Interessant daran ist, dass sich hier ein Mann zu Wort meldet, der nicht nach Judäa zurückgekehrt ist.

Betrachtet man die Könige, unter denen Daniel gewirkt haben soll, wird die ganze Geschichte jedoch höchst unwahrscheinlich.

Der erste König ist Nebukadnezzar, der Juda ins Exil führte. Dies soll im 3. Jahr des Jojakim gewesen sein, mithin etwa 606. Nach heutigen Berechnungen fand die erste Deportation mit Jojakim aber erst 598/97 statt.

Nebukadnezzars Nachfolger war nicht Belschazzar, sondern der Babylonier Nabonid (556-539). Ab 550 dürfte Belschazzar, nach Dan 5,2 fälschlich als Sohn des Nebukadnezzars ausgewiesen, Mitregent gewesen sein. Auf sie folgt 539 der Perser Kyrus II., der Große, der Babylon eroberte und dem Reich der Neubabylonier ein Ende setzt. 530-522 regiert der Perser Kambyses II. und erst 522-486 kommt Darius I. auf den Thron. Ein Meder Darius (Dan 6,1) ist nicht bekannt und Darius ist auch nicht der Sohn des Xerxes (Dan 9,1), sondern Xerxes ist der Nachfolger des Darius (vgl. auch Esr/Neh).

Somit stimmt also zum Ersten das Datum der Deportation nicht. Zum Zweiten ist die in Dan genannte Reihenfolge der Regenten nur bedingt zuverlässig. Nur wenn bestimmte babylonische und persische Herrscher ausgelassen werden, kann eine einigermaßen passable und historisch korrekte Abfolge erzielt werden. Zum Dritten wäre Daniel, der als junger Mann ins Exil kam – nehmen wir an mit 15 Jahren –, zur Zeit des Herrschaftsantritts des Darius bereits 90 Jahre alt gewesen. Nachdem Darius aber am Anfang seiner Regierungszeit etliche Aufstände niederschlagen sowie vermeindliche babylonische „Könige", die sich als Thronfolger des Nebukadnezzar ausgaben, besiegen musste *(→Behistun-Inschrift)*, wird er seine Staatsreform nicht gleich in den ersten Jahren seiner Regierung vorgenommen haben. Erst 517 sind alle Aufstände niedergeschlagen. Zu dieser Zeit wäre Daniel dann sogar deutlich über 90 Jahre alt gewesen.

Historisch zutreffend berichtet Dan 6 allerdings, dass es Darius I. war, der das Reich in Herrschaftsbezirke (Satrapien) unterteilt hat.

Dennoch wird Dan wohl kaum in der Zeit des Darius I. aufgetreten sein. Damit erweisen sich auch dieses Buch und seine Geschichten – was die erzählte Zeit anbetrifft – als Fiktion. Die Nichtaufnahme in den Kanon der kleinen Propheten, das mehrfache Vorkommen von Lehnwörtern aus dem Persischen und Griechischen sowie die ausgeprägte Angelologie (Engel als Deutengel; Engel als Schutzpatrone der Völker) und Theologie (Auferstehung mit Endgericht der Auferweckten) sind ein deutlicher Hinweis auf eine (spät-)nachexilische Entstehung des Buches.

Einzelne Offenbarungen lassen sich dabei relativ präzise zeitlich einordnen: Kapitel 11 mit dem König des Nordens und des Südens spiegelt die Diadochenkämpfe wieder. Wohl kaum ein König war – zumindest nach Ausweis der Makkabäerbücher – verhasster als Antiochus IV. Epiphanes, der als „Verachteter“ in 11,21 eingeführt wird, sich gegen den „Heiligen Bund“ wendet und das Heiligtum verunreinigt, in dem er die „Gräuel“ aufstellt. Der Gräuel der Verwüstung (vgl. 8,13) ist vermutlich ein heidnischer Altar, der im Tempelhof, möglicherweise auf oder anstelle des ursprünglichen Opferaltares errichtet wurde. Die „kleine Hilfe“, die die Frommen erfahren (11,34) besteht im Aufstand der Makkabäer, dem sich viele anschließen, freilich nur zum Schein. Diese Aussage deckt sich mit einer Information aus 1Makk. Dort ist davon die Rede, dass bestimmte Kreise von →*„Frommen“/Assidäern oder Hasidäern* die Makkabäerbewegung nur am Anfang mitgetragen haben (1Makk 2,42; 7,13). Bei der Vision vom Widder und Ziegenbock (Dan 8), der aus dem Westen kommt, kann es sich nur um Alexander den Großen bzw. die Griechen handeln (vgl. 8,21). Alexander verkörpert das große Horn, das auf dem Gipfel der Macht abbricht. Die vier nachwachsenden Hörner sind zweifelsfrei mit den vier Diadochenreichen zu identifizieren, das aus den Hörnern hervorwachsende zusätzliche Horn muss dabei einen der Könige bezeichnen und es liegt nahe, in diesem Horn, das sich gegen den Ort der Zierde und das Volk der Heiligen wendet (8,9.24) und sich schließlich gegen Gott selbst richtet, den „Frevler“ Antiochus IV. zu sehen, der auch in der Vision von den vier Tieren in Dan 7 als das „Maul, das anmaßend redete“ (7,8) bezeichnet wird.

Für etliche Abschnitte ist demnach die Entstehungszeit für die Zeit der Diadochen, genauer des Königs Antiochus IV. wahrscheinlich. Da dieser „ohne [Menschen-] Hand zerbrochen wird“ (8,25), könnte der Verfasser dieser Visionen zeitlich unmittelbar am Ende der Regierungszeit des Antiochus IV. stehen. Freilich stirbt er nicht in Judäa in der →*Schefela*, wie 11,45 behauptet. Auch die sich an seinen Tod anschließenden und erwarteten eschatologischen Ereignisse sind noch nicht eingetroffen. Damit lässt sich auch die Aussage von der Auferstehung in Kapitel 11 (vgl. 2Makk 7) ebenfalls für diese Zeit terminieren.

Dass das Judentum den Glauben an die Auferstehung, die ja als Vorstellung an sich oder als Glaube an eine postmortale Existenz in der Umwelt Israels schon lange existiert (Ägypten!), gerade zu diesem Zeitpunkt entfaltet, ist nicht erstaunlich. Wird doch in der Zeit der Seleukiden und in den Kämpfen gegen diese deutlich, dass der Fromme, der die Gebote Gottes einhält oder streng befolgt, dem Sünder unterlegen ist und durch diesen zu Tode kommt – und dabei sind die Sünder nicht etwa Fremde, sondern gehören, wie die Frommen, eigentlich dem Gottesvolk an. In einer solchen Situation gibt es nicht sehr viele Möglichkeiten, diesem Ungleichgewicht zu begegnen: Der Fromme kann sich mit Gleichgesinnten zusammenschließen und einen spirituellen wie auch realen Exodus begehen, sich als heiliger Rest vor dem Ende aus der realen Welt zurückziehen und in die Wüste gehen. Er kann bewusst den Märtyrertod erleiden in der Hoffnung, dass die Macht Gottes bis in den Scheol hineinreicht. Er kann die Frage nach der Macht Gottes stellen und gegebenenfalls sein theologisches Konzept ändern – oder schließlich erwarten, dass der in dieser Welt nicht erfolgte Ausgleich (Belohnung des Frommen und Bestrafung des Sünders) in der Zeit nach dem Tod stattfindet. Nachdem aber ein Toter nicht gerichtet werden kann, ist die vorausgehende Auferstehung erforderlich. Das Wort „Viele" in 12,2 muss hier im Sinne von „Allen" verstanden werden, denn es macht keinen Sinn einen wie auch immer gearteten Rest im Tode zu belassen und damit dem Gericht zu entziehen.

Nun kann man natürlich die Frage stellen, warum das Buch die Zeit seiner Entstehung derart verschleiert, in (Tier-)Visionen spricht und dazu die Begebenheiten in eine andere Zeit, weit vor die historischen Ereignisse versetzt. Natürlich ist das ein Stilmittel der Apokalyptik, aber diese beginnt ja mit dem Buch Daniel und im vermutlich z.T. zeitgleich entstandenen äthiopischen Henochbuch (äthHen) gerade erst einmal ihre Form zu entwickeln.

Stattdessen wird man zwei andere Gründe ins Feld führen müssen: Zum einen wäre es möglicherweise zu riskant gewesen, die Ausführungen so zu formulieren, dass die bestehenden Reiche für jedermann identifizierbar gewesen wären. Zum anderen kommt Daniel eine gewisse Vorbildfunktion bis zum Ende zu: Der erzählte Daniel bewahrt im Exil das Gesetz, indem er nur Früchte isst und er kommt wegen seines Glaubens mehrfach in Lebensgefahr. Damit müssen auch die Zeitgenossen rechnen, wenn sie an ihrem Glauben festhalten. Es ist aber auch tröstreich, dass die Weltmächte, so bedeutend sie auch sein mögen, irgendwie und letztlich durch Gott selbst ihr Ende finden. In einer sehr ähnlichen Situation befinden sich die Adressaten des Buches. Sie können mit Gottvertrauen auf ein Ende der Bedrohung hoffen; es wird die Herrschaft Gottes anbrechen, der alle Mächte unterwirft. Als gewichtiger Unterschied der Realzeit zur – fiktiven – Exilszeit ist allerdings festzuhalten, dass sich die Könige nach dem, was sie mit Daniel erlebt haben, dem Gott Israels zuwenden und diesen preisen. Von den ptolemäischen und seleukidischen Herrschern ist dies jedoch nicht zu erwarten, da sich hier insbesondere die Letztgenannten als widergöttliche Macht aufspielten. Deshalb tritt notwendigerweise das Ende ein.

Die erzählte Zeit ist somit – mit allen Mängeln in der Datierung – die Zeit während und nach dem Exil. Für die Erzählzeit dagegen kommt ziemlich eindeutig die Mitte des 2. Jh. v. Chr. in Frage, genauer die Zeit vor dem Tod des Antiochus IV., der 164 verstarb. Zur Zeit der Abfassung von 1Makk ist die Geschichte von Daniel und der Löwengrube jedenfalls schon bekannt (1Makk 2,60). Vielleicht spiegeln die sehr unterschiedlichen Zeitangaben im Buch (7,25; 8,14; Kap. 9; 12,7.11.12) eine immer wieder revidierte Datierung des Endes, wie dies bis zur Stunde von bestimmten Sekten vorgenommen wird. Der Zeitpunkt wird neu festgelegt, weil das

Ende immer wieder nicht eintrifft. Vielleicht ist aber auch mit einer sukzessiven Entstehung einzelner Abschnitte zu rechnen. Falls dem so ist, besteht aber zwischen den verschiedenen Angaben kein allzu großer zeitlicher Abstand.

31.3 Wirkungs- und Rezeptionsgeschichte

Besonders das Buch Daniel – oder zumindest einige Visionen daraus – haben in der Folgezeit des Christentums eine Rezeption und Neuinterpretation erfahren. Eine frühe „Neufassung" der Tiervision findet sich in der Offenbarung des Johannes. Es ist klar, dass zu dieser Zeit nicht mehr die Griechen das letzte und besonders grauenhafte Tier sein können, denn das griechische Reich ist Geschichte. Nun rückt man die Vision kurzerhand ein Weltreich weiter und identifiziert das letzte Reich, ganz aktuell, mit Rom. In der Folgezeit werden in der christlichen Interpretation weitere Aktualisierungen vorgenommen und das letzte Reich mit der jeweils regierenden Macht identifiziert. In bestimmten Sekten geschieht dies bis zum heutigen Tag, indem etwa das letzte Tier mit dem Nationalsozialismus oder dem ehemals kommunistischen Reich der Sowjetunion gleichgesetzt wird. Näheres dazu im Sammelband von Bracht (Hrsg.): Die Geschichte der Danielauslegung.

Zusammenfassung

Daniel, angeblich in der Zeit des Exils am babylonischen Hof tätig, fällt faktisch in die Zeit der Seleukidenherrschaft. Die Visionen Daniels sind zeitlich in diesem Kontext zu sehen, und das letzte der jeweils genannten Reiche wie auch der letzte der erwähnten Herrscher zielen auf diese Zeit.

Daniel wird als der Prototyp des frommen Juden dargestellt, der trotz aller Gefährdung und Verfolgung an seinem Glauben festhält und dabei von Gott ge- und bestärkt wird. Damit spiegelt das Buch die Situation wider, die in Israel in der Zeit der Seleukiden vorzufinden ist: Es geht um die Auseinandersetzung zwischen Juden um den Glauben, um Unaufgebbares einerseits und Zeitbedingtes, das zu vernachlässigen ist, andererseits. Dabei spiegelt die Person des Daniel und seiner Freunde eher eine traditionelle Richtung, die auch in der Diaspora an Reinheits- und Speisgeboten festhält. Sogar das (reine) Essen in der Löwengrube wird inklusive Koch aus der Heimat „herbeigebeamt". Gleichzeitig wird die Ohnmacht der weltlichen Reiche und ihrer Götter verdeutlicht, wie mächtig sie auch zu sein scheinen. Gott selbst bereitet ihnen ein Ende – ohne menschliches Wirken.

Das Buch Daniel ist eine echte Apokalypse: Die Heilszukunft wird nicht mehr in Analogie zu vergangenen Heilstaten Gottes gesehen, sondern völlig neu von Gott herbeigebracht – man denke etwa an den Stein, der ohne menschliches Zutun vom Berg rollt und das große Denkmal zertrümmert.

Daniel thematisiert auch erstmals klar das Thema der endzeitlichen Auferstehung und des eschatologischen Gerichts „der Vielen", also aller.

VII. Das Zwölfprophetenbuch

Der Prophet Hosea eröffnet das Buch der zwölf so genannten „kleinen“ Propheten. Als „klein“ sind diese jedoch nicht wegen ihrer Aussage oder Bedeutung zu bezeichnen, sondern lediglich wegen des Umfangs der nach ihnen benannten Bücher. Hosea am Anfang und Sacharja gegen Ende umfassen jeweils 14 Kapitel; alle anderen sind kürzer, z.T. sogar ganz wesentlich.

Die Anordnung der zwölf Propheten und ihre Reihenfolge sind geplant. Kriterien sind z.B. die Annahme der Zeit ihrer Abfassung bzw. die erzählte Zeit oder auch inhaltliche Gründe. So kritisieren sowohl Amos als auch der nachfolgende Obadja z.B. das benachbarte Edom, Maleachi setzt den vorausgehenden Sacharja fort, Haggai und Sacharja sind durch ihr chronologisches Gerüst sowie die Zeit ihres Auftretens miteinander verbunden. Schließlich spricht Hosea im Rückblick auf die Anfänge Israels von der Liebe Gottes zu seinem Volk, das abschließende Buch Maleachi dagegen differenziert zwischen den Gerechten und Ungerechten am Tag Jahwes. Beide Propheten enthalten das Thema „Umkehr“ das allerdings im ganzen Zwölfprophetenbuch eine tragende Rolle spielt.

Die kleinen Propheten umfassen einen Zeitraum von ca. 300 Jahren (um 750 Amos; ca. 450 Maleachi). Man kann also sagen, dass sie vom Beginn der Deportation des Nordreiches bis in die frühnachexilische Zeit tätig sind, also in der schwierigsten Zeit Israels.

Es ist schon aufgrund des großen Zeitraums klar, dass die Inhalte sehr divergieren. Dennoch ist bei einer ganzen Reihe der Propheten das Auseinanderklaffen der Schere von Arm und Reich und auch die Unterdrückung und bewusste Ausbeutung der Armen Gegenstand der Prophetie. Besonders Amos beklagt die Diskrepanz zwischen Opfertätigkeit und ethischem Verhalten und fordert „Gerechtigkeit statt Opfer“ (Am 5,22f). Natürlich spielen auch Herkunft und Ort des Auftretens eine Rolle. Zwischen den aus dem städtischen Bereich Jerusalems kommenden Propheten Jes, Jer, Ez und den Propheten vom Lande Amos und Micha wird man sicherlich Unterschiede in der Aussage erwarten dürfen. Insgesamt aber sind die sozialethischen Aussagen der Propheten erstaunlich aktuell.

Nebenbei bemerkt, weicht die Abfolge der einzelnen Bücher in der LXX von der im Hebräischen Kanon etwas ab.

32. Hosea

Der Prophet Hosea tritt im Nordreich auf. Seine Botschaft ist kompromisslose Kultkritik. Er zeigt auf, dass der Kult oberflächlich und vor allem synkretistisch betrieben wird. Vielleicht wurde Jahwe als Baal verehrt. Aus dieser Diskrepanz kommt der Prophet zu dem Satz, der auch im NT bei Mt (9,13; 12,7) aufgegriffen wird:

> *6,6 Denn an Güte habe ich Gefallen, nicht an Schlachtopfern, und an der Erkenntnis Gottes mehr als an Brandopfern.*

Zudem gewinnt man aus seinen Ausführungen den Eindruck, dass in Israel Ehebruch, Diebstahl, Raub, Mord und Totschlag an der Tagesordnung sind (Kap. 4; 7,1-2.4.6 u.s.) und dass Eidbruch, Bestechung in der Rechtsprechung und eine fatale Bündnispolitik mit den Großmächten betrieben werden (7,8-16; 10,4).

32.1 Inhalt und Gliederung

Nach der Überschrift (1,1) wird sowohl in 1,2-2,3 als auch in 2,4-3,5 das **Verhältnis Israels zu seinem Gott im Bild der Ehe bzw. des Ehebruchs** beschrieben. Es ist nicht ganz klar, ob Hos dabei das Verhältnis zu seiner eigenen Frau im Sinne einer prophetischen Symbolhandlung im Auge hat.

Die weiteren Kapitel wenden sich v.a. gegen die Honorationen: **4,1-10 Worte gegen die Priester, 4,11-19 Wort gegen das von Gott abgefallene Volk, 5,1-7 Wort gegen Priester und Königshaus, 5,8-15 Wort gegen Israel (Nordreich) und Juda (Südreich)**. In 6,1-6 spricht er von der **Einsicht und Umkehr** des Volkes und dem dritten Tag als Tag des Heiles (6,2).

Die weiteren Abschnitte widmen sich politischen Fragen: Er beklagt den **Bundesbruch** und findet Worte gegen Räuber, Diebe und Königsmörder (6,7-7,7), in 7,8-16 thematisiert er die (verfehlte) **Bündnispolitik** mit Ägypten und Assur und stellt die Tage der Abrechnung vor Augen, das **Exil** in Ägypten und Assur und die **Zerstörung des Stierbildes** von Samaria, des „goldenen Kalbes" (8,1-9,7a).

Auch in 10,1-15 wendet er sich **gegen den Kult** und verheißt die Zerstörung der Altäre. Trotz allem: Israel ist die erste Liebe Gottes (11); Gott hat es berufen, aber auch verstoßen (9,10-17). Nach einer erneuten Gerichtsansage wegen der Treulosigkeit des Volkes (vgl. Kap. 1-3), folgt die Aufforderung zur Umkehr (14,2-9). Ein Nachwort (14,10) beschließt das Buch.

In Kürze

1,1	Überschrift: Zeit des Auftretens des Propheten
	Ehe und Kinder des Propheten als Symbolhandlung (Fremdbericht)
1,2-2,3	Anklage gegen Israel wegen „Ehebruchs"; Wiederaufnahme
2,4-3,5	Israels als „Ehefrau" (Selbstbericht)
4,1-10	Wort gegen die Priester
4,11-19	Wort gegen das Volk
5,1-7	Wort gegen Priester und Königshaus
5,8-15	Wort gegen Israel (Nordreich) und Juda (Südreich)
6,1-6	Einsicht und Umkehr
6,7-7,7	Bundesbruch: Räuber, Diebe, Königsmörder
7,8-16	Bündnispolitik mit Assur
8,1-9,7a	die Tage der Abrechnung
9,7b-9	die Verfolgung von Propheten
9,10-17	Erwählung Israels und Verstoßung
10,1-15	Zerstörung der Altäre und des Kultes
11	Gottes Liebe ist Israel: Wiederaufnahme Israels
12-14,1	erneute Gerichtsansage wegen Treulosigkeit
14,2-9	Aufforderung zur Umkehr
14,10	ein Nachwort

In diesem Buch vermisst man die schon mehrfach beobachtete Dreiteilung in Rede gegen das eigene Volk, Rede gegen fremde Völker und die Heilsansage.

Stattdessen sind Heilsansagen mehrfach in die Unheilsworte eingebettet, so z.B. in Kapitel 6, 9.11. Insgesamt überwiegen jedoch Gericht und Unheil, und zwar nicht nur über die Herrschenden und Führer, sondern auch über das Volk selbst. Der Prophet hat seine Hand am Puls der Zeit und nimmt auf ganz konkrete Missstände und Vergehen Bezug: Mit der Blutschuld von Jesreel spricht er die Usurpation des Thrones durch →*Jehu* an, der die Dynastie der Omriden blutig beseitigt hat. (Hos 1,4). Während Jehu in 2Kön sehr positiv dargestellt wird, weil insbesondere Ahab und seine phönizische Frau Isebel als Prototypen des Abfalls zu Baal gelten und Jehu sogar von Elija zum Putsch aufgefordert und von diesem gesalbt wird, protestiert der Prophet Hosea gegen Jehu. Auch die Bündnispolitik mit Assur und Ägypten fällt in die Zeit, in der Hosea laut Präskript aufgetreten ist:

> *Hos 1,1 Das Wort des HERRN, das zu Hosea, dem Sohn des Beeri, geschah in den Tagen des Usija, Jotam, Ahas, Hiskia, der Könige von Juda, und in den Tagen des Jerobeam, des Sohnes des Joasch, des Königs von Israel.*

Hosea polemisiert gegen das goldene Kalb, das Stierbild, das Jerobeam I. hatte machen lassen und das – vermutlich durchaus als Jahwe-Kultbild – im Tempel von Bet El (Haus Gottes) stand und gegen Bet El selbst, das er mehrfach als „Bet Awen“ (= Haus des Unheils) bezeichnet. Dazu bewertet er diverse atl. Aussagen völlig anders: Neben Jehu bekommt auch der Stammvater Jakob schlechte Noten (12,13): Hosea sieht ihn als schwächlichen Weiberhelden, der sich wegen seiner beiden Frauen knechten ließ. Schließlich ist im Gegensatz zum Pentateuch die Wüstenzeit nicht die Zeit des ständigen Abfalls oder des Murrens gegen Gott, sondern die Zeit, in der Israel (mangels Verführern) noch ungeteilt seinem Gott zugetan ist.

Eine Rettung vor dem vielfach angedrohten Unheil ist nur möglich durch Umkehr, so wie Gott dem Propheten den Auftrag gibt, noch einmal (?) zu der treulosen Frau zurückzukehren (3,1-5) um sie eines Besseren zu belehren. Entsprechend wird dann auch die Beziehung Gottes zu seinem Volk eine sehr enge und personale sein.

Eine ntl. relevante Aussage findet sich mit Hos 6,2: Sie gilt immer noch als die wahrscheinlichste atl. Bezugsstelle, auf die 1Kor 15,4 zurück verweist , wenn dort die Auferstehung am dritten Tag als schriftgemäß vorgestellt wird. In Hos 6,2 ist der dritte Tag jener Tag, an dem Gott wieder Heil schafft.

32.2 Zeitgeschichte

Die Zeitspanne seines Auftretens umfasst in etwa die Jahre 760 oder früher bis zum Ende des Jerobeam II. um 747 oder etwas danach.

Gerade unter Jerobeam II. erlebt das Nordreich Israel noch einmal eine letzte Blüte, nachdem in der vorausgehenden Generation die Aramäer mit dem Königshaus Damaskus Israel schwer bedrängt hatten. Aufgrund des Erstarkens der Assyrer und der Ausdehnung ihrer Macht auf die Aramäer wird die unmittelbare Belastung Israels durch diese beendet – auf Israel selbst haben die Assyrer noch nicht zugegriffen.

Diese Blütezeit spiegelt sich in der Botschaft des Hosea: Es wird offensichtlich fleißig geopfert, es mangelt scheinbar nicht an Opfertieren, die Opfernden genießen das Fleisch der Tiere, aber offensichtlich sieht man keinesfalls Jahwe als den Gott, der die derzeitige Zeit des Gedeihens und des Überflusses ermöglicht. Sein Konkurrent ist der Baal, ebenfalls ein Gewittergott, wie Jahwe. Die Opfergelage sind mit sexueller Ausschweifung verbunden, die von den Priestern mitbetrieben, ja vielleicht sogar initiiert werden (Hos 4,11-19). Hosea betrachtet diese Art von Kult wie auch den Abfall von Jahwe hin zu den Baalen (bes. 2,4-17) als Ehebruch und Hurerei. Dabei gehören die Einritzungen der Haut, möglicherweise in kultischer Ekstase, vermutlich auch zum Baalskult: 7,14b vgl. 1Kön 18,28.

Auf der soziologischen Ebene wird dieser Vorwurf aber zu Unrecht erhoben, denn das Israel des Nordreiches besteht ja nicht nur aus den mehr oder weniger jahwe-gläubigen Israeliten, sondern auch aus der nicht unbedeutenden Zahl der kanaanäischen Stadtstaaten mit ihren eigenen Göttern. Die Gefahr des Abfalls oder zumindest des Synkretismus, der von den Verfassern des DtrG immer wieder beschworen wird, spielt auch für Hosea eine wichtige Rolle. Offensichtlich hat man sich im Kult keine besondere Mühe gegeben zu differenzieren, welche Gottheit nun letztendlich die Fruchtbarkeit beschert hat und wem der Überfluss und die guten Ernten zu verdanken sind. Dies zeigen auch die Auseinandersetzungen von Elija mit den Baalspriestern und -propheten. Offensichtlich sind beide in einer Zeit zu verorten, in der die Jahweverehrer versuchen, die mit Baal verbundene Fruchtbarkeit auf Jahwe zu übertragen. In dem trockenen Gebiet der →*Levante,* dessen Fruchtbarkeit wesentlich vom ergiebigen Winterregen abhängt, dürfte es kein Problem gewesen sein, das Wohl des Landes mit einem Wettergott zu verknüpfen.

32.3 Erzählte Zeit und Erzählzeit

Die erzählte Zeit dürfte mit der Wirkungszeit des Propheten, wie sie aus Hos 1,1 angegeben ist, durchaus korrekt angegeben sein, zumindest in Teilen. Dies ergibt sich nicht nur durch diese Zeitangaben, sondern auch aufgrund der genannten Zustände.

Die Erzählzeit dagegen ist kaum näher zu bestimmen: Selbst zu vermutende authentische Aussagen des Propheten, wie etwa die Worte gegen Priester, König und Volk (v.a. Kap. 4-9) sind kaum von dem Propheten selbst aufgeschrieben worden.

Die nicht unmittelbar auf den Propheten zurückgehenden Anteile des Buches sind erst recht nicht zeitlich einzuschätzen, denn ihre Abfassungszeit hängt eng damit zusammen, welche Passagen man eben als nicht authentisch ausweist. So wäre etwa denkbar, dass 9,15-17 bereits auf die Katastrophe der Verschleppung zurückblickt. Und ob 10,5-9; 10,14f oder auch 11,5f eine Prophetie ist oder das „Kalb" bereits nach Assur verschleppt worden ist, ist durchaus fraglich.

Zusammenfassung

Hosea ist der Prophet, der massiv gegen Israels Untreue gegenüber seinem Gott spricht. Israel hat nach seiner Aussage seinen Gott verlassen und läuft fremden Gottheiten, insbesondere dem Baal nach. Deshalb, so der Prophet, wird Gott sein Volk wieder zurück in die Wüste versetzen und dort einen Neubeginn wagen, um das Volk zur Erkenntnis Gottes zu führen.

Im Gegensatz zum Pentateuch propagiert Hosea die Wüste insbesondere als Ort des Heils und blendet die Überlieferung von den ständigen Querelen des Volkes mit Mose und seinem Gott aus. Auch an anderer Stelle geht der Prophet nicht konform mit der Geschichtsschreibung: Der Stammvater Jakob wird als Weiberheld dargestellt, der Putsch des Jehu gegen die Omriden-Dynastie als ein Verbrechen.

33. Joel

Das kurze, nur über vier Kapitel reichende Büchlein ist v.a. mit seinen Aussagen über die Geistausgießung bekannt geworden, die in Apg 2,17-21 auf das Pfingstereignis bezogen werden. Im Sinne von Verheißung und Erfüllung wird von Lk, dem Verfasser der Apg, dieses Ereignis natürlich als erfüllt betrachtet. Hier gilt, wie bei allen Propheten: Apg stellt eine Relektüre, gewissermaßen eine „Neuauflage" der Aussage dar.

33.1 Inhalt und Gliederung

Nach der Überschrift mit der Nennung des Prophetennamens als Joel ben Petuel [Jo-El = Jahwe ist El = Jahwe ist Gott] beginnt das Buch mit einer Beschreibung einer **Heuschreckenplage**. Die Darstellung ist derart detailliert, dass man sich diese Plage sehr gut vorstellen kann. Ein gewaltiges unzählbares Volk zieht heran, sagt der Autor, welches absolut nichts übrig lässt (1,4). Die ganze Ernte ist verloren, alles ist verdorrt und aufgefressen. Selbst die Opfer können nicht mehr dargebracht werden und auch die Schafe finden nichts mehr. Eine Hungersnot steht bevor, der Autor ruft zu einem Fasten und zu einem Gottesdienst im Tempel auf.

Kap. 2 sieht stellenweise wie eine Wiederholung des ersten Kap. aus. Wieder ist die Rede von dem gewaltigen Heer und der Tag des Verderbens wird als „Tag des Herrn" gesehen, das **Heuschreckenheer ist das Heer Jahwes** (2,11f).

Obwohl alle Darstellungen den Einfall von Heuschrecken zu beschreiben scheinen – die sogar über die Stadt herfallen, die Wände hochklettern, durch die Fenster in die Wohnräume einbrechen – blitzten in einzelnen Aussagen doch Aspekte auf, aus denen man auf ein feindliches (menschliches) Heer schließen könnte, so etwa wenn es in 2,8b heißt:

> *...zwischen die Lanzen stürzen sie sich und lassen sich nicht aufhalten.* (SCH)

oder wenn in 2,20b in klassischer Ausdrucksweise vom *„Feind aus dem Norden"* die Rede ist. Freilich beschreibt der Autor auch an anderer Stelle den Einfall der Insekten in Analogie zu einem Kriegszug: Ihr Aussehen ähnelt dem von Pferden, Reitern oder Streitwagen (2,4), ausdrücklich versehen mit der Vergleichspartikel „wie, entsprechend", so dass wahrscheinlich nicht von einem Assyrer- oder Babyloniereinfall, sondern tatsächlich „nur" von Heuschrecken die Rede ist.

Ähnlich wie im Anschluss an die Schilderung des Insektenzuges in Kap. 1 wird auch in Kap. 2 zu einem **Fasten** und einem **Gottesdienst** aufgerufen (2,15) der zur Umkehr führen soll. Vorab in V. 12 wird bereits der Erfolg dieser Maßnahmen in Aussicht gestellt. Ähnlich wie im Buch Jona heißt es da:

...kehrt um zum HERRN, eurem Gott! Denn er ist gnädig und barmherzig, langsam zum Zorn und groß an Gnade, und läßt sich das Unheil gereuen.

Die Umkehr des Volkes zu seinem Gott wird mit unmittelbarer **Fruchtbarkeit** belohnt: Der Herr gibt Nahrung und schickt Regen, überbordende Fertilität und Fülle wird von Gott zugesagt, die Verluste infolge des Heeres, das Gott gesandt hat, werden von Gott ersetzt.

Danach aber wird es geschehen...: Damit beginnt Kap. 3. **Gott gießt seinen Geist aus über alle Menschen**, Groß und Klein, Alt und Jung. Es werden himmlische Zeichen zu sehen sein, die Sonne wird verdunkelt, der Mond zu Blut, ehe der Tag des Herrn kommt. Dieser Tag muss aber doch wohl ein anderer sein als jener in Kap. 1 und 2, es sei denn, man betrachtet das Heuschreckenheer nur als Vorzeichen für den kommenden Tag des Herrn. Dieser Tag des Herrn ist jedenfalls ein schrecklicher, ein Tag der Vernichtung. Nur derjenige wird daraus gerettet, der den Namen Gottes anruft. Das hat nun nichts mehr mit den Heuschrecken zu tun, sondern sieht eher nach einem endzeitlichen Gottesgericht aus. Die Rettung durch Gott erfolgt in Jerusalem, auf dem Zion.

Diese apokalyptisch anmutende Szene wird von Lk, dem Verfasser der Apg, wie bereits bemerkt, aufgegriffen und im Kontext des **Pfingstereignisses** rezitiert, ungeachtet der Tatsache, dass zwar der Geist auf die Menschen ausgegossen wird, die kosmischen Begleiterscheinungen jedoch völlig ausbleiben. Für Lk ist offensichtlich mit der Geistausgießung der Tag Jahwes mit der Rettung vom Zion her angebrochen.

Kap. 4 enthält eine **Abrechnung mit den Völkern**, die sich an Israel vergangen haben. Jahwe führt sie zum Gericht ins Tal Joschafat (= Jahwe richtet). Ob man dabei an das Kidrontal zu denken hat oder es dabei gar nicht um einen zu lokalisierenden Ort geht, ist umstritten. Die geringe Bezeugung erlaubt jedenfalls keine eindeutige Lokalisierung. Das Gericht ist mit kosmischen Zeichen verbunden: Sonne und Mond verfinstern sich und auch die Sterne geben kein Licht (4,15). Das Buch endet mit einer **Heilsansage**, besonders für **Juda** und den **Zion**. Überbordende Fülle an Wein und Milch (4,18) sind Zeichen der kommenden Heilszeit – und schließlich wohnt der Herr auf dem Zion (4,17 und noch einmal 4,21).

In Kürze

1,1	Vorstellung des Propheten ohne Zeitbezüge
1,2-2,27	die Heuschreckenplage
3,1-5	die (endzeitliche) Geistausgießung
4,1-16	das Gericht über die Völker
4,17-21	der Herr auf dem Zion – das Heil für Juda

33.2 Erzählte Zeit und Erzählzeit

Wie die Zeit der Abfassung, die Erzählzeit, festzulegen ist, hängt wesentlich davon ab, ob die Beschreibung des Heuschreckeneinfalls real verstanden wird oder als Bild für den einfallenden Feind aus dem Norden. Ist die Heuschreckenplage im letztgenannten Sinn – als Hereinbrechen der Neubabylonier (oder gar der Assyrer) gemeint –, so wäre eine Abfassung in der Zeit vor 586 vorstellbar. V. 2,20 könnte dann als Rettung in letzter Minute verstanden werden. Wahrscheinlicher ist aber angesichts des angekündigten Gerichtstages über die Völker in Kapitel 4 die Zeit des zweiten Tempels.

Am Tempel ist dem Verfasser jedenfalls sehr gelegen; er nimmt Stellung zum Opferkult (1,9.13; 2,14), sieht den Tempel aber auch als Ort des Gebetes (2,16f). Schließlich wird in der Endzeit sogar eine Quelle mitten im Haus des Herrn entspringen (4,18 vgl. Ez 47,1).

Zusammenfassung

Am bekanntesten aus dem Buch Joel ist vermutlich die endzeitliche Ausgießung des Geistes aus Kap. 3, die vom Verfasser der Apostelgeschichte im Kontext des Pfingstereignisses zitiert wird. Verbunden ist die Geistmitteilung mit kosmischen Erscheinungen, wie sie vorzugsweise in eschatologischen Texten geboten werden.

Nicht weniger bedeutsam für das Buch ist die sehr anschaulich beschrieben Heuschreckenplage, die zur Hungersnot führen kann. Joel ruft daher zu Bußgottesdienst, Fasten und Umkehr auf, um Gott gnädig zu stimmen.

Nach Gerichtsansagen an die Fremdvölker endet das Buch dann doch wieder versöhnlich mit Heilsaussichten für Juda und Zion.

34. Amos

Kernbotschaft des Amos ist das Auseinanderklaffen der Gesellschaft in einer Zeit der Blüte, nachdem der Erzfeind aus dem Norden, die Aramäer, von der assyrischen Großmacht in die Schranken gewiesen wurde. Laut Aussagen im Buch selbst tritt Amos zur Zeit des Königs Jerobeam II. auf, d.h. etwa um 760/750. Dieser Jerobeam hat im Übrigen mit Jerobeam I., dem ersten König des Nordreichs, nichts zu tun.

In dieser Zeit beklagt Amos das Fehlen von Solidarität, die sich öffnende Schere zwischen Arm und Reich, die Darbringung von Opfern bei gleichzeitiger Unterdrückung der Volksgenossen. Damit ist der Prophet durchaus bleibend aktuell bis in unsere Tage!

34.1 Inhalt und Gliederung

Im Eingangskapitel wendet sich Amos **gegen die Völker rings um Israel** (inkl. **Juda**). Er scheint im geographischen Sinn um Israel zu kreisen und beginnt mit den Aramäern im Norden, dann den Philistern im Südwesten, es folgen Tyrus im Libanon, also im Nordwesten, ehe er sich den drei Völkern im Osten zuwendet: Edom, Amon und Moab. Erst dann trifft er den Mittelpunkt seines imaginären Kreises: Israel (und Juda).
Die Verbrechen, die Amos in der Gestalt der **Zahlensprüche** aufzählt, stellen zum Teil unvorstellbare Grausamkeiten und – nach heutigem Denken – Menschenrechtsverletzungen dar.
Amos zählt dabei nicht alle Verbrechen auf, sondern jeweils nur das letzte, schlimmste. Der Prophet nennt in unmittelbarer Folge des Verbrechens auch die Strafaktion Gottes: Gott schickt Feuer gegen das Volk, durch das seine Paläste eingeäschert werden. Der Krieg frisst die Völker.

Abb. 12: Ein bei Amos erwähnter Dreschschlitten. Die Unterseite ist geriffelt. In den Schlitzen stecken Feuersteinsplitter, die das Korn aus den Ähren befördern und das Stroh kleinschneiden, Türkei, Foto: K. Dorn

Nur bei Israel wird nicht nur das letzte, vierte Verbrechen genannt, sondern auch die drei vorausgehenden. Die Verbrechen Israels – so die Aussageabsicht des Propheten – gehen über all das zuvor Gesagte noch hinaus und verdienen in Gänze aufgezählt zu werden. Er nennt die **Unterdrückung der Armen** durch Pfandnahme, Enteignung, Rechtsbeugung und vermutlich sexuelle Nötigung.
Außer der Reihe wird noch ein weiteres Verbrechen genannt: Das Verbot der Prophetie und die Tatsache, dass man **Nasiräern** Wein verabreicht, der diesen verboten ist.
Die Worte des Propheten Amos in 2,4-16, 4,1-3 sowie im Kap. 5 stehen stellenweise in großer **Nähe zu** entsprechenden Ausführungen des so genannten **Bundesbuches** Ex 22,12-23,33. Insbesondere die Aussagen zum Schutz vor Unterdrückung (Ex 22,20-26) und zur Rechtsbeugung (23,6-8) zeigen Gemeinsamkeiten. Beide Texte dürften in etwa im gleichen Milieu und in einem ähnlichen chronologischen Rahmen entstanden sein. Die schon erwähnte Prosperität des Nordreichs zur Zeit des Jerobeam wäre hierzu durchaus passend.

Mehrfach spricht Amos **über Samaria und seine Bewohner, über die Reichen und ihre Frauen**, Gerichtsworte aus (3; 4,1-3; 6,1-14). Das Gericht kommt, wie so oft bei den Propheten, durch Krieg, durch fremde Völker. Nur ein Ohrzipfel wird übrig bleiben (3,12). Möglicherweise mussten Hirten den Verlust eines Tieres durch irgendwelche Überbleibsel gegenüber dem Herdenbesitzer nachweisen. Wie auch immer: Es bleibt nur der Nachweis, dass Israel einmal existiert hat – nicht mehr. Das Gericht, das Amos ankündigt, wird nicht weniger drastisch geschildert als die Vergehen, die er aufzählt: Die üppigen Damen der Oberschicht, die Amos mit den fetten Kühen des →*Baschan* vergleicht, werden mit Fleischerhaken in das Exil gezogen.
Kap. 4 und 5 sprechen erneut von den Vergehen (bes. **Rechtsbeugung**), enthalten Drohungen und fordern zur **Umkehr** auf. Gerade auch der Opferkult verliert seine Bedeutung, weil das Verhalten der Opfernden nicht den Weisungen Gottes entspricht. In diesem Punkt steht Amos besonders seinem Zeitgenossen, dem Propheten Hosea, nahe. Mit Vers 5,25 *(Habt ihr mir vierzig Jahre in der Wüste Schlachtopfer und Speisopfer dargebracht, Haus Israel?)* bietet der Prophet einen Gedanken, der in Apg 7,42 (vgl. aber auch Jer 7,22) aufgegriffen wird. Er steht im Gegensatz zur priesterlichen Tradition, die ja auch für die Wüstenzeit mit dem transportablen Offenbarungszelt und der Lade einen kontinuierlichen Opferkult vertritt.

Die Visionen in Kap. 7f zeigen eine zunehmende Verärgerung Gottes und eine angespannte, fast eskalierende Situation. Sind die beiden ersten Visionen noch reversibel, – Gott nimmt seine Drohung zurück – gilt dies für die folgenden nicht mehr. Die Texte sind auch ein anschauliches Bild für den Offenbarungsempfang des Amos: Ganz reale Gegebenheiten wie eine Heuschreckenplage werden für den Propheten plötzlich transparent für eine Deutung auf Israel.

Der in die Visionen eingeschobene „Er-Bericht" in 7,10-17 zeigt das Selbstbewusstsein des Propheten auf. Der Prophet versteht sich als autonomer und unabhängiger Verkünder des Gotteswillens. Gegenüber Amazja, dem Oberpriester von Bet El, betont er, dass er kein besoldeter Prophet ist. Dies hat Amos als Viehzüchter und Ackerbauer – er kultiviert Maulbeerfeigen – nicht nötig. Insoweit geht die Forderung des Oberpriesters, Amos solle doch in Juda prophezeien und dort sein Brot essen, d.h. dort seinen Unterhalt verdienen („Geh doch hin, wo du hergekommen bist") ins Leere. Für Amazja und den König kündet er Tod bzw. Exil an und wird daraufhin des Landes verwiesen. Die Ankündigungen des Amos treffen freilich zu seiner Zeit (noch) nicht ein. Möglicherweise bezieht sich diesbezüglich die Stelle 2Kön 14,27 auf die Prophetie des Amos.

Umstritten war in der Forschung lange Zeit, ob Amos tatsächlich dem ganzen Volk Israel, also dem gesamten Nordreich, das Gericht androht:

> *9,1 Und ich sah den Herrn am Altar stehen, und er sprach: Schlage auf das Kapitell, daß die Schwellen beben, und zerschmettere sie auf ihrer aller Kopf! Und ihren Rest werde ich mit dem Schwert umbringen. Kein Flüchtling von ihnen wird entfliehen, und kein Entkommener von ihnen wird sich in Sicherheit bringen.*

In der Tat sind die Armen durch die Pressionen der Reichen schon genug gestraft und es ist eigentlich nicht vorstellbar, dass das „einfache Volk" zusammen mit der Oberschicht auch dem Gericht verfällt. Zudem spricht der Prophet davon, dass seine Visionen bei Eintreffen kommentiert werden, d.h. es bleiben Menschen übrig, die darüber bestürzt sind, die trauern und klagen, so z.B. die Sängerinnen in 8,3, die Klagelieder singen werden.

In Kürze

1,1	Überschrift: Beruf, Herkunft, Zeit seines Auftretens
1,2-2,3	Sprüche gegen die Nachbarvölker
2,4-16	Sprüche gegen das eigene Volk (Israel und Juda)
3,1-6,14	Sprüche gegen Israel 3,9-4,4 gegen die Reichen; Ansage der Vernichtung von Tempel und Palästen; Androhung der Deportation Richtung Norden 4,4-5,9 Aufforderung zur Umkehr 5,7.10-15 gegen die Rechtsbeugung mit evtl. Heilsaussicht (5,15) 5,16-20 der „Tag des Herrn" als Unheilstag 5,21-27 Gerechtigkeit statt Festkult; Androhung der Deportation

	6,1-14 gegen die Oberschicht von Juda und Israel; Androhung der Deprotation
7,1-9,6	Visionen des Propheten
	7,1-3 Heuschrecken – Verschonung auf Bitte des Propheten
	7,4-6 Feuer – Verschonung auf Bitte des Propheten
	7,7-9 der Herr auf der Bleimauer mit dem Senkblei (?) – keine Verschonung
	7,10-17 Prosatext zur Ausweisung des Propheten wg. seiner Botschaft: Androhung der Deportation
	8,1-3 Obstkorb – keine Verschonung mehr
	8,4-14 gegen Betrug und Ausbeutung – Ansage einer Schreckenszeit
	9,1-6 Zerschlagung des Tempels und des Volkes
9,7-15	Gericht und Heilszeit: Restitution der Davididen und Zeit überbordender Fruchtbarkeit

Der Prophet Amos kommt nach derzeitigem Kenntnisstand aus dem Südreich Juda, tritt aber im Nordreich Israel prophetisch auf. Seine Aktivität könnte sehr kurz gewesen sein, wenn man auf den „Er-Bericht" in 7,10-17 blickt, der eine umgehende Ausweisung des Amos zum Thema hat. Das Buch selbst gibt seine Herkunft mit der Ortschaft Tekoa an. Diese liegt in Juda, ca. 17 km südlich von Jerusalem. Da er an anderer Stelle aber als Viehzüchter und Züchter von Maulbeerfeigen ausgewiesen wird und für Maulbeerfeigen angeblich das Klima in Tekoa nicht geeignet ist, gab es Überlegungen, Amos in ein nicht gesichertes Tekoa im Nordreich zu versetzen oder ihn als Grundbesitzer auszuweisen, dessen Felder auch in der Küstenebene zu suchen sind. Als weiteres Argument für eine Herkunft aus dem Norden wird genannt, dass sich Amos sehr gut im Kult des Nordreichs auskenne. Ob die Kulte im Nordreich und Südreich so verschieden waren, wird sich nicht mehr beantworten lassen.

Bleibt man aber dabei, dass Amos ein Prophet aus dem Süden war, der im Norden auftrat, entbehrt dies nicht einer besonderen Brisanz. Jeder weiß, dass die Bewohner des jeweiligen Nachbardorfes, der Nachbarstadt oder eines anderen Stadtviertels selten gut gelitten sind. Dazu muss man sich nicht erst das →*Pallio* in Sienna ansehen. Entsprechend dürfte bereits das Auftreten des Propheten eine gewisse Aggressivität bei so manchem seiner Zuhörer ausgelöst haben.

Auch für unsere Zeit ist die Aktualität des Amos kaum zu bestreiten, und dies gerade auch in unserem Land: Die Schere zwischen Reich und Arm klafft zunehmend auseinander, die Zahl der „ewigen" Praktikanten nimmt zu, Menschen werden entlassen, um in Teilzeit auf 400-Euro-Basis oder mit neuen Verträgen in outgesourcten Firmen gegen geringeres Gehalt wieder angestellt zu werden und auch Kapitel 8,4ff kann angesichts der zunehmenden Ausnahmen bei Wochenend- und Sonntagsöffnungszeiten ins Feld geführt werden. Amos ist durchaus modern.

34.2 Erzählte Zeit und Erzählzeit

Beide dürften den Gegebenheiten des Hosea entsprechen: Laut 1,1 tritt Amos etwa um 750 v. Chr. auf, wie lange, wissen wir nicht. Die Zeit des großen Erdbebens ist uns nicht bekannt. Aber nicht alle Aussagen, die sich im Buch finden, dürften aus dieser Zeit stammen. Insbesondere die Heilsaussage am Ende scheint den Untergang des Nordreichs vorauszusetzen, vermutlich sogar das Babylonische Exil für Juda.

Zusammenfassung

Amos, der Mann aus dem Süden, der im Norden auftritt, kann als *der* sozialkritische Prophet, als der Prophet für die Armen bezeichnet werden. Amos nimmt besonders Anstoß an dem Auseinanderklaffen von Sozialverhalten und Kult. Er nimmt in drastischen Worten Stellung gegen die Reichen, die die Armen unterdrücken und ihnen gegebenenfalls das sprichwörtlich „letzte Hemd" nehmen, und dies alles nicht wegen eigener Bedürftigkeit, sondern um das eigene Wohlergehen, den Luxus zu steigern. Daher kündigt Amos nach verschiedenen Visionen das Gericht über Israel an.
Auch bei ihm folgt am Schluss die Aussicht auf Heil, auf die Wiederaufrichtung der Davidsdynastie.

35. Obadja

Es ist mit insgesamt nur 21 Versen das kürzeste aller Prophetenbücher. Der Name des Buches kann der Name seines Autors sein wie auch eines Anonymus, denn Obadja bedeutet schlichtweg Knecht Jahwes. Ähnlich verhält es sich im Übrigen bei dem Buch Maleachi (Bote Jahwes).

Ein Hinweis zum Auftreten des Boten unter einem bestimmten König fehlt. Das Buch geht gleich medias in res.

35.1 Inhalt und Gliederung

1b-15 bietet eine **Gerichtsansage über Edom** wegen seines Verhaltens gegenüber Israel am Tag seiner Not. V. 16 enthält eine allgemeine **Gerichtsansage gegen „alle Völker"** und 17-21 spricht von der Rettung Israels auf dem Zion mit der Königsherrschaft Gottes, der **Rückkehr der Verbannten** und vom Feuergericht gegen Esau/Edom.

Im Zentrum des Buches steht die Gerichtsansage über Israels östliches Nachbarvolk Edom (vgl. Jeremia) das auf den Bruder Jakobs, Esau, zurückgeführt wird (vgl. V.6). Der Grund für das Gerichtswort wird erst in V. 10f geliefert: die Gewalttat an Jakob, die darin besteht, dem „Brudervolk" Israel gegen fremde Feinde nicht beigestanden, sondern sich auf die Seite der Feinde geschlagen zu haben.

Es folgen eine Reihe von Verboten und Warnungen gegen Edom. Sei nicht schadenfroh, dring nicht durch das Tor meines Volkes (in die Stadt?) ein, vergreife dich nicht an seinem Gut, bringe nicht die Flüchtlinge um. Gedroht wird einmal mehr mit dem „Tag des Herrn", an dem all dieses Tun auch Edom selbst angetan wird.

35.2 Parallelen zu Jeremia

Etliche Verse haben deutliche Parallelen in Jer 49,7-22, wie die folgende Tabelle zeigt:

Jer 4,7 Über Edom: So spricht der HERR der Heerscharen:	Obd 1,1 Gesicht Obadjas: So spricht der Herr, HERR, über Edom:
14 *Eine Kunde habe ich vom HERRN vernommen, und ein Bote ist unter die Nationen gesandt: Sammelt euch und kommt gegen es und macht euch auf zum Krieg!* Flieht, wendet euch *zur Flucht*, verkriecht euch tief, Bewohner von Dedan! Denn Esaus Verderben habe ich über ihn gebracht, die Zeit, da ich ihn heimsuche.	*Eine Kunde haben wir vom HERRN gehört, und ein Bote ist unter die Nationen gesandt worden: „Macht euch auf, laßt uns gegen Edom aufstehen zum Krieg!"*
15 *Denn siehe, ich habe dich klein gemacht unter den Nationen, verachtet unter den Menschen.*	2 *Siehe, ich habe dich klein gemacht unter den Nationen, sehr verachtet bist du.*
16 *Deine Furchtbarkeit, der Übermut deines Herzens haben dich getäuscht, dich, der in den Schlupfwinkeln der Felsen wohnt, den Gipfel des Hügels besetzt hält.* *Wenn du dein Nest hoch baust wie der Adler, ich werde dich von dort hinabstürzen, spricht der HERR.*	3 *Der Übermut deines Herzens hat dich betrogen, dich, der in den Schlupfwinkeln der Felsen wohnt, in der Höhe seinen Sitz hat* und in seinem Herzen spricht: Wer wird mich zur Erde hinabstürzen? 4 *Wenn du dein Nest auch hoch bautest wie der Adler und wenn es zwischen die Sterne gesetzt wäre: ich werde dich von dort hinabstürzen, spricht der HERR.*
9 *Wenn Winzer über dich kommen, werden sie keine Nachlese übriglassen, – wenn Diebe in der Nacht, so vernichten sie euch, bis sie genug haben.*	5 *Wenn Diebe über dich kämen, wenn bei Nacht Räuber kämen, – wie bist du vernichtet! – würden sie nicht bloß ihren Bedarf stehlen? Wenn Weinleser über dich kämen, würden sie nicht eine Nachlese übriglassen?*

10 *Denn ich, ich habe Esau entblößt, ich habe seine Verstecke aufgedeckt. Und will er sich verbergen, kann er es nicht.* Vernichtet ist seine Nachkommenschaft und seine Brüder und seine Nachbarn, sie sind nicht mehr. 11 Verlaß deine Waisen, *ich nur* werde sie am Leben erhalten, – und deine Witwen sollen auf mich vertrauen!	6 *Wie sind die von Esau durchsucht, wie durchstöbert sind ihre Verstecke!* 7 Bis an die Grenze haben dich getrieben alle deine Bundesgenossen; betrogen, überwältigt haben dich deine Freunde; *die* dein Brot *aßen*, sie legten eine Fußangel unter dir aus:
7b *Ist keine Weisheit mehr in Teman? Ist den Verständigen der Rat verlorengegangen, ist ihre Weisheit verdorben?*	*„Es ist keine Einsicht in ihm.“* 8 Werde ich nicht an jenem Tag, spricht der HERR, *die Weisen aus Edom vertilgen und die Einsicht vom Gebirge Esaus?* 9 Und deine Helden, Teman, werden verzagen, damit jedermann vom Gebirge Esaus ausgerottet werde durch Mord.
12 Denn so spricht der HERR: Siehe, die nicht verurteilt waren, den Becher zu trinken, die müssen ihn trinken. Und *du* solltest der sein, der ungestraft bleibt? Du wirst nicht ungestraft bleiben, sondern du sollst ihn ganz trinken.	
13 *Denn ich habe bei mir geschworen, spricht der HERR, daß Bozra zum Entsetzen, zur Schmach, zur Verwüstung und zum Fluch werden soll, und alle seine Städte zu ewigen Trümmerstätten*	10 *Wegen der Gewalttat an deinem Bruder Jakob bedeckt dich Schande, und du wirst ausgerottet werden für ewig.*
17 Und Edom soll zum Entsetzen werden. Jeder, der an ihm vorüberzieht, wird sich entsetzen und zischen über all seine Wunden.	

Welcher der Texte der ältere ist und wie die Beziehungen zustandekommen (Abhängigkeit des Jeremia oder eines späteren Bearbeiters von Obd oder umgekehrt oder Abhängigkeit von einer gemeinsamen Vorlage) ist nicht zweifelsfrei zu beantworten und hängt von der Entstehungszeit der entsprechenden Aussagen ab.

35.3 Erzählte Zeit und Erzählzeit

Die erzählte Zeit ist nicht mit Sicherheit zu rekonstruieren, da wir über die Zeitumstände unmittelbar nach der Deportation nur unzureichend informiert sind. Es ist aber wahrscheinlich, dass das Nachbarvolk – wie auch andere Nachbarn (vgl. Jer 49) im Kontext der Eroberung Judas und Jerusalems im Jahre 586 durch die Neubabylonier – die Gunst der Stunde genutzt und sich wie Geier an den Überresten Judas bedient haben. Vermutlich werden die Babylonier nicht sehr viel übrig gelassen haben und es gab nicht mehr allzu viel zu holen, aber die Möglichkeit, alte Rechnungen durch Mord an überlebenden Judäern zu begleichen (V.14), war immerhin gegeben. Ein Gerichtswort gegen Edom macht am ehesten in diesem zeitlichen Kontext Sinn.

Der Ausblick auf die Rettung auf den Zion wie auch die Hoffnung auf die Rückkehr der Verbannten (ab V. 17) ist jedoch unmittelbar nach Beginn des Exils wenig wahrscheinlich, so dass die Heilsaussagen eher einem späteren Verfasser zuzuschreiben sind – entweder kurz vor Ende des Exils oder bereits im Rückblick auf die (beginnende?) Rückkehr, also frühestens im späten 6. Jh. Eine noch spätere Abfassung wäre möglich, wenn Esau/Edom nicht mehr als konkretes Volk, sondern in Gänze als Typus für die Feinde Israels betrachtet wird.

Zusammenfassung

Das Buch Obadja, das eine ganze Reihe von Übereinstimmungen mit Jer aufweist – bis in den Wortlaut hinein – nennt als Hauptadressat der Gerichtsworte das Nachbarvolk Israels, Edom. Obwohl er auch gegen andere Völker Worte des Unheils parat hat, wird am Ende des Buches, in dem Israel das Heil auf dem Zion angekündigt wird, dann doch wieder Edom angegriffen und sein Untergang im Feuergericht angekündigt.

36. Jona

Jona fällt als Prophet ziemlich aus dem Rahmen, denn seine Prophetie gegen Ninive macht nur einen ganz geringen Teil des gleichnamigen Buches aus. Das Buch dreht sich vielmehr um den Propheten selbst, sein Selbst- und auch sein Gottesverständnis. Trotz der Vorstellung Jonas (1,1) als „Jona, Sohn des Amittai“, der 2Kön 14,25 zufolge zur Zeit Jerobeams II. von Israel (781 bis 742 v. Chr.) auftritt, hat das vorliegende Prophetenbuch nichts mit diesem Mann im 8. Jh. zu tun. Denn dieser prophezeit nicht in oder gegen Ninive, das erst 612 v. Chr. von den Neubabyloniern zerstört wird.

Dass es sich demnach um eine Erzählung über den Propheten handelt, wird bereits in der Inhaltsbeschreibung und Gliederung des Buches deutlich. Dort wird auch schon erkennbar, dass das Buch nicht fortlaufend erzählt. Vielmehr gibt es einige Szenen, die zeitlich parallel abzulaufen scheinen.

36.1 Inhalt und Gliederung

Nach der Vorstellung des Propheten in 1,1 erfolgt sofort der Auftrag. Offensichtlich wird beim Leser vorausgesetzt, dass er diesen Jona aus 2Kön 14,25 kennt und weiß, dass es sich dabei um einen Propheten handelt.

Jona soll in die überaus große **Stadt Ninive gehe**n (die Größe der Stadt wird mehrfach betont!) und ihr wegen ihrer Schlechtigkeit den **Untergang ansagen**. Die Bosheit der Stadt ist bis vor das Angesicht Gottes gelangt – sie stinkt zum Himmel.
Der Leser hat zunächst keine Ahnung, warum Jona sich laut 1,3 nicht nach Ninive begibt, den Auftrag ablehnt und sich stattdessen per Schiff genau in die entgegensetzte Himmelsrichtung aufmacht. Bei Tarschisch ist wahrscheinlich an **Spanien**, genauer die Gegend westlich von Gibraltar, zu denken. Für eine Nation, die es trotz eines langen Küstenabschnitts nie zu nennenswerter Seefahrt gebracht hat, ist die Flucht in das äußerste Ende der Welt eine kleine Sensation. In dem Gedanken der **Flucht vor Gott** nach Westen könnte noch die alte Vorstellung mitschwingen, Gott sei in seinem Wirken auf Israel, oder bestenfalls Israel und die Nachbarvölker, begrenzt. Der Leser wird schnell eines Besseren belehrt, denn Gott erweist sich auch auf dem Meer als mächtig.
Während oben ein **Sturm** losbricht, so dass den Seeleuten himmelangst wird, schläft Jona im untersten Raum des Schiffes. Er muss wohl einen sehr gesunden Schlaf gehabt haben, denn obwohl die Matrosen das Schiff bereits entladen und es auseinanderzubrechen droht, schläft Jona weiter und muss erst vom Kapitän geweckt werden.
Die Seeleute denken ähnlich wie Jona und sein zeitgenössischer Leser: Da sich verschiedene Menschen auf dem Schiff befinden, sind auch verschiedene Götter zuständig. Diese müssen nun jeweils von ihrem Schutzbefohlenen angerufen werden, denn einer der Götter ist offensichtlich verärgert.
Per Los wird ermittelt, wessen Gott das wohl ist. Das Los fällt auf **Jona, er bekennt sich schuldig und erzählt von seiner Flucht vor *seinem* Gott**. Jona macht deutlich, dass es der Weltengott ist, der da gegen ihn wütet, und den Seeleuten wird schnell klar, dass ihre Götter nicht mehr helfen können. Dem Vorschlag des **Jona**, ihn ins **Meer zu werfen** und damit die Wut Gottes vom Schiff abzulenken, wollen die Männer dennoch nicht nachkommen und beweisen damit mehr Größe als Jona: Jona gefährdet mit seinem Egoismus alle, dennoch versuchen ihn die Schiffsleute zu retten. Da der Sturm nur noch heftiger wütet, befolgen sie letztlich doch den Rat des Jona, nicht ohne vorher seinen Gott, der sich ganz offensichtlich alleine als mächtig erweist, anzurufen und um Vergebung zu bitten. Im Rahmen ihres Gottesverständnisses tun sie alles, was menschenmöglich ist, um diesen Gott nicht noch weiter zu erzürnen und billigen Gott damit eine größere Heiligkeit und Macht zu als Jona. Dies alles geschieht, als Jona bereits über Bord gegangen ist.

Kap. 2 bietet die wohl bekannteste Aussage des ganzen Buches, vielleicht sogar eine der bekanntesten der Schrift: **Ein Fisch verschlingt** den im Meer treibenden **Jona**. Das wird aber nur mit einem einzigen kleinen Satz erzählt!

Jona sitzt nun **drei Tage und Nächte im Bauch des Fisches** (vgl. Mt 12,40) und formuliert in seiner Notlage einen Bittpsalm: Er verspricht für den Falle seiner Rettung Opfer und die Erfüllung von Gelübden. Die Aussagen des Gebets passen von den verwendeten Bildern – trotz der Bezüge zum Meer – nicht ganz zur Situation des Jona: Die Unterwelt, von der Jona spricht, kann nicht einfach mit dem Bauch des Fisches identifiziert werden, denn es ist von den Wurzeln/Urgründen der Berge die Rede und davon, dass die Unterwelt ihre Tore hinter ihm verschlossen und verriegelt hat. Aber Jona befindet sich in einer analogen Situation.
Mit dem Gebet endet die Notlage des Propheten: **Der Fisch spuckt ihn an Land** und Jona macht sich nun, durch sein Schicksal scheinbar geläutert, auf den Weg nach Ninive.
Dort beginnt er mit seiner **Unheilsdrohung** und durchquert Ninive innerhalb von drei Tagen – so lange braucht er angesichts der Größe der Stadt. Hier wird erneut deutlich, dass keine historischen Gegebenheiten ausgesagt sein wollen. Eine Stadt mit rund 90 km Durchmesser hat es in der Antike niemals gegeben. Die – heidnische – Einwohnerschaft von Ninive ist beeindruckt von der Botschaft: Sie bricht mit ihrer sündigen Vergangenheit und geht buchstäblich **in Sack und Asche**, vom Kleinsten bis zum Größten, wie betont wird. Und so nimmt **Gott** seine Drohung zurück und **verschont die Stadt**.
Irgendwie hat **Jona** damit gerechnet – und fühlt sich vorgeführt, als Falschprophet entlarvt, denn seine Vorhersage traf ja nicht ein. Und er **hadert mit Gott**, weil er genau das befürchtet hatte.
Der **Verzicht Gottes auf das Strafgericht** steht im Übrigen im Gegensatz zu Num 23,19:

> *Nicht ein Mensch ist Gott, daß er lüge, noch der Sohn eines Menschen, daß er bereue. Sollte er gesprochen haben und es nicht tun und geredet haben und es nicht aufrechthalten?*

Jona lässt sich außerhalb der Stadt **unter einer Rizinusstaude** nieder und wünscht sich den Tod. Gott schickt einen Wurm, der den Rizinus annagt, worauf dieser eingeht. Jona ist auch darüber erbost. Die Antwort Gottes lautet:

> *4,10f: Und der HERR sprach: Du bist betrübt wegen des Rizinus, um den du dich nicht gemüht und den du nicht großgezogen hast, der als Sohn einer Nacht entstand und als Sohn einer Nacht zugrunde ging. Und ich, ich sollte nicht betrübt sein wegen der großen Stadt Ninive, in der mehr als 120000 Menschen sind, die nicht unterscheiden können zwischen ihrer Rechten und ihrer Linken, und eine Menge Vieh?*

In Kürze

1,1-2	der Prophet und sein Auftrag
1,3	die Flucht vor dem Auftrag
1,4-16	der Sturm; Jona wird ins Meer geworfen; der Sturm verstummt
2,1-2	der Fisch
2,3-10	Jona im Fisch: Der Gebetspsalm und Jonas Erhörung
2,11	Jonas Rettung aus dem Fisch
3,1-10	erneuerter Auftrag an Jona; Jonas Prophetie gegen Ninive und die Umkehr der Menschen: Verschonung der Stadt
4,1-4	Unmut des Jona und Hader mit Gott wegen seines Erbarmens
4,5-10	Jona unter dem Rizinusstrauch; Begründung Gottes für sein Handeln

Es ist schwierig, die Aussage des Buches auf einen Punkt zu bringen: Geht es um den gnädigen und barmherzigen Gott (vgl. Jon 4,2:

> *Denn ich wußte, daß du ein gnädiger und barmherziger Gott bist, langsam zum Zorn und groß an Güte, und einer, der sich das Unheil gereuen lässt*)?

Oder geht es darum, dass der Gott Israels auch ein Gott der Heiden bzw. ein Weltengott ist? Ist es eine Absage an elitäre Ansprüche Israels gegenüber Gott? Immerhin geht es um Ninive, das nicht nur als ausgesprochen sündige Stadt dargestellt wird, sondern das sicherlich auch für das Assyrische Reich und damit für den „Feind aus dem Norden" steht, der nicht nur die Existenz Israels bedrohte, sondern das Nordreich vernichtet hat? Vielleicht ist es falsch, diese Interpretationsmöglichkeiten überhaupt als Alternativen aufzufassen.

36.2 Erzählte Zeit und Erzählzeit

Die erzählte Zeit setzt die Existenz Ninives voraus, und mit der Identifikation des Propheten als Jona Ben Amittai wird die Zeit Jerobeams II. behauptet. Die Erzählzeit dürfte dagegen deutlich später sein: Jahwe wird als Weltengott verstanden, der auch über das Meer herrscht. Im Psalm reicht seine Macht bis hinunter in die Unterwelt. Derartige Vorstellungen sind erst nachexilisch vorstellbar, und selbst in diesem Rahmen wird man eher an das 3. oder 2. Jh. denken müssen. Auch wegen der Erzählform der Novelle ist eher die Zeit des →*Frühjudentums* anzunehmen.

Zusammenfassung

Die scheinbare Uneinheitlichkeit des Buches Jona mit zeitgleich ablaufenden Szenen ist vermutlich nicht literarkritisch zu lösen, sondern als bewusstes Stilmittel zu betrachten. Der Prophet Jona bekommt zu spüren, dass er dem Auftrag Gottes zur Verkündigung überhaupt nicht entfliehen kann. Warum er dies wollte, wird erst im Verlauf der Erzählung klar: Er wusste, dass Gott Erbarmen mit Ninive haben würde – dadurch aber entpuppt sich seine Verkündigung gegen Ninive als falsche Prophetie. Gott hat ihn benutzt! Deutlich wird aber auch: Dieser Gott ist der Gott von Himmel und Erde – das versteht Jona scheinbar auch erst im Laufe der Ereignisse, denn ansonsten hätte er die Flucht vor diesem Gott von Anfang an als illusorisch eingesehen. Auch die fremden Völker stehen unter seinem Gericht – aber eben auch unter seiner Barmherzigkeit.

37. Micha

Die Einführung des Propheten in Mi 1,1 nennt seinen Namen, seinen Herkunftsort und die Zeit seines Auftretens: Micha stammt aus Moreschet, einem Ort, der in der Nähe von Gat gelegen haben dürfte, wie die Erwähnung des Namens Moreschet-Gat in Mi 1,14 nahelegt. Die Identifikation des Ortes mit der größeren befestigten Stadt Marescha ist weniger wahrscheinlich, denn Marescha wird in V. 15 eigens erwähnt, also zusätzlich zu Moreschet. Damit liegt der Ort vermutlich zwischen Gat und Lachisch, westlich von Hebron in der Schefela, d.h. dem Landschaftstreifen zwischen Küstenebene und dem Bergland von Juda. Der Botschaft entsprechend, wird man den Propheten Micha eher in der Landbevölkerung suchen müssen.

Die Zeit seines Auftretens wird, wie üblich, an den regierenden Königen festgemacht, unter denen Micha auftritt: Es sind dies Jotam, Ahas und Hiskija. Demnach wäre ein Zeitfenster von ca. 757 bis 697 vorgegeben. Ob der Prophet wirklich unter allen drei Königen aufgetreten ist, lässt sich ebenso wenig feststellen wie die Zuweisung bestimmter Teile seines Buches in die Regierungszeit eines der drei Könige.

Der Name des Propheten kann entweder als Kurzform von Micha-El oder von Micha-Jahu oder Micha-Jah verstanden werden. Übersetzt bedeutet er demnach „Wer ist wie El“ (= Gott) oder „Wer ist wie Jahwe“.

Seine Botschaft wechselt zwischen Drohung und Verheißung und richtet sich gegen Nordreich und Südreich, vertreten durch die beiden Hauptstädte Samaria und Jerusalem (1,5). Inhaltlich steht er Amos nahe, doch bietet er auch auffallende Parallelen zu Jes (Mi 4,1-5 = Jes 2,2-5). Dass hier Abhängigkeiten existieren, ist kaum zu leugnen. In welcher Weise diese jedoch entstanden sind, ist unklar. Die Verfasser des Mi-Buches können ebenso Jes zitieren wie umgekehrt (s.u.).

37.1 Inhalt und Gliederung

Nach der Vorstellung des Propheten in 1,1 spricht Mi vom **Auftreten Jahwes in einer die ganze Erde erschütternden Theophanie**. Wie üblich, ist Feuer sein Begleiter: Die Berge zerschmelzen unter seinen Füßen. Diese Erscheinungen lassen an vulkanische Begleitereignisse denken, wie schon im Kontext der Theophanie in Ex (z.B. 19,18; 24,17 vgl. Dtn 9,15) bei der Übergabe der Gebote. Auch in Ps 78,3 finden sich inhaltliche Anklänge. Das Auftreten des Herrn wird veranlasst durch die **„Sünde des Hauses Israel"**. Worin diese besteht, wird jedoch zunächst nicht gesagt, ausgenommen die Götzenverehrung in 1,7.

Die daran anschließende **Drohrede** richtet sich indes gegen verschiedenste Städte aus **Israel *und* Juda**, die allerdings nicht alle geographisch zu lokalisieren sind. Die Namen der Städte scheinen zudem zum Teil „Programmnamen" oder Wortspiele zu sein, die aus dem Schicksal der Städte gewonnen werden.

Es ist die Rede von Bet Leafra = Staubhausen, von Zaanan = Auszug, Bet-Ezel (= Bet El?) = Wurzelhausen, Marot = Bitterkeit, Marescha, neben Lachisch gelegen, geht vermutlich auf die Wurzel jrš = in Besitz nehmen zurück, Achsib könnte von ksb = Lüge abgeleitet sein und Adullam, das aus der Verfolgung Davids durch Saul bekannt ist, bedeutet „Versteck".

Die Beziehung zwischen dem Namen des Ortes und seinem Schicksal wird allerdings nur im hebräischen Text deutlich:

בְּגַת אַל־תַּגִּידוּ b^{e} gat 'al tagidu
בָּכוֹ אַל־תִּבְכּוּ bako 'al tibku
בְּבֵית לְעַפְרָה עָפָר bebet l^{e}'afrah 'afar
מָרוֹת כִּי־יָרַד marot ki jarad
לָרֶכֶשׁ יוֹשֶׁבֶת לָכִישׁ larækæš...lakiš
אַכְזִיב לְאַכְזָב 'aksib l^{e}aksab
הַיֹּרֵשׁ אָבִי לָךְ יוֹשֶׁבֶת מָרֵשָׁה hajoreš .....marešah

In der Summe der Aussagen droht der Prophet diesen Städten den Untergang und die Deportation an (1,16).

Abb. 13: Die südliche Levante, aus: Schmitz: Geschichte Israels, S. 17

Noch immer sind die Gründe für die Drohreden recht allgemein gehalten. Erst ab Kap. 2 werden die Vergehen sehr konkret beschrieben:
Es geht um **Landraub**, **Pfändung** und die **Vertreibung der ursprünglichen Besitzer**, mit Kind und Kegel!
Ein zweiter Aspekt ist das **Verbot missliebiger Prophetie**. Würde der Prophet Wein und Bier versprechen, hätte man auch gegen seine Prophetie nichts einzuwenden (2,11).

Der **Unheilsdrohung** folgt eine kurze **Rettungsansage** (2,12f), welche die Restitution Jakobs/Israels zum Ausdruck bringt, vermutlich in der Endzeit, durch den endzeitlichen Messias.
In Kap. 3 ist davon die Rede, dass das Volk bis auf die Knochen ausgebeutet wird. Als Zumutung werden jene Propheten gesehen, die gemäß der Devise: „Wes Brot ich ess, des Lied ich sing" den Frieden verheißen und damit schlichtweg die **Prophetie** verraten und **korrumpieren**. Ab 3,9 kommt die **Rechtsbeugung und Bestechung der Richter** zur Sprache.
Als neuer Aspekt kommt die **Hybris der Führer** hinzu, die im Vertrauen auf die Gegenwart Gottes auf dem Zion glauben, ihnen könne nichts passieren. Der Herr belehrt sie eines Besseren: Die völlige **Zerstörung Jerusalems bis auf die Grundmauern wird angesagt**. Man wird die Stadt sogar umpflügen. Damit verschwindet sie ein für alle Mal von der Landkarte. In der Forschung vermutet man in den Kap. 1-3 den authentischen Kern des Buches.
Nach der Drohrede am Ende von Kap. 3 wechselt der Text wieder zu einer **Heilsaussage**. Mit der **Völkerwallfahrt zum Zion** findet sich nicht nur eine thematische Beziehung zu Jesaja, sondern, die Verse 4,1-4 betreffend, auch eine wörtliche: Der Abschnitt steht **parallel zu Jes 2,2-4**. Die Heilsaussage bricht jedoch in 4,9 abrupt ab: Das **Exil** wird nicht nur angedeutet, wie in 1,16, sondern direkt angesprochen (4,10b).
Kap. 5 verkündet den **endzeitlichen Gesalbten, der aus Bethlehem kommt**. Auch wenn nicht expressis verbis von der Davidsdynastie die Rede ist, dürfte der Gedanke daran im Hintergrund stehen. Der kommende Herrscher ist der **Hirt des Volkes** (vgl. 2Sam 5,2), der in der Kraft des Herrn – und damit auch in dessen Auftrag – Israel weiden wird und in Sicherheit und Frieden leben lässt.

Kap. 6 bietet noch einmal **Drohreden**. Der Herr erinnert an die Heilstaten, die er seinem Volk angedeihen ließ. In einem scheinbaren Dialog antwortet das Volk und fragt, womit es sich denn dafür bedanken soll: mit Opfern, mit Tausenden von Widdern oder Mengen an Öl, gar mit der Gabe des Erstgeborenen? Dass dabei auf ein Menschenopfer angespielt wird, ist denkbar, aber nicht zu beweisen. Gott verneint diese möglichen Angebote und fordert stattdessen ethisches Verhalten.

Aus diesem Abschnitt haben besonders die VV. 3-5 eine unrühmliche Wirkungsgeschichte in den so genannten →***Improprien oder Heilandsklagen*** angetreten, die seit dem frühen Mittelalter in der Passionsfeier am Karfreitag ihren Platz haben. Die hier vorgetragen Opferkritik erinnert wiederum an Hosea und Amos, wie auch die nachfolgenden Ausführungen zu Reichtum und Betrug, z.B. bei der Fälschung der Waage (Am 8,5). Das in 1Kön als Negativum par excellence genannte Haus Omri mit dem kaum zu überbietenden Vertreter Ahab (1Kön 16,30-33) ist der letzte Grund für den absoluten Niedergang (6,16).
Im letzten Kapitel des Buches sollte man eigentlich mit einer Verheißung rechnen. Die folgt auch, aber erst nach einer **erneuten Klage des Propheten**, die wiederum inhaltliche Annäherungen an Amos aufweist. Die Ausführungen über die Reichen, die nur nach Gewinn trachten, die **bestechlichen Beamten und Richter, Rechtsbruch und Rechtsverdrehung** erinnern ebenfalls an **Amos**; die Aussage vom innerfamiliären Zwist, jeder gegen jeden, findet dagegen ihre Relektüre in Mt 10,35f
Den Rest des Kap. bildet dann tatsächlich die **Verheißung kommenden Heils**: Die zerstörte Stadt Jerusalem wird wieder aufgebaut, die Völker ziehen nach Jerusalem, Gott wird sein Volk weiden in den Grenzen des Landes der zwölf Stämme, der Herr wirkt seine Wunder wie beim Exodus und die Völker ringsum, die sich über Israel erhoben hatten, müssen die Macht des Gottes Israels anerkennen. Der Verfasser hofft auf das Erbarmen Gottes und darauf, dass sein Zorn irgendwann auch einmal wieder sein Ende findet. Dann werden die alten Verheißungen an die Väter wieder gelten.
Das Buch bietet somit keine eschatologische Heilsschau im Sinne einer Neuschöpfung, sondern in Kontinuität zur vergangenen Heilsgeschichte, die erneut durchgesetzt wird.

In Kürze

1,1	Einführung: Vorstellung des Propheten
1,2-3,12	Unheil: Drohungen
1,2-7	Theophanie Jahwes führt zur Zerstörung von Samaria
1,8-16	Mi droht Städten Eroberung und Deportation an
2,1-11	gegen die Gier der Reichen (vgl. Amos!)
2,12f	Heil: Sammlung Israels durch Gott und den König
3,1-4	Unheil: gegen die Häupter und Richter wg. Rechtsbruch
3,5-8	gegen die manipulierenden Propheten
3,9-12	erneut gegen Häupter des Volkes und die Richter: Bestechlichkeit

4,1-5,14	Heilsansage
4,1-5	eschatologische Völkerwallfahrt zum Zion (vgl. Jes 2,2-4)
4,6-8	Ansage der ewigen Heilszeit
4,9-12	Deportation
4,13	Macht Zions
4,14	Ohnmacht Zions
5,1-14	die messianische Friedenszeit für den „Rest Jakobs"
6,1-7,7	Unheil: Drohreden mit deutlichen Parallelen zu Amos
7,8-20	Heilsaussagen über Jerusalem

37.2 Erzählte Zeit und Erzählzeit

Die erzählte Zeit, die Zeit des Auftretens des Propheten, wird in 1,1 angegeben. Die Erzählzeit hingegen dürfte, wie bereits bei anderen Propheten beobachtet, einen relativ großen Zeitabschnitt umfassen, denn es ist einerseits von den Assyrern die Rede, deren Auftreten ins 8. Jh. fällt, wie auch vom babylonischen Exil im 6. Jh. Das Verhalten der Reichen im Nord- und Südreich gehört in die Zeit des Amos, die Zerstörung Jerusalems in die Zeit der Neubabylonier, und sollte die Aussage vom Wiederaufbau der Stadt nicht nur eine Zukunftshoffnung sein, so reicht die Zeit der Bearbeitung des Buches bis in das späte 6., vielleicht sogar in das 5. Jh.

Die Einbeziehung des Südreiches Juda in die Klage gegen Jakob/Israel dürfte das Ergebnis einer redaktionellen Überarbeitung sein, mittels derer die Klage und Drohung des Propheten gesamtisraelitische Bedeutung erhält.

Hinzuweisen ist auf einige z.T. wörtliche Parallelen zu Jesaja, so dass die Frage der Abhängigkeit im Raum steht (z.B. Mi 4,1-4 und Jes 2,2-4):

Mit Mi 5,2f reflektiert der Text vermutlich die Aussagen von Jes 7,14 und 9,5. Hat das Jesajabuch die Ankündigung des Immanuel aus Mi 5,2 entwickelt oder ist Mi eine Replik auf Jes? Angesichts der scheinbar „historischen" Einbettung der Jesaja-Szene in den Kontext des Syrisch-Ephraimitischen Krieges scheint Jes ursprünglicher und ereignisnah zu sein. Dennoch ist nicht auszuschließen, dass die sprachliche Ausformung der Prophetie in Jes 7 erst in einem zweiten Schritt in Abhängigkeit zu Mi erfolgte.

Dass das Buch angesichts der heterogenen und einen großen Zeitraum umfassenden Prophetie nicht einheitlich sein kann, versteht sich von selbst. Der Versuch, „echte", d.h. von Micha selbst stammende und „unechte", also sekundäre, Aussagen zu unterscheiden, hat bislang keine einhelligen Ergebnisse hervorgebracht. Die „Konstruktion" des Buches wird auch an dem regelmäßigen Wechsel von Unheil und Heil deutlich.

Zusammenfassung

Micha ist ähnlich Amos ein Prophet der kleinen Leute. Er beklagt die Gier der Reichen, die Bestechlichkeit der Richter, die manipulierten und manipulierenden Propheten. Dies sind die Grundlagen seiner Gerichtsankündigung. Er bietet aber auch – ähnlich Jesaja – Heilsansagen mit der Völkerwallfahrt zum Zion und eine messianische Friedenszeit für den „Rest Jakobs".
Einige Aussagen bietet Micha parallel zu Jesaja.

38. Nahum

Im Gegensatz zum vorausgehenden Mi und anderen bietet dieser Prophet im Eingangsvers – wie etwa auch Obd oder Hab – keinerlei Anhaltspunkte für die Zeit seines Auftretens. Der Eingangsvers nennt immerhin den Adressaten der prophetischen Rede: Es ist Ninive, die Hauptstadt Assurs, der er das Gericht ansagt.

Sein Name bedeutet „Tröster", der Ort Elkosch, aus dem er stammt, ist bis zur Stunde unbekannt.

38.1 Inhalt und Gliederung

Nach der Vorstellung des Propheten und der Zielrichtung seiner Botschaft (1,1) folgt ein allgemeiner Hymnus auf die Macht Gottes und seines Gerichts – ohne Bezug auf Ninive (1,2-8). In einer Anordnung von Unheil, Heil, Unheil finden sich folgende Themen: Vernichtungsansage gegen die, die gegen Gott planen (1,9-12a), Beistands- und Rettungszusage Gottes (1,12b-13) und erneute Vernichtungsansage (1,14).
Erst dann kommt das Buch auf den Punkt: Die Ansage des Gerichts über Ninive (2,1-3,19) mit der Ansage der Eroberung und Plünderung der Stadt (2,1-14), ein Wehe über die gefallene Stadt (3,1-7) und schließlich die Ansage der Deportation und Zerstreuung in Analogie zum ägyptischen Theben (3,8-19).

In Kürze

1,1	Vorstellung des Propheten
1,2-8	Hymnus auf die Macht Gottes
1,9-12a	Vernichtungsansage
1,12b-13	Beistands- und Rettungszusage Gottes
1,14	Vernichtungsansage
2,1-3,19	Gericht über Ninive
	2,1-14 Eroberung der Stadt
	3,1-7 Weheruf
	3,8-19 Deportation

In anschaulichen Bildern – z.B. vom Beute schlagenden Löwen, von der Heuschrecke – wird der Untergang Ninives durch Krieg und Eroberung dargestellt. Ninive ergeht es nicht anders als Theben (No-Amon), das von den Assyrern im Jahre 667 erobert wurde.

Die Texte scheinen noch nicht auf den Fall von Ninive zurückzublicken, sondern diesen in der Zukunft zu erwarten. Sofern „Ninive" die reale Stadt meint und das Assyrerreich repräsentiert – und nicht etwa als Chiffre für einen beliebigen Feind steht –, lässt sich die Abfassung in das Zeitfenster von 667 bis 612 datieren. Damit liegt sowohl die erzählte Zeit wie auch die Erzählzeit relativ fest. Die Schilderung des Krieges ist dabei derart „real", dass der Eindruck entsteht, der Verfasser habe die Wucht eines solchen Heeres bereits einmal selbst erlebt. In der Forschung rechnet man damit, dass die Ansagen gegen Ninive (2,1-3,19) am ehesten authentische Worte des Propheten enthalten.

Zusammenfassung

Die einerseits sehr zeitbezogene Prophetie, die aus einer geschichtlichen Epoche geboren wird und mit Ninive auch einen klaren Adressaten hat, bleibt andererseits gerade angesichts des Hymnus aktuell, auch wenn sich das Gottesbild gewandelt hat.

39. Habakuk

Von dem Propheten ist nichts weiter bekannt. Bei ihm fehlt in der Überschrift jeder Bezug auf die Zeit oder den Ort seines Auftretens. Die Erwähnung eines Propheten Habakuk in Dan 14,33-39 könnte zwar den Namen dieses Propheten aufgreifen und auch die Tatsache, dass er Prophet war, aber sonst sagt die Erwähnung in Dan nichts weiter zu diesem Mann aus.

39.1 Inhalt und Gliederung

Die Überschrift spricht von der Schau des Propheten Habakuk (1,1) und beginnt gleich mit einer Klage über Gewalt, Unrecht und die Macht der Bösen (1,2-4). Als Folge (?) lässt Gott die Chaldäer (Neubabylonier) erstehen, die in unglaublicher Schnelligkeit die Erde überrennen (1,5-11). Mit 1,12-17 klagt der Prophet aber über das Gericht, das Gott durch die Chaldäer vollzieht – die Theodizeefrage wird artikuliert (V. 13ff).

Mit 2,1-6 erhält der Prophet die Aufforderung Gottes, die Vision niederzuschreiben. Es folgen:

- **Wehe** über den habsüchtigen Gewalttäter (2,7-8)
- **Wehe** über den, der aus unrechtem Gut ein Haus baut (2,9-11)
- **Wehe** über den, der eine Stadt mit Blut erbaut (2,12-14)
- **Wehe** über den Gewalttäter an Natur, Wildtieren und Mitmenschen (2,15-17)
- **Wehe** (V. 19) wegen der Herstellung und Verehrung von Götzenbildern, der „Elilim", Götterchen, die nur materiell von Wert sind (2,18-20)

Das Buch schließt mit 3,1-19, einem Gebet/Lied(?) des Propheten Habakuk zum Preis der Macht Gottes

Inhaltlich richtet sich das Wort des Propheten gegen ähnliche Missstände wie bei Amos: Habsucht, Ausbeutung und Gewalt sind zu beklagen, dazu noch das Problem des Götzendienstes. Er spricht zwar wie Amos davon, dass die Reichen von den Ärmsten Pfänder nehmen, aber ganz so konkret wie Amos wird er dann doch nicht.

Das Buch schließt in Kapitel 3 mit einem Gebet, das mit einem Preis an Gott ausklingt, auch wenn die vorausgehenden Aussagen kaum Anlass zu Optimismus geben. Es ist von Krieg die Rede, von der Macht der Urflut, vom Vergehen von Sonne und Sternen – noch größer aber ist die Macht Gottes der die Feinde schlägt. Trotz des Fehlens des Lebensunterhaltes – keine Früchte, keine Tiere (3,17) – bricht der Verfasser in Jubel aus angesichts der Taten Gottes.

Ähnlich dem Prophetenbuch des Jesaja (7,17-20), der davon spricht, Jahwe habe die Assyrer zu einer Strafexpedition über Israel herbeigerufen, spricht Habakuk über die Neubabylonier. Auch sie sind nur Gottes Werkzeug, um den unhaltbaren Zuständen in Israel Einhalt zu gebieten:

HERR, du hast sie zum Gericht eingesetzt und, o Fels, zur Züchtigung sie bestimmt. (Hab.1,12 c)

Das, was Israel mithin widerfährt, ist weder ein profangeschichtliches Ereignis noch das Resultat der Schwäche Gottes gegenüber der Gottheit des Feindes. Vielmehr ist Gott der Handelnde! ER erweist sich als Souverän, auch über die fremden Völker. Wie Jesaja beklagt auch Habakuk die Hybris des Fremdvolkes, das sich selbst als Gott wähnt (Hab 1,11). Das somit sich vollziehende Gericht hat seinen Grund in der Verderbtheit Israels, die an verschiedenen Beispielen dargestellt wird.

Der „übliche" heilvolle Ausblick am Schluss genügt der Eigenart atl. Prophetie, so dass auch hier das Ende des Buches nicht im Negativen versinkt. Es gibt Heil, es gibt Hoffnung, und vor allem: Dieser Gott ist in der Tat der Unüberbietbare, der mit kosmischer Macht daherkommt und die Gegner Israels zerstampft um sein Volk zu retten.

Das Gebet „nach Schigjonot" (3,1) kann eine Melodie meinen, denn bei den Psalmen wird in dieser Art die „Weise" angegeben, nach der der Text vorzutragen ist. Das Wort Schigjonot ist ansonsten jedoch überhaupt nicht bekannt.

39.2 Erzählzeit und erzählte Zeit

Die Zeit, von der erzählt wird, ließe sich kaum genauer einordnen, wäre da nicht die Erwähnung der Chaldäer/Neubabylonier, denn die Zustände, die geschildert werden, werden wohl zu allen Zeiten mehr oder weniger vorhanden gewesen sein. Auch die Schilderung des Krieges ist zeitlos: Einen Wall gegen die belagerte Stadt aufzuschütten – diese Kriegstechnik haben die Assyrer genau so praktiziert wie später die Römer.

Die Chaldäer aber sind zeitgeschichtlich von 612 (Ende Ninives und der Assyrer) bis 539 (Sieg des Persers Kyrus II.) zu lokalisieren. Ihr Untergang ist noch nicht erkennbar, zumindest aber noch nicht vollendet. Daher wird man das Buch sowohl hinsichtlich seiner Botschaft wie auch der Abfassung weitgehend in den genannten Zeitrahmen einordnen.

Zusammenfassung

Auch hier findet sich die klassische Dreiteilung: Rede gegen die Chaldäer, die aber ausdrücklich als Gottes Werkzeug fungieren, Rede gegen die Übeltäter in Israel und schließlich Heilsansage als Lobpreis Gottes. Die verschiedenen „Wehe" richten sich gegen Habsucht, Gewalt, Ausbeutung und Götzendienst des eigenen Volkes. Somit ist einmal mehr ein Prophet mit einer sozialkritischen Botschaft betraut.

40. Zefanja

Laut Überschrift (Zef 1,1) tritt der Prophet unter König Joschija auf. Dessen Regierungszeit dauerte von ca. 641 bis 609. Die Ahnenliste des Propheten, die im Vers genannt wird, weist einige bekannte Namen auf: Zefanja wird als Sohn des Hiskija ausgewiesen. Ein gleichnamiger König regierte ca. 727 bis 698. Auch Gedalja ist bekannt aus der Zeit der babylonischen Eroberung Jerusalems. Er fällt ca. 587 einem Mordanschlag zum Opfer. Es wird jedoch klar, dass keiner der genannten als Vorfahre für Zefanja, den Propheten, in Frage kommt, falls dieser tatsächlich in der Zeit des Königs Joschija aufgetreten sein sollte. So bleiben seine Vorfahren im Dunkeln, ebenso der Grund für deren Nennung.

40.1 Inhalt und Gliederung

Das kurze Buch ist – wie üblich – dreigeteilt. Es gliedert sich in:
- Angriffe und Gerichtsansagen **über Juda** und die Nachbarvölker (1,2-2,15)
- Gerichtsworte **gegen** die Stadt **Jerusalem** (3,1-8)
- **Heilsansage über Jerusalem** und die Völker (3, 9-20)

Es scheint keinen zentralen Gedanken zu geben: Die Angriffe im ersten Kapitel resultieren aus dem **Götzendienst**, der besonders in 1,5 genannt wird, aber auch aus dem **Verhalten der Reichen**: In 1,13 wird offensichtlich Jes 65,21 zitiert (oder umgekehrt; vgl. auch Am 5,16-20; Ez 28,26). **Der Tag des Herrn wird zum Tag des Zorns**. Kap. 2,1-3 fordert **Gottesfurcht** bzw. **Demut**, ehe dieser Tag hereinbricht. Warum →*Gaza, Aschkelon, Aschdod und Ekron* entvölkert werden, erfährt man nicht; es geschieht jedoch zu Gunsten Judas. Zu vermuten ist, dass diese Städte sich ähnlich verhalten haben wie Moab und Ammon. Diese werden bestraft, weil sie gegen das Jahwevolk gelästert haben.
Schließlich geht es im **Gericht gegen Jerusalem** um Vorwürfe, die jenen des Amos gegen Israel und Samaria sehr ähnlich sind: **Missbrauch von Macht** und Position zu Lasten des „kleinen Mannes“ von Priester, Propheten und Richtern (3,3-5).
Die **Heilsaussagen** reden dagegen wieder nur sehr unpräzise von „schändlichen Taten“ (3,11), Hochmut und Unrecht (3,12f). Dabei ist der Abschnitt 3,16-20, die Sammlung der Zerstreuten, vermutlich eine Ergänzung aus spätexilischer oder nachexilischer Zeit. In diese Zeit könnte auch 2,9 gehören.

40.2 Erzählte Zeit und Erzählzeit

Möglicherweise handelt es sich bei dem Ausblick auf die Zerstörung Ninives (612) in Zef 2,13 um ein →*vaticinium ex eventu*. Ansonsten käme die Spätzeit des Joschija als Zeit des Auftretens des Propheten in Betracht. Auf diese Zeit verweisen Verse, die dessen Reform widerspiegeln könnten wie etwa 1,4b.5. Die Eroberung von Aschdod, Aschkelon und Ekron um +/-700 durch die Assyrer, aber auch um 604 durch die Neubabylonier ist belegt. Zu dieser Zeit lebte Joschija freilich schon nicht mehr (Tod: 608). Nachdem aber die Dauer des Auftretens des Propheten nicht bekannt ist, könnte dies, wie der Verweis auf den Untergang Ninives, ein Hinweis auf sein Auftreten im ausgehenden 7. Jh. sein – falls der Verfasser nicht gar schon auf den Untergang Jerusalems und den Beginn des Exils zurückblickt.

Zusammenfassung

Gerichtsansagen mit Verweis auf den in der Prophetie mehrfach genannten drohenden „Tag des Herrn“, der keineswegs als Freudentag daherkommt, gegen die Nachbarvölker wie auch gegen das eigene Volk und Jerusalem, enden mit einem Heilsausblick für Jerusalem und die Völker.

41. Haggai

Nur wenige Propheten sprechen derart konkret in eine bestimmte Zeit hinein, so dass die Worte exakt zu datieren sind. Haggais Botschaft wird in ein genaues zeitliches Raster gebracht und in der Zeitgeschichte verortet, mit Jahres-, Monats- und Tagesangaben. Ähnliches findet sich nur noch bei Sacharja.

41.1 Inhalt und Gliederung

Haggais Aufruf zum **Tempelbau** ergeht am 1.6. des zweiten Jahres des Darius (ca. 520) an Serubbabel und den Hohepriester Jeschua (1,1-11).
Der Wiederaufbau beginnt nach Hag 1,12-15 am **24.6. des zweiten Jahres** des Darius (1,13: Wortoffenbarung an Haggai). In 2,1-9 ergeht eine Wortoffenbarung an den Propheten mit der Aufmunterung zum Bau, am **21.7.** mit einer Bundes- und Heilszusage sowie einem eschatologischen Ausblick, am **24.9.** anläßlich des Zeitpunktes der Grundsteinlegung. Inhalt: Eine Segenszusage Gottes (2,10-19). Am gleichen Tag ergeht eine Wortoffenbarung mit der **Erwählungszusage für Serubbabel**:
23 An jenem Tag, spricht der HERR der Heerscharen, werde ich dich nehmen, Serubbabel, Sohn des Schealtiel, mein Knecht, spricht der HERR, und werde dich einem Siegelring gleich machen; denn ich habe dich erwählt, spricht der HERR der Heerscharen.

In Kürze

1,1-11	Haggais Aufruf zum Tempelbau
1,12-2,23	vier Wortoffenbarungen an Haggai zum Tempelbau

Die Situation des Propheten und sein Anliegen ist rasch umschrieben: Es geht um den Wiederaufbau des Tempels nach dem Exil. Die Hoffnung auf den Wiederaufbau verknüpft Haggai mit Serubbabel (vgl. auch Esr 3,8), dem Statthalter in persischem Dienst, der nach 1Chr 3,17-19 ein Mann aus davidischem Geschlecht ist. Dort wird er als Urenkel des deportierten Königs Jojachin aufgeführt, an anderen Stellen allerdings als Sohn des Schealtiëls und damit Enkel des Jojachin. Auf ihm ruhen die Hoffnungen auf eine Restitution des Königtums. Sie erfüllen sich allerdings nicht: Serubbabel verschwindet im Dunkel der Geschichte. Eine Vermutung geht dahin, dass die Perser ihn wegen seiner Popularität von seinem Amt als Statthalter entbunden und zurückbeordert haben.

Die Frage nach der Einheitlichkeit des Buches stellt sich nur an einigen wenigen Stellen: So ist auffällig, dass nach der Einleitung in V. 1, in der bereits die Wortereignisformel gebraucht wird (*...erging das Wort des Herrn an/durch den Propheten Haggai...*), diese in V. 3 noch einmal wiederholt wird:

> *Und das Wort des HERRN geschah durch den Propheten Haggai...*

Für den Fortgang des Textes wäre eine solche Wiederholung nicht erforderlich. Denkbar ist neben einer literarkritischen Lösung, dass die Wiederholung der Wendung zu ihrer Bestätigung und Bekräftigung dient. Gleiches gilt für V. 1,5 und 13.

Die genauen Datierungen der einzelnen Prophetenworte, die in Protosacharja fortgeführt werden, dürften hingegen einem Redaktor/Chronisten zuzuweisen sein, der vermutlich beide Bücher, Hag und Sach, bearbeitet und bewusst aufeinander bezogen hat. Auch die Eschatologisierung des Textes durch die Verse 2,6-8 könnten sekundär sein, selbst wenn diese durch die auch sonst übliche Wendung „Spruch des Herrn der Heere" abgeschlossen wird.

Mit der Grundsteinlegung soll jedenfalls – nach Aussage des Propheten als Spruch des Herrn (2,14) – die Not beendet sein und das Land wieder fruchtbar werden (2, 19). Vom vollendeten Tempel spricht Haggai nicht. Ihm ging es offensichtlich nur darum, den Baubeginn endlich in die Wege zu leiten.

41.2 Erzählte Zeit und Erzählzeit

Die Heimkehrer aus dem Exil, das sie im Kontext des Kyrusedikts 538 verlassen konnten (vgl. Esr/Neh), versuchen, erst einmal wieder richtig in der alten und neuen Heimat Fuß zu fassen. Es ist verständlich, dass sie sich erst um ihre eigenen Häuser kümmern und anfangen, die Felder wieder zu bestellen. Im 2. Jahr des Darius I., 520 v. Chr., werden nach Auffassung des Propheten allerdings noch immer keine Anstalten getroffen, den zerstörten Tempel Jahwes wieder aufzubauen. Dieses Versäumnis ist die Ursache von Missernten und Trockenheit. Der Gedanke ist keineswegs neu oder einmalig, dass ein geregelter Kult – am auserwählten und legitimen Heiligtum – auch zu Erfolg und Fruchtbarkeit des Landes führt.

Der Appell, tätig zu werden, richtet sich an die Rückkehrer, allen voran Serubbabel und Jeschua (vgl. Esr 3,8), den Hohepriester, aber auch an die „Übriggebliebenen des Volkes". Dieser Ausdruck könnte jene meinen, die im Mutterland zurückgeblieben waren. Angesichts der Spannungen zwischen Heimkehrern und Verbliebenen, wie sie aus den Büchern Esra und Nehemia hervorgehen, dürfte es nicht ganz einfach gewesen sein, beide Gruppen zu gemeinsamem Handeln zu motivieren. Dies versucht Haggai vermutlich, denn diese Zusammenarbeit könnte auch einen Beitrag zur Überwindung von Differenzen und Spannungen zwischen beiden Gruppen leisten.

Zusammenfassung

Der Prophet drängt nach dem Exil und der Rückkehr Vieler in das verheißene Land darauf, den Tempel wieder aufzubauen. Offensichtlich hatte der Tempelbau bei den Rückkehrern nicht die oberste Priorität. Dies ist angesichts der Notwendigkeit, erst einmal wieder ein Dach über dem Kopf zu haben, durchaus verständlich. Haggai allerdings verknüpft den Bau des Tempels und die Wiederaufnahme des Kultes mit der Hoffnung auf Wohlergehen und gute Ernten.

42. Sacharja

Wie schon bei Haggai, werden auch bei Sacharja (= Jahwe hat sich erinnert/erinnert sich) zumindest in der Einleitung und in Kapitel 7 die Worte des Propheten genau terminiert: Im zweiten Jahr des Darius (= 520), im achten Monat, empfängt Sacharja ben Berechija ben Iddo (vgl. Esr 5,1; 6,14: Sacharja ben Iddo; 2Chr 24,20-22) seine Botschaft vom Herrn. Eine ähnliche Einleitung folgt noch einmal in 1,7, im zweiten Jahr des Darius (= 24.11.520) sowie in 7,1, im vierten Jahr, also am 4.9.518. Die doppelte Einführung des Propheten in 1,1 und 1,7 ist auffällig! Dieses Zeitgerüst reicht aber nur bis Kapitel 7.

Nur in der ersten Notiz wird im Gegensatz zu Haggai der genaue Tag nicht genannt. Ansonsten aber treten Haggai und Sacharja in etwa zur gleichen Zeit auf – mit z.T. ähnlichem Anliegen: Es geht um den Aufbau des Tempels (Sach 4,9f; 6,15; 8,9-11), die Rückkehr Gottes in diesen, die Einsetzung von Serubbabel und Jeschua (Kap. 3 und 4), und auch hier werden, wie bei Haggai, mit dem Wiederaufbau Fruchtbarkeit und Sicherheit in Verbindung gebracht. Es ist anzunehmen, dass der zeitliche Rahmen der beiden Propheten vom gleichen Redaktor stammt, so dass die beiden Bücher zumindest in Teilen ursprünglich als fortlaufend zu betrachten sind.

Ansonsten aber geht das wesentlich umfangreichere Buch Sacharja in Form und Inhalt über Haggai hinaus. Freilich wird eigenartiger Weise Serubbabel in 6,9-15 nicht mehr namentlich als Miterbauer des Tempels neben Jeschua genannt – vermutlich ist er zu diesem Zeitpunkt bereits seines Amtes enthoben worden.

42.1 Inhalt und Gliederung: Protosacharja

Nach der Vorstellung des Propheten und der Zeit seines Auftretens (1,1) mahnt dieser mit einem Wort des Herrn zur **Umkehr** mit Verweis auf frühere Propheten und den **Ungehorsam der Väter** (1,1-6). Es schließt sich daran die **erste Vision** von den vier Pferden an mit **Heilsaussicht für Jerusalem und Juda** (1,7-15). Es folgen **weitere Visionen**: von vier Hörnern und vier Schmieden (2,1-4), und vom Mann mit der Messschnur (2,5-9). Bei dem Abschnitt vom Hohepriester Jeschua und dem **Satan** (3,1-7) handelt es sich nicht um eine Vision. Dieser Abschnitt fällt aus dem Rahmen. Die fünfte Vision dreht sich um einen goldenen Leuchter (4,1-6) und zwei Ölbäumen (= die zwei Gesalbten, d.i. Serubbabel und Jeschua). Die sechste Vision beinhaltet die fliegende Schriftrolle gegen Diebe und Meineidige (5,1-4), die siebte die Frau „Gottlosigkeit" oder „Gesetzlosigkeit" im Fass, das davongetragen wird (5,5-11), die achte die vier Wagen und die Winde des Himmels (6,1-8).
Mit 6,9-14 kommt der Text wieder auf Jeschua zurück, dem eine Krone aufs Haupt gesetzt wird (6,9-14). Von Serubbabel ist nicht mehr die Rede. Kap. 7 setzt die Güte und die Barmherzigkeit gegenüber Witwen und Waisen an die Stelle des Fastens, spricht aber auch vom Exil, ehe Kap. 8 mit einer Sammlung von **Heilsworten** *So spricht der Herr* und Wortereignisformel *Es erging das Wort an mich...* **für Jerusalem und die Völker** endet.

In Kürze	
	Protosacharja
1,1-6	Aufforderung zur Umkehr
1,7-6,8	acht Visionen
6,9-14	eine Krone für den HP Joschua
7	Güte statt Fasten
8	Heilsworte

Im Gegensatz zu Haggai dürfte ein Teil des Buches erst aus einer späteren Zeit stammen, so dass man von Proto- (1-8) Deutero- (9-11) und sogar Tritosacharja (ab 12,1) sprechen kann: Wenn in 9,9-17 vom kommenden Friedenskönig die Rede ist, dann führen diese Verse in das 4./3. Jh., in die Zeit Alexanders des Großen, denn es geht um den Kampf der Söhne Zions gegen die Söhne Jawans (= Griechenland).

Die Andersartigkeit ab dem zweiten Teil des Buches wird auch an formalen Eigenheiten deutlich: Herrscht im ersten Teil die Vision des Propheten vor, teilweise mit Deuteengel, bietet der Text ab dem zweiten Teil Aussprüche, die – wie bei Jes – kurz als solche eingeführt werden (9,1; 12,1) oder mit einführenden Wendungen wie *So spricht der Herr* (11,4) beginnen. Allerdings ist der zweite Teil eher in poetischer Form gehalten, während der erste und dritte als Prosa vorliegen.

Der „Spruch des Herrn" findet sich zwar in allen Teilen des Buches (vgl. Sach 1,3f 16; 2,9f 14; 3,9f; 5,4; 8,6.11.17; 10,12; 11,6; 12,1.4; 13,2.7f), auch der Ausdruck „Herr der Heere", aber der Tempel spielt im zweiten (11,13) und dritten Teil (14,20f) nur noch eine untergeordnete Rolle. Auch der Name des Propheten wird im zweiten und dritten Teil nicht mehr genannt.

Wie üblich endet der erste Teil des Prophetenbuches mit einer Heilsaussage. Die Einleitung mit dem Rückblick auf das Vergehen der Väter (1,1-6) erinnert wie Kapitel 7 an dtn/dtr Predigten, auch wenn der Sprachgebrauch nicht zu dicht an die typischen Wendungen heranreicht. Der kleine Abschnitt 8,8-12 findet sich in ähnlichem Wortlaut auch schon bei dem vorausgehenden Propheten Haggai. In Kapitel 7 und 8 werden Forderungen vorgetragen, die zudem an den Propheten Amos erinnern. Die Verse 7,7 (*Sind es nicht die Worte, die der HERR durch die früheren Propheten in den Tagen ausrief, als Jerusalem bewohnt und ruhig war und seine Städte rings um es her und der Süden und die Niederung bewohnt waren?)* und 7,12 deuten an, dass hier ganz bewusst auf die Botschaft früherer Propheten Bezug genommen wird.

Von einem Deuteengel ist in den anderen Schriften des AT sonst kaum die Rede. Der Prophet Ezechiel wird vielfach herumgeführt und bekommt vieles gezeigt, doch geschieht dies durch den Herrn selbst (bzw. durch den Geist), von dem der Prophet auch seine Aufträge erhält. Hier bei Sach gesellt sich der Engel zum Propheten, wird von diesem angefragt oder der Engel fragt den Propheten nach seiner Ansicht im doppelten Sinn des Wortes. In der ersten und dritten Vision liegt sogar eine Unterhaltung zwischen zwei Engeln vor (2,7), in der vierten Vision ein Disput zwischen dem Engel und dem Satan, der hier völlig unvermittelt eingeführt wird. Satan tritt als Ankläger gegen den Hohepriester Jeschua auf, der Engel aber weist ihn zurecht und steht Jeschua als Verteidiger bei. Nachdem die Gestalt des Satans nicht weiter erklärt wird, ist anzunehmen, dass sie den Adressaten des Buches hinlänglich bekannt ist. Leider erfährt der heutige Leser nicht, woher diese Gestalt stammt, wie und wann sie Eingang in die atl. Überlieferung gefunden hat und welche Aufgaben ihr zugewiesen werden – außer eben der eines Anklägers (so auch in Ijob).

Die Visionen treffen mit Ausnahme der siebten vorrangig Aussagen zu Jerusalem, Juda und Israel. Stellenweise erwecken sie den Eindruck, dass sich das Volk noch immer im Exil befindet (2,4.10-16; 7,15; 8,7f). In 6,9-14 hingegen ist von Heimkehrern die Rede. Die siebte Vision spricht von einer rätselhaften Frauengestalt in einem versiegelten Behältnis, das von zwei geflügelten Frauen in das Land Schinar getragen wird. Dieses Land wird mehrfach in der Schrift erwähnt (Gen 10,10; 11,2; 14,1.9; Jes 11,11; Dan 1,2; Sach 5,11), ist aber nicht eindeutig lokalisierbar. Es befindet sich vermutlich östlich von Israel, am ehesten im Zweistromland. Vielleicht handelte es sich bei dem Tempel, der für die Frau gebaut werden soll, um einen Tempel der Ischtar. In Frage käme für diese Zeit auch der Artemistempel in Ephesus, der um 580 begonnen wurde und dessen Bau sich wegen Schwierigkeiten (Bau auf sumpfigem Gelände) mehr als 100 Jahre hinzog.

Kernaussage des Protosacharja ist allerdings die Vorstellung des erneuerten Jerusalems (z.B. 1,16f; 2,1f; 2,16; 8,3.7.11f), das von den Völkern ringsum nicht mehr bedrängt wird (2,15; 6,15; 8,20ff), sondern vielmehr die Völker ins Heil einschließt. Dieses Thema beherrscht nicht zuletzt durch Kapitel 14 das ganze Buch, wobei allerdings die Heilszeit zunehmend eschatologische Züge gewinnt.

Während die Abfassung dieses ersten Teils zeitlich sehr nahe an die angegebenen Daten heranreichen dürfte, ist der mit Kapitel 9 beginnende zweite Teil mit an Sicherheit grenzender Wahrscheinlichkeit in einer anderen Zeit und von einer anderen Hand verfasst. Oben wurden schon einige Gründe für dieses Urteil genannt.

42.2 Inhalt und Gliederung: Deuterosacharja

Der zweite Teil, **Deuterosacharja**, der mit **„Ausspruch, Wort des Herrn"** eingeleitet wird, befasst sich mit folgenden Themen:

Laut 9,1-8 bleibt ein **Rest von den Nachbarvölkern** Judas; das **Kommen des demütigen Friedenskönigs** (9,9 zitiert in Mt 21,5 vgl. Joh 12,12-15) führt zur Entmilitarisierung ganz Israels (9,9-11). 9,12-17 befasst sich sodann mit der Befreiung von Gefangenen und dem **Kampf gegen Jawan** (Griechenland, d.h. die Zeit Alexanders) mit Gottes Unterstützung. Dies führt zu einem Ausblick auf das **messianisch-endzeitliche Heil**. Das Ende des Exils nehmen die Verse 10,2-12 in den Blick und 11,1-3 erzählt von der Vernichtung eines unbekannten Mächtigen. Eine Vision, die von nichtsnutzigen Hirten spricht, die zur Rechenschaft gezogen werden, schließt sich mit 11,4-17 an; V. 13 könnte der atl. Hintergrund für die Tat des Judas in Mt 27,5-10 sein.

Da sich in 12,1 noch einmal der **„Ausspruch, Wort des Herrn"** zur Einleitung findet, ist mit einem weiteren dritten Teil zu rechnen, der aber vermutlich wie „Tritojesaja" nicht als eigenständiger Teil vorlag, sondern als Erweiterung des zweiten zu verstehen ist. Nach dem Ausblick auf die **Rettung und Reinigung Jerusalems und Judas** (12,1-13,6) vor dem Ansturm der Völker, kommt der Text noch einmal auf einen Hirten zurück (13,7-9): Er wird durch das Schwert vernichtet, die Schafe aber werden zerstreut und nur ein Drittel bleibt übrig. Die Deutung des Durchbohrten (12,10) lässt der Text nicht eindeutig zu. Das abschließende Kapitel äußert sich zum **Tag des Herrn** als Tag des Krieges, dem das **Königtum Jahwes über die ganze Erde** folgt. Die **verbliebenen Völker schreiten zur jährlichen Verehrung des Herrn in Jerusalem** zu Laubhütten. Alle, die nicht zur Verehrung kommen, werden bestraft (14,1-21).

In Kürze

9,1-8	Deuterosacharja
9,9-17	ein Rest bleibt von den Nachbarvölkern Judas
10,1	der Friedenskönig und Gottes endzeitliches Heil
10,2-12	Regen durch Jahwe
11,1-3	Wiedererstarken von Israel und Juda
11,4-17	Vernichtung eines unbekannten Mächtigen
	Hirtenvision
	so genannter Tritosacharja
12,1-13,6	Rettung und Reinigung Jerusalems und Judas
13,7-9	Tod des Hirten (vgl. Mt 26,31) und Läuterung eines Restes
14,1-21	der Tag des Herrn; Königtum Jahwes und Verehrung des Herrn durch den Rest der Völker

Eine ganze Reihe von Texten aus dem zweiten Teil sind rätselhaft und lassen sich nicht oder nur ungenau einer bestimmten Zeit oder bestimmten Personen und Ereignissen zuordnen. Der Kampf gegen Jawan (= Griechenland) ist mit Sicherheit in die Zeit Alexanders des Großen oder später zu setzen, mithin ab 333. In diese Zeit könnte auch Kapitel 9 verweisen, da gerade Gaza dem Alexander nennenswerten Widerstand geleistet hat. Wer mit dem Mächtigen in 11,1-3 gemeint ist, bleibt ebenso undurchsichtig wie die Hirten in 11,4-17. Der (gute) Hirte in 13,7-9 ist kaum mit den fleischfressenden Hirten und den Händlern (Kanaanäern = Händler von kana = kaufen) der Schafe in Kapitel 11 identisch. Die drei Hirten (Könige? Hohepriester zur Zeit der Oniaden?), die in einem Monat verschwinden, helfen auch nicht zur Näherbestimmung der Umstände. Das Dreikönigsjahr im Perserreich (522/21) mit Kambyses, Smerdis und Darius (vgl. Willi-Plein: Haggai, Sacharja,

Maleachi, 13) kommt hier kaum in Betracht, da zum einen Darius die Macht behält, also nicht abtritt, und dieses Jahr zudem nicht zum Auftreten der Truppen aus Jawan passt. Immerhin könnte es sich bei dem Zerbrechen des zweiten Stabes um die Trennung zwischen Juda und Israel, Nordreich und Südreich bzw. Juda und den Samaritanern handeln (Deissler: Zwölf Propheten III, 303). Freilich lässt sich diese Trennung nicht auf ein konkretes Datum festlegen, sondern geht eher schleichend vor sich. Die Zerstörung des Samaritanischen Tempels im Jahre 128 v. Chr. durch die Hasmonäer wird allerdings ein besonders einschneidendes Ereignis gewesen sein, durch das die endgültige Trennung festgeschrieben wurde. Ebenso ist unklar, um wen es sich bei dem Durchbohrten aus Kapitel 12 handelt (Zitat von 12,10b in Joh 19,37), der in 10b auftritt, und bis V.14, von wem auch immer, betrauert wird. Ist er identisch mit jenem Propheten, der in V. 13,3 erwähnt und von seinen eigenen Eltern durchbohrt (getötet?) wird, weil er nach dem Ende der Prophetie nur ein falscher Prophet sein kann? Ein solcher falscher Prophet würde wohl kaum von jedermann betrauert! Oder handelt es sich bei dem Durchbohrten um den Hirten des Vertrauens aus 13,7-9, der mit dem Schwert geschlagen wird? Gewissheit ist hier nicht zu erhalten. 13,1-6 erweckt jedenfalls den Eindruck, als ob in dieser Zeit die Epoche der Propheten endet, die als Standestracht einen härenen Mantel tragen (vgl. die Ikonographie von Elia und Johannes dem Täufer!).

Dass jedoch Jahwe die Geschichte lenkt, Völker verschont und zu sich führt, ist diesem Propheten mit entsprechenden Passagen besonders aus Jes und Jer gemeinsam und wird eigens noch einmal in Kapitel 14 entfaltet.

Gerade der zweite Teil oder Deuterosacharja könnte seine Unklarheiten erst im Zuge der Überlieferungsgeschichte des Textes erhalten haben. Gemeint ist damit, dass der Text ursprünglich einmal konkrete Personen/Ereignisse bezeichnet hat, die aber im Laufe der Zeit unverständlich wurden. Die späteren Tradenten versuchten eine je neue Bezugnahme auf ihre konkrete Geschichte und haben den Text daher entsprechend verändert, auch durch Zufügungen aktualisiert. Dadurch kommt es nicht nur zu einer Erweiterung des Textes, sondern auch zu den Veränderungen, die nunmehr den Blick auf das ursprünglich Gemeinte verstellen.

42.3 Erzählte Zeit und Erzählzeit

Es gibt keine erzählte Zeit, die sich auf das ganze Buch bezieht. So ist im zweiten Teil vom Tempelbau nicht mehr die Rede, sondern das Land sieht sich vielmehr der Regentschaft von unfähigen „Hirten“ ausgesetzt und das Ganze auch noch vor dem Hintergrund des Alexanderfeldzugs oder vielleicht auch schon der Herrschaft der Diadochen. Je später man den Text ansetzt, um so eher ließen sich die nutzlosen Hirten, die geschlachteten Schafe und vielleicht auch die drei Hirten in einem Jahr mit den Zeitverhältnissen der Seleukidenherrschaft zur Deckung bringen. Vielleicht ist es kein Zufall, dass auch das ab dem 3. Jh. v. Chr. entstehende äthiopische Hennochbuch das Volk als „Schafe“ darstellt.

Wegen der zu vermutenden Aktualität des Buches dürfte auch der zweite Teil des Sacharja relativ zeitnah zur erzählten Zeit entstanden sein und damit vermutlich im 3. Jh. v. Chr.

Zusammenfassung

Das Buch besteht aus zwei bzw. drei Teilen, die von verschiedenen Händen aus verschiedenen Zeiten stammen dürften. Während im ersten Teil, der Hag nahesteht, mit den Aussagen zum Tempelbau die frühnachexilische Zeit angesprochen wird, ist der zweite Teil wesentlich schwieriger zu lokalisieren. Es ist von unfähigen Hirten/Regenten die Rede, aber je nach Sympathie des oder der Verfasser, nach ihrer politischen Ausrichtung, können hier vor allem im 3. und 2. Jh. verschiedene Regenten, hellenistische wie auch jüdische, in Betracht kommen. Das Heil Judas und Jerusalems gewinnt zunehmend eschatologische Züge.

43. Maleachi

Das kurze Büchlein des Propheten Maleachi schließt nicht nur das Buch der zwölf kleinen Propheten, sondern auch die christliche Bibel. Die Namensnennung kann Eigenname sein oder ein Pseudonym, denn Maleachi heißt schlichtweg „mein Bote".

Das Buch endet mit einer Heilsaussage, zumindest für die Jahwetreuen. Damit erhält das Zwölfprophetenbuch einen versöhnlichen Abschluss. Die letzen beiden – wahrscheinlich sekundären – Verse widmen sich jedoch noch einmal einem anderen Thema: Der Wiederkehr des Propheten Elija, der vor dem großen und furchtbaren Tag Jahwes kommen soll, um

> *das Herz der Väter zu den Söhnen und das Herz der Söhne zu ihren Vätern (Mal 3,24)*

umkehren zu lassen und damit den Bann zu verhindern.

Elija ist für eine endzeitliche Aufgabe prädestiniert, da er nicht verstorben ist, sondern entrückt wurde und nunmehr „im Himmel sitzt". Dort erwartet er die Endzeit um noch einmal aktiv zu werden und das Volk Israel für den Tag des Herrn bereit zu machen. Das Judentum rechnet mit seiner Wiederkunft im Rahmen des Pascha; deshalb wird im Laufe des Abends die Tür zum Willkommen geöffnet um ihn einzulassen. Es wird ihm auch eigens ein Becher Wein kredenzt.

Die christliche Bibel beendet damit das ganze AT. Dieser Schluss ist durchaus nachvollziehbar, denn der Täufer, nach christlicher Vorstellung der Vorläufer Jesu, wird zumindest im Evangelium des Mt ausdrücklich als wiedergekehrter Elija verstanden (11,13f), bei Lk (1,17) und Mk (9,11-13) wird der o.g. Vers im Kontext der Vorstellung und Aufgaben des Johannes zitiert.

Ansonsten enthält das Buch einen bunten Strauß an Themen und auch an prophetischen Redeformen.

43.1 Inhalt und Gliederung

Ausspruch, Wort des HERRN (par Sach 9,1; 12,1), an Israel durch Maleachi – so beginnt 1,1 und fährt mit einer **Heilsansage an Israel und einer Gerichtsansage an Edom/Esau** fort (1,2-5).
Der folgende Abschnitt richtet sich freilich **gegen das eigene Volk** sowie **gegen die Priester** wegen **minderwertiger Opfer** (Tiere) (1,6-2,9). Die Verse 2,10-16 wenden sich **gegen Ehescheidungen**, die als treuloses Verhalten gegen „die Frau deiner Jugend" (2,14) gebrandmarkt werden, freilich auch **gegen Mischehen** (2,11f).
Der folgende Abschnitt nennt eine ganze Reihe verschiedener Vergehen: Es ist die Rede von **Zauberern, Ehebrechern, Meineidigen, Lohndrückern, solchen, die Witwen, Waisen und Fremde bedrängen** (2,17-3,5). Weitere Untaten bestehen im **Unterschlagen des Zehnten und des Hebeopfers** (3,6-12). Gott verspricht für das korrekte Abliefern des Zehnten reichlichen **Regen** und die Abwehr einer **Heuschreckenplage** (vgl. Joel; Am). Wird jedoch der Gottesdienst vernachlässigt, droht das **Gericht** (3,13-21). Dabei findet sich das v.a. in eschatologischen Texten des 2. und 1. Jh. verbreitete Motiv **der Aufzeichnung der Gerechten**.
3,22 verweist auf die **Einhaltung der Tora** ehe der Tag des Herrn und mit ihm die **Wiederkehr des Elija** einbricht, der das Volk auf diesen Tag vorbereiten wird (3,24).

In Kürze	
1,1	Überschrift
1,2-5	Heil für Israel/Jakob; Gericht für Edom/Esau
1,6-2,9	minderwertige Opfer(-tiere)
2,10-16	gegen Ehescheidung
2,17-3,5	Erscheinung des Herrn zum Gericht
3,6-12	Jahwe wird um den Zehnten betrogen
3,13-21	Gerichtsansage mit Lohn und Strafe
3,22-24	die Wiederkehr des Elija

43.2 Zur Form

Die sechs verschiedenen Themenblöcke, die teils als Drohung bzw. Gerichtsansage, teils als Lohn- oder Heilszusage formuliert sind, stehen recht unvermittelt und unverbunden hintereinander. Eine stilistische Besonderheit besteht darin, dass der Prophet mögliche oder tatsächlich geäußerte Gegenargumente seiner Zuhörer vorträgt, i.d.R. mit der Formel „ihr sagt" eingeleitet (Mal 1,2.6f13; 2,14.17; 3,7f.13). Diese verstehen sich als Antwort auf eine prophetische Aussage. Sie muten fast wie eine Provokation an. Der Prophet gibt auf diese Fragen klare Antworten, die eigentlich keiner weiteren Erläuterungen bedürfen. Trotzdem fragen die Adressaten verschiedentlich ein zweites Mal nach, so dass der Sachverhalt eine sehr konkrete Klärung erfährt. Es kommt zu einer regelrechten Diskussion zwischen Prophet, Adressaten und Jahwe. Ob diese Diskussion „echt" ist oder ein Stilmittel des Verfassers und damit „literarische Prophetie" (so Witte, in: Gertz: Grundinformationen[5], 411) lässt sich nicht mit Sicherheit sagen.

Ein Beispiel:

Anklage

> *1,6 Ein Sohn ehrt den Vater und ein Knecht seinen Herrn. Wenn ich nun Vater bin, wo ist meine Ehre? Und wenn ich Herr bin, wo ist meine Furcht? spricht der HERR der Heerscharen zu euch, ihr Priester, die ihr meinen Namen verachtet.*

Rückfrage/Aussage

> *Doch ihr sagt: „Womit haben wir deinen Namen verachtet?"* [7]

Antwort

> *Ihr, die ihr unreine Speise auf meinem Altar darbringt.*

Rückfrage/Aussage

> *Doch ihr sagt: „Womit haben wir dich unrein gemacht?"*

Antwort

> *Indem ihr sagt: Der Tisch des HERRN, den kann man verachten.* [8] *Auch wenn ihr Blindes darbringt, um es als Opfer zu schlachten, ist es für euch nichts Böses; und wenn ihr Lahmes und Krankes darbringt, ist es für euch nichts Böses.*

43.3 Erzählte Zeit und Erzählzeit

Weder die Erzählzeit noch die erzählte Zeit sind bei diesem Propheten sicher auszumachen. Die mangelhaften und unreinen Opfertiere könnten darauf zurückzuführen sein, dass Not herrscht und es schwierig ist, ein reines Tier zu finden. Ebenso gut kann es sich um eine Zeit des Wohlstandes handeln, so dass die Haltung der Adressaten keinerlei Gottesfurcht erkennen lässt. Der Prophet ist jedenfalls an geregeltem, reinem Kult interessiert. Der Tempel, an dem die unreinen Opfer dargebracht werden, scheint schon wieder aufgebaut zu sein. Die Mischehenfrage, die von Esra und Nehemia behandelt wird, wurde entweder noch nicht angesprochen – oder sie ist immer noch nicht vollständig gelöst. Gehört das Buch somit etwa in die Zeit von Esra und Nehemia?

Die Frage-Antwort-Struktur weiter Teile des Buches provoziert die Frage, ob hier überhaupt ein „echter" Prophet als Individuum zu vermuten ist und nicht stattdessen eine literarisch geführte Diskussion – schon im Lehrhaus?

Der Abschluss des Buches mit den Versen 3,22-24 ist offensichtlich auch als Abschluss des Zwölfprophetenbuches gedacht. Es ist ein eschatologisches Signal, das auf den Tag des Herrn und die Wiederkehr des Elija verweist, für die Zwischenzeit aber die Einhaltung der Gebote einfordert. Es wird darauf verwiesen, dass dieser Abschnitt einen Bogen zu Jos 1,7.13 und zu verschiedenen Stellen in Dtn spannt und damit für den Tenach die Gesamtheit der Propheten umschließt. Man kann darüber hinaus aber auch eine Beziehung zu Hos 1,9 (aufgelöst in Hos 2,25) feststellen:

> *Und er sprach: Gib ihm den Namen Lo-Ammi! Denn ihr seid nicht mein Volk, und ich, ich will nicht euer Gott sein.*

Das Volk, welches das Gesetz des Mose hält, wird am →*Tag des Herrn* Jahwes Volk sein.

Zusammenfassung

Wie schon die Gliederung zeigt, geht es zum einen um das rechte Opfer und die korrekte Darbringung des Zehnten (3,8-12). Darüber hinaus thematisiert der Prophet aber auch soziale Belange, wie die Unterdrückung oder Benachteiligung der gesellschaftlich ohnedies Benachteiligten (vgl. 3,5). Diese Kombination findet sich auch beim Propheten Amos, aber die Verschränkung zwischen Gerechtigkeit und akzeptiertem Opfer, die Amos bietet, liegt hier nicht vor. Die Ablehnung der Opfer durch Jahwe wird nicht durch sozialen Unfrieden begründet, sondern durch die Unreinheit der Opfertiere.

Epilog

Liebe Leserin, lieber Leser,

wenn Sie das Buch durchgearbeitet haben und dabei sogar Wichtiges behalten haben, sollten Sie sich etwas Gutes tun: Essen Sie ihr Leibgericht, trinken Sie zur Feier des Tages ihr Lieblingsbier oder auch Ihren Lieblingswein.

Sollten Sie sich dabei übernehmen, weiß auch hier das AT Rat.

Halten Sie sich einfach an Jesus Sirach 31,20f:

> *Schmerz, Schlaflosigkeit und Qual und Magendrücken hat der törichte Mensch. Gesunden Schlaf hat einer, der den Magen nicht überlädt; steht er am Morgen auf, fühlt er sich wohl.*
> *Hast du dich dennoch von Leckerbissen verführen lassen, steh auf, erbrich sie, und du hast Ruhe. (EIN)*

Literatur

Albertz, Rainer: Die Exilszeit. Stuttgart u.a. 2001 (Biblische Enzyklopädie = BE 7)

Die Anfänge Israels: Welt und Umwelt der Bibel 49 (3/2008)

Äsop: Fabeln. Griechisch-deutsch. Hrsg. und übers. v. Rainer Nickel. Düsseldorf u.a. 2005

Augustin, Matthias/Kegler, Jürgen: Bibelkunde des Alten Testaments: Ein Arbeitsbuch. Gütersloh [2]2000

Berg, Klaus: Ein Wort wie Feuer. Wege lebendiger Bibelauslegung. München u.a.1991 (Handbuch des Biblischen Unterrichts 1)

Berger, Klaus: Das Buch der Jubiläen. In: Werner Georg Kümmel/Hermann Lichtenberger (Hrsg.): Jüdische Schriften aus hellenistisch-römischer Zeit (= JSHRZ). Bd. 2: Unterweisung in erzählender Form. Gütersloh 1973-1999, 273-575.

Bergler Siegfried: Threni V – Nur ein alphabetisierendes Lied? Versuch einer Deutung, in: Vetus Testamentum 27 (1977), 304-320

Beuken, Wim: Jesaja 1-12. Freiburg u.a. 2003 (Herders Theologischer Kommentar zum Alten Testament = HThKAT).

Birnbaum, Elisabeth/Schwienhorst-Schönberger, Ludger: Das Buch Kohelet. Stuttgart 2012 (Neuer Stuttgarter Kommentar zum Alten Testament = NSK AT 14,2)

Bracht, Katharina (Hrsg.): Die Geschichte der Daniel-Auslegung in Judentum, Christentum und Islam. Studien zur Kommentierung des Danielbuches in Literatur und Kunst. Berlin 2007 (Beihefte zur Zeitschrift für die alttestamentliche Wissenschaft 371 = BZAW)

Dietrich, Walter: Israel und Kanaan. Vom Ringen zweier Gesellschaftssysteme. Stuttgart 1979 (Stuttgarter Bibelstudien = SBS 94)

ders.: Die Josephserzählung als Novelle und Geschichtsschreibung. Neukirchen-Vluyn 1989 (Bibl.-Theol. Studien 14)

ders.: Die frühe Königszeit in Israel. Stuttgart 1997 (BE 3)

Deissler, Alfons: Zwölf Propheten III. Zefanja, Haggai, Secharja, Maleachi. Würzburg 1988 (Neue Echterbibel = NEB 21)

Donner, Herbert: Geschichte des Volkes Israel und seiner Nachbarn in Grundzügen. Göttingen [4]2007

Dorn, Klaus: Joschija und Ahab – zwei Seiten einer Medaille, Beobachtungen zur alttestamentlichen Geschichtsschreibung, in: Negel, J./Gruber, M.: Figuren der Offenbarung. Münster 2012, 83-105 (Jerusalemer Theologisches Forum 24)

Egger, Wilhelm: Methodenlehre zum Neuen Testament. Freiburg u.a. [5]1999

Fabry, Heinz-Josef: Spuren des Pentateuchredaktors in Jos 4,21ff, in: Lohfink, Norbert [Hrsg.]: Das Deuteronomium. Leuven 1985 (Bibliotheca ephemeridum theologicarum Lovaniensium = BEThL 68), 351-356

Finkelstein, Israel/Silberman, Neil Asher: David und Salomo. Archäologen entschlüsseln einen Mythos. München 2006

dies.: Keine Posaunen vor Jericho. Die archäologische Wahrheit über die Bibel. München 2006

Fohrer, Georg: Glaube und Leben im Judentum. Heidelberg u.a. ^{2}1985 (UTB 885)

Fritz, Volkmar: Die Entstehung Israels im 12. und 11. Jahrhundert v.Chr. Stuttgart u.a. 1996 (BE 2)

Fuhs, Hans Ferdinand: Ezechiel 1-24. Würzburg ^{2}1968 (NEB 7)

Galling, Kurt: Textbuch zur Geschichte Israels. Tübingen ^{3}1979

Gatz, Bodo: Weltalter, goldene Zeit und sinnverwandte Vorstellungen. Hildesheim 1967

Gerstenberger, Erhard S.: Israel in der Perserzeit. Stuttgart u.a. (BE 8)

Gertz, Jan Christian: Grundinformationen Altes Testament. Göttingen u.a. ^{5}2016 (UTB 2745)

Gradwohl, Roland: Was ist der Talmud, Stuttgart ^{2}1983

Grapow, Hermann/Westendorf, Wolfhart: Handbuch der Orientalistik I,1, 220f.

Goody, Jack: The Interface between the Written and the Oral. Cambridge 1990

ders.: Literalität in traditionalen Gesellschaften. Frankfurt am Main 1998

Haag, Ernst: Daniel. Würzburg 1993 (NEB 30)

ders.: Das hellenistische Zeitalter. Israel und die Bibel im 4. bis 1. Jahrhundert v. Chr. Stuttgart 2003 u.a. (BE 9)

Hammershaimb, Erling: Das Martyrium Jesajas. Gütersloh 1973 (JSHRZ 2)

Hardmeier, Christof: Das Königreich Juda im 7. und 6. Jahrhundert v.Chr. Stuttgart u.a. (BE 6)

Hengel, Martin: Judentum und Hellenismus. Studien zu ihrer Begegnung unter besonderer Berücksichtigung Palästinas bis zur Mitte des 2. Jahrhunderts v.Chr. Tübingen ^{3}1988

Herrmann, Siegfried: Geschichte Israels in alttestamentlicher Zeit. München 1973

Die Interpretation der Bibel in der Kirche: 23. April 1993; Ansprache Seiner Heiligkeit Johannes Paul II. und Dokument der Päpstlichen Bibelkommission. Bonn: Sekretariat der Dt. Bischofskonferenz, ^{2}1996. (Verlautbarungen des Apostolischen Stuhls 115)

Jüngling, Hans-Winfried: Amos in Bet-El, in: ders.: Ich bin Gott – keiner sonst. Annäherung an das Alte Testament. Würzburg 1981, 153-159

Kaiser, Otto: Einleitung in das Alte Testament. Eine Einführung in ihre Ergebnisse und Probleme. Gütersloh ^{5}1984

ders.: Klagelieder, in: Müller, Hans Peter u.a.: Das Hohelied, Klagelieder, das Buch Esther übers. u. erkl. Göttingen ^{4}1992. (Das Alte Testament Deutsch = ATD 16)

Katechismus der Katholischen Kirche. Ecclesia Catholica. München u.a. 1993

Kautzsch, Emil (Hrsg.): Die Apokryphen und Pseudepigraphen des Alten Testaments. Neudr. Tübingen. 1921 (= 2. unveränd. Neudr. Darmstadt 1962)

Koenen, Klaus: Eherne Schlange und goldenes Kalb, in: ZAW 111 (1999), 353-372
Keller, Werner/Rehork, Joachim (Bearb.): Und die Bibel hat doch recht: Forscher beweisen die historische Wahrheit. Neuausg., Berlin 2009
Kienast, Dietmar: Art. Xerxes, in: Paulys Realencyclopädie der classischen Altertumswissenschaft. Begründet von August Pauly, hrsg. von Georg Wissowa. 2. Reihe, IX,2. Stuttgart 1967, 2098-2100
Kottsieper, Ingo: Die Geschichte und die Sprüche des weisen Achiqar. In: Otto Kaiser, Günter Burkhard: TUAT, Bd. 3, Lieferung 2: Weisheitstexte II. Gütersloh 1991
Klijn, Albertus/ Frederik Johannes: Die syrische Baruch-Apokalypse. Gütersloh 1976, 103 - 192. (JSHRZ 5)
Lebram, Jürgen Christian: Das Buch Daniel. Zürich 1984 (ZBK AT 23)
Lemche, Niels P.: Die Vorgeschichte Israels. Stuttgart u.a. 1996 (BE 1)
Lührmann, Dieter: Auslegung des Neuen Testaments. Zürich ²1987
Lohfink, Norbert: Die Schichten des Pentateuch und der Krieg, in: ders. [Hg.]: Gewalt und Gewaltlosigkeit im Alten Testament. Freiburg u.a. 1983, 51-110 (Quaestiones Disputatae = QD 96)
ders. [Hg.]: Das Deuteronomium. Entstehung, Gestalt und Botschaft. Leuven 1985 (BEThL 68)
ders.: Landeroberung und Heimkehr. Hermeneutisches zum heutigen Umgang mit dem Josuabuch, in: Jahrbuch für Biblische Theologie = JBTh 12 (1998) 3-24
Mayer, Reinhold: Der Babylonische Talmud. München 1986
Meisner, Norbert: Aristeasbrief. Gütersloh 1973 (JSHRZ Bd. 2. Lfg. 1)
Michel, Diethelm: Untersuchungen zur Eigenart des Buches Qohelet. Berlin u.a. 1989 (BZAW 183)
Müller, Karlheinz: Art. Apokalyptik/Apokalypsen III. Jüdische Apokalyptik, in: Theologische Realenzyklopädie = TRE III, 202-251
Nautin, Pierre: Art. Hieronymus, in: TRE XV, 304-315
Noth, Martin: Das System der zwölf Stämme Israels (1930). Darmstadt 1980
Ökumenisches Verzeichnis der biblischen Eigennamen nach den Loccumer Richtlinien: Fricke, Klaus D./Schwank, Benedikt/Lange, Joachim [Bearb.]. Stuttgart ²1981
Steck, Odil Hannes: Israel und das gewaltsame Geschick der Propheten. Neukirchen-Vluyn 1967 (WMANT 23)
Oßwald, Eva: Das Gebet Manasses. Gütersloh 1974 (JSHRZ Bd. 4. Lfg. 1)
Rakelmann, Georgia A.: Orale Tradition im Wandel. Mündliche Überlieferung bei Zigeunern, in: Oberfeld, Charlotte (Hrsg.): Wie alt sind unsere Märchen? Regensburg 1990 (Veröffentlichung der Europäischen Märchengesellschaft 14), 185-198
Rothenberg, Beno: Timna. Das Tal der biblischen Kupferminen. Bergisch Gladbach 1973
Schmitz, Barbara: Geschichte Israels. Paderborn ²2015 (UTB 3547)

Schoors, Anton: Die Königreiche Israel und Juda im 8. und 7. Jahrhundert v.Chr. Stuttgart u.a. 1998 (BE 5)

Schreiner, Josef: Jeremia I. Würzburg 1981 (NEB)

Schwemer, Anna Maria: Vitae Prophetarum II: Die Viten der kleinen Propheten und der Propheten aus den Geschichtsbüchern. Übersetzung und Kommentar. Tübingen 1996

Smend, Rudolf: Die Entstehung des Alten Testaments. Stuttgart u.a. ⁴1989

Schüngel-Straumann, Helen: Tobit. Freiburg u.a. 2000 (HThKAT)

Stemberger, Günter: Der Talmud. München ²1987

ders.: Einleitung in Talmud und Midrasch. München ⁸1992

Sternberg-El-Hotabi, Heike: Der Kampf der Seevölker gegen Pharao Ramses III. Rahden 2012

Trautmann, Maria: Zeichenhafte Handlungen Jesu. Ein Beitrag zur Frage nach dem geschichtlichen Jesus. Würzburg 1980 (Forschungen zur Bibel = FzB 37)

Vesper, Ingrid/Weber, Andrea: Familien-Geschichten. Mündliche Überlieferung von Zeitgeschichte in Familien. Hamburg 1991

Vieweger, Dieter: Archäologie der Biblischen Welt. Gütersloh 2012

Weigl, Michael: Die aramäischen Achikar-Sprüche aus Elephantine und die alttestamentliche Weisheitsliteratur. Berlin 2010

Weippert, Manfred: Die „Bileam"-Inschrift von *Tell Dēr 'Allā* (1982), in: ders.: Jahwe und die anderen Götter. Tübingen 1997, 131-161 (Forschungen zum Alten Testament = FAT 18)

Willi-Plein, Ina: Haggai, Sacharja, Maleachi. Zürich 2007 (Zürcher Bibelkommentar AT = ZBK AT 24,4)

Willmes, Bernd: Menschliches Schicksal und ironische Weisheitskritik im Koheletbuch. Kohelets Ironie und die Grenzen der Exegese. Neukirchen-Vluyn 2000 (Biblisch-theologische Studien 39)

Zenger, Erich [Hrsg.]: Einleitung in das Alte Testament. Stuttgart u.a. ⁵2004 (Kohlhammer Studienbücher Theologie = KStTh 1,1) [inzwischen ⁹2016]

Glossar und Stichwortverzeichnis

A

Ab/Av 242f → jüdische **Monatsnamen**. Der 9. Av ist ein jüdischer Trauertag.

Adar → jüdische **Monatsnamen.**

Abfolge des Tenach, der **jüdischen heiligen Schrift** 13:

Gen, Ex, Lev, Num Dtn (**Tora**).

- Jos, Ri, 1Sam, 2Sam, 1Kön, 2Kön (vordere oder frühe **Propheten**).
- Jes, Jer, Ez, Hos, Joel, Am, Obd, Jon, Mi, Nah, Zef, Hag, Sach, Mal (hintere oder späte Propheten)
- Ps, Ijob, Spr, Rut, Hld, Koh, Klgl. Est, Dan, Esr, Neh. 1Chr, 2Chr (**Schriften**).

Die Abfolge orientiert sich u.a. an einer (fiktiven) Chronologie der Entstehung der Bücher. Die Tora habe Mose geschrieben (und Josua), Josua sei von Josua selbst, Samuel habe ebenfalls seine Bücher selbst verfasst sowie Richter und Rut; David schrieb die Psalmen; Jeremia sein Buch sowie Könige und Klgl (Klagelieder); Hiskija schrieb Jes, Spr, Hld und Koh, die Männer der großen Synagoge schrieben Ez, das Zwölfprophetenbuch, Dan und Est, und schließlich schrieb Esra sein Buch sowie Teile von Chronik, ergänzt durch Nehemia (so laut **Babylonischem Talmud** 15, Traktat Baba Batra, 14b.15a).

Abfolge des AT **christlich (katholisch)** 13f:

- Gen, Ex, Lev, Num Dtn (die fünf Bücher Mose/ wissenschaftlich Bezeichnung: **Pentateuch**).
- Jos, Ri, Rut, 1+2Sam, 1+2Kön, 1+2Chr, Esra, Nehemia, Tobit, Judit, Est, 1+2Makk (**Geschichtsbücher**).
- Ijob, Pss, Spr, Koh, Hld, Weish, Sir (**Weisheit und Psalmen**).
- Jes, Jer, Klgl. Bar, Ez, Dan, Hos, Joel, Am, Ob, Jon, Mich, Nah, Hab, Zef, Hag, Sach, Mal (**Propheten**).

Die Reihenfolge der Bücher war insgesamt lange Zeit nicht festgelegt, da man auf Rollen aus Papyrus oder Leder schrieb und diese in einer beliebigen Reihenfolge abgelegt wurden. Maßgeblich für die Reihenfolge in der christlichen Tradition waren der hebräische Text, die LXX (die Septuaginta), und die Vulgata (= „die Allgemeine", die lateinische Übersetzung des AT). Nicht alle der o.g. Bücher wurden in den Kanon aller christlichen Kirchen übernommen (vgl. S. 15).

Achikarerzählung 163.

Ahab 127, 132, 150, 220, 263, 284: Bedeutender König des Nordreiches aus der Dynastie der Omriden, Ehemann der verhassten phönizischen Prinzessin Isebel, die den Baalskult ins Reich gebracht oder zumindest unterstützt hat.

Ahas 77f: König in Juda.

Aquila, Symmachus, Theodotion 20 haben die hebräische Bibel zeitlich nach der LXX ins Griechische übersetzt.

Ätiologie 31, 62, 74f, 76f, 100, 113, 173f, 177 ist von aitios, der Grund, die Ursache abgeleitet. Eine Ätiologie liefert meist in Form einer kurzen Erzählung den Grund für Personen- oder Ortsnamen, Verhaltensweisen und Bräuche, Feste oder auch für Widerfahrnisse, und dies aus einer auf den Erzähler bezogenen fernen Vorzeit. So wird der Schmerz bei Wehen und Geburt mit dem „Sündenfall" begründet.

Akrostichon 243: Ein Muster beim Aufbau einer Dichtung, bei der die Anfangsbuchstaben der Verse allein gelesen einen Sinn ergeben. So enthalten die ersten vier Wörter des Ps 96 als Akrostichon den Gottesnamen. Beliebt ist – so mehrfach in den Psalmen und den Klageliedern – das Alphabet als Ordnungskriterium: Der jeweils nächste Vers oder die nächste Zeile beginnt mit dem nächsten Buchstaben des Alphabets.

Das Wort Fisch im Griechischen (Ixthys) stellt ein Akrostichon verschiedener christologischer Titel dar: Ichthys besagt: Iesus Christus Theos Hyos Soter, also Jesus Christus, Sohn Gottes, Retter. Der Fisch ist daher ein Erkennungszeichen der frühen Christen.

Allegorie/allegorisch 22, 24: Art der Schriftauslegung.

Alphabetischer Psalm 188 → **Akrostichon.**

Almah 14 *junge Frau.*

Amalek/Amalekiter 63, 80, 115: Besonders verhasstes Nachbarvolk Israels, im SO gelegen.

Amarnakorrespondenz: Schriftstücke aus der Zeit Echnatons, die in Amarna, der von ihm neu gegründeten Hauptstadt Ägyptens gefunden wurden. Da Amarna nur zur Zeit Echnatons Hauptstadt war, lassen sich die dort gefunden Schriften zeitlich sehr präzise einordnen (Mitte des 14. Jh. v. Chr.).

Amenope oder Amenemope 183: Dieser ägyptische Schreiber/Weise ist ein ansonsten unbekannter Mann. Ihm werden die gleichnamigen „Lehren" zugeschrieben.

Ammoniter 100 → **Moab.**

Amphiktyonie 103: Eine Amphiktyonie (auch Amphyktionie, griechisch für Umwohnerschaft) ist ein loser Verbund von sechs oder zwölf Städten, wie er im antiken Griechenland, in Kleinasien oder auch in Etrurien (Italien) vorkam. Dieser Verband bildete sich zunächst um ein Heiligtum, um es zu schützen und zu verwalten. Die Zwölf-Zahl ist bewusst gewählt; somit musste jede der Zwölf einmal im Jahr für einen Monat den Dienst am Heiligtum versehen. Die Amphiktyoniehypothese in Bezug auf Israel geht nicht von zwölf Städten, sondern von zwölf Stämmen aus, die sich um ein gemeinsames Heiligtum gruppierten. Freilich kann für das vorstaatliche Israel noch kein gemeinsames Heiligtum postuliert werden.

Anachronismus 36: Mit diesem Begriff bezeichnet man Ereignisse in der Erzählung, die nicht zu der erzählten Zeit passen. Wenn Abraham, der um 1800 oder gar früher datiert wird, auf die Philister stößt, die erst um 1200 in Palästina auftreten, dann handelt es sich um einen solchen.

Apokalyptik 254, 256, 259, 267: Theologische Richtung, die die Endzeit allein vom Eingreifen Gottes erwartet und dieses Eingreifen ist analogielos.

Apokryphe und Pseudepigraphe 15: Während die Katholische Kirche auch etliche Bücher (und Zusätze zu kanonischen Büchern) zu ihrer Bibel zählt, die über die LXX – und somit nur in Griechisch überliefert – Eingang in den Kanon gefunden haben, fehlen diese in den Ausgaben der Kirchen der Reformation. Es handelt sich hierbei um die Bücher Judit, Tobit, Baruch, Jesus Sirach, Weisheit (Weisheit Salomons), 1+2 Makkabäer sowie Zusätze zu Daniel und Esther. Die Bücher, die sich zusätzlich in der Katholischen Bibel finden, nennt man katholischerseits „deuterokanonisch" d.h. zweit – oder auch sekundärkanonisch. Die Kirchen der Reformation bezeichnen diese Werke jedoch als „apokryph", d.h. „verborgene" Schriften. Sie sind dort nicht Bestandteil des AT. Katholisch „apokryph", und nicht in der Bibel enthalten (evangelisch „pseudepigraphisch" genannt) sind folgenden Werke: Psalmen Salomos, Äthiopischer Henoch, das Buch der Jubiläen, Assumptio Mosis (Aufnahme oder Himmelfahrt des Mose), Testament der 12 Patriarchen, 3 + 4 Esra, Martyrium des Jesaja.

Aramaismen/aramäisch 17, 19, 151, 160, 162, 202, 207, 244, 256: Nach dem Exil setzt sich unter persischem Einfluss das so genannte Reichsaramäisch, ein semitischer Dialekt, als Umgangssprache durch. Hebräisch wird zunehmend zur Kultsprache. Aramäische Lehnworte oder gar Abschnitte im Text markieren eine nachexilische Abfassung oder zumindest Überarbeitung.

Aristeasbrief – Septuaginta – LXX 20: Kritische Ausgabe: Meisner: Aristeasbrief.
Der „Brief" erzählt von seinem Autor, der sich als ein Hofbeamter des Ptolemaios II. Philadelphos (285-246 v. Chr.), ausgibt. Er berichtet einem Freund über die Umstände der Erstellung der LXX, der Übersetzung – zunächst nur der Tora – ins Griechische auf Befehl des Königs. Den Namen „LXX", Septuaginta, erhält das Werk aufgrund der 70 Übersetzer, die daran gearbeitet haben sollen. Entstanden ist der Brief etwa in der zweiten Hälfte des 2. Jh. vor Christus, und damit deutlich nach der Entstehung der griechischen Übersetzung der Tora.

Als **Artefakte** 50 bezeichnet man i.d.R. archäologische Fundstücke. Allgemein sind damit künstlich hergestellt Gegenstände gemeint.

Asidäer → **Hasidäer.**

Astarte 171 ist eine weibliche Göttin, die im gesamten Nahen Osten verehrt wurde: In Syrien, der Levante (die Länder an der Küste des östlichen Mittelmeeres), aber auch in Mesopotamien. Die figurale Darstellung der Göttin mit nacktem Oberkörper und ausgeprägten Brüsten lässt vermuten, dass sie als Fruchtbarkeits- und möglicherweise auch als Liebesgöttin verehrt wurde. Attribute sind

Schlange (Tod und Leben: die sich häutende Schlange), Sonne, Mond(-Sichel), Sterne. Mithin finden sich hier Attribute, die häufig auch bei Mariendarstellungen zu sehen sind.

Asyl- und Levitenstädte 92 sind sechs besonders ausgewählte Städte Israels, in die sich jemand flüchten konnte, wenn er einen anderen erschlagen hatte. Dort war der Totschläger vor der Blutrache sicher. Für Mörder galt dies allerdings ausdrücklich nicht (Num 35,11). Die Leviten als Priester bekamen kein eigenes Siedlungsgebiet, da sie als Priester in den verschiedenen Städten wirkten. Nach der Kultzentralisation durch Joschija gibt es natürlich kein Landpriestertum mehr. Die Leviten bekommen Aufgaben am Tempel.

Auferstehung 258f.

B

Ba 200 ist im alten Ägypten ein Teil der Seele, die sich vom Menschen lösen und wieder zu diesem zurückkehren kann. Abgebildet wird Ba stets als Menschenvogel, als Vogel mit einem Menschenkopf bzw. -gesicht.

Baal 51: Kriegs- und Fruchtbarkeitsgott im geographischen Umfeld Israels – „Konkurrent" J"s.

Bann 33, 80, 92, 96, 115, 124, 164, 299 meint die Vernichtung von Mensch, Vieh und Sachwerten nach einem militärischen Sieg. Damit wird die gesamte Beute der Nutznießung des Menschen entzogen und Gott als dem eigentlichen Sieger einer Schlacht oder eines Krieges übereignet. Diese Vorstellung ist nicht auf Israel begrenzt, sondern findet sich z.B. auch auf der sog. ->**Meschastele** (s.u.).

Bar Kochba/(Bar Koseba/Bar Kosiba) 242 ist der messianische Name eines Mannes, der vermutlich ursprünglich Bar Koseba oder Kosiba, also Sohn des Koseba hieß. Bar Kochba (aramäisch) bedeutet so viel wie „Sternensohn" (vgl. Num 24,17). Nach dem verlorenen zweiten jüdisch-römischen Krieg i. J. 135 n. Chr. wurde er von manchen in Bar Koziba, „Lügensohn" umgedeutet.

Baschan 270 ist das Hochland Jordaniens jenseits des Jordangrabens. Dieses hochgelegene Gebiet profitiert vom Steigungsregen, der sich im Bergland von Juda bzw. Ephraim auszuregnen beginnt. Je weiter man nach Osten kommt, desto trockener wird jedoch das Gebiet, bis es dann in Wüste übergeht.

Bay/Baja/Beja 60 Wesir in Ägypten. In der Forschung wird er vereinzelt mit dem biblischen Josef identifiziert.

Behistun-Inschrift 257: Dreisprachige Inschrift (altpersisch, elamisch und babylonisch) des Persers Darius I. in einem Felsen bei Bisutun/Behistan/Behistun. Er beschreibt dort seine Siege über diverse Gegner im eigenen Reich wie auch im ehemaligen babylonischen Reich.

Berufung/Berufungsgeschichte 32, 63, 74, 112, 222f, 228, 235, 248. Gott wählt einen Menschen, meist **Propheten** 222, 228, 235, für eine besondere Aufgabe aus und gibt ihm Aufträge.

Beschneidung 23, 62: In Israel werden männliche Kinder am achten Tag nach ihrer Geburt beschnitten. Die Beschneidung ist auch bei anderen semitischen Völkern dieser Region bis heute Brauch, auch bei Moslems. Bei den Neubabyloniern scheint die Beschneidung nicht praktiziert worden zu sein. Daher wird die Beschneidung in der Zeit des Exils zum Bundeszeichen zwischen Gott und seinem Volk.

Betar/Bitir, arabisch Batir 242 ist die letzte Festung des **Bar-Kochba-Krieges** aus den Jahren 132-135 n. Chr. Der Ort liegt ganz in der Nähe von Jerusalem, ca. 10 km südwestlich. Der Platz selbst wird von den Bewohnern des nahegelegenen Dorfes landwirtschaftlich genutzt (Obstplantagen) und kann daher z.Z. nicht archäologisch untersucht werden.

Bet El 54. Haus bzw. Tempel des Gottes El.

Betulah 14 Jungfrau.

Die **Bileam-Inschrift** 221, gefunden bei Ausgrabungen am Tell Der-Alla (Sukkot im Jordantal, heute Jordanien). Sie belegt die Existenz des atl erwähnten Propheten Bileam. (Text in Übersetzungen vgl. Weippert: Die Bileam-Inschrift 159-161).

Blockmodell 90. 136f: Modell zur Entstehung des Deuteronomistischen Geschichtswerks. Alternative zum →Schichtenmodell.

Bund/Bundesschluss/Bundestheologie/Bundesbuch 28,. 51f, 62, 73, 80, 82, 84, 88, 108, 208, 236, 239, 240, 258, 262f, 270, 291: Damit wird atl das Verhältnis zwischen Gott und einzelnen (Abraham) und auch Israel zum Ausdruck gebracht. Dabei liegen unterschiedliche Modell zugrunde. Ein Bund kann bedingt sein (an Forderungen verknüpft) oder unbedingt, er kann zwischen zwei gleichrangigen Partnern geschlossen werden oder mit einem Gefälle, er kann von einem höheren Bundespartner veranlasst und einem niedrigeren als Gabe/Gnade zugedacht werden. Das Bundesbuch ist ein eigener Gesetzesteil im Buch Exodus.

C

Chanukkafest 175: Jüdisches Fest in Erinnerung an die Wiedereinweihung des Tempels nach dessen Verunreinigung durch die Seleukiden 154 v. Chr. Es wird die Legende erzählt, dass nach der Rückeroberung des Tempels das Öl zum Betreiben des siebenarmigen Leuchters, der Menora, auf wundersame Weise für acht Tage reichte, obwohl nur die Menge für einen Tag vorhanden war.

Chiasmus 187 bezeichnet nach dem griechischen Buchstaben χ die überkreuzte Stellung eines Satzbestandteils im Vor- und Nachsatz. Im Vorsatz steht z.B. das Prädikat am Anfang des Satzes – dies ist die normale Stellung in einem hebräischen Satz –, im Nachsatz an dessen Ende.

Christus 15.

Codex oder Kodex Hammurabi (Hammurapi) 33, 80.
ist eine Gesetzessammlung eines Königs des altbabylonischen Reiches aus dem 18. Jh. v. Chr. Diese Sammlung liegt in einer Inschrift auf einer monolithischen Stele vor (weitere Fassungen auch auf Tontafeln). Die Gesetzessammlung zeigt Übereinstimmungen mit Gesetzen der Tora. Freilich wird deutlich, dass die Strafen z.T. deutlich härter sind als jene der jüdischen Überlieferung.

Codex/Codices 160.
Ein Codex ist von der äußeren Form her ein Buch. Es werden einzelne Blätter beschrieben und diese zu einem Buch angeordnet. Der Codex steht damit im Gegensatz zur Rolle.

Codex Leningradensis 18, 26 (= Codex Petropolitanus, seit der Rückbenennung von Leningrad in St. Petersburg) und der **Codex Aleppo** sind die beiden ältesten **masoretischen**, d.h. mit Vokal- und Betonungszeichen versehenen Texte des Tenach in hebräischer Sprache. Entstehungszeit: Leningradensis 1008 (Erscheinungsjahr, nicht Jahr der Abfassung), Aleppo: ca. 920 n. Chr. Die besondere Bedeutung des

Codex Aleppo 18, 26 liegt nicht nur in seinem Alter, sondern auch in seiner Qualität. Er war als Mustercodex gedacht, d.h. als Vorlage für Abschriften. Ebenfalls aus dem 10.Jh. stammt der

Codex Cairensis (auch: Prophetenkodex genannt), der allerdings, wie sein Name sagt, nicht den gesamten Tenach enthält, sondern nur die vorderen (frühen) und hinteren Propheten.

Credo, kleines geschichtliches 81, 83: Zusammenfassendes heilsgeschichtliches Bekenntnis Israels in Dtn 26,5.

D

Dagon 50 der Gott der Philister wird nur wenige Male im AT erwähnt (Ri 16,23; 1Sam 5,2ff.7; 1Chr 10,10; 1Makk 10,84). Es wird behauptet, dass er als Standbild im Tempel der Philister aufgestellt war, insbesondere in Aschdod (und Gaza) den Philisterstädten. Er scheint ein „einheimischer" Gott des syrisch-palästinischen Raums zu sein und nicht eine Gottheit, die von den Philistern mitgebracht wurde.

Debora 101, 105f ist eine Richterin, aber auch eine Heerführerin, analog der männlichen „Retter".

Dekalog 36, 80, 81, 83f, 214: Die 10 Worte/die 10 Gebote.

Deuterokanonisch 15 → **Apokryphe**.

Deuteronomistisch/Deuteronomist 62: Es handelt sich um eine vermutete Redaktionsschicht, die in den verschiedensten Büchern des AT, bis hin zu den Propheten zu finden ist. Theologisch gehen die Redaktoren davon aus, dass das Unheil des Exils aus dem immer wieder monierten Abfall Israels/Judas von seinem Gott resultiert. Ein fast schon militanter Monotheismus verbunden mit einer eindeutigen Parteinahme für die Dynastie der Davididen und für Jerusalem als einzig legitimem Ort der Gottesverehrung prägen diese Schicht.

Deuteronomistisches Geschichtswerk (DtrG) 39, 87ff.

deuteronomisch (dtn) und deuteronomistisch (dtr) 41.

Diadochenreiche 145 → **Ptolemäer und Seleukiden**.

Diaspora 18f, 133, 163, 173, 176, 208, 211, 242, 247, 260.

Dubletten/Tribletten 27: ein mehrfach vorkommender Text.

Dynastie 88, 113, 126, 128f, 132, 134, 138, 150, 229, 263, 265, 273, 283: Abfolge besonders von Herrschern, die aus der gleichen Familie stammen, zumeist vom Vater auf den Sohn folgend.

E

Echnaton – ursprünglich Amenophis IV. (ca. 1350-1334 oder 1340-1324) 33 ist ein Pharao der 18. Dynastie (Neues Reich). Seine Frau ist Nofretete. Seine Bekanntheit beruht darauf, dass er die traditionellen ägyptischen Götter vernachlässigte und allein den Sonnengott Re verehrt hat. Ob man von einem Monotheismus, von einer Monolatrie (Bevorzugung eines best. Gottes) oder einem Henotheismus (Glauben an einen höchsten Gott, wobei die Existenz der anderen Götter nicht geleugnet wird) sprechen kann, ist umstritten. Er lässt sich eine neue Hauptstadt bauen am Mittellauf des Nils mit Namen Amarna. Vor allem hat man dort ein Keilschriftenarchiv gefunden, das u.a. eine ganze Reihe von Briefen enthält (**Amarnakorrespondenz**).

Edomiter 61, 118 → **Moab**.

El/Elohim (Gott) 36: El ist der kanaanäische Hochgott. Er wird an den verschiedensten Orten verehrt z.B. als El von Bet-El, und auch im Namen Isra-El ist dieser Gott präsent. Als oberster Gott wird sein Name jedoch auch als Synonym für Gott schlechthin, als Abstraktum, verwendet. Dies gilt besonders für das Wort Elohim, das sowohl „Götter“ wie auch „Gott“ bedeuten kann.

Elohist „E“ 38.

Elephantine 19, 163. ist eine Insel im Nil. Sie liegt nördlich des ersten Katarakts (Stromschnelle/Wasserfall) bei Assuan. Elephantine war ein wichtiger Grenzposten, auf dem zeitweise auch jüdische Soldaten stationiert waren. Dort gab es im 6. Jh. vor Chr. auch ein Jahwe-Heiligtum. Vielleicht ist dieses aber auch noch älter.

Elillim 51: Götterchen. Ausdruck in der prophetischen Götzenkritik.

Engel/Schutzengel 160-162.

Erbbesitz 19, 36, 83, 94. Das AT geht davon aus, dass das Land den Stämmen nur als „Lehen“ gegeben ist und eigentlich Gott gehört. Theoretisch darf es nicht verkauft, sondern nur als Erbe innerhalb des Clans/der Familie weitergegeben werden.

Erstlingsfrüchte 71: Wenn ein Baum oder Gewächs zum ersten Mal Früchte trägt, gehören diese Gott und dürfen nicht verzehrt werden.

Erzählte Zeit und Erzählzeit 53: In den seltensten Fällen ist die erzählte Zeit mit der Erzählzeit identisch. Meist blickt der Erzähler/Schriftsteller auf die Ereignisse zurück, von denen er berichtet, häufig sogar von einem relativ weit entfernten Standpunkt aus. Im AT dürften bei vielen Büchern zwischen der (fiktiven) erzählten Zeit, die Zeit, über die erzählt wird, und der Erzählzeit, dem Standpunkt des Erzählers, Jahrzehnte bis Jahrhunderte liegen.

Ethymologie/ethymologisch 28, 34: Frage nach der Herkunft eines Wortes, aus welcher Ausgangssprache stammt es?

Exil, Babylonisches 17-19, 40, 50, 62, 79, 82, 84f, 88, 90, 94, 120, 126, 128, 133, 136, 138, 147, 152, 154, 157, 164f, 166, 168, 176, 189, 202, 218, 232, 234, 238, 240f, 244f, 247f, 252, 257, 259, 270f, 273, 283, 285, 292f, 294, 296.

F

„Feind aus dem Norden“ 235: Damit werden v.a. die Großmächte des Zweistromlandes bezeichnet, die eigentlich von Israel aus direkt im Nordosten oder direkt im Osten angesiedelt sind. Die Kriegszüge dieser Mächte in die Levante, die Ostgebiete um das Mittelmeer oder nach Ägypten, erfolgten allerdings stets von Norden aus, da das Gebiet jenseits des Jordans zunehmend in Wüste übergeht.

Form-/Gattungskritik 29.

Fromme → **Hasidäer**.

Frühjudentum 182, 279 nennt man die Zeit, in der sich das Judentum entwickelt hat. Früher hieß diese Epoche merkwürdigerweise „Spätjudentum“. Welcher zeitliche Rahmen gemeint ist, ist nicht immer klar. Als grober Anhaltspunkt kann damit die Zeit nach dem Babylonischen Exil bezeichnet werden, auf jeden Fall aber ab der Hellenisierung. Frühjudentum bedeutet, dass sich das Judentum weg von einer Volksreligion im gesellschaftlichen Rahmen eines Gemeinwesens/Staates hin zu einer Bekenntnisreligion entwickelt mit Ausprägung in verschiedene Richtungen. Auf diese Strömungen geht letzten Endes auch das Judentum der heutigen Zeit in seinen verschiedenen Ausrichtungen zurück. Eine reine Bekenntnisreligion ist das Judentum freilich bis heute nicht geworden: Man wird in das Judentum als Kind einer jüdischen Mutter hineingeboren und ist Jude, auch wenn man nicht religiös praktizierend lebt.

G

Gematrische Zahl/Gematrie 26, 74, 109, 182: In vielen Sprachen dienen Buchstaben auch als Zahlzeichen, wie etwa in Latein oder Griechisch. Dies gilt auch für das Hebräische, das mit seinen 22 Buchstaben bis zur Zahl 400 kommt. Jedes Wort und jeder Satz lässt sich daher auch in Zahlen ausdrücken, indem man ganz einfach die dem jeweiligen Konsonanten zugewiesene Zahl z.B. addiert. Der Name David (dawid) hat z.B. den Zahlenwert 14. Möglicherweise spielt das Mt-Evangelium darauf an, wenn in der Genealogie Jesu 3x14 Geschlechter von Abraham bis Jesus genannt werden. Die bekannteste gematrische Angabe ist die Zahl 666 in der Offenbarung des Johannes im Neuen Testament. Neben vielen anderen Auflösungsmöglichkeiten ist die wahrscheinlichste die hebräische Transkription נרון קסר Neron Qesar = Kaiser Nero.

Einen „Bibelcode", der verschlüsselte Infos zur Zukunft oder Vergangenheit enthält, gibt es allerdings nicht: Dieser Code wäre davon abhängig, dass der Text 100% eindeutig überliefert wurde, und dies ist weder für den atl. hebräischen, noch für den ntl. griechischen Text der Fall.

Gog und **Magog** 248, 250: Zwei nicht näher bestimmbare Größen, die in Ez 38f. im Kontext anderer, nördlich von Israel gelegener Reiche oder Gebiete genannt werden. Gegen sie wird Gott selbst vorgehen, weil sie gegen Israel ziehen. Vermutungen gehen dahin, dass es sich bei Gog um den sagenumwobenen lydischen König Gyges (680-644?, Vorfahre von Krösus) handelt. Eine Beziehung zwischen Magog und Megiddo wird ebenfalls diskutiert.

Goliat 17, 123, 125, 142, 167: Sagenhafter Riese und Einzelkämpfer im Heer der Philister. Angeblich von David besiegt und getötet – dagegen 2 Sam 21,19.

Gottesknecht 15, 232f.

Goldenes Kalb 68. Angeblich in der Wüste gefertigtes Stierbild. Wahrscheinlicher aber erst nach der Reichstrennung hergestellt und in den beiden Tempeln im Nordreich aufgestellt als Manifestation J"s

Gottesnamen/Gottesbezeichnungen 27, 36: Gottesbezeichnungen gibt es im Tenach viele: Eine gängige im Bereich der Tora ist die Bezeichnung: „Der Gott eurer Väter, der Gott Abrahams, Isaaks und Jakobs..." Aus diesen Angaben schloss man auf Väter- oder Sippengötter, persönliche, mit den Nomaden ziehende Schutzgötter, die mit dem Namen des Clanchefs verbunden waren. Darüber hinaus finden sich Bezeichnungen wie „der Schrecken Isaaks" oder der **El šaddaj** u.a. Ob es sich dabei um attributive Näherbestimmungen (also: Gott, der Schrecken von...) handelt oder um Namen von (anderen) Gott/Göttern ist umstritten. Im Rahmen des Tenach steht ohnedies fest, dass es sich im Kontext der Gottesverehrung Israels grundsätzlich immer um den gleichen Gott, den Einzigen, Jahwe, handelt.

H

Hapax Legomenon 183, das einmalig Gesagte, ist ein Wort, das in einer Schrift/einem Buch oder gar im ganzen Schriftkorpus, hier des AT, nur einmal vorkommt.

(H)Asidäer 258 leitet sich vom hebräischen Wort Hasidim, d.i. die Frommen ab. Genannt wird eine derartige Gruppe aus dem 2. Jh. v. Chr. (vgl.1Makk 2,42). Ob und inwieweit sie in anderen uns heute bekannten Gruppen aufgegangen sind (Pharisäer; Essener=Asidäer?) oder mit diesen, besonders den letztgenannten, identisch sind, lässt sich nicht mit Sicherheit sagen.

Als **Hasmonäer/Makkabäer** 15, 142, 176-178, 252, 258 wird jenes Geschlecht von Herrschern des 2. und 1. Jh. v. Chr. aus der niederen Priesterschaft bezeichnet, das gleichzeitig König und Hohepriester stellte – beides illegitim, weil nicht der entsprechenden Dynastie entstammend.

Hazor 141f: bedeutende Stadt im Nordreich Israel, an der nach Damaskus führenden via maris gelegen.

Henochbuch, äthiopisches 14, 259, 298.

Heerbann 102, 114 ist die – vermutlich fiktive – Armee aller wehrfähigen Männer Israels, d.h. aus den 12 Stämmen. Im Gegensatz dazu steht bei David dessen „Privatarmee" in der Größenordnung von angeblich 400 Mann.

Hermeneut 23: Übersetzer, Ausleger, Interpret.

Herodot 172, geboren in Halikarnasos = Bodrum in der heutigen Türkei i. J. 490, gestorben 425 v. Chr. Er ist ein Geschichtsschreiber, der angeblich, z.B. in den Perserkriegen, auch Zeitzeugen befragt habe.

Hierokratie 42 bedeutet Priesterherrschaft. Nach dem Exil kommt es nicht zur Fortsetzung der davidischen Dynastie. Der Hohepriester ist gleichzeitig auch weltlicher Regent ohne deshalb jedoch König o.ä. zu sein. Das System der Hierokratie hielt sich vom Exil bis zum ersten Jüdisch-Römischen Krieg.

Hieronymus 20: erstellt die autorisierte Übersetzung der Vulgata.

(Hillel I. oder der Ältere bedeutender jüdischer Gelehrter im 1. Jh n.Chr.).

Hillel II. 54 jüdischer Gelehrter im 4. Jh n.Chr.

Hiskija, König Judas 18, 77f, 126, 128, 133, 136, 149, 227f, 230, 280.

Historisch-kritische Methode 24, 34.

Hulda 90, 220 Prophetin in Juda zur Zeit Joschijas.

I

Improperien oder Heilandsklagen 284 nennt man die bisweilen am Karfreitag vorgetragenen „Vorwürfe" Gottes gegen sein Volk (o du, mein Volk, was tat ich dir). Die Aussagen vom geschichtsmächtigen Handeln Gottes auf der einen Seite und der Passion Jesu auf der anderen Seite haben vermutlich zur Verstärkung des Gottesmord-Vorwurfs gegen die Juden beigetragen.

Isai 229 ist der Name von Davids Vater. Man findet ihn auch in der Form „Jesse". Es ist durchaus üblich, dass Menschen durch den Namen des Vaters definiert werden.

Ištar (Astarte) 171 **und Tamuz** sind babylonische Vegetationsgottheiten, die naturgemäß im Frühling nach dem Winterregen oder der Schneeschmelze, also in der Wachstumsperiode, verehrt werden.

Israel 38 ist ein sehr ambivalenter Begriff. 1. Ein Eigenname: Nach Gen 13,29 nennt der nächtliche Kämpfer, der Jakob nicht überwinden konnte, diesen „Israel", weil er mit El, mit Gott gestritten habe. 2. Die Bezeichnung für das Land – in unterschiedlichen Ausmaßen. 3. Name im Kontext des Zwölfstämmevolkes. 4. Das geeinte Reich unter David und Salomo. Auch dieses wird in seiner Gesamtheit als Israel bezeichnet. 5. Nach der Reichstrennung der Name für das Nordreich, die zehn Stämme, die nach Salomos Tod vom Süden abgefallen sind. 6. Der heutige Staat Israel und das Land, das in der Geschichte lange Zeit auch den Namen „Palästina" trug. Dieser Name ist abgeleitet von den Gegnern Israels, den Pelištim, den Philistern.

J

Jahwe, Jahu, J" 19, 27, 36, 38, 51, 63, 66, 68, 77, 79, 83, 85, 94f, 98, 103, 110, 117, 119, 126f, 129, 134, 136, 154, 163, 229, 232, 235, 239, 241,249, 261f, 264f, 266f, 273, 279f, 280, 288, 293, 297. 299, 301f. gewöhnlich im Griechischen wiedergegeben mit Kyrios, „Herr". Die Bedeutung des Gottesnamens Jahwe (ich bin der ich-bin-da; ich bin der ich bin; ich werde sein, der ich sein werde; ich bin der „Ich-bin") wird abgeleitet aus der Offenbarung am brennenden Dornbusch (Ex 3,14). Ob dies jedoch die eigentliche Erklärung des Namens ist, muss offen bleiben. →**Gottesnamen**.

Jehovist „Je" 39.

Jehu 128, 263, 264f: Oberster einer Streitwagentruppe im Nordreich. Er beendet durch Putsch die Dynastie der Omriden.

Jerobeam I. (und II.) 60, 68, 89, 127, 128, 132, 136f, 207, 263, 268 Könige des Nordreiches, ohne verwandtschaftliche Beziehung. Jerobeam I. ist der erste König des Nordreiches nach der Reichstrennung.

Jerusalemer Geschichtswerk 96, 102 ist eine von Zenger u.a vermutete Sammlung von Überlieferungen im Werdegang des Pentateuchs

Jojachin 90, 128, 168, 292: König des Südreiches, der nach kurzer Regierungszeit 597 ins Exil verschleppt wird. Er stirbt im Exil.

Joschija oder Joschijahu 39, 50, 68, 74, 77-79, 84, 90, 126, 128, 131, 133-135, 142, 150, 234, 240, 290f, König des Südreiches Juda. Er gilt als der frömmste König und Initiator der dtr Reform. Er stirbt 608, getötet durch den Pharao Necho. →**Tod des Joschija**.

Jotamfabel 100: Eine Fabel ist bekanntermaßen eine Erzählung in der sich Tiere oder Pflanzen wie Menschen verhalten. Bei der Jotamfabel handelt es sich um einen Abschnitt aus Ri 9, in dem die Bäume auf der Suche nach einem König sind. Allein der Dornstrauch erklärt sich dazu bereit, diese Aufgabe zu übernehmen. Seine einzige Aufgabe ist es, Schutz zu bieten.

Jubiläenbuch 15 : „Das Jubiläenbuch, seit Hieronymus auch als die ‚Kleine Genesis' bezeichnet, ist eine antik-jüdische Schrift, die um 150 v. Chr. auf Hebräisch abgefasst wurde. Der ursprüngliche Titel, unter dem das Jubiläenbuch bereits in der Damaskusschrift (CD XVI 3) zitiert wird, lautet ‚Buch über die Einteilungen der Zeiten' (סֵפֶר מַחְלְקוֹת הָעִתִּים [= ha'itim mah.l^{e}qot saefær]). Er hat sich in der äthiopischen Textüberlieferung erhalten, wo das Jubiläenbuch als mas.h.afa kufāle (‚Buch der Einteilungen') bekannt ist." Zitiert aus: http://www.bibelwissenschaft.de (Zugriff am 11.4.2013).

Jüdische Feste 71.

Jüdischer Kalender 54f.

K

Kanon/Kanonizität 14, 201f = Mess-Schnur = die Gesamtheit der als „heilige" Schrift(en) verstandenen und festgelegten Bücher.

Kalender → **Monatsnamen**.

Kapitel- und **Verseinteilung:** Die Kapiteleinteilung, noch ohne Verszählung, führte der englische Bischof Stephan Langton im 13. Jahrhundert ein. Die Verseinteilung geht auf den Buchhändler Robert Estienne zurück, der 1551 eine Bibel mit Versen edierte.

Kasuistisches Recht 30: Die Rechtssprechung orientiert sich an einem früheren, ähnlichen Kasus/Fall. Heute in Großbritannien und USA noch üblich.

Kemosch 50, der Gott Moabs (Vgl. u.a. Ri 11,24; 1Kön 11,7.3; 2Kön 23,13; Jer 48,13). Kemosch ist vermutlich der Nationalgott Moabs.

Ketubim 12, 13.

Kleinviehnomaden 58 Hirten von Schafen und Ziegen, häufig am Rande des Kulturlandes lebend.

Koine 19 (Betonung auf dem e): Im Zuge des Reiches Alexanders des Großen wurde Koine-Griechisch (koine=gemeinschaftlich) zur Umgangssprache im Mittelmeerraum. Koine-Griechisch entstand durch die Vermischung und Abschleifung der ursprünglich eigenständigen griechischen Dialekte (Attisch, Dorisch, Ionisch, Äolisch). Die große Verbreitung dieser Sprache erleichterte auch die Ausbreitung des Christentums. Die Schriften des NT sind alle in dieser Sprache verfasst worden, und zwar von Anfang an.

Kompiltor(en) 41 Ein **Redaktor**, der verschiedene literarische Vorlagen zu einem fortlaufenden Text zusammenführt.

Konfessionen/Konfessiones 12, 236f, 238, 241 eigentlich „Bekenntnisse". In diesen Texten beklagt der Prophet Jeremia die ihm auferlegte Aufgabe, gegen sein Volk zu prophezeien.

Koscher/Kaschrutvorschriften: Koscher heißt zunächst nur „tauglich", d.h. zum Gebrauch geeignet. Am ehesten ist dieser Begriff wohl im Kontext der Speisegebote bekannt.

Kultprostitution 80, 204: Unter Kultprostitution versteht man die Prostitution von Frauen oder auch Männern im Kontext von Tempel und Kult, etwa als sichtbare „Heilige Hochzeit" (hieros gamos) zweier Götter bzw. des Königs mit der „Fruchtbarkeitsgöttin". Den Part der Göttin übernahm eine Frau, möglicherweise eine Priesterin oder eine sog. Hierodule, eine Tempelprostituierte. Ob es diese Form der Tempelprostitution wirklich gab, noch dazu in Israel, ist umstritten.

Kyrus/Kyros (-Edikt) 151, 152f, 156, 228, 232, 234, 247, 254f, 257. Kyrus II. Beendete die Herrschaft der

Neubayblonier und auch das Exil. Er erlaubt (durch das Kyrusedikt) den Wiederaufbau des Jerusalemer Tempels und damit auch die Rückkehr der Exilierten.

L

Lachisch 133 ist eine Festung im Süden Judas, wird in der Zeit des Hiskija von den Assyrern erobert.

Lade 92, 116-121: Das Maß der Lade beträgt 2,5 Ellen Länge, 1,5 Ellen Breite und 1,5 Ellen Höhe, also rund 1,25 m x 0,75 m x 0,75 m und ist damit etwas größer als eine Umzugs-Kleiderkiste. Der Kasten war tragbar, nach priesterschriftlicher Aussage waren auf dem Deckel zwei Keruben angebracht bzw., genauer, aus dem goldenen Deckel herausgearbeitet. Ihr Zweck und ihr Aussehen werden allerdings sehr unterschiedlich dargestellt. Zum einen ist die Lade ein Gegenstand der Wüstenzeit mit einem goldenen Deckel und den beiden Keruben. zum anderen steht die Lade im Salomonischen Tempel unter zwei stationären Keruben.

Landnahme 43, 73, 76, 79, 82, 85, 90f, 94, 97f, 102, 104, 136-138: Als Landnahme bezeichnet man die Eroberung des verheißenen Landes durch die Stämme unter Josua. Diese Sicht der Geschichte hält jedoch einer Überprüfung nicht stand. Vielmehr ist an ein zeitlich gedehntes Einsickern von nur einigen Stämmen des späteren Israel zu denken.

Levante 265, 282: Landschaft entlang des östlichen Mittelmeeres

Leviratsehe 58, 80, 108: Wenn ein Mann kinderlos stirbt, so hat dessen Bruder die Pflicht, die Witwe zur Frau zu nehmen. Bekommt die Frau ein Kind/einen Sohn, so gilt dieses/dieser Erstgeborene als legitimer Nachkomme des verstorbenen Bruders. Durch dieses Kind läuft der Stammbaum des Bruders weiter. Wann und wie diese Verpflichtung konkret angewendet wurde, kann aufgrund divergierender Texte nicht genau gesagt werden vgl. Gen 38; Dtn 25,5-10 und Rut.

Levitenstädte: Leviten erhalten als Priester, die über das Land verteilt sind, kein eigenes Stammesgebiet, sondern angeblich bestimmte Städte in Israel zugeteilt.

Loccumer Richtlinien 16.

Logienquelle nennt man eine Schrift, aus der Mt und Lk einen Teil ihrer Überlieferung schöpfen. Mk und Joh kennen diese Schrift nicht. Es handelt sich nicht um ein Evangelium, sondern um eine Sammlung von Einzelsprüchen. Diese Quelle liegt heute indes nicht mehr vor und wird aus den Evangelien des Mt und des Lk erschlossen.

Literarkritik 26: überprüft die Einheitlichkeit eines Texte. Ist der Text in einem Stück entstanden oder aus verschiedenen Teiltexten zusammengesetzt?

LXX → **Aristeasbrief**.

M

Manasse 69, 129: König des Südreiches Juda. Er bekommt äußerst schlechte Kritiken wegen Götzenverehrung und wegen der vermutlichen Unterdrückung und Verfolgung oppositioneller Kräfte.

Marduk 171, ursprünglich babylonischer Stadtgott, wird im Kontext der Bildung und Expansion des (Alt-)Babylonischen Reiches um 1700 zum Schöpfergott und obersten Gott des Pantheon und übernimmt damit eine Fülle von Funktionen, die von anderen, ursprünglichen Regionalgöttern, auf ihn übergehen.

Martyrium der Propheten 220: Die Schrift vom „Martyrium des Jesaja" (MartJes), die jüdischen Ursprungs ist, gehört zu der christlichen Schrift von der „Himmelfahrt des Jesaja" (AscJes).

Makkabäer oder Hasmonäer 178, 211: jüdisches Herrscherhaus im 2. und 1. Jh. v. Chr.

Maschal sind im AT die besonders in der Weisheitsliteratur vorkommenden Sprüche (= hebr. „Vergleich"). Die Sprüche befassen sich nicht nur mit einem umfangreichen Themengebiet (eigentlich dem gesamten menschlichen Leben in all seinen Facetten und Beziehungen, auch zu Gott), sie dürften auch unterschiedlichster Herkunft sein: aus dem Volk wie auch aus der Familie, aber möglicherweise ebenso aus dem Lehrhaus, aus der Debatte von Weisen. Die Form umfasst Gedichte, Mahnworte und Mahnreden, Seligpreisung und Aufruf zur Aufmerksamkeit, Rätselwort und dazu verschiedene Formen von Zahlensprüchen.

Masora, masoretisch 18 nennt man die Punktation (v.a. Vokalisation) der Schrift. Das Hebräische ist ursprünglich eine reine Konsonantenschrift.

Masoreten 18 (= Tradenten, Überlieferer), die v.a. die Vokalisation des hebräischen Textes vornahmen. Es gab konkurrierende Systeme, wie etwa das supralineare mit Vokalzeichen unter den Konsonanten und das infralineare System. Durchgesetzt hat sich Letzteres, das mit Interpunktion in, unter und über den Konsonanten arbeitet.

Mazzot 68 ungesäuertes Brot. Es wird im Kontext des Pascha verzehrt. Ursprünglich waren das Mazzot-Fest und das Pascha vermutlich je eigene Feste, die im Kontext der Sesshaftwerdung zusammengelegt wurden.

Megiddo 104: Bedeutende Stadt an der via maris gelegen, die bei Megiddo über einen Pass über den östlichen Ausläufer des Karmel-Gebirges führt.

Megillah, Pl. Megillot 107, (Rolle/Rollen) bezeichnet die fünf je auf eine eigene Rolle geschriebenen Bücher Rut, Hoheslied, Kohelet, Klagelieder und Ester, die bestimmten Festtagen des Judentums zugeordnet sind und an diesen Tagen verlesen werden.

Mehrschichtiger Erzählaufbau 68: Uneinheitlichkeit eines Textes oder mehrschichtige Erzählung: Es wird in vielen Erzählungen deutlich, dass verschiedene Hände daran gearbeitet haben, dass unterschiedliche Sichtweisen eingetragen wurden. Dies kann so weit gehen, dass die ursprüngliche Erzählintention in ihr Gegenteil verkehrt wird oder doch sehr stark relativiert wird.

Um **Menschenopfer** 71, 135, 148, 283 handelt es sich vermutlich, wenn gesagt wird, sie ließen ihre Söhne und Töchter durchs Feuer gehen (z.B. 2Kön 17,17).

Menschensohn 248: Im AT vermutlich noch nirgends titular im Sinne einer himmlischen Gestalt gebraucht, sondern ein Wort für „Mensch".

Mescha-Stele 33, 96: Eine Stele ist ein beschrifteter oder mit Illustration versehener Stein. Auf einem solchen hält König Mescha von Moab einen Sieg über Israel fest. Nach seiner Vorstellung verdankt er den Sieg seinem Gott Kemosch, dem er daher auch die Beute weit (->Bann). Die Stele befindet sich heute im Louvre von Paris, eine Kopie davon im Museum in Amman.

Messias 15.

Mesusa (Betonung auf dem Schluss-a) 80 ist eine kleine Kapsel, in der sich Auszüge aus der Tora befinden. Die Kapsel enthält die handgeschriebenen Texte Dtn 6,4-9 und 11,13-21. Sie wird entsprechend der Forderung aus Dtn 6,9 an (fast allen) Türen des Hauses angebracht und auch in den Toren der Stadt (z.B. Zionstor in Jerusalem). In der Kapsel befindet sich häufig ein Fensterchen und die Schrift ist so zusammengerollt und in die Kapsel eingebracht, dass im Fenster der Buchstabe (*ש*) der Gottesbezeichnung (oder des Gottesnamens) Schadaij erscheint. Schadaij wird gewöhnlich mit „Allmächtiger" oder „Höchster" übersetzt.

Michal 112, 118, 121, 123 ist der Name der Tochter des Saul. Sie ist angeblich die Ehefrau Davids, die Ehefrau eines gewissen Adriel, Ehefrau des Palti. David „erwirbt" sie nach der Überlieferung für 200 Vorhäute der von ihm getöteten Philister.

Midianitisches Zeltheiligtum in Timna 77: Timna etwa 25 km nördlich von Eilat auf dem Sinai gelegen, ist eine über mindestens ein Jahrtausend betriebene Abbaustätte für Kupfer. Es wurde dort eine Kupferschlange mit vergoldetem Kopf gefunden. Für die Zeit, in der diese dort als Votivbild (?) Verwendung fand, rechnet Rothenberg mit der Umwidmung eines Hathortempels durch die Midianiter, die dort als Arbeitskräfte der Ägypter tätig waren. Der Jahwekult sei „möglicherweise kenetisch (sic!: gemeint ist kenitisch) -midianitischen Ursprungs" (S. 198). Er folgert weiter, dass Rëguël/Jethro, der Schwiegervater des Mose und Priester Midians, seinen Schwiegersohn gelehrt habe, die Schlange anzufertigen (197).

Midrasch (Midraschim) 18 ist eine Form der Schriftauslegung. Darasch meint allerdings wörtlich: Studium, Forschung. Midrasch kommt bereits im AT vor, da sich manche jüngeren Schriften als Kommentar, Auslegung oder Lesehilfe älterer Text verstehen.

Minchagebet 72: Es ist am Nachmittag vor Einbruch der Dunkelheit zu beten und besteht aus verschiedenen Teilen wie z.B. Psalm 84 sowie das Amidagebet, das, wie sein Name sagt, stehend zu beten ist. Der Zeitpunkt des Gebets entspricht der Tageszeit, in der einst am Tempel die Speiseopfer dargebracht wurden. Es ist also eine Art „Opferersatz".

Miriam/Mirjam 75, 78 angebliche Schwester des Mose.

Mischna 56 → **Talmud**.

Moab/Moabiter 50f: Östlicher Nachbar Israels im Bereich des heutigen Jordaniens, etwa auf der Höhe des Toten Meeres gelegen. Nördlich davon Ammon (Hauptstadt Jordaniens ist Amman!), südlich davon befindet sich Edom, in römischer Zeit Idumäa genannt. Der Gründervater von Edom (Farbe rot) ist Esau; Moab und Ammon sind Kinder aus dem Inzest von Noah und seinen Töchtern nach der Flut (ätiologische Namensherleitung von Moab ist „vom Vater").

Monatsnamen/Kalender 54: Das Judentum hat einen luni-solaren Kalender. Die Feste richten sich weitgehend nach dem Mond, wandern aber im Gegensatz zum muslimischen Kalender nicht durch das ganze Jahr, sondern bleiben in ihrer Jahreszeit, Pascha zum Beispiel im Frühling. Um die Zeitverschiebung vom Mondkalender gegenüber dem Sonnenkalender auszugleichen, muss immer wieder einmal ein Schaltmonat, ein zweiter Adar eingeführt werden, und zwar in 19 Jahren sieben Mal. Schaltjahre werden auch als „schwangere Jahre" bezeichnet. Der jüdische Kalender verzeichnet verschiedene Neujahrsfeste. Das „offizielle" Neujahr, roš ha šana genannt, fällt in den Herbst (Monat Tišri). Offensichtlich wurde in früheren Zeiten das Neujahrsfest aber im Kontext zu Pascha gefeiert, wie die Aussage in Ex 12,2 nahe legt. Ein weiteres Neujahrsfest ist das so genannte Neujahr der Bäume, tu bišᵉvat oder auch tu bᵉ šᵉwat genannt, der 15. des Monats šᵉvat. Dieses Fest hat keinen Anhaltspunkt im Tenach sondern geht auf die Mischna zurück.
Die Monate im Einzelnen:1. Tišri (Anfang September/Oktober), 2. Hešwan (Anfang Oktober/November), 3. Kislew (Anfang November/Dezember), 4. Tevet (Ende November/Dezember), 5. Šᵉvat/Šwat (Ende Dezember/Mitte Januar), 6. Adar (Anfang Februar/März), 7. Nisan (März/April), 8. Ijar (April/Mai), 9. Siwan (Mai/Juni), 10. Tammus (Juni/Juli), 11. Aw (Juli/August), 12. Elul (August/September).

Monotheismus 51: Eingottglaube. Die Existenz anderer Götter wird geleugnet.

N

Nagid 125f: Herrscher, Anführer, Prinz. Im AT Bezeichnung Davids, in späterer Zeit auch als Bezeichnung bedeutender Rabinen.

Nathan/Nathanweissagung 90, 113, 125: Nathan ist als Prophet Berater Davids und Verbindungsmann zu Gott. Er verspricht David im Auftrag Gottes eine „ewige Dynastie".

Ein **Nasiräer** 74, 101, 270 ist ein Gottgeweihter. Samson/Simson scheint ein solcher zeitlebens gewesen zu sein. Offensichtlich gab es aber auch ein Nasiräat auf Zeit. Wichtige Vorschriften dazu finden sich in Num 6: Ein Nasiräer schneidet sich während der Zeit seines Gelübdes nicht das Haupthaar und enthält sich auch alkoholischer Getränke.

Nawamis 75 sind Rundbauten, ganz aus Sandsteinplatten hergestellt. Sie finden sich im südlichen und östlichen Sinai. Sie sind 2 bis 2,5 m hoch und haben einen Durchmesser von 3 bis 6 Metern, rund und leicht nach innen gelehnt mit einer nach Westen gerichteten kleinen Öffnung. Wahrscheinlich handelt es sich um antike Gräber aus der Kupferzeit (4000 – 3150 v. Chr.), aber wer dort begraben wurde, ist ein Rätsel. Eine Tradition nimmt an, es handele sich dabei um die „Lustgräber" aus der Zeit des Wüstenzuges Israels (vgl. Num 11).

Ninive 12, zerstört 612 .

Nordreich Israel 38: Wie aus der „Tabelle der Geschichte Israels und seiner Nachbarn" hervorgeht, trennt sich nach Salomos Tod der Norden mit zehn Stämmen vom Süden, dem Südreich Juda, mit zwei Stämmen (Benjamin und Juda). Während sich im Süden die Dynastie der Davididen etabliert, wird der Norden von immer wieder wechselnden Königen regiert. Die beiden Brüdervölker von Nordreich (NR) und Südreich (SR) leben insgesamt nur über wenige Jahrzehnte in Frieden miteinander. Nach der Reichstrennung wird der Norden als „Israel" bezeichnet, der Süden als „Juda". Wenn von „Israel" die Rede ist, muss also gefragt werden, in welcher Zeit die Erzählung spielt! Das Nordreich Israel geht im Zuge seiner Niederlage gegen die Assyrer im Jahre 722 unter. Gemäß assyrischer Eroberungspolitik wird ein Teil der Bevölkerung ins Exil geführt und dort offensichtlich dezentral angesiedelt. In Israel werden fremde Bevölkerungselemente aus anderen Teilen des assyrischen Reiches ansässig. Dies führt zu Identitätsverlust und zum Untergang des Volkes, so dass die eschatologische Erwartung dahin geht, dass Gott, Elija oder ein Messias am Ende der Zeit das zerstreute Volk wieder sammelt und von den vier Winden zurück nach Israel führt (Jes 11,12; Jes 56,7f).

O

Ökumenisches Verzeichnis der biblischen Eigennamen (ÖVBE) 16.

Omen-Weisheit 183: Omen sind Vorzeichen. Die Omen-Weisheit geht von stereotypen Wiederholungen von Geschichte aus: Wenn es beispielsweise im Monat xy Erdbeben gibt, ist eine Erhebung des Landes gegen den König zu erwarten, denn Gleiches geschah auch schon früher. Gemäß der Weltordnung kommt es nach einem bestimmten Ereignis zu einer Reaktion darauf.

Omriden 68: Bedeutende Dynastie des Nordreiches, die von König Omri begründet wurde.

Die **Oniaden** 176f, 247: Hohepriester-Familie im 4.-2. Jh. v.Chr. Onias III. gerät in die Auseinandersetzungen zwischen proseleukidischen und proptolemäischen Gruppierungen, wird abgesetzt und später ermordet (2Makk 4,1-6.34-38). Zeitweise wird dessen Bruder Jason Hohepriester, wird aber dann von Menelaos abgelöst, der nicht aus der Oniadenfamilie stammt und daher illegitim ist. Onias IV., Sohn von Onias III. flieht nach Ägypten und begründet in Leontopolis in Ägypten einen „Exiltempel".

Onomasticon des Amenope 183 oder auch Amenemope aus der Zeit um 1100 wird als „Beginn der Lehre, um das Denken zu stimulieren, um den Umwissenden zu unterweisen, um alles zu kennen, was existiert, was Ptah geschaffen hat und was Thot registriert hat; der Himmel mit seinen Bestandteilen; die Erde und diejenigen, die auf ihr sind; das, was die Berge hervorbringen; das was von der (Nil)überschwemmung befeuchtet wird; alle Dinge, die Re (der Sonnengott) beleuchtet; alles, was auf dem Rücken der Erde wächst; erdacht vom Schreiber der Götterbücher im Lebenshaus Amenemope, Sohn des Amenemope..." ausgewiesen. (Z.n.: http://www.enzyklopaedie.ch/liste/frame.htm, Vgl. http://www.digitalegypt.ucl.ac.uk/literature/onomastica.html, nach Alan H. Gardiner, Ancient Egyptian Onomastica, Oxford 1947. letzter Zugriff 15.7.2013).

Oralität 56 mündliche Überlieferung.

Ostrakon (Plural: Ostraka, vom griech. Ostrakon = Ton(-scherbe)) nennt man eine Scherbe, z.B. von einem zerbrochenen Gefäß, die irgendeine Art von Schrift, Zeichnung etc. aufweist. Die Scherben wurden als billige Schriftträger verwendet. Die Schrift wurde mit Tinte oder Tusche aufgemalt oder mit einem harten Gegenstand eingeritzt. Im alten Griechenland wurden Ostraka in der Polis, dem Stadtstaat, auch als Wahlzettel eingesetzt, wenn ein Bürger dazu veranlasst werden sollte, die Stadt zu verlassen und ins Exil zu gehen (Scherbengericht!).

P

Palästina 19, 52, 55, 104, 114, 121, 145, 153, 163, 178, 256.

Pallio 272 alljährliches Pferderennen in Sienna.

Papyrus Insinger 200: Es handelt sich um eine Papyrus-Rolle in zwei Teilen mit verlorenem Anfang und Schluss aus dem 2. oder 3. Jh. v. Chr. mit weisheitlichen Inhalten. Insgesamt enthält der Papyrus 25 Kapitel. Der Name des Dokuments rührt von seinem zeitweiligen Besitzer, einem holländischen Photographen und Antiquitätenhändler her.

Paradiesfrucht 20, 21.

Parallelismus membrorum 186f, 192, 213 bezeichnet das Grundmuster hebräischer Poesie. In zwei aufeinander folgenden Zeilen nähert sich der Text einem Gedanken an, wobei die beiden Zeilen sich ähneln und mit unterschiedlichen Worten den gleichen Gegenstand umschreiben (synonymer Parallelismus: Ps 2,4 Der im Himmel thront, lacht, der Herr spottet über sie.). Im antithetischen Parallelismus bieten die beiden Zeilen gegensätzliche Aussagen. (Ps 1,6 Denn der HERR kennt den Weg der Gerechten; aber der Gottlosen Weg vergeht.).

Parochet 182 nennt man den meist aus Samt bestehenden Vorhang vor dem Aron ha kodesch, dem Toraschrein, in dem sich die Tora, aber auch andere Kultgegenstände befinden. Üblicherweise ist dieser Vorhang mit Gold- oder Silberfäden bestickt. Häufig werden die beiden Gesetzestafeln, Kronen und/oder zwei aufgerichtete Löwen rechts und links der Gesetzestafeln abgebildet.

Pentateuch 11, 27, 33, 36, 39, 40-44, 50, 55, 59f, 73, 76, 78f, 81-85, 88, 90f, 95f, 136-138, 249, 264, zu deutsch fünf Krüge/Gefäße (in denen man die Rollen aufbewahrte), bezeichnet die ersten fünf Bücher Mose oder die Tora.

Pescher/Pescharim 18 bedeutet Auslegung oder Kommentar zu biblischen Büchern: Ein Wort oder ein kleinerer Abschnitt des Textes wird zitiert und unmittelbar danach ausgelegt.

Philister 17, 50, 55, 94, 100, 102, 106, 111f, 115, 118, 121f, 123f, 269 sind ein nichtsemitisches Seefahrervolk, möglicherweise aus der Ägäis stammend. Sie versuchen, an der Mittelmeerküste Ägyptens Fuß zu fassen, werden aber durch Pharao Ramses III. in einer Land- und Seeschlacht abgedrängt und siedeln dann an der Mittelmeerküste Palästinas. Der Name Palästina kommt von den Philistern. Von Saul und David noch bekriegt, scheinen diese und andere Nachkommen von Seevölkern (z.B. die Kereter) die Leibgarde des Königs zu stellen.

Philisterstädte 290, zumeist an der Küste gelegen: Gaza, Aschkelon, Aschdod, Ekron.

Pi-Ramses, vermutlich **Qantir** 64, von Ramses II. als Residenzstadt nahe dem Nildelta erbaut.

Prädestination(slehre) 213, 299: göttliche Vorherbestimmung des Schicksals eines Menschen.

Priesterschrift/ P^g und P^s 39, 42f, 62, 72, 73, 90, 96, 138, 155.

Prophetenberufung 222 → Berufung.

Prophetische Symbolhandlung 220, 240, 248 meint eine Handlung, die, das Wort des Propheten begleitend, ausgeführt wird (z.B. 1Kön 22,11; Jer 28 u.a.). Sie unterstreicht jedoch die Botschaft des Propheten nicht nur oder stellt diese bildlich dar, sondern erhebt den Anspruch, das Gesagte schon anfanghaft in Gang zu setzen (vgl. Trautmann: Prophetische Symbolhandlungen Jesu).

Proselyten 107f, abgeleitet vom griechischen Wort proserchomai, d.h. hinzukommen, sind Nichtjuden, die die jüdische Religion angenommen haben. Im Gegensatz zu heute betrieb das Judentum zurzeit Jesu umfangreiche Mission. Daneben gibt es auch die Gruppe der Gottesfürchtigen, der Theosebomenoi, die sich zwar der jüdischen Religion annäherten, aber den letzten Schritt aus gesellschaftlichen Gründen oder wegen der Beschneidung nicht vollzogen.

Pseudepigraphe 15 → **Apokryphe**.

Ptolemäer und Seleukiden 20, 59: Ptolemaios/Ptolemäus und Seleukos sind zwei Generäle Alexanders des Großen, die nach dessen Tod über verschiedene Teile des Reiches herrschen. Ptolemäus bemächtigte sich der Herrschaft in Ägypten (zunächst inkl. Palästina), Seleukos regierte über Syrien und die östlich davon liegenden Gebiete, so weit und so lange diese Gebiete unter griechischer Oberherrschaft gehalten werden konnten. Um Palästina entbrannte zwischen Ptolemäus und Seleukos und ihren Nachfolgern ein mehrere Jahrzehnte dauernder Konflikt, den die Seleukiden im 2. Jh. v. schließlich für sich entscheiden konnten. Die letzte Ptolemäerin war „die“ Kleopatra (Kleopatra VII.).

Q

Quadratschrift 17: Aramäische Schrift, die das Althebräische ablöst und bis heute verwendet wird.

Qumranfunde 13, 18, 26: Ab 1947 wurden in Höhlen rund um die antike Siedlung und jetzige Ruinenstätte Khirbet Qumran Schriften gefunden. Von ganzen, weitgehend intakten Schriftrollen, die z.T. sorgfältig in tönernen Krügen aufbewahrt wurden bis zu fingernagelgroßen Fragmenten wurde eine Fülle von Schriften dort geborgen. Es handelt sich nicht nur um biblische Schriften. Es gibt auch Fragmente in Griechisch, die sich keineswegs alle uns aus dem Altertum bekannten Schriften zuordnen lassen. Es ist von rund 15.000 Fragmenten die Rede. Die Texte wurden vermutlich zwischen 250 v. bis ca. 40 n. Chr. verfasst, auf Leder, aber auch auf Papyrus. Weitere antike Schriften, z.B. aus der Zeit von 132-135 n. Chr., dem zweiten Jüdisch-Römischen Krieg unter dem „Messias“ **Bar Kochba** (Sternensohn; vgl. Num 24,17), wurden in anderen Höhlen, aber ebenfalls nahe dem Westufer des Toten Meeres gefunden. Es wird die Ansicht vertreten, alle, oder doch zumindest ein Großteil der gefundenen Schriften, sei dort in Qumran entstanden. In neuerer Zeit mehren sich jedoch zu Recht die Stimmen derer, die einen Zusammenhang zwischen der Siedlung und den Schriften ablehnen und in Frage stellen. Vermutlich wurde beim Ausbruch des Ersten Jüdisch-Römischen Krieges um 68 n. Chr. einfach eine Bibliothek in den Höhlen eingelagert, möglicherweise die Jerusalemer Tempelbibliothek.

Qumranliteratur 189.

R

Ramses Ra-Mes, Sohn des Re 65. Ein häufiger vorkommender Name von Pharaonen. Am bekanntesten ist der „Baumeister“ Ramses II aus der 19. Dynastie, der den Titel „der Große“ erhielt und die unglaublich lange Zeit von ca. 66 Jahren regierte. Der Name Mes = Sohn steckt auch noch in anderen ägyptischen Namen wie etwa Thut/Totmose und natürlich im Namen Mose(s).

Redaktionsgeschichte/Redaktionskritik/Redaktor 27f: Die Frage nach demjenigen, der verschiedene Texte zusammengesetzt hat.

Reichsautorisation 40.

Relektüre/Relecture 60, 69, 79, 141, 221f, 241, 266, 284: Neuinterpretation eines Textes unter anderen zeitgeschichtlichen Gegebenheiten.

Religionen 12, 33, 51.

Religionsgeschichte 32 fragt nach und sichtet vergleichbare Motive in anderen Kulturen und Religionen.

Retter und **Richter** 99, 100f, 106, 112, 137, 223: Retter sind heldenhafte Einzelgestalten, die Israel aus Feindeshand retten. Angeblich seien sie auch Richter gewesen.

Rote Kuh 76: Eine besondere koschere rote Kuh die bei der Wiedererrichtung des Tempels eine Rolle spielt. Die Asche wird zur Herstellung des Reinigungswassers gebraucht.

S

Salim und **Sahar** 119 waren möglicherweise die Stadtgottheiten von Jerusalem.

Salmanassar III. 132f.

Samuel 89, 111, 112, 115, 116, 124f, 219: Prophet, Weissager, Seher, Königsmacher, als politischer Berater Vorläufer des Königtums.

Samaritanisches Schisma 145, 155, 157, 298: Kultische Trennung Judas vom ehemaligen Nordreich.

Sanherib (705-680) 149, 163, 228 belagert Jerusalem in der Zeit des Hiskija.

Satan 140, 142, 184, 186, 294, 295.

Schefela 258, 280 nennt man das Gebiet zwischen Küstenebene und dem Bergland.

Schema/Š^{e}ma Jisrael 80 ist der Beginn eines Satzes aus Dtn 6,4. Der Vers kann als „Glaubensbekenntnis“ zu dem einzigen und einen Gott bezeichnet werden. Der ganze Satz lautet: Höre Israel (=Š^{e}ma Jisrael): Jahwe unser Gott, Jahwe ist einzig (oder einer). In den folgenden Ausführungen wird gefordert, diesen Satz überall anzubringen und auch im Herzen zu tragen. Dem entsprechend findet sich dieser Vers unter anderem in der **Mesusa** und in den **Tefillin** 80.

Schibbolet 100 ist ein Erkennungszeichen bzw. eine Parole. Das Wort wird zur Parole, weil offensichtlich das (*ש*) Sch teils als S, teils als Sch ausgesprochen wurde.

Schichtenmodell 90: Modell zur Entstehung des Deuteronomistischen Geschichtswerks.

Die Inschrift des **Šiloah/Schiloach-Tunnels** 18 gebaut unter dem König Hiskija (725-696) oder seinem Nachfolger Manasse (696-642) befand sich ursprünglich an der Stelle, an der es zum Tunneldurchbruch kam. Der Tunnel liegt unter dem sog. Ophel, der davidischen (und vorher jebusitischen) Stadt Jerusalem und ist Bestandteil des unterirdischen Wasserversorgungssystems. Die Arbeiter gruben, so die Inschrift, aus entgegengesetzten Richtungen aufeinander zu. Gespeist wird der Wasserlauf durch die Gihonquelle, die an dem östlichen Abhang des Hügels entspringt.

Schlachtung 82: Der Unterschied zwischen profaner und kultischer Schlachtung lässt sich v.a. in Dtn 12 aufzeigen. 12,13-28* (d.i. mit Ausnahmen) dürfte in dieser Anweisung der ursprünglichere Bestandteil des Textes gewesen sein, da hier ausdrücklich zwischen Profanschlachtung und Opfer unterschieden wird und von einer Zentralisation auf Jerusalem noch nicht ausdrücklich die Rede ist. Andere Stellen des Kapitels scheinen dagegen zu fordern, dass jede Art von Schlachtung nur in Jerusalem stattfinden darf.

Schlange, eherne 76f: Eine Schlange aus Kupfer oder Bronze, die während der Wüstenwanderung bei Schlangenbissen heilen soll und später im Tempel ihren Platz hat, bis sie von König Hiskija entfernt und zerstört wird.

Schleuder 17: Sie ist nicht die Bewaffnung eines Hirtenknaben. Vielmehr gab es in den Armeen der damaligen Zeit eigene Abteilung, die die Schleuder sehr präzise anwenden konnten.

Schöpfungserzählungen 33, 36, 39, 44, 45, 49, 54, 60, 61f, 62, 73, 229. Es handelt sich dabei um Erzählungen und nicht um „Berichte".

Schöpfungsfrieden 229: In der Endzeit wird Friede in der Schöpfung herrschen, analog zur Schöpfung.

Schriftpropheten 131 nennt man jene, in deren Namen ein Buch vorliegt. Es sind die drei großen Jes, Jer und Ez sowie die zwölf Kleinen, die im Zwölf-Prophetenbuch gesammelt sind. Dazu kommt noch der wegen seiner späten Abfassungszeit nicht unter die Propheten aufgenommene Daniel mit seinem Buch.

Semantik/Semiotik/Pragmatik 33f, 54.

Semitische Sprachen 16 sind im Nahen Osten und in Teilen von Afrika beheimatet, teilweise sind sie heute ausgestorben, wie z.B. das Akkadische. Zu den semitischen Sprachen gehören neben Hebräisch und Aramäisch u.a. das Arabische und das Äthiopische. Verwandtschaft besteht auch z.B. zum Altägyptischen sowie zu den Berbersprachen Nordafrikas.

Septuaginta 14, 19f → **Aristeasbrief**.

Serubbabel 126, 144, 156f, 291f, 293f, vermutlich Statthalter oder Gouverneur nach Ende des Exils in Juda im Dienste der Perser. Er ist der letzte bekannte Davidide. Er wird meistens als Serubbabel, der Sohn Schealtiëls eingeführt. Dieser Schealtiël jedoch soll laut 1Chr 3,17 der Sohn des verschleppten Königs Jojachin gewesen sein. Die Propheten Haggai und Sacharja setzen große Stücke auf ihn. Möglicherweise wurde er allmählich zu populär und die Perser beorderten ihn zurück. Zu beweisen ist dies freilich nicht.

Sitz im Leben 204 ist ein Ausdruck aus der formgeschichtlichen Forschung. Die Formgeschichte postuliert, dass jeder Text, oder besser gesagt: jede Kommunikation, in bestimmten, für diese Kommunikation typischen Formen verläuft. Form und Inhalt gehören also zusammen, und jede Form hat darüber hinaus einen festen Platz in der Kommunikation. Aus der Form, so die Annahme, kann auf den Inhalt und v.a. auch auf den Ort der Kommunikation geschlossen werden: Ein Männerwitz gehört in eine Männergesellschaft, am Arbeitsplatz oder am Stammtisch. Ein Gespräch zwischen Arzt und Patient („Na, wo fehlt es uns denn...?") gehört in die Praxis oder ins Krankenhaus etc. Dieser Ort wird „Sitz im Leben" genannt.

Städtequerriegel 106: Eine von Siegfried Herrman festgestellte von West nach Ost sich erstreckende Ansammlung kanaanäischer Stadtstaaten, die sowohl den Kontakt zwischen den mittelpalästinischen und nordpalästinischen Stämmen erschwerte, als auch zwischen den mittelpalästinischen und südpalästinischen. Diese Blockade führte möglicherweise zu dem in Ri 4 erzählten Aufstand der Debora, an dem allerdings nicht alle Stämme beteiligt waren.

Stichwortverbindung 213 ist die Verbindung unterschiedlicher Textteile mittels gemeinsamer Stichworte, z.B. Ein guter Baum bringt gute Früchte, ein schlechter Baum schlechte Früchte. Fälle keinen Baum, solange er noch Früchte bringen kann. Wenn du Früchte erntest, so erinnere dich an Gott, der dir diese beschert hat usw.

Das **Südreich Juda** 38 umfasst die beiden nach der Reichstrennung verbliebenen Stämme Benjamin und Juda. Die Grenze zwischen NR und SR verlief wenige Kilometer nördlich von Jerusalem und etwas südlich von Bet El. In diesem Gebiet hält sich die Davidsdynastie bis 568. Das Reich endet mit einer ersten Deportation der „oberen Zehntausend" im Jahre 597 – dabei wird auch der Prophet Ezechiel ins Exil geführt – und einer zweiten, vermutlich umfassenderen Deportation 586 durch die Neubabylonier. Dieses „Babylonische Exil" wird im Jahre 538 durch den Perser Kyros II. aufgehoben. Er wird deshalb im Deuterojesaja als Messias, als der Gesalbte Jahwes gepriesen.

Syrisch-Ephraimitischer Krieg 77: Es geht um eine Auseinandersetzung zwischen dem Südreich einerseits und dem mit den Aramäern (Syrien) verbündeten Nordreich andererseits. Die Nordkoalition plant eine Erhebung gegen Assur und möchte dazu Waffenhilfe vom Brudervolk aus dem Süden. König Ahas aus Juda verweigert jedoch die Unterstützung. Daraufhin plant die Nordkoalition einen Angriff auf den Süden, um in Jerusalem einen willfährigeren König einzusetzen und mit ihm ein Bündnis zu schließen. Jesaja fordert von Ahas Gottvertrauen und Stillhalten. Er bietet dem König sogar ein göttliches Zeichen an. Der König lehnt ab, weil er die Unterwerfung unter Assur plant oder bereits veranlasst hat. Daraufhin verkündet Jesaja, dass Gott selbst mit der Geburt des Kindes, des Immanuel, ein Zeichen seiner Treue setzen wird. Ahas aber verweigert sich und betreibt Realpolitik unter Verlust seiner Souveränität. Er wird zum tributzahlenden Vasallenfürsten. (vgl. 2Kön 16; Jes 7).

SyrBar/Syrischer Baruch 224 ist eine außerkanonische Schrift, die sich des Namens der atl. Gestalt, des Baruch, als Verfasser bedient. Sie stammt vermutlich aus frühnachchristlicher Zeit, möglicherweise geschrieben zwischen 70 und 135 und ist von apokalyptischen Bildern geprägt. Es geht darin um die Zerstörung des Tempels und die Frage nach dessen Wiederaufbau. Auch die Auferstehung sowie die **Theodizeefrage** werden thematisiert.

T

Tag des Herrn 227, 229, 266, 267, 271, 274, 290f, 297, 299f, 302: Tag des Kommens Gottes (Endzeit). Als Heilstag erwartet wird der Tag von den Propheten als Unheilstag bzw. Gerichtstag angekündigt.

Talmud 15 (zum Folgenden vgl. v.a. Mayer, Reinhold: Der Babylonische Talmud. München 1986) Das Wort stammt von der hebräischen Wurzel lmd. Dies kann lehren, aber auch lernen heißen. Der Talmud ist ein Sammelwerk und enthält Aussagen zum jüdischen Leben über viele Jahrhunderte. Es geht um die Umsetzung der Gebote Gottes in den Alltag, in jede Handlung hinein. Der Talmud enthält dabei keineswegs nur Gebote und Gesetze, sondern in Gestalt der Agada, der Erzählungen, auch erzählerische Traditionen und dies praktisch über alle Lebensbereiche aus Wissenschaft, Kultur und Kunst. Formal besteht er aus protokollartigen Aufzeichnungen der Diskussion in Lehrhaus und Gerichtshof. Vor ihrer schriftlichen Niederlegung haben diese Stoffe eine z.T. sehr lange mündliche Tradition erfahren. Die Stoffe wurden erst sekundär nach verschiedensten Gesichtspunkten geordnet und nur grob nach inhaltlichen, sachlichen Merkmalen größeren Komplexen zugeschrieben. Innerhalb dieser Komplexe, den Ordnungen (sechs Ordnungen mit 63 Traktaten), kommen sehr unterschiedliche Ordnungskriterien zum Tragen, so beispielsweise die Zuschreibung verschiedener Aussagen an den gleichen Rabbi, von hier aus auf eine namensgleiche oder – ähnliche Person oder auf den Sohn dieses Rabbi, Stichwortverbindungen u.a. Bis zur Stunde wird der Talmud diskutiert und gelernt.

Man rechnet damit, dass das Gesetz, der Pentateuch bzw. die Tora, in welcher Form auch immer, die Grundlage der Reformen des Esra und Nehemia bildete und dieser Teil demnach um 450 bereits weitgehend abgeschlossen war. Von hier an beginnt auch schon die Auslegung. Stark beeinflusst wurde diese durch die Auseinandersetzungen des Judentums mit dem Hellenismus, v.a. ab dem 2.Jh. vor Chr. Die älteste Zeit der Überlieferung nennt – möglicherweise nur bruchstückhaft – einige Namen, die als Tradenten der Gesetzesdiskussion geführt werden. Die Sammlung der ersten Stoffe beginnt unter dem Eindruck der Katastrophe im Jahre 70 n.Chr. Sie ist der Beginn der Mischna, die den Grundbestand des Talmud bildet.

Da von kaum einem nicht dauernd studierenden Juden erwartet werden kann, dass er den gesamten Talmud kennt, wurde, quasi für den täglichen Gebrauch, ein Kompendium geschaffen, das die wichtigsten Regeln, Gebote und Bräuche enthält, der so genannte Schulchan Aruch, d.h. der gedeckte Tisch von Joseph Karo (+ 1575). Dieser ist angeblich das bis heute von den orthodoxen Juden als bindend erachtete Gesetzeskompendium. Eine modernere Fassung stellt der im 19. Jh. von Salomo Ganzfried, einem ungarischen Rabbi, verfasste „Kizzur Schulchan Aruch" dar, der gut verständlich sein soll.

Der Talmud gliedert sich in die ältere Mischna und die Gemara. Mischna ist dabei allerdings ein vielschichtiger Begriff: Er bezeichnet sowohl die Überlieferung bis zum Ende des 2. Jh. n. Chr., den Gesamtinhalt der Lehre eines einzelnen der bis dahin tätigen Tannaim (Bezeichnung von Gelehrten einer best. Epoche), den einzelnen Lehrsatz sowie die Sammlung solcher Lehrsätze. Gemara ist die Sammlung der späteren, amoräischen Diskussion über die ältere Mischna. Inhaltlich gliedert sich der Stoff in Halacha und Aggada. Die **Halacha** ist Wegweisung, Angebot zum Leben, Entscheidung der Meister, Brauch des Volkes, Gesetzesstoff. Zur Halacha wurde etwas, wenn es seit langer Zeit als anerkannt galt, wenn es sich auf eine anerkannte Autorität zurückführen ließ, wenn ein anerkannter Schriftbeweis vorlag und durch Mehrheitsbeschluss. Die **Aggada** umfasst Erzählgut, Sprüche, Gleichnisse, Anekdoten und Legenden sowie Bibelauslegung aus öffentlichen Vorträgen. Beide Formen sind aber nicht geschieden; sie ergänzen einander.

Nach dem Verständnis der Ausleger gibt es nichts, das nicht in der Schrift behandelt wurde. Aus dieser Überzeugung resultiert die Art und Weise des Umgangs mit ihr: Aus jedem Wort, aus seiner Stellung im ganzen, aus jeder Schreibweise konnten und mussten Schlüsse gezogen werden. Es ist daher wichtig den gesamten Kontext zu berücksichtigen, auch dort wo nur Halbsätze zitiert werden.
Es muss auch noch erwähnt werden, dass es neben dem Babylonischen Talmud – auf ihn wird in der Regel zurückgegriffen, wenn nichts anderes verlautet – auch ein palästinischer existiert, der in den bedeutenden Schulen in Tiberias, Cäsarea und Sephoris entstand, bis etwa ins 5.Jh. Er stellt ein Kompendium der in den genannten Städten beheimateten Schulen dar und hat eher Sammlungscharakter, d.h. er ist nicht einheitlich redigiert. Das Verhältnis der beiden Talmudim zueinander ist unklar.

Tamuz 204 und seine Geliebte **Ištar** sind Babylonische Vegetationsgottheiten, die naturgemäß im Frühling nach dem Winterregen verehrt werden.

Targum 18, Plural Targume oder richtiger: Targumim: Übersetzung des Hebräischen Textes der Schrift in das umgangssprachliche Aramäisch in nachexilischer Zeit.

Tefillin 80 – es steckt das Wort „Gebet“ in diesem hebräische Ausdruck – ist die Bezeichnung für die aus Leder hergestellten Gebetsriemen, die zum Gebet angelegt werden, einer am Kopf und einer am linken Arm. Beide tragen jeweils eine kleine Lederkapsel, in die Texte der Tora eingelassen sind. In der Handtefillah besteht die Kapsel aus einem einzigen Hohlraum, in der Kopftefillah befinden sich vier Kammern, die jeweils einen anderen Text bergen. Sie enthalten die Texte Ex 13,8-10.11(14)-16; Dtn 6,4-9 und Dtn 11,13(18)-21 (die Stellenangaben sind hier nicht einheitlich!). Die Riemen werden so geschlungen, dass sie die Buchstaben Š, d und j und somit das Wort Šadaj = Allmächtiger ergeben. Auch das Tragen am linken Arm hat seine Bedeutung, denn die Linke ist nicht nur (i.d.R.) die schwächere Hand, sondern auch die, die dem Herzen näher ist.

Tell 221 bezeichnet die Reste einer antiken Stadt oder Anlage. Wurde die Stadt zerstört, baute man sie in der Regel an gleicher Stelle wieder auf, und zwar auf dem Schutt der ersten. Dies geschah häufig mehrere Male, so dass der Hügel höher und höher wurde. Irgendwann fand keine Neubesiedlung mehr statt, der Hügel wurde der Natur überlassen und es wuchs Gras über die Sache. Wird ein solcher Hügel heutzutage archäologisch untersucht, sind an den Seitenwänden von Einschnitten in den Hügel die verschiedenen Schichten ablesbar.

Tell Der-Allah 221.

Tempel (I. und **II.)** von Jerusalem 39, 142, 144, 156, 289, 291, 293: Seine Maße sind in 1Kön 6,1ff. genannt. Das Langhaus hatte eine Länge von ca. 30 m, es war 10 m breit und 15 m hoch. Die Vorhalle war so breit wie das Haupthaus und besaß eine Tiefe von 5 m. Im Innern befand sich gegenüber dem Eingang ein Einbau aus Holz, der/das sog. Debir. Dieser war ein hölzerner Würfel von 10 m Kantenlänge. Über dem Würfel befand sich entweder ein Luftraum, der bis zur Decke 5 m hoch war oder man musste über Stufen zum Debir hinaufsteigen. Der erste Tempel wird als der Salomonische Tempel bezeichnet, der zweite ist der nachexilische, der von Herodes dem Großen im 1. Jh v. Chr. umfassend erweitert und neugestaltet wurde. Zum zukünftigen dritten Tempel gibt es im Judentum sehr heterogene Ansichten.

Tenach oder Tenak 12, 13f, 18f, 33, 27, 36f, 39f, 41, 44, 50, 79, 155, 175, 177, 182f, 209, 212f ist ein Kunstwort, das entstanden ist aus T=Tora (die fünf Bücher Mose), N=Nebiim (Propheten) und K=Ketubim (Schriften).

Testament, Zweites 15.

Theodizeefrage 184, 186, 288 meint die Frage nach der „Gerechtigkeit“ Gottes, also die Frage, warum Gott das Leid zulässt und dabei auch den „Gerechten“ oder auch den „Unschuldigen“ (etwa Kinder) damit schlägt. Thematisiert wird diese Frage atl. vor allem im Buch Ijob.

Theophanie 31, 250, 281: Gotteserscheinung.

Theophore Elemente 66 Ereignisse beim Erscheinen Gottes.

Textkritik 25: kritischer Abgleich verschiedener Ausgaben/Handschriften eines Textes.

Tobiaden 178 sind eine höchst einflussreiche Jerusalemer Familie mit Verbindungen ins Ostjordanland, über die Josephus in seinen Antiquitates sehr ausführlich berichtet, wahrscheinlich unter Aufnahme einer eigenen Erzählung (Tobiadenroman) in Ant XII,157-222; 224; 228-263.

Diese standen ursprünglich in enger Beziehung zu den Ptolemäern und vermutlich auch zur Hohepriesterfamilie in der Zeit Nehemias. Tobija, der „Knecht von Ammon", wie er genannt wird, ist möglicherweise ein früher Vorfahre dieser Familie (Vgl. Neh 2,10.19; 6,17ff.; Neh 13,4ff. u.a.). Die Familie war vor allem durch die Steuerpacht zu beträchtlichem Vermögen gekommen. Im Zuge der Auseinandersetzung zwischen Ptolemäern und Seleukiden spaltet sie sich jedoch. Die Mehrzahl ihrer Mitglieder wird zu Anhängern der Seleukiden, einer der Söhne bleibt pro-ptolemäisch. Weitergehende Ausführungen bei Hengel: Judentum und Hellenismus, bes. 486-503; Haag: Das hellenistische Zeitalter, 49-53.

Tod des Joschija 143f: Joschija stirbt im Jahre 608 oder 609 eines gewaltsamen Todes. Pharao Necho „tötete ihn, sobald er ihn sah" auf der Durchreise durch das Grenzgebiet Joschijas. Dieser gewaltsame Tod steht nun tatsächlich im Widerspruch zur Prophetie der Hulda. Dennoch kann dies nicht dazu dienen, in 2Kön 23 eine Zäsur einzutragen. Auch König Ahab stirbt anders als vom Propheten verkündet (1Kön 22,34-38): Entgegen der Prophetie, die ihm einen gewaltsamen Tod vorhersagt, stirbt er zu Hause, in seinem Bett, einen friedlichen Tod (1Kön 22,40).

Topos 124 bezeichnet i.d.R. ein vorgeprägtes Sprachbild, ein bekanntes, feststehendes Motiv oder eine stereotype Wendung.

Torgerichtsbarkeit 31, 108, 110: Die Rechtsprechung findet nach atl. Aussagen z.T. im und vor dem Stadttor statt. Dies geschieht zum einen sicher aus Platzgründen, weil sich dabei gegebenenfalls eine größere Menschenmenge versammelte. Es könnte allerdings auch noch ein anderer Grund vorliegen: Man will die „Sache" aus der Stadt heraushalten.

Totenbeschwörung oder Nekromatie 71, 115 sind im AT strengstens untersagt. Saul lässt dennoch durch eine Frau aus Endor einen Totengeist befragen, der nachträglich mit Samuel identifiziert wird und Saul den Tod in der bevorstehenden Schlacht ansagt.

Tun-Ergehen-Zusammenhang 43, 79, 129, 150, 162f, 184, 186, 191f, 194f, 199, 202, 209, 213f, 215, 252 lässt sich auf die kurze Formel bringen: Den Gerechten belohnt Gott; ihm geht es gut. Den Ungerechten bestraft Gott mit Leiden, Vermögensverlust, ggf. Verbannung. Auf das ganze Volk ausgedehnt findet sich diese Vorstellung bes. im deuteronomistischen Geschichtswerk bzw. in der dtr Theologie. Weil sich Israel durch Abfall bzw. die Nichteinhaltung der Weisungen Gottes verfehlt hat, bestraft Gott sein Volk durch Übergriffe der Nachbarvölker und schließlich durch das Exil. Es findet sich sowohl die Aussage, dass jeder für sein eigenes Tun verantwortlich ist, wie auch die Wendung, dass Gott die Sünden der Väter bis in das „dritte und vierte Geschlecht" der Nachkommenschaft bestraft.

U

Urkunde/Quelle – Urkundenhypothese 36f, 39, 41.

V

Vaticinium ex eventu 290: Erzählung eines Ereignisses, nachdem dieses bereits stattgefunden hat. Dabei wird jedoch der Eindruck erweckt, es sei eine Vorhersage. Der Verkünder wird dazu in die Zeit vor dem Ereignis datiert.

Vulgata 16, 20 (= „die Allgemeine") wird die lateinische Übersetzung des AT genannt, die von Hieronymus im 4. Jh. angefertigt wurde. Da sie vom Papst Damasus I (366-384) in Auftrag gegeben worden sein soll, fand sie weite Verbreitung. Ältere lateinische Übersetzungen (man bezeichnet sie summarisch als vetus latina) verloren dadurch zunehmend an Bedeutung.

W

Wortereignisformel 294: „Es erging das Wort (Gottes) an xy" oder das Wort J"s erging an ...

Wüstenheiligtum 67, 70. Laut Pentateuch befahl Gott den Israeliten in der Wüste ein Heiligtum herzustellen, in dem die Lade/Bundeslade/ Aaron ha kodesch (der heilige Schrein) untergebracht wurde. Das Heiligtum war im Wesentlichen ein Zelt, das auf der Wüstenwanderung mitgeführt wurde. Es wurde daher auch **Zelt der Offenbarung**, **Zelt der Begegnung** oder auch **Stiftshütte** genannt.

Wulfila 21 Übersetzung der Bibel in die Sprache der Goten.

X

Xenophon 172: Geboren 430 in Attika, gestorben 354 in Korinth. Er gilt als Schüler des Sokrates und hat am Kriegszug des Kyros des Jüngeren gegen Artaxerxes II. (Bruderkrieg um den Thron) teilgenommen Er soll die 10.000 Mann umfassende griechische Armee nach dem Tod des Kyros in die Heimat zurückgeführt haben.

Z

Zadok 124 findet sich erstmals in der Jerusalemer Zeit Davids. Er ist Priester in Jerusalem und begründet die Priesterdynastie der **Zadokiden**. Bis zum Beginn des Exils (586 v. Chr.) stellen die Zadokiden den Hohepriester.

Die **Zahl 613** 109f, 313: Laut jüdischer Überlieferung ist dies die Anzahl aller Ge- und Verbote und zudem die Zahl der Knochen des menschlichen Körpers.

Zahlensprüche 191-193, 214, 269 sind eine Art weisheitliches Rätsel. Am einfachsten wird man sie an Hand eines Beispiels verstehen:
Spr 30,18 Drei sind es, die mir zu wunderbar sind, und vier, die ich nicht erkenne: 19 Der Weg des Adlers am Himmel, der Weg einer Schlange auf dem Felsen, der Weg eines Schiffes im Herzen des Meeres und der Weg eines Mannes mit einem Mädchen.
Sie finden sich auch öfter bei Propheten – bes. bei Amos. Es wird dabei gelegentlich sofort der vierte Fall oder das vierte Verbrechen genannt, der für den Weisen/Propheten unerklärlich ist oder als das schlimmste aller Verbrechen gelten muss.

Zion steht für Jerusalem – wie vermutlich auch Jeschurun (Dtn 32,15; 33,5 und Jes 44,2). Dem Text in 2Sam 5,7 zufolge könnte der Zion ursprünglich eine eigens befestigte Oberstadt, ein Kastell oder ein Turm in der Stadt gewesen sein.

Zionslied 188.

Zippora 22: Ehefrau des Mose.

Zitherspieler 124: Aus der biblischen Angabe, David habe den depressiven Saul mit Zitherspiel und Gesang aufgemuntert resultiert die Überlieferung, David sei Verfasser der Psalmen. Entsprechend gilt sein Sohn **Salomo** als Urheber der Weisheitsliteratur 127.

Zizit/Schaufäden 80. Diese befinden sich am Tallit, dem Gebetsschal und haben die Funktion des „Knoten im Taschentuch“, sind also Erinnerungshilfen für die 613 Ge- und Verbote der Tora. Vorgeschrieben werden sie in Num 15,37-41. Die Anzahl der Fäden und die Knoten daran sind genau festgelegt, denn sie ergeben zusammen mit der gematrischen Auflösung des Wortes Zizit eben jene Zahl 613, die auch mit der Anzahl der menschlichen Knochen übereinstimmen soll.

Zwölf-Stämme-Volk 95, 98, 103.

Die Geschichte Israels und seiner Nachbarn

(Personen und Ereignisse werden z.T. stark abweichend datiert – Datierung nach Donner, Herbert: Geschichte des Volkes Israel und seiner Nachbarn in Grundzügen. Göttingen 1987)

Ägypten	Juda	Israel	andere Völker	Besondere Vorkommnisse
				Spätbronze
18. Dynastie 1364-1347 Amenophis IV. (=Echnaton)			1370-1200 Hethiter (Kleinasien) Ab 1364 Assyrer	→*Amarnakorrespondenz*
Meretaton Semenchkare Tutanchamun Aja/Eje				
19. Dynastie 1334-1306 Haremhab				
1306-1304 Ramses I.				
1304-1290 Sethos I.				„Israel“ in Ägypten (?)
1290-1224 Ramses II.			1285 Schlacht bei Kadesch gegen Hethiter; 1270 Friedensschluss mit Friedensvertrag	Pharao der Fron (?)
1224-1204 Merenptah				Pharao des Exodus (?)
1204-1198 Sethos II. und seine Frau Tausret (+1190?) (Siptha: 1198-1193)				Auftreten des Bi/Bj/Beja, den man gelegentlich mit dem biblischen Joseph identifiziert
				1200: Beginn der Eisenzeit
20. Dynastie 1186-1184 Sethnacht				Pharao des Exodus (?)

1184-1153 Ramses III. 1105-1076/70? Ramses XI.	Beginn der „Landnahme“	Beginn der „Landnahme“	Philister in Palästina; Niedergang Ugarits; Ende der mykenischen Kultur; Aramäer in Ost-Syrien; 1117-1077 Tiglatpileser I.	Abwehr der „Seevölker“ durch Ramses III. und deren Ansiedelung in Palästina
21. Dynastie 1069 bis 945 Smendes 1069-1043 v. Chr. (im Norden 1080-1069) Amenemnesu 1043-1039 ***Psusennes*** I. 1039-991 v.Chr. Amenemope 993-984 Osochor 984-978 Siamun 978-959 Psusennes II. 959-945	1004-965 David 965-926 Salomo	1020-1004 (?) König Saul 1004-965 David 965-926 Salomo		Kampf Israels gegen die Philister Fronvogt Jerobeam flieht nach Ägypten Der Erste Tempel
22. Dynastie Scheschonq I. 945-924	926-910 Rehabeam 910-908 Abija	927-907 ehemaliger Fronvogt Salomos wird erster König des NR: Jerobeam I.		Scheschonqs Feldzug gegen Palästina ca. 924
	908-868 Asa	907-906 Nadab 906-883 Bascha 883-882 Ela 882 Simri 882/878-871 Omri /Tibni	Ben Hadad I. in Damaskus	
	868-847 Joschafat	871-852 Ahab und Isebel	Salmanassar III. in Assur; Ben Hadad II. kämpft zus. mit Ahab erfolgreich gegen Assyrer bei Qarqar	Auftreten von Elija und Elischa
	852/47-845 Joram	852-851 Ahasja 851-845 Joram	850 Mescha von Moab (Mescha-Stele)	

	845 Ahasja 845-840 Königin Atalja	845-818 Jehu		
	840-801 Joasch	818-802 Joahas		! laut AT gibt es einen Joasch und Ahasja im SR und im NR!
	801-773 Amasja	802-787 Joasch	797 Hasa-El König in Damaskus	Schwere Kämpfe gegen die Aramäer aus Damaskus
	773-736 Asarja (Usija)	787-747 Jerobeam II. 747 Secharja 747 Schallum	745-727 Tiglatpileser III. in Assur und Babel	Amos und Hosea
751-664 ***25. Dynastie***	756-741 Jotam	747-738 Menachem		
	741-725 Ahas	737-736 Pekachja 735-732 Pekach 731-723 Hoschea		Jesaja Micha 734-732 Syrisch-ephraimitischer Krieg (?)
716-702 Schabaka	725-697 Hiskija 701 Sanherib vor Jerusalem	***722 Ende des Nordreiches***:	727-722 Salmanassar V. 722-705 Sargon II. 705-681 Sanherib	
Assyrische Herrschaft 671-664 (655?)	696-642 Manasse		689 Zerstörung Babels; Ninive wird Hauptstadt; Asarhaddon (681-669) erobert Ägypten	
26. Dynastie Psammetich I. 664-610v.Chr.	641-640 Amon		669-627 Assurbanipal in Assur und Babel; beginnender Zerfall des Assyrischen Reiches	
Necho II. 610-595	639-609 Joschija wird von Necho ermordet		Beginnender Aufstieg der Neubabylonier mit 625-605 Nabopolasar	
	609 Joahas			

	608-598 Necho setzt Jojakim ein		605-562 Nebu- kadnezar II. in Babylon 612 Fall von Ninive	605 Schlacht bei Karkemisch
	597 Jojachin wird ins Exil geführt			Ezechiel
Psammetich II. 595-589 Apries 589-570	597-587/6 Zidkija; Beginn des Babylonischen Exils (bis 538) ***Ende des Südreiches und der Davididen***		Nebukadnezar erobert Jerusalem	Jeremia Jeremia wird von Aufständischen Judäern nach Ägypten verschleppt und stirbt dort
			550-330 Persische Zeit	
	538 Ende des Babylonischen Exils durch den Perser Kyros		539 Fall von Babylon; Ende der Neubabylonier durch Perser Kyros II.	
525 Ägypten von Kambyses erobert; Herrschaft der Perser (27. Dynastie)	Ca. 525 Serubba- bel (ein Davidide) Statthalter von Juda		Kambyses 530-522 Dareios I. 521-486 Xerxes I.486-466	520-515 (?) Bau des Zweiten Tempels
399-380 ***29. Dynastie*** 380-343 ***30. Dynastie*** 343-332 ***31. Dynastie=*** 2. Persische Herrschaft	445-433 Nehemia um 425 (?) Esra		Artaxerxes I. 465-424 Xerxes II. 424 Sogdianos 424 Dareios II. 424-404 Artaxerxes II. Memnon 404-359 Artaxerxes III. Ochos 359-338 Arses 338-336 Darius III. 336-331 330 Ende der Perser	336-323 Alexander der Große 333 bei Issus Keilerei: Alexander schlägt Darius III.
Seit 323 Ptolemäische Herrschaft über Ägypten	301-198 Ptolemäer herrschen über Palästina		Ab 330 Ptolemäer und Seleukiden	ca. 250 Beginn der LXX-Überset- zung (zunächst der Tora)

	Ab 198 Seleukiden herrschen über Palästina			200/198 Schlacht bei Paneas: Palästina fällt an die Seleukiden
	167 Aufstand der Makkabäer (Hasmonäer) 167-166 Mattatias		175-164 Antiochus IV. Epiphanes	Das Buch Daniel
	166-161/160 Judas Makkabäus		164-162 Antiochus V. 162-150 Demetrios I.	Zunehmende Zersplitterung des Judentums in verschiedene Richtungen
	160-142 Jonatan, ab 153 auch Hohepriester		153-145 Alex. Balas I.	
	142-135 Simeon, seit 141 unabhängiger Herrscher			
	135-104 Johannes Hyrkan I.			
	104-103 Aristobul I.			
	103-76 Alexander Jannäus 76-67 Salome Alexandra, Witwe von Alex. Jannäus			Auftreten der Pharisäer als Opposition
	67-63 Aristobul II.		66: der Römer Pompeius „ordnet" den Osten; seit 64 Syrien röm. Provinz	
51-30 „Die" Kleopatra VII. Letzte Ptolemäerin und letzte ägyptische Königin	63-40 Joh. Hyrkan II.; Antipater als „Verwalter" von Cäsar aufgezwungen		64 v.-330 n. Chr. Römische Zeit 47-44 v. Julius Cäsar	
	40-37 Anitgonos letzter Makkabäer und letzter jüdischer König		41-30 Marc Anton	
	37 – 4 Herodes der Große (Edomiter/Idumäer)		31v.-14 n. Augustus	Geburt Jesu; Herodes erneuert den Tempel

	Palästina wird unter den Herodianern aufgeteilt			
	4 v.- 6n. Archelaos Judäa; Idumäa; Samarien	4v.-39n. Herodes Antipas Galiläa, Peräa		
	Ab 6 n. Chr. Judäa unter römischen Statthaltern; geringe Eigenverwaltung durch den Hohen Priestern		26-36 Pontius Pilatus	zwischen 27 und 33 Tod Jesu
	41-44 Herodes Agrippa I. König über Judäa; danach wieder römische Prokuratoren			
	68 Beginn des Aufstandes ***70 n. Chr. Eroberung Jerusalems*** durch die Römer; Zerstörung des Tempels; 73 Eroberung Masadas; Ende des Krieges		Vespasian/Titus erobern Jerusalem	68 Tod des Nero
	132-135 Zweiter jüdischer Aufstand unter →*Bar Kochba* ***Ende des jüdischen Staates bis 1948***		Angeblicher Kriegsgrund: Kaiser Hadrian verbietet die Beschneidung	

Lektüreempfehlungen für das weitere Studium

Quellen

Die hebräische Bibel:
ELLIGER, Karl [Hrsg.]; RÜGER, Hans Peter: Biblica Hebraica Stuttgartensia. Stuttgart 1977.

EINHEITSÜBERSETZUNG der Heiligen Schrift. Gesamtausgabe.
Dieses Werk wird von verschiedenen Verlagen in verschiedener Ausführung, d.h. kommentiert/ nicht kommentiert; Paperback; Festumschlag etc. herausgegeben.

Quellen, die man sich zusätzlich anschaffen kann

Da das AT in der Einheitsübersetzung gut lesbar, aber nicht sehr wortgetreu wiedergegeben wird, empfiehlt sich der zusätzliche Besitz z.B. von

DIE BIBEL. Elberfelder Übersetzung. Wuppertal ^{7}2000.

Bei der folgenden Ausgabe handelt es sich nicht um eine Übersetzung im klassischen Sinn. Vielmehr versuchen Buber und Rosenzweig hebräische Begriffe und auch die Struktur des Hebräischen möglichst adäquat im Deutschen wiederzugeben.

DIE SCHRIFT. Verdeutscht von Martin Buber gemeinsam mit Franz Rosenzweig Darmstadt 1970.

Für Leser, die noch einen Schritt weitergehen und sich auf das Hebräische einlassen wollen, empfiehlt sich diese Ausgabe:

STEURER, Rita Maria: Das Alte Testament. Interlinearübersetzung Hebräisch-Deutsch und Transkription des hebräischen Grundtextes I-V. Neuhausen, Stuttgart 1989-2003.

Elektronische Ausgaben

Im Hinblick auf Schule und Studium (Möglichkeit von Teilabdrucken von Texten) ist aber grundsätzlich auch der Erwerb der hl. Schrift in elektronischer Form zu überlegen:

‚BIBELWORKS' oder ‚STUTTGARTER ELEKTRONISCHE STUDIENBIBEL'

Online-Bibel:
https://www.die-bibel.de/online-bibeln/ueber-die-online-bibeln/
mit folgenden Bibeln:

- Luther Bibel 1984
- Gute Nachricht Bibel
- Basis Bibel
- Menge-Bibel
- Einheitsübersetzung
- Zürcher Bibel
- Neue Genfer Übersetzung (NGÜ)
- Schlachter Bibel

‚ELENCHUS BIBLIOGRAPHICUS BIBLICUS', *das* Nachschlagewerk für biblische Beiträge aller Art.

Grundlagenliteratur AT

Lexika und Wörterbücher

GÖRG, Manfred/LANG, Bernhard [Hrsg.]: Neues Bibellexikon I-III. Düsseldorf u.a. 1991-2001.

JENNI, Ernst/WESTERMANN, Claus [Hrsg.]: Theologisches Handwörterbuch zum Alten Testament I+II. Gütersloh ^{6}2004.

KEEL, Othmar/KÜCHLER, Max/UEHLINGER, Christoph: Orte und Landschaften der Bibel I. Geographisch-geschichtliche Landeskunde. Zürich u.a. 1984; II. Der Süden. Zürich u.a. 1982.

KEEL, Othmar: Die Geschichte Jerusalems und die Entstehung des Monotheismus 1. (=Orte und Landschaften der Bibel IV.1) Göttingen 2007.

Ein kleines aber durchaus umfassendes Lexikon ist jenes von Reclam. Es bietet die wichtigsten Informationen, ist allerdings bei wenigen Stichworten nicht ganz aktuell.

KOCH, Klaus u.a. [Hrsg.]: Reclams Bibellexikon. Stuttgart ^{7}2004.

Methodenbuch

BECKER, Uwe: Exegese des Alten Testamens. Tübingen 2005 (UTB 2664).

Bibelkunde, Einleitung

ZENGER, Erich u.a. [Hrsg.]: Einleitung in das Alte Testament. (=Studienbücher Theologie 1,1). Stuttgart ^{9}2016.

GERTZ, Jan Christian [Hrsg.]: Grundinformationen Altes Testament. Eine Einführung in Literatur, Religion und Geschichte des Alten Testaments. Göttingen ^{6}2019 (UTB 2745).

AUGUSTIN, Matthias/ KEGLER, Jürgen: Bibelkunde des Alten Testaments. Ein Arbeitsbuch. Gütersloh ^{2}2000.

BORMANN, Lukas: Bibelkunde. Altes und Neues Testament. Göttingen ^{5}2014 (UTB 2674).

Eine Einleitung mit gut lesbarer Forschungsgeschichte bietet:

RÖMER, Thomas u.a. [Hrsg.]: Einleitung in das Alte Testament. Zürich 2013.

RÖSEL, Martin: Elektronische Bibelkunde. AT mit Apokryphen, NT und Apostolische Väter. Stuttgart 2001.

Geschichte des AT

DIETRICH, Walter [Hrsg.]: Reihe Biblische Enzyklopädie. Stuttgart ab 1996.

DONNER, Herbert: Geschichte des Volkes Israel und seiner Nachbarn in Grundzügen. (=Grundrisse zum Alten Testament 4) Göttingen ^{4}2007f.

SCHMITZ, Barbara: Geschichte Israels. Paderborn ^{2}2015.

Zudem existieren zu einzelnen Epochen der Geschichte Israels auch lesenswerte Einzelbände, wie z.B.

SASSE, Markus: Geschichte Israels in der Zeit des Zweiten Tempels. Historische Ereignisse – Archäologie - Sozialgeschichte - Religions- und Geistesgeschichte. Neukirchen-Vluyn ^{2}2009.

Kommentare zu einzelnen Büchern

Von den wenigsten Kommentarreihen sind je alle Kommentare zu sämtlichen alttestamentlich Büchern erschienen. Eine erste Orientierung (aber auch nicht mehr!) bietet die Kommentarreihe der

NEB (Neue Echterbibel).

Im Entstehen begriffen ist zurzeit die Reihe

ZENGER, Erich (Hrsg.): Herders theologischer Kommentar zum Alten Testament (=HThKAT) Freiburg.

Theologie des AT

PREUSS, Horst Dietrich: Theologie des Alten Testaments. Stuttgart u.a. 1991f (2 Bde).

KAISER, Otto: Der Gott des Alten Testaments. Wesen und Wirken. Theologie des Alten Testaments. Göttingen 1998 (2 Bde= UTB 1747 und 2024); Online-Ressource München 2010: http://nbn-resolving.de/urn/resolver.pl?urn=urn:nbn:de:bvb:12-bsb00045758-4

HERRMANN, Wolfram: Theologie des Alten Testaments. Geschichte und Bedeutung des israelisch-jüdischen Glaubens. Stuttgart 2004.

Talmudausgabe in deutscher Sprache

GOLDSCHMIDT, Lazarus: Der Babylonische Talmud I-XII. Sonderausgabe der Wissenschaftliche Buchgesellschaft 2002.

Der Talmud ist ein nur schwer verständliches Werk, auch wenn er in deutscher Sprache vorliegt. Man wird einen Großteil davon ohne Anleitung oder Kommentar kaum verstehen.

Erweitertes Literaturverzeichnis

der Veröffentlichungen in deutscher Sprache zum AT für die Jahre 2000-2020, enthält vereinzelt auch ältere wichtige Monographien

Altes Testament und seine Umwelt

ALBANI, Matthias/RÖSEL, Martin: Altes Testament. Stuttgart 2002 (Calwer Taschenbibliothek 92)

ALBERTZ, Rainer: Geschichte und Theologie. Studien zur Exegese des Alten Testaments und zur Religionsgeschichte Israels. Berlin u.a. 2005 (BZAW 326)

ARNOLD, Bill T. u.a.: Studienbuch Altes und Neues Testament. So macht Bibellesen Spaß. Gründliche Basisinformation für jeden Bibelleser, systematisch und übersichtlich. Witten [3]2012

ASSMANN, Jan: Fünf Stufen auf dem Weg zum Kanon. Tradition und Schriftkultur im frühen Judentum und seiner Umwelt. Vortrag anlässlich der Promotion zum Dr. theol. Ehrenhalber vor der Evangelisch-Theologischen Fakultät der Westfälischen Wilhelms-Universität Münster. Mit einer Laudatio von H.-P. Müller. Münster 1999

BAUKS, Michael u.a.: Theologie des Alten Testaments: Religionsgeschichtliche und bibelhermeneutische Perspektiven. Göttingen 2019 (UTB 4973)

BECKER, Uwe: Exegese des Alten Testaments. Ein Methoden und Arbeitsbuch. Tübingen [4]2015 (UTB 2664)

BERGES, Ulrich: Die dunklen Seiten des guten Gottes. Zu Ambiguitäten im Gottesbild JHWHs aus religions- und theologiegeschichtlicher Perspektive. Paderborn u.a. 2013 (Nordrhein-Westfälische Akademie der Wissenschaft und Künste. Vorträge Geisteswissenschaften 443)

BIEBERSTEIN, Sabine: Studiengang Theologie. Altes Testament (hrsg. v. Theologiekurse.ch.Red), Zürich 2011

BLEEK, Friedrich/KAMPHAUSEN, Adolf/WELLHAUSEN, Adolf: Einleitung in die Heilige Schrift; Teil 1, [6]2019 Ebook

BÖCKLER, Annette: Gott als Vater im Alten Testament. Traditionsgeschichtliche Untersuchungen zur Entstehung und Entwicklung eines Gottesbildes. Gütersloh 2000

DALMAN, Gustaf: Arbeit und Sitte in Palästina. Webstoff, Spinnen, Weben, Kleidung. Tübingen 2013 (ASP 5)

CARR, David McLain u.a.: Schrift und Erinnerungskultur. Die Entstehung der Bibel und der antiken Literatur im Rahmen der Schreiberausbildung. Zürich

2015 (Abhandlungen zur Theologie des Alten und Neuen Testaments = AThANT 107)
DERS.: Einführung in das Alte Testament. Biblische Texte, imperiale Kontexte. Stuttgart 2013

DOHMEN, Christoph/Stemberger, Günter: Hermeneutik der Jüdischen Bibel und des Alten Testaments. Stuttgart ²2019
DORNINGER, Maria: Verführerinnen in der Bibel. Graz 2013
DIEBNER, Bernd: Seit wann gibt es „jenes Israel"? : gesammelte Studien zum TNK und zum antiken Judentum ; Bernd J. Diebner zum 70. Geburtstag. Berlin u.a. 2011 (Beiträge zum Verstehen der Bibel = BVB 17)
DIETRICH, Jan: Der Tod von eigener Hand. Studien zum Suizid im Alten Testament, Alten Ägypten und Alten Orient. Tübingen 2017 (Orientalische Religionen in der Antike 19)
DIETRICH, Walter: Die Entstehung des Alten Testaments. Neuausg. Stuttgart 2014 (Theologische Wissenschaft. Sammelwerk für Studium und Beruf 1)

EBSTEIN, Wilhelm: Die Medizin im Alten Testament: Saarbrücken 2008
EGELKRAUT, Helmuth: Das Alte Testament. Gießen ⁶2017
EISEN, Ute E. u.a. [Hrsg.]: Gott als Figur. Narratologische Analysen biblischer Texte und ihre Adaption. Freiburg u.a. 2016 (Herders Biblische Studien = HBS 82)

FIEGER, Michael [Hrsg.]: Wörterbuch alttestamentlicher Motive. Darmstadt 2013
FISCHER, Alexander A.: Tod und Jenseits im Alten Orient und im Alten Testament. Eine Reise durch antike Vorstellungs- und Textwelten. Leipzig 2014
FISCHER, Georg: Gott und sein Wort. Studien zu Hermeneutik und biblischer Theologie. Stuttgart 2019 (Stuttgarter Biblische Aufsatzbände =SBA; Altes Testament 70)
FISCHER, Irmtraud u.a. [Hrsg.]: Sexualität. Göttingen 2020 (Jahrbuch für biblische Theologie 33)
DIES.: Macht – Gewalt – Krieg im Alten Testament. Gesellschaftliche Problematik und das Problem ihrer Repräsentation Freiburg u.a. 2016 (QD 254)
FREY, Jörg u.a. [Hrsg.]: Die Samaritaner und die Bibel : historische und literarische Wechselwirkungen zwischen biblischen und samaritanischen Traditionen = The Samaritans and the Bible. Berlin u.a. 2012

GÖNKE, Eberhardt: JHWH und die Unterwelt: Spuren einer Kompetenzausweitung JHWHs im Alten Testament. Tübingen 2007 (FAT2. Reihe 23)

GOSSMANN, Hans-Christoph: Das Land der Verheißung. Studien zur Theologie des Landes im Alten Testament und ihrer Wirkungsgeschichte in frühjüdischen und frühchristlichen Texten. Schenefeld 2003

GREIF, Stefan u.a.: Heilige Texte. Verständigungen zwischen Theologie und Kulturwissenschaft. Stuttgart 2020

GROPP, Andrea: Forschungsgeschichte zur Aschera. Duisburg u.a. 2010

GRUND-WITTENBERG, Alexandra: Die Entstehung des Sabbats. Seine Bedeutung für Israels Zeitkonzept und Erinnerungskultur. Tübingen 2011 (Forschungen zum Alten Testament = FAT 75)

HARDMEIER, Christof [Hrsg.]: Freiheit und Recht. Fs. Frank Crüsemann zum 65. Geburtstag. Gütersloh 2003

HARTENSTEIN, Friedhelm/RÖSEL, Martin [Hrsg.]: Der Gott Israels und die Götter des Orients. Festschrift zum 80. Geburtstag von Klaus Koch. Göttingen 2007 (Religionsgeschichtliche Studien 2. Forschungen zur Religion und Literatur des Alten und Neuen Testaments = FRLANT 216)

HEIL, Uta u.a. [Hrsg.]: Autor und Autorität. Historische, systematische und praktische Perspektiven. Göttingen 2019

HERRMANN, Siegfried: Einführung in das Alte Testament. Seine Entstehung und seine Schriften. Stuttgart 2002 (Wissenswertes zur Bibel 3)

HERMISSON, Hans-Jürgen: Alttestamentliche Theologie und Religionsgeschichte Israels. Leipzig 2000 (Forum Theologische Literaturzeitung 3)

INTERNATIONALER Exegetischer Kommentar zum Alten Testament, hrsg. von Walter Dietrich und David M. Carr. Stuttgart

JANOWSKI, Bernd: Das biblische Weltbild und seine altorientalischen Kontexte. Tübingen 2001 (FAT32)

JEREMIAS, Jörg: Theologie des Alten Testaments. Göttingen 2015 (Grundrisse zum Alten Testament 6)

JOHANNSEN, Friedrich: Alttestamentliches Arbeitsbuch für Religionspädagogen. Stuttgart [4]2010

KAISER, Otto: Studien zur Literaturgeschichte des Alten Testaments. Würzburg 2000

DERS.: Die alttestamentlichen Apokryphen. Eine Einleitung in Grundzügen. Gütersloh 2000

DERS.: Einleitung in das Alte Testament. Eine Einführung in ihre Ergebnisse und Probleme. Gütersloh[5] 984

KALTENSTADLER, Wilhelm: Altes Testament, jüdische Kultur und deutsches Judentum. Aufsätze zur jüdisch-christlich-islamischen Kultur Europas. Nordhausen 2018 (Jerusalemer Texte 21)

KAMPLING, Rainer/MÜLLNER, Ilse [Hrsg.]: Gottesrede. Gesammelte Aufsätze von Erich Zenger zum jüdisch-christlichen Dialog. Stuttgart 2018 (SBA Altes Testament 65)

KEEL, Othmar: Jerusalem und der eine Gott. Eine Religionsgeschichte. Göttingen [2]2014

KINET, Dirk: Geschichte Israels. Würzburg 2001 (Neue Echterbibel = NEB Erg. AT 2)

KIRCHER, Bertram [Hrsg.]: Die Bibel der Frauen. Dichterinnen erzählen das Alte Testament. Hannover 2014

KITCHEN, Kenneth A.: Das Alte Testament und der Vordere Orient. Zur Zuverlässigkeit biblischer Geschichte. Gießen [2]2012

KLEINEMAS, Miriam: Die Geschichte von Hanna (1.Samuel 1f) und die Frage der Kult- und Opferfähigkeit von Frauen im Alten Testament. München 2006

KNITTEL, Ann-Kathrin: Das erinnerte Heiligtum. Tradition und Geschichte der Kultstätte in Schilo. Göttingen 2019

KOCH, Klaus: Religionsgeschichtliche Studien. Göttingen o.J.

DERS.: Religionsgeschichtliche Studien II: Der Gott Israels und die Götter des Orients. Zum 80. Geburtstag von Klaus Koch. Göttingen 2006 (FRANT 216)

KÖHLMOOS, Melanie: Altes Testament. Tübingen 2011 (UTB 3460)

DIES.: Bet-El – Erinnerungen an eine Stadt. Perspektiven der alttestamentlichen Bet-El-Überlieferung. Tübingen 2006

KOLLMANN, Bernd [Hrsg.]: Die Verheißung des Neuen Bundes – wie alttestamentliche Texte im Neuen Testament fortwirken. Göttingen 2010 (Biblisch-theologische Schwerpunkte 35)

KÖSZEGHY, Miklós u.a. [Hrsg.]: Ein pralles Leben: Alttestamentliche Studien. Für Jutta Hausmann zum 65. Geburtstag und zur Emeritierung. Leipzig 2017 (ABG 56)

DERS./ZWICKEL, Wolfgang: Nationale Identität im Alten Testament. Kamen 2015

DERS.: Keine Stadt lebt für sich allein: Jerusalem und seine Umgebung vor dem babylonischen Exil. Münster 2015

KRATZ, Reinhard Gregor: Historisches und biblisches Israel. Drei Überblicke zum Alten Testament. Tübingen [2]2017

DERS.: Kleine Schriften 3: Mythos und Geschichte. Tübingen 2015 (FAT102)

KREUZER, Siegfried: Geschichte, Sprache und Text. Studien zum Alten Testament und seiner Umwelt. Berlin u.a. 2015 (BZAW 479)

LA SOR, William Sanford u.a.: Das Alte Testament. Entstehung – Geschichte – Botschaft. Gießen 2000

LEVIN, Christoph Die Entstehung der Bundestheologie im Alten Testament. Göttingen 2004 (Nachrichten der Akademie der Wissenschaften in Göttingen. Philologisch-Historische Klasse Jg. 2004/4)

DERS.: Das Alte Testament. München 2001

LICHTENBERGER, Hermann/KÜMMEL, Werner Georg [Hrsg.]: Jüdische Schriften aus hellenistisch-römischer Zeit. Gütersloh

LIMBECK, Meinrad: Das Gesetz im Alten und Neuen Testament. Darmstadt 2006

LIWAK, Rüdiger: Israel in der altorientalischen Welt. Gesammelte Studien zur Kultur- und Religionsgeschichte des antiken Israel. Berlin u.a. 2013 (Beihefte zur Zeitschrift für die alttestamentliche Wissenschaft =BZAW 444).

MAIER, Johann: Studien zur jüdischen Bibel und ihrer Geschichte. Berlin u.a. 2004

MOMMER, Peter: Altes Testament. Gütersloh 2009 (Module der Theologie 1)

MÜLLNER, Ilse: Gott erzählen in biblischen Schriften des Alten Testament 2018. http://elpub.bib.uni-wuppertal.de/servlets/DerivateServlet/Derivate-8366/dej18070204.pdf (24.10.2020)

OEMING, Manfred [Hrsg.]: Ahava – Die Liebe Gottes im Alten Testament. Ursprünge, Traditionsformen und Wirkungen. Leipzig 2018 (ABG 55)

DERS./THEIßEN, Gerd: Theologie des Alten Testaments aus der Perspektive von Frauen. Münster u.a. 2003 (BVB 1)

OTTO, Eckart: Das Gesetz des Mose. Darmstadt 2007

PAGANINI, Simone: Was glaubten die Menschen zur Zeit Jesu? Eine Einführung in das Alte Testament. Innsbruck u.a. 2012

PREUSS, Horst Dietrich/BERGER, Klaus: Bibelkunde des Alten und Neuen Testaments. Heidelberg ^{7}2003

REICH, Sabine: Moses in Bibel und Koran. München 2006. http://www.grin.com/de/e-book/54688/moses-in-bibel-und-koran (5.10.2020)

RICHTER, Hans Friedmann: Weisheit ist besser als Perlen (Spr 8,11). Drei Beiträge zur biblischen Exegese. Aachen 2010

RIEDE, Peter: Im Spiegel der Tiere. Studien zum Verhältnis von Mensch und Tier im alten Testament. Fribourg/Göttingen 2002 (OBO 187)

RENDTORFF, Ralf: Theologie des Alten Testaments. Neukirchen-Vluyn [1999] ^{2}2011

RÖSEL, Christoph: JHWHs Sieg über Gog und Magog. Ez 38-39 im Masoretischen Text und in der Septuaginta. Neukirchen-Vluyn 2012 (Neukirchener Theologie)

RÖSEL, Hartmut N.: Israel in Kanaan. Zum Problem der Entstehung Israels. Frankfurt u.a. 1992 (Beiträge zur Erforschung des Alten Testaments und des antiken Judentums 11).

RÖSEL Martin: Bibelkunde des Alten Testaments. Die kanonischen und apokryphen Schriften. Neukirchen-Vluyn ^{6}2008

RÜSEN-WEINHOLD, Ulrich: Der Septuagintapsalter im Neuen Testament. Eine textgeschichtliche Untersuchung. Neukirchen-Vluyn 2004

RUPSCHUS, Nicole: Frauen in Qumran: Tübingen 2017 (WUNT 2/457)

SCHELLENBERGER, Annette: Der Mensch, das Bild Gottes? Zum Gedanken einer Sonderstellung des Menschen im Alten Testament und in weiteren altorientalischen Quellen. Zürich 2011 (AThANT 101)

SCHENKER, Adrian: Anfänge der Textgeschichte des Alten Testaments. Studien zu Entstehung und Verhältnis der frühesten Textformen. Stuttgart 2011 (Beiträge zur Wissenschaft des Alten und Neuen Testaments 194 = Folge 10/14)

SCHMID, Konrad: Literaturgeschichte des Alten Testaments. Eine Einführung. Darmstadt 2008

SCHMIDT, Werner H. u.a.: Altes Testament. Stuttgart 1989 (Urban Taschenbücher 421)

DERS.: Alttestamentlicher Glaube. Neukirchen-Vluyn [1968] [8]1996

SCHMITZ, Bertram: Von der einen Religion des Alten Israel zu den drei Religionen Judentum, Christentum und Islam. Stuttgart 2009

SIEGERT, Volker: Einleitung in die hellenistisch-jüdische Literatur. Apokrypha, Pseudepigrapha und Fragmente verlorener Autorenwerke. Berlin u.a. 2016

STEINS, Georg u.a. [Hrsg.]: Kanonisierung – die hebräische Bibel im Werden. Neukirchen-Vluyn 2010

STENDEBACH, Franz Josef: Einleitung in das Alte Testament. Düsseldorf 2001 (Leitfaden Theologie 22)

TILLY, Michael/ZWICKEL, Wolfgang: Religionsgeschichte Israels. Von der Vorzeit bis zu den Anfängen des Christentums. Darmstadt 2011

TRAUDISCH, François u.a.: Die Entstehung des Alten Testaments. PP-Folien, Video-Dokumentation, Multimedia-Pool. Stuttgart 2010

UTZSCHNEIDER, Helmut: Textwelten. Studien zur Kulturgeschichte, Anthropologie und Hermeneutik des Alten Testaments. Göttingen 2019 (Biblisch-Theologische Studien = BThST 182)

WEINREB, Friedrich: Das Opfer in der Bibel. Näherkommen zu Gott. Zürich 2010

WEIPPERT, Manfred: Historisches Textbuch zum Alten Testament. Göttingen 2010

WESTERMANN, Claus/AHUIS, Ferdinand: Calwer Bibelkunde. Altes Testament, Apokryphen und Neues Testament. Stuttgart 2001 (14. völlig neu bearb. und erw. Aufl. des Titels „Abriss der Bibelkunde“)

WIEMER, Axel: Lernkarten Bibelkunde. Göttingen [3]2018 (UTB 3207)

WIESEHÖFER, Josef/KRÜGER, Thomas [Hrsg.]: Periodisierung und Epochenbewusstsein im Alten Testament und in seinem Umfeld. Stuttgart 2012 (Oriens et occidens 20; Alte Geschichte)

ZEILINGER, Franz: Der biblische Auferstehungsglaube. Religionsgeschichtliche Entstehung – heilsgeschichtliche Entfaltung. Stuttgart 2008

ZOBEL, Hans-Jürgen: Altes Testament – Literatursammlung und Heilige Schrift. Berlin u.a. 2016

Pentateuch/Tora

ACHENBACH, Reinhard [Hrsg.]: „Gerechtigkeit und Recht zu üben“ (Gen 18,19). Studien zur altorientalischen und biblischen Rechtsgeschichte, zur Religionsgeschichte Israels und zur Religionssoziologie. Festschrift für Eckart Otto zum 65. Geburtstag. Wiesbaden 2009 (Zeitschrift für altorientalische und biblische Rechtsgeschichte/Beihefte zur Zeitschrift für altorientalische und biblische Rechtsgeschichte = BZAR13)

DERS.: Die Vollendung der Tora. Studien zur Redaktionsgeschichte des Numeribuches im Kontext von Hexateuch und Pentateuch. Wiesbaden 2003 (BZAR 3)

ALBERTZ, Rainer: Pentateuchstudien. Tübingen 2018 (FAT117)

ARNETH, Martin: Durch Adams Fall ist ganz verderbt ... Studien zur Entstehung der alttestamentlichen Urgeschichte. Göttingen 2007 (FRLANT 217)

BEDENBENDER, Andreas: Der Gott der Welt tritt auf den Sinai. Entstehung, Entwicklung und Funktionsweise der frühjüdischen Apokalyptik. Berlin 2000 (Arbeiten zur neutestamentlichen Theologie und Zeitgeschichte 8)

BERGE, Kåre: Die Zeit des Jahwisten. Ein Beitrag zur Datierung jahwistischer Vätertexte. Berlin u.a. repr. 2019 (BZAW 186)

BERNER, Christoph: Die Exoduserzählung. Das literarische Werden einer Ursprungslegende Israels. Tübingen 2010 (FAT 73)

BLUM, Erhard [Hrsg.]: Textgestalt und Komposition. Exegetische Beiträge zu Tora und Vordere Propheten. Tübingen 2010 (Forschung zum Alten Testament 69)

BUCHNER, Norbert/BUCHNER, Elmar: Klima und Kulturen. Die Geschichte von Paradies und Sintflut. Weinstadt ²2011

CRÜSEMANN, Frank: Die Tora. Theologie und Sozialgeschichte des alttestamentlichen Gesetzes. Gütersloh ³2005

ECKART, Otto: Die Tora. Studien zum Pentateuch. Wiesbaden 2009 (Beihefte zur Zeitschrift für altorientalische und biblische Rechtsgeschichte 9)

DERS.: Das Gesetz des Mose. Darmstadt 2007

EDERER, Matthias: Identitätsstiftende Begegnung. Die theologische Deutung des regelmäßigen Kultes Israels in der Tora. Tübingen 2018 (FAT121)

ES, Barbara: Das Prinzip Evas „Rippe“. Die „fabelhafte“ Ergänzung der biblischen Genesis um die Geschichte der Mannwerdung oder „was die Welt im Innersten zusammenhält“. Leipzig ²2005

EILOFF, Ariela: Die Priesterschrift. Ihre Entstehungszeit, historischen sowie religiösen Merkmale. München 2017 (Beihefte zur Zeitschrift für altorientalische und biblische Rechtsgeschichte 9)

EMMENDÖRFER, Michael: Gottesnähe. Zur Rede von der Präsenz JHWHs in der Priesterschrift und verwandten Texten. Göttingen 2019 (WMANT 155)

FABRY, Heinz-Josef/JÜNGLING, Hans-Winfried [Hrsg.]: Levitikus als Buch. Berlin 1999 (BBB 119)

DERS.: Spuren des Pentateuchredaktors in Jos 4,21ff, in: Lohfink, Norbert [Hrsg.]: Das Deuteronomium. Leuven 1985 (Bibliotheca ephemeridum theologicarum Lovaniensium = BEThL 68), 351-356

FLURY-SCHOLCH, André: Erzählungen von Schöpfung, Erzeltern und Exodus. Zürich 2018 (Studiengang Theologie Bd. 1 Altes Testament; Teil 1)

FREVEL, Christian [Hrsg.]: Die zehn Worte. Der Dekalog als Testfall der Pentateuchkritik. Freiburg u.a. 2005 (QD 212)

DERS.: Mit Blick auf das Land die Schöpfung erinnern. Zum Ende der Priestergrundschrift. Freiburg u.a. 2000 (HBS 23)

GERTZ, Jan Christian: Abschied vom Jahwisten. Die Komposition des Hexateuch in der jüngsten Diskussion. Berlin u.a. 2002

GRAUPNER, Axel: Der Elohist. Gegenwart und Wirksamkeit des transzendenten Gottes in der Geschichte. Neukirchen-Vluyn 2020 (WMANT 97)

HARTENSTEIN, Friedhelm u.a. [Hrsg.]: Abschied von der Priesterschrift? Zum Stand der Pentateuchdebatte. Leipzig 2015 (Veröffentlichungen der Wissenschaftlichen Gesellschaft für Theologie 40)

JANOWSKI, Bernd: Sühne als Heilsgeschehen. Traditions- und religionsgeschichtliche Studien zur Sühnetheologie der Priesterschrift. Neukirchen-Vluyn [2]2000 (WMANT 55)

KELLERMANN, Diether: Die Priesterschrift von Numeri 1,1 bis 10,10. Literarkritisch und traditionsgeschichtlich untersucht. Berlin u.a. repr.1970 (BZAW 120)

KESSLER, Rainer: Die Querverweise im Pentateuch. Überlieferungsgeschichtliche Untersuchung der expliziten Querverbindungen innerhalb des vorpriesterlichen Pentateuchs. Frankfurt 2015 (Beiträge zur Erforschung des Alten Testaments und des antiken Judentums 59)

KONKEL, Michael: Sünde und Vergebung.Eine Rekonstruktion der Redaktionsgeschichte der hinteren Sinaiperikope (Exodus 32 – 34) vor dem Hintergrund aktueller Pentateuchmodelle. Tübingen 2008 (FAT58)

LANG, Alexander: Untersuchung der Sintfluterzählung in Gen 6,5-9,17. Eine literarkritische Betrachtung. München 2017

LOHFINK, Norbert [Hrsg.]: Das Deuteronomium. Entstehung, Gestalt und Botschaft. Leuven 1985 (BEThL 68)

DERS.: Die Schichten des Pentateuch und der Krieg, in: ders. [Hrsg.]: Gewalt und Gewaltlosigkeit im Alten Testament. Freiburg u.a. 1983, 51-110 (Quaestiones Disputatae = QD 96)

LÖHR, Max: Untersuchungen zum Hexateuchproblem Bd.1: Der Priesterkodex in der Genesis. Berlin u.a. 2019 (BZAW 38)

LUX, Rüdiger: Ein Baum des Lebens. Tübingen 2017

MAIER, Christl: Jeremia als Lehrer der Tora. Soziale Gebote des Deuteronomiums in Fortschreibungen des Jeremiabuches. Göttingen 2002 (FRLANT 196)

MARKL, Dominik: Der Dekalog als Verfassung des Gottesvolkes. Die Brennpunkte einer Rechtshermeneutik des Pentateuch in Exodus 19 – 24 und Deuteronomium 5. Freiburg u.a. 2007

MASKOW, Lars: Tora in der Chronik. Studien zur Rezeption des Pentateuch in den Chronikbüchern. Göttingen 2019 (FRLANT 274)

MILLARD, Matthias: Die Genesis als Eröffnung der Tora. Kompositions- und auslegungsgeschichtliche Annäherungen an das erste Buch Mose. Neukirchen-Vluyn 2001 (WMANT 90)

MIN, Kyunggoo: Geist und Tora. Zum Verhältnis von Geistbegabung und Toratreue in der Schriftgelehrtentheologie des Pentateuch und der Prophetenbücher. Frankfurt 2014 (Europäische Hochschulschriften 943)

MOENIKES, Ansgar: Tora ohne Mose. Zur Vorgeschichte der Mose-Tora. Berlin u.a. 2004 (BBB 149)

NENTEL, Jochen: Die Jakobserzählungen. Ein literar- und redaktionskritischer Vergleich der Theorien zur Entstehung des Pentateuch. München 2009

PURY, Albert de: Die Patriarchen und die Priesterschrift. Gesammelte Studien zu seinem 70. Geburtstag. Zürich 2010 (AThANT 99)

RÜTERSWÖRDEN, Udo u.a. [Hrsg.]: Ist die Tora Gesetz? Göttingen u.a. 2015 (BThSt 167)

SCHMITT, Hans-Christoph: Theologie in Prophetie und Pentateuch. Berlin u.a. 2001 (BZAW 310)

SCHMITT, Rüdiger: Der „Heilige Krieg" im Pentateuch und im deuteronomistischen Geschichtswerk. Studien zur Forschungs-, Rezeptions- und Religionsgeschichte von Krieg und Bann im Alten Testament. Münster 2011 (Alter Orient und Altes Testament 381)

SCHREYER, Viola: Soziale Gerechtigkeit in der Thora – Eine Analyse im Spiegel moderner Gerechtigkeitstheorien. München 2012

STIPP, Hermann-Josef: Alttestamentliche Studien. Arbeiten zu Priesterschrift, Deuteronomistischem Geschichtswerk und Prophetie. Berlin 2013 (BZAW 442)

TASCHNER, Johannes: Die Mosereden im Deuteronomium. Eine kanonorientierte Untersuchung. Tübingen 2008 (FAT59)

VOLGGER, David: Und dann wirst du gewiss sterben. Zu den Todesbildern im Pentateuch. St. Ottilien 2010 (Arbeiten zu Text und Sprache im Alten Testament 92)

WAHL, Harald Martin: Die Jakobserzählungen. Studien zu ihrer mündlichen Überlieferung, Verschriftlichung und Historizität. Berlin u.a. 1997 (BZAW 258)

WEBER, Reinhard: Das „Gesetz" bei Philon von Alexandrien und Flavius Josephus. Studien zum Verständnis und zur Funktion der Thora. Frankfurt u.a. 2001 (Arbeiten zur Religion und Geschichte des Urchristentums 11)

WEBER, Stefanie: Die Josefsgeschichte. Ihre erzählerische Linienführung und die theologischen Grundlinien. München 2018 (https://www.grin.com/document/449906; 5.10.2020)

WERNICKE, Lutz: Mose und andere Mörder. Münster 2008

WÖHRLE, Jakob: Fremdlinge im eigenen Land. Zur Entstehung und Intention der priesterlichen Passagen der Vätergeschichte. Göttingen 2012 (Forschung zur Religion und Literatur des Alten und Neuen Testaments = FRLANT 246)

DERS.: Die frühen Sammlungen des Zwölfprophetenbuchs. Entstehung und Komposition. Berlin u.a. 2006

WÖHRLE, Jakob/ZIMMER, Frank: Der Elohist als weisheitlich-prophetische Redaktionsschicht. Eine literarische und theologiegeschichtliche Untersuchung der sogenannten elohistischen Texte im Pentateuch. Frankfurt u.a. 1999 (Europäische Hochschulschriften 656)

Geschichtswerke und Geschichte

ARTHUR, Kay: Entscheidet euch, wem ihr dienen wollt! Ein induktives Bibelstudium der Bücher Josua, Richter und Rut. Hammerbrücke 2005; Oberhaching 2012 (Neue induktive Bibelstudien)

BALLHORN, Egbert: Israel am Jordan. Narrative Topographie im Buch Josua. Göttingen 2011 (BBB 162)

BECKER, Uwe u.a. [Hrsg.]: Das Alte Testament – ein Geschichtsbuch?!. Geschichtsschreibung oder Geschichtsüberlieferung im antiken Israel. Leipzig 2005 (ABG 17)

BESANT, Miryam: Die Geschichte Israels. Eine Zusammenfassung der Standartwerke von Hans-Christoph Schmitt und Jan Christian Gertz. München 2017

BIETENHARD, Sophia: Des Königs General. Die Heerführertraditionen in der vorstaatlichen und frühen staatlichen Zeit und die Joabgestalt in 2 Sam 2 – 20, 1 Kön 1 – 2. Fribourg 1998 (OBO163)

BISCHOFF, Erich: Das Blut in jüdischem Schrifttum und Brauch. Nebst ausführlichen Anmerkungen; eine Untersuchung. Graz 2009

BUSINGER, Lukas Caspar: Die Biblische Geschichte des Alten und Neuen Testaments. Stuttgart 2010

CRÜSEMANN, Frank: Der Widerstand gegen das Königtum. Die antiköniglichen Texte des Alten Testamentes und der Kampf um den frühen israelitischen Staat. Neukirchen-Vluyn 1978 (WMANT 49)

DE VOS, Jakobus Cornelis: Das Los Judas. Über die Entstehung und Ziele der Landbeschreibung in Jos 15. Leiden u.a 2003 (Supp. to Vetus Testamentum 95)

DIETRICH, Christine: Asyl. Vergleichende Untersuchung zu einer Rechtsinstitution im Alten Israel und seiner Umwelt.Stuttgart 2008 (BWANT 182)

DIETRICH, Walter: David, Saul und die Propheten. Das Verhältnis von Religion und Politik nach den prophetischen Überlieferungen vom frühesten Königtum in Israel. Stuttgart u.a. (1987) 21992 (BWANT 122)

DYMA, Olliver: Die Wallfahrt zum zweiten Tempel. Untersuchungen zur Entwicklung der Wallfahrtsfeste in vorhasmonäischer Zeit. Tübingen 2009 (FAT 2/40)

EDERER, Matthias: Das Buch Josua. Stuttgart 2017. (NSK-AT 5,1)

EHRLICH, Ludwig: Geschichte Israels von den Anfängen bis zur Zerstörung des Tempels (70 n. Chr.) Berlin u.a. ^{2}2019

FREVEL, Christian: Geschichte Israels. Stuttgart (2016) ^{2}2018 (Kohlhammer-Studienbücher 2)

GASS, Erasmus: Die Landverteilung im Josuabuch. Eine literarhistorische Analyse von Josua 13-19. Tübingen 2019 (FAT 132)

HERR, Bertram: „Deinem Haus gebührt Heiligkeit, Jhwh, alle Tage". Typen und Funktionen von Sakralbauten im vorexilischen Israel, Berlin u.a. 2000 (BBB 124)

HERZ, Dietmar: Geschichte Israels. München 2003

HOLLAND, Martin: Das Buch Josua. Das Buch der Richter. Witten ^{2}2011(Wuppertaler Studienbibel AT 3)

JÜNGLING, Hans-Winfried: Wie der Mensch, so sein Nächster. Zum Buch Jesus Sirach. Neukirchen-Vluyn 2016

KAISER, Helga [Hrsg.]: Unter der Herrschaft der Perser. Israel erfindet sich neu. Stuttgart 2011 (Welt und Umwelt der Bibel 61)

KAISER, Otto [Hrsg.]: Texte aus der Umwelt des Alte Testaments (1982-1985). 4 Bde. Sonderausgabe 2019

DERS.: Glaube und Geschichte im Alten Testament. Das neue Bild der Vor- und Frühgeschichte Israels und das Problem der Heilsgeschichte. Neukirchen-Vluyn 2014

DERS.: Frühgeschichte Israels und das Problem der Heilsgeschichte. Neukirchen-Vluyn 2014 (Neukirchener Theologie)

DERS.: Gott, Mensch und Geschichte. Studien zum Verständnis des Menschen und seiner Geschichte in der klassischen, biblischen und nachbiblischen Literatur. Berlin u.a. 2010 (BZAW 413)

KIESOW, Anna Christina: Löwinnen von Juda. Frauen als Subjekte politischer Macht in der judäischen Königszeit. Münster u.a. 2000 (Theologische Frauenforschung in Europa 4)

KNAUF, Ernst-Axel: Josua. Zürich 2008 (Zürcher Bibelkommentar AT 6)

KNITTEL, Ann-Kathrin: Das erinnerte Heiligtum: Tradition und Geschichte der Kultstätte in Schilo. Göttingen 2019 (FRLANT 273)

KRATZ, Reinhard Gregor: Kleine Schriften 1: Das Judentum im Zeitalter des Zweiten Tempels. Tübingen [2]2013 (FAT42)

DERS.: Die Komposition der erzählenden Bücher des Alten Testaments. Grundwissen der Bibelkritik. Göttingen 2000 (UTB 2157)

KREBERNIK, Manfred [Hrsg.]: Babylonien und seine Nachbarn in neu- und spätbabylonischer Zeit. Wissenschaftliches Kolloquium aus Anlass des 75. Geburtstags von Joachim Oelsner, Jena, 2. und 3. März 2007. Münster 2014

LAPP, Wolfgang: Chronologie Ägyptens und des Vorderen Orients. Von Josef in Ägypten bis zur Plünderung Thebens durch die Assyrer und der Deportation der Israelis nach Babel. Gelnhausen 2011

LESSING, Erich u.a.: Das Heilige Land. Landschaften, Archäologie, Religion. München 2000

LEVIN, Christoph u.a. [Hrsg.]: Herrschaftslegitimation in vorderorientalischen Reichen der Eisenzeit Tübingen 2017 (Orientalische Religionen in der Antike 21)

DERS.: Entwurf einer Geschichte Israels. Berlin u.a. 2017

MACK, Ulrich: Stuttgarter Bibelkurs H 14: Tröstet! Das Exil und die Geschichte danach. Stuttgart 2010

MAIER, Johann: Kriegsrecht und Friedensordnung in jüdischer Tradition. Stuttgart u.a. 2000 (Theologie und Frieden 14)

MENES, Abraham: Vorarbeiten zur Geschichte Israels. Heft 1: Die vorexilischen Gesetze Israels. Reprint 2019 (BZAW 50)

MERRILL, Eugene: Die Geschichte Israels. Ein Königreich von Priestern. Holzgerlingen [2]2006

MOMMER, Peter/SCHERER, Andreas [Hrsg.]: Geschichte Israels und deuteronomistisches Geschichtsdenken. Fs. Winfried Thiel. Münster 2010 (Alter Orient und Altes Testament 380)

MULLER, Jean: Sei stark und mutig. Kommentar zum Buch Josua. Zürich 2010

NENTEL, Jochen: Trägerschaft und Intentionen des deuteronomistischen Geschichtswerks. Untersuchungen zu den Reflexionsreden Jos 1;23;24; 1 Sam 12 und 1 Kön 8. Berlin u.a. 2000 (BZAW 297)

OEMING, Manfred u.a. [Hrsg.]: Der eine Gott und die Götter. Polytheismus und Monotheismus im antiken Israel. Zürich 2003 (AThANT 82)

OSWALD, Wolfgang/TILLY, Michael: Geschichte Israels. Von den Anfängen bis zum 3. Jahrhundert n. Chr. Darmstadt 2016

OSWALD, Wofgang: Nathan der Prophet. Eine Untersuchung zu 2Samuel 7 und 12 und 1Könige 1. Zürich 2008 (AthANT 94)

PIETSCH, Michael: Die Kultreform Josias. Studien zur Religionsgeschichte Israels in der späten Königszeit. Tübingen 2013 (FAT86)

DERS. [Hrsg.]: Israel zwischen den Mächten. Fs. Stefan Timm zum 65. Geburtstag.Münster 2009 (Alter Orient und Altes Testament 364)

DERS.: „Dieser ist der Sproß Davids…" Studien zur Rezeptionsgeschichte der Nathanverheißung im alttestamentlichen, zwischentestamentlichen und neutestamentlichen Schrifttum. Neukirchen-Vluyn 2003 (WMANT 100)

PFEIFFER, Henrik: Jahwes Kommen von Süden: Jdc [Richter] 5, Hab 3, Dtn 33 und Ps 68 in ihrem literatur- und theologiegeschichtlichem Umfeld. Göttingen 2005 (FRLANT 211)

PRUIN, Dagmar: Geschichte und Geschichten. Isebel als literarische und historische Gestalt. Fribourg u.a. 2006 (BBB 222)

RUDNIG, Thilo A.: Davids Thron. Redaktionskritische Studien zur Geschichte von der Thronnachfolge Davids. Berlin u.a. 2006 (BZAW 358)

SCHENKER, Adrian: Älteste Textgeschichte der Königsbücher. Die hebräische Vorlage der ursprünglichen Septuaginta als älteste Textform der Königsbücher. Fribourg u.a. 2004 (OBO 199)

SCHIPPER, Bernd U.: Geschichte Israels in der Antike. München 2018 (C.H. Beck Wissen 2887)

SCHMIDT, Michael: Der Beginn des Juden- und Christentums. Die Geburt des Monotheismus ; von um 9000 v. Chr. bis um 600 n. Chr. Frankfurt 2006

SCHMITT, Hans-Christoph: Arbeitsbuch zum Alten Testament. Grundzüge der Geschichte Israels und der alttestamentlichen Schriften. Göttingen ^{3}2011 (UTB 2146)

SCHMOLDT, Hans: Biblische Geschichte. Chronologie, Texte, Analysen. Stuttgart 2000

STARK, Christine: „Kultprostitution" im Alten Testament? Die Quedeschen der Hebräischen Bibel und das Motiv der Hurerei. Fribourg u.a. 2006 (OBO 221)

SCHNOCKS, Johannes: Das Alte Testament und die Gewalt. Studien zu göttlicher und menschlicher Gewalt in alttestamentlichen Texten und ihren Rezeptionen. Neukirchen-Vluyn 2014 (WMANT 136)

SEIDEL, Hans-Joachim: Nabots Weinberg, Ahabs Haus, Israels Thron. Textpragmatisch fundierte Untersuchung von 1Kön 21 und seinen Bezugstexten. Berlin u.a. 2012 (Bibelstudien 7)

SIGRIST, Christian [Hrsg.]: Ethnologische Texte zum Alten Testament 2. Die Entstehung des Königtums. Neukirchen-Vluyn 1997

STRÜBIND, Kim: Tradition als Interpretation in der Chronik. König Josaphat als Paradigma chronistischer Hermeneutik und Theologie. Berlin u.a. 1991 (BZAW 201)

THIEL, Winfried: Gedeutete Geschichte. Studien zur Geschichte Israels und ihrer theologischen Interpretation im Alten Testament. Neukirchen-Vluyn 2011 (BThST 71)

TIMM, Stefan: Die Königreiche Israel und Juda im 9. Jahrhundert v. Chr. Stuttgart 2020 (BE 4)

DERS./BENDER, Claudia [Hrsg.]: „Gott kommt von Teman". Kleine Schriften zur Geschichte Israels und Syrien-Palästinas. Münster 2004 (Alter Orient und Altes Testament 314)

DERS.: Unabgeschlossene Rückschau. Aspekte alttestamentlicher Wissenschaft im 20. Jahrhundert; mit einem Anhang: Grundlinien der Erforschung des „Deuteronomistischen Geschichtswerkes" Neukirchen-Vluyn 2007 (BThST 80)

VETTE, Joachim: Samuel und Saul. Ein Beitrag zur narrativen Poetik des Samuelbuches. Münster 2005 (BVB 13)

WAHL, Otto: Die Sacra-Parallela-Zitate aus den Büchern Josua, Richter, 1/2Samuel, 3/4Könige sowie 1/2Chronik. Göttingen 2004 (Mitteilungen des Septuaginta-Unternehmens der Akademie der Wissenschaften in Göttingen 29)

WEIPPERT, Manfred: Historisches Textbuch zum Alten Testament. Herbert Donner zu seinem 80. Geburstag am 16. Februar 2010. Göttingen 2010 (ATD Ergänzungsreihe 10)

WELLHAUSEN, Julius: Israelitische und Jüdische Geschichte: Berlin u.a. [9]2019 (Repr. 1958)

DERS.: Prolegomena zur Geschichte Israels [1905] Berlin u.a. [6]2018

DERS.: Israeltische und jüdische Geschichte. Nachdr. Der Orig.-Ausg. von 1904. Hamburg 2011 (Reihe ReligioSus 6); Berlin u.a. [10]2004

WILL, Thomas: Israel und die Völker. Studien zur Literatur und Geschichte Israels in der Perserzeit. Stuttgart 2012 (SBA 55; Altes Testament)

WILHELM, Gernot/JANOWSKI, Bernd: Der Bock, der die Sünden hinausträgt. Würzburg 2013.

WILLI-PLEIN, Ina [Hrsg.]: Davidshaus und Prophetie. Studien zu den Nebiim [Propheten] Neukirchen-Vluyn2012 (BThST 127)

WIRTH, Raimund: Die Septuaginta der Samuelbücher. Untersucht unter Einbeziehug ihrer Rezensionen. Göttingen 2016 (Die Septuaginta Investigationes 7)

YOUCHEN, Cao: „Dein Thron soll auf ewig Bestand haben“ (2 Sam 7,16b). Sankt Ottilien 2015 (EOS Theologische Reihe 101)

ZWICKEL, Wolfgang: Studien zur Geschichte Israels. Berlin u.a. 2016 (Orientalische Literaturzeitung =OLZ 111 (2016))

Die Propheten

BAIL, Ulrike: „Die verzogene Sehnsucht hinkt an ihrem Ort“ Literarische Überlebensstrategien nach der Zerstörung Jerusalems im Alten Testament [Klagelieder, Micha]. Gütersloh 2004

BAUMANN, Gerlinde: Gottesbilder der Gewalt im Alten Testament verstehen. Darmstadt 2006

DIES.: Liebe und Gewalt. Die Ehe als Metapher für das Verhältnis JHWH – Israel in den Prophetenbüchern. Stuttgart 2000 (SBS 185)

BERGES, Ulrich: Klagelieder. Freiburg u.a. 2002 (Herders Theologischer Kommentar zum Alten Testament = HThKAT)

BEHRENS Achim: Prophetische Visionsschilderungen im Alten Testament. Sprachliche Eigenarten, Funktion und Geschichte einer Gattung. Münster 2002 (Alter Orient und Altes Testament 292)

BIBERGER, Bernd: Endgültiges Heil innerhalb von Geschichte und Gegenwart. Zukunftskonzeptionen in Ez 38,-39, Joel 1-4 und Sach 12-14. Göttingen 2010 (BBB 161)

BRAUER, Bernd: Das Bild der Unheilsprophetie Israels in der frühen soziologisch orientierten Forschung. Münster 1999 (Altes Testament und Moderne 3)

BREMICKER, Ernst-August: Geh nach Ninive. Eine Auslegung des Propheten Jona. Hückeswagen 2016

BROOKS, Richard: „Von Herzen...“ Klagelieder ...mit Schmerzen! Friedberg 2002

BÜCHELE, Herwig: Der Prophet Jona. Ein Künder der Barmherzigkeit und Gerechtigkeit Gottes – wider Willen. Linz 2013

BÜCHNER, Yvonne: Das Buch des Propheten Jona oder die Erzählung von der Gnade und der Milde Gottes. München 2014

BURSZTEIN, Jean-Gérard: Antike Heilserfahrung und Psychoanalyse. Das Buch Jonah. Wien 2009

CHAE, Hong-Sik: Das Bundesbuch und die prophetische Sozialkritik. Marburg 2000

CORZILIUS, Björn: Michas Rätsel. Eine Untersuchung zur Kompositionsgeschichte des Michabuches. Berlin u.a. 2016 (BZAW 483)

DAHMEN, Ulrich u.a.: Die Bücher Joel und Amos. Stuttgart 2001 (Neuer Stuttgarter Kommentar AT = NSK-AT 23,2)

DANGL, Oskar: Das Buch Habakuk. Stuttgart 2014 (NSK-AT 25,1)

DILLER, Carmen: Zwischen JHWH-Tag und neuer Hoffnung. Eine Exegese von Klagelieder 1. St. Ottilien 2007 (Arbeiten zu Text und Sprache im Alten Testament 82)

DÖRFEL, Donata: Engel in der apokalyptischen Literatur und ihre theologische Relevanz. Am Beispiel von Ezechiel, Sacharja, Daniel und Erstem Henoch. Aachen 1998

DREWERMANN, Eugen: Und der Fisch spie Jona an Land. Das Buch Jona tiefenpsychologisch gedeutet. Düsseldorf u.a. 2001

DREYTZA, Manfred: Das Buch Micha. Witten 2009 (Edition C / Bibelkommentar AT 40)

ELTROP, Bettina [Hrsg.]: Ezechiel. Ver-rückte Welten. Stuttgart 2005 (Bibel und Kirche 60,3)

FABRY, Heinz-Josef: Habakuk, Obadja. Freiburg u.a. 2018 (HThKAT)

DERS.: Nahum. Freiburg u.a. 2006 (HThKAT)

FIGEL, Astrid: Der Prophet Hosea. So sehr geliebt. Gießen 2016

FILLER, Ulrich: Der Ruf der Propheten. Kißlegg 2015 (Highlights aus dem Alten Testament 7)

FISCHER, Irmtraud u.a. [Hrsg.]: Prophetie. Stuttgart 2019

DIES. [Hrsg.]: Prophetie in Israel. Beiträge des Symposiums „Das Alte Testament und die Kultur der Moderne“ anlässlich des 100. Geburtstags Gerhard von Rads (1901 – 1971), Heidelberg, 18. – 21. Oktober 2001. Münster u.a. 2003 (Altes Testament und Moderne 11)

DIES.: Gotteskünderinnen. Zu einer geschlechterfairen Deutung des Phänomens der Prophetie und der Prophetinnen in der hebräischen Bibel. Stuttgart 2002

FREVEL, Christian: Die Klagelieder. Stuttgart 2017 (NSK-AT 20,1)

FROESE. Arno: Die Prophetie zu den zehn Stämmen Israels: Hosea, Amos und Micha. Dübendorf 2020

FREUDENBERG, Hans: Jona kreativ. 20 Zugänge für Schule und Gemeinde. Düsseldorf 2008

FUSS, Barbara: „Dies ist die Zeit, von der geschrieben ist …“ Die expliziten Zitate aus dem Buch Hosea in den Handschriften von Qumran und im Neuen Testament. Münster 2000 (Neutestamentliche Abhandlungen NF 37)

GERHARDS, Meik: Studien zum Jonabuch. Neukirchen-Vluyn 2006 (BThST 78)

GERSTENBERGER, Erhard S.: Hulda unter den Schriftgelehrten? Tora als Mitte von Prophetie. Gießen 2012, in: In: „Gott bin ich, kein Mann“. Beiträge zur Hermeneutik der biblischen Gottesrede. Festschrift für Helen Schüngel-Straumann zum 65. Geburtstag. Hrsg. von Ilona Riedel-Spangenberger u.a. Paderborn 2006, 271-280

GISIN, Walter: Das Buch Hosea. Witten 2014 (Edition C / Bibelkommentar Altes Testament 37)

GOLKA, Friedemann W.: Jona. Stuttgart ²2007
GRIMM, Werner: Er nicht. Krieg und das Nein des Ebed JHWH [Gottesknecht]. Tübingen 2015 (Biblische Raritäten 18)

HAGEDORN, Anselm C.: Die anderen im Spiegel. Israels Auseinandersetzung mit den Völkern in den Büchern Nahum, Zefanja, Obadja und Joel. Berlin u.a. 2011 (BZAW 414)
HARTENSTEIN, Friedhelm [Hrsg.]: Schriftprophetie. Festschrift für Jörg Jeremias zum 65. Geburtstag. Neukirchen-Vluyn 2004
HELMS, Dominik: Konfliktfelder der Diaspora und die Löwengrube. Zur Eigenart der Erzählung von Daniel in der Löwengrube in der hebräischen Bibel und der Septuaginta. Berlin u.a. 2014 (BZAW 446)
HERRMANN, Siegfried: Geschichte und Prophetie. Kleine Schriften zum Alten Testament. Stuttgart 2002 (BWANT 157 = Folge 8, H 17)
HÖFFKEN, Peter: Josephus Flavius und das prophetische Erbe Israels. Berlin u.a. 2006 (Lüneburger theologische Beiträge 4)
DERS.: „Fürchte dich nicht, denn ich bin mit dir!" (Jesaja 41,10). Gesammelte Aufsätze zu den Grundtexten des Alten Testaments. Münster 2005 (BVB 14)
HOLLAND, Martin: Der Prophet Hosea. Die Propheten Joel, Amos und Obadja. Witten ²2011 (Wuppertaler Studienbibel. Altes Testament 9)
HUBMANN, Franz D.:Prophetie an der Grenze. Studien zum Jeremiabuch und zum Corpus Propheticum. Stuttgart 2013 (SBAB 57)
HUWYLER, Beat [Hrsg.]: Prophetie und Psalmen. FS für Klaus Seybold zum 65. Geburtstag. Münster 2001 (Alter Orient und Altes Testament 280)

IRSIGLER, Hubert [Hrsg.]: Mythisches in biblischer Bildsprache. Gestalt und Verwandlung in Prophetie und Psalmen. Freiburg u.a. 2004 (QD 209)
DERS. [Hrsg.]: „Wer darf hinaufsteigen zum Berg JHWHs?" Beiträge zu Prophetie und Poesie des Alten Testaments; Festschrift für Sigurður Örn Steingrímsson zum 70. Geburtstag. St. Ottilien 2002 (Arbeiten zu Text und Sprache im Alten Testament 72)

JANSEN-WINKELN, Georg: Jona. Ein rätselhafter Auftrag. Dahlem 2006
JEREMIAS, Jörg: Studien zu den Dodekapropheten II: gesammelte Aufsätze zu Joel, Obadja, Jona, Micha und Nahum. Tübingen 2019 (FAT 133)
DERS.: Nahum. Göttingen 2019 (Biblischer Kommentar Altes Testament XIV/5,1)
DERS.: Die Propheten Joel, Obadja, Jona, Micha. Göttingen 2007 (ATD 24,3)

KATÔ, Szabolcs-Ferencz: Jhwh. Der Wettergott Hoseas? Der „ursprüngliche" Charakter Jhwhs ausgehend vom Hoseabuch. Göttingen 2019 (WMANT 158)
KARSCH, Manfred u.a. : Propheten damals und heute. Unterrichtsbausteine zum Inhaltsfeld Einsatz für Gerechtigkeit und Menschenwürde ; 5. – 6. Klasse. Hamburg 2015

KEDDIE, Gordon J.: „Ohne mich!“ Jona – auf der Flucht vor Gott. Friedberg 2000

KEITA, Katrin: Gottes Land. Exegetisches Studien zur Land-Thematik im Hoseabuch in kanonischer Perspektive. Hildesheim 2007 (Theologische Texte und Studien 13)

KESSLER, Rainer: Micha. Freiburg u.a. 1999 (HThKAT)

KIRCHNER, Jona: Zwischen Nil und Jordan. Das menschliche Leben im Paradigma der biblischen Symbolik. Hamburg 2014

KNORRE, Peter von: Vergeblicher Gottesdienst. Die kultpolemischen Texte im Alten Testament. Stuttgart 2010 (Stuttgarter biblische Beiträge 65)

KÖCKERT, Matthias [Hrsg.]: Propheten in Mari, Assyrien und Israel. Göttingen 2003 (FRLANT 201)

KOENEN, Klaus: Die Klagelieder Jeremias. Eine Rezeptionsgeschichte. Neukirchen-Vluyn 2013 (BThST 143)

KÖSZEGHY, Miklós Der Streit um Babel in den Büchern Jesaja und Jeremia. Stuttgart 2007 (BWANT 173)

KOHLBRÜGGE, Herrmann Friedrich: Jona. Ein religiöser Mensch auf der Flucht vor Gott. Reichshof-Mittelagger 2016

KRATZ, Reinhard Gregor: Prophetenstudien. Tübingen 2017

DERS.: Die Propheten Israels. München 2003 (Beck‘sche Reihe 2326)

LANGE, Armin: Vom prophetischen Wort zur Schriftauslegung. Studien zur Traditions – und Redaktionsgeschichte innerprophetischer Konflikte im Alten Testament. Tübingen 2000

LEE, Young-Ho: Einflüsse der Weisheit auf Worte der Propheten des 8. Jahrhunderts. Amos und Jesaja. Bonn 2005

LEHNHART, Bernhard: Prophet und König im Nordreich Israel. Studien zur sogenannten vorklassischen Prophetie im Nordreich anhand der Samuel- Elija- und Elischa-Überlieferungen. Leiden u.a. 2003 (Supplements to Vetus Testamentum 96)

LEISERING, Christina: Susanna und der Sündenfall der Ältesten. eine vergleichende Studie zu den Geschlechterkonstruktionen der Septuaginta- und Theodotionfassung von Dan 13 und ihren intertextuellen Bezügen. Wien u.a. 2008 (Exegese in unserer Zeit 19)

LIEBI, Roger: Weltgeschichte im Visier des Propheten Daniel. Berneck ^{6}2002

LIETH, Albrecht von der: Schrei laut zum Herrn! Die Klagelieder als programmatischer Diskurs über die Grenzen eines gerechten Gerichts. Göttingen 2020 (Osnabrücker Studien zur jüdischen und christlichen Bibel 5)

LUX, Rüdiger u.a. [Hrsg.]: Die unwiderstehliche Wahrheit. Studien zur alttestamentlichen Prophetie ; Festschrift für Arndt Meinhold. Leipzig 2006 (ABG 23)

MACK, Ulrich: Stuttgarter Bibelkurs H 12. Altes Testament. Kehrt um: Die beiden Reiche bis zum Untergang. Die Propheten. Stuttgart 2010

MEISSNER, Winfried: Bücher Joel und Obadja. Holzgerlingen 2000 (Edition C / Bibelkommentar AT 36)

MICHEL, Rosemarie [Hrsg.]: Erkennen – lieben – umkehren. Sieben Texte aus dem Buch Hosea. Neukirchen-Vluyn 2003 (Texte zur Bibel 19)

MÜLLER, Anna Karena: Gottes Zukunft. Die Möglichkeit der Rettung am Tag JHWHs nach dem Joelbuch. Neukirchen-Vluyn 2008 (WMANT 119)

MULZER, Martin: Alarm für Benjamin. Text, Struktur und Bedeutung in Hos 5,8-8,14. St. Ottilien 2003 (Arbeiten zu Text und Sprache im Alten Testament 74)

NITSCHE, Stefan Ark: Jesaja 24-27. Ein dramatischer Text. Die Fragen nach den Genres prophetische Literatur des Alten Testaments und die Textgraphik der großen Jesajarolle in Qumran. Stuttgart 2006 (BWANT 166)

NURMI, Janne J.: Die Ethik unter dem Druck des Alltags. Die Impulse der gesellschaftlichen Änderungen und Situation zu der sozialkritischen Prophetie in Juda im 8.Jh. v. Chr. Abo 2004

PERLITT, Lothar: Die Propheten Nahum, Habakuk, Zephania. Göttingen 2004 (ATD 25,1)

POHLMANN, Karl-Friedrich: Ezechiel. Der Stand der theologischen Diskussion. Darmstadt 2008

RÖSEL, Martin: Adonaj – warum Gott „Herr" genannt wird. Tübingen 2000 (FAT 29)

ROHDE, Michael: Der Knecht Hiob im Gespräch mit Mose. Eine traditions- und redaktionsgeschichtliche Studie zum Hiobbuch. Leipzig 2007 (ABG 26)

ROSSIER, Henri: Der Prophet Obadja. Lychen 2013

ROTH, Martin: Israel und die Völker im Zwölfprophetenbuch. Eine Untersuchung zu den Büchern Joel, Jona, Micha und Nahum. Göttingen 2005 (FRLANT 210)

RUDNIG-ZELT, Susanne: Hoseastudien. Redaktionskritische Untersuchungen zur Genese des Hoseabuches. Göttingen 2006 (FRLANT 213)

SAUR, Markus: Der Tyroszyklus des Ezechielbuches. Berlin u.a. 2008 (BZAW 386)

SCHART, Aaron: Die Entstehung des Zwölfprophetenbuchs. Neubearbeitung von Amos im Rahmen schriftenübergreifender Redaktionsprozesse. Berlin u.a. 1998 (BZAW 260)

SCHENKER, Adrian: Studien zu Propheten und Religionsgeschichte. Stuttgart 2003 (SBA 36)

SCHMID, Konrad [Hrsg.]: Prophetische Heils- und Herrschererwartungen. Stuttgart 2005 (SBS 194)

SCHMIDT, Werner: Zukunftsgewißheit und Gegenwartskritik. Studien zur Eigenart der Prophetie. Neukirchen-Vluyn [2]2002 (BThSt 51)

SCHNEIDER, Dieter: Der Prophet Jesaja. Der Prophet Jeremia. Witten 2008 (Wuppertaler Studienbibel AT 7)

SCHÜTTE, Wolfgang: Israels Exil in Juda. Untersuchungen zur Entstehung der Schriftprophetie. Göttingen u.a. 2016 (Orbis Biblicus et Orientalis 279)

DERS.: „Säet euch Gerechtigkeit!“ Adressaten und Anliegen der Hoseaschrift. Stuttgart 2008 (BWANT 179 = Folge 9, H.19)

SCHWARZ, Andrea u.a.: Propheten sind wir alle. Die Botschaft des Propheten Jona. Freiburg u.a. 2006

SCHWESIG, Paul Gerhard: Die Rolle der Tag-JHWHs-Dichtungen im Dodekapropheton. Berlin u.a. 2006 (BZAW 366)

SEIDL, Theodor: Nach Weinen und Klagen Lohn und Hoffnung. Sprachwissenschaftliche Analysen zum „Trostbüchlein Jeremias“ (Jer 30-31). Sankt Ottilien 2020 (Arbeiten zu Text und Sprache im Alten Testament 106)

DERS.: „Der Becher in der Hand des Herrn“.St. Ottilien 2001 (Arbeiten zu Text und Sprache im Alten Testament 70)

SEYBOLD, Klaus: Poetik der prophetischen Literatur im Alten Testament. Stuttgart 2010 (Poetologische Studien zum Alten Testament 4)

STECK, Odil Hannes: Gott in der Zeit entdecken. Die Prophetenbücher des Alten Testaments als Vorbild für Theologie und Kirche. Neukirchen-Vluyn 2001 (BThST 42)

STEIGER, Johann Anselm u.a. [Hrsg.]: Der problematische Prophet. Die biblische Jona-Figur in Exegese, Theologie, Literatur und bildender Kunst. Berlin u.a. 2011 (Arbeiten zur Kirchengeschichte 118)

STEINMEISTER, Andreas: Wer ist ein Gott wie du? Der Prophet Micha. Retzow 2009

THIEL, Winfried: Gelebte Geschichte. Studien zur Sozialgeschichte und zur frühen prophetischen Geschichtsdeutung Israels. Neukirchen-Vluyn 2000

UTZSCHNEIDER, Helmut: Micha. Zürich 2005 (Zürcher Bibelkommentare AT 24,1)

DERS.: Michas Reise in die Zeit. Studien zum Drama als Genre der prophetischen Literatur des Alten Testaments. Stuttgart 1999 (SBS 180)

VIELHAUER, Roman: Das Werden des Buches Hosea. Eine redaktionsgeschichtliche Untersuchung. Berlin u.a. 2007 (BZAW 349)

WEBER, Beat: Jona. Der widerspenstige Prophet und der gnädige Gott. Leipzig 2012 (Biblische Gestalten 27)

WEIMAR, Peter: Jona. Freiburg u.a. 2017 (HThKAT)

DERS.: Eine Geschichte voller Überraschungen. Annäherungen an die Jonaerzählung. Stuttgart 2009 (SBS 217)

WEISSFLOG, Kay: Zeichen und Sinnbilder. Die Kinder der Propheten Jesaja und Hosea. Leipzig 2011 (ABG 36)

WICK, Peter: Jona. Ein Freundschaftsdrama zwischen Gott und seinem Propheten zugunsten der Menschen. Bielefeld 2015

WIERSBE, Warren W.: Sei erstaunt. Sich neu zur Bewunderung und Anbetung führen lassen. Studien des Alten Testaments: ausgewählte kleine Propheten [Hosea, Joel, Jona, Nahum Habakuk, Maleachi] Dillenburg 2005
WILKE, Alexa F.: Die Gebete der Propheten. Anrufungen Gottes im ‚corpus propheticum' der hebräischen Bibel. Berlin u.a. 2014 (BZAW 451)
WILLI-PLEIN, Ina u.a. [Hrsg.]: Davidshaus und Prophetie. Studien zu den Nebiim [Propheten]. Neukirchen-Vluyn 2012 (BThST127)
WISCHNOWSKY, Marc: Tochter Zion. Aufnahme und Überwindung der Stadtklage in den Prophetenschriften des Alten Testaments. Neukirchen-Vluyn 2001 (WMANT 89)
WÖHRLE, Jakob: Der Abschluss des Zwölfprophetenbuches. Buchübergreifende Redaktionsprozesse in den späten Sammlungen. Berlin u.a. 2008 (BZAW 389)
DERS.: Die frühen Sammlungen des Zwölfprophetenbuches. Entstehung und Komposition. Berlin u.a. 2006 (BZAW 360)
WOLFF, Hans Walter/JEREMIAS, Jörg: Studien zum Jonabuch. Mit einem Anhang: das Jonabuch in der Forschung seit Hans Walter Wolff. Neukirchen-Vluyn [3]2003

YU, Kyu-Sang: Die Entstehungsgeschichte des ‚Dodekaprophetons' und sein Kanonisierungsprozeß. München 2000

ZEHETGRUBER, Katrin: Zuwendung und Abwendung. Studien zur Reziprozität des JHWH/Israel-Verhältnisses im Hoseabuch. Göttingen 2020 (WMANT 159)
ZUR NIEDEN, Eckhart: Mein Ninivekomplex. Jonas Tagebuch. Gießen u.a. 2005

Psalmen und Schriften

(Literatur zu einzelnen Psalmen wurde nicht aufgenommen)

ABART, Christine: Lebensfreude und Gottesjubel. Studien zu physisch erlebter Freude in den Psalmen. Neukirchen-Vluyn2015 (WMANT 142)
ARTHUR, Kay: Entscheidet euch, wem ihr dienen wollt! Ein induktives Bibelstudium der Bücher Josua, Richter und Rut. Oberhaching 2012 (Neue induktive Bibelstudien)
AUSTERMANN, Frank: Von der Tora zum Nomos. Untersuchungen zur Übersetzungsweise und Interpretation im Septuaginta-Psalter. Göttingen 2003 (Akademie der Wissenschaften in Göttingen. Philologisch-Historische Klasse: Abhandlungen der Akademie der Wissenschaften zu Göttingen, Philologisch-Historische Klasse Folge 3, Bd. 257. Septuaginta-Unternehmen (Göttingen): Mitteilungen des Septuaginta-Unternehmens der Akademie der Wissenschaften in Göttingen 27)

BADER, Günter: Psalterspiel. Skizze einer Theologie des Psalters. Tübingen 2009 (Hermeneutische Untersuchungen zur Theologie 54)

BALDERMANN, Ingo: Ich werde nicht sterben, sondern leben. Psalmen als Gebrauchstexte. Neukirchen-Vluyn [5]2011

DERS.: Wer hört mein Weinen? Kinder entdecken sich selbst in den Psalmen. Neukirchen-Vluyn 2004 (Wege des Lernens 4)

BAUR, Wolfgang u.a.: Tränen und Brot. Teil 2011 Teilnehmerheft. Neukirchen-Vluyn

BECK, Eleonore [Hrsg.]: Mit Psalmen beten. Stuttgart 2010

BENKERT, Michael [Hrsg.]: Wie der Duft einer Lotusblüte. Das Hohelied der Liebe. Stuttgart 2001

BERGES, Ulrich [Hrsg.]: Zur Theologie des Psalters und der Psalmen. Beiträge in memoriam Frank-Lothar Hossfeld. Göttingen 2019 (BBB 189)

BETZ, Otto: Tobias und sein Engel. Der Weg zur Mündigkeit und Reife nach dem Buch Tobit. St. Ottilien 2004

BEYER, Andrea: Hoffnung in Bethlehem. Innerbiblische Querbezüge als Deutungshorizonte im Ruthbuch. Berlin u.a. 2014 (BZAW 463)

BOECKER, Hans Jochen: Das Lob des Schöpfers in den Psalmen. Neukirchen-Vluyn 2008

BÖHM, Christiane: Die Rezeption der Psalmen in den Qumranschriften, bei Philo von Alexandrien und im Corpus Paulinum. Tübingen 2017 (WUNT 2/437)

BREMER, Johannes: Wo Gott sich auf die Armen einlässt. Der sozio-ökonomische Hintergrund der achämenidischen Provinz Yehud und seine Implikationen für die Armentheologie des Psalters. Göttingen 2016 (BBB 174)

BRÜTSCH, Matthias: Israels Psalmen in Qumran. Ein textarchäologischer Beitrag zur Entstehung des Psalters. Stuttgart 2010 (BWANT 193)

BUYSCH, Christoph: Der letzte Davidpsalter. Interpretation, Komposition und Funktion der Psalmengruppe 138-145. Stuttgart 2009 (SBB 63)

CORDES, Ariane: Die Asafpsalmen in der Septuaginta. Der griechische Psalter als Übersetzung und theologisches Zeugnis. Freiburg u.a. 2004 (HBS 41)

DEISSLER, Alfons: Die Psalmen. Düsseldorf 2002

DOEKER, Andrea: Die Funktion der Gottesrede in den Psalmen. Eine poetologische Untersuchung. Berlin u.a. 2002 (BBB135)

DYMA, Oliver: Die Wallfahrt zum zweiten Tempel. Untersuchungen zur Entwicklung der Wallfahrtsfeste in vorhasmonäischer Zeit. Tübingen 2009 (FAT 40)

EGGER-WENZEL, Renate u.a. [Hrsg.]: Weisheit als Lebensgrundlage. Festschrift für Friedrich V. Reiterer zum 65. Geburtstag. Berlin u.a. 2013

ELLIGER, Katharina u.a.: Wenn er mich doch küsste... Das Hohelied der Liebe. Ostfildern 2015

ELTROP, Betina [Hrsg.]: Psalmen. Stuttgart 2001 (Bibel und Kirche 56,1)

ENGELS-FIETZEK, Petra: Ins eigene Leben geschrieben. Psalmen für heute. Ostfildern 2012 (Topos 823)

ERBELE-KÜSTER, Dorothea: Lesen als Akt des Betens. Eine Rezeptionsästhetik der Psalmen. Neukirchen-Vluyn 2001 (WMANT 87)

FINSTERBUSCH, Karin: JHWH als Lehrer der Menschen. Ein Beitrag zur Gottesvorstellung der hebräischen Bibel. Neukirchen-Vluyn 2007 (BThST 90)

FISCHER, Irmtraud: Gotteslehrerinnen. Weise Frauen und Frau Weisheit im Alten Testament. Stuttgart 2006

DIES. [Hrsg.]: Auf den Spuren der schriftgelehrten Weisen. Festschrift für Johannes Marböck anlässlich seiner Emeritierung. Berlin u.a. 2003 (BZAW 321)

DIES.: Rut. Freiburg u.a. 2001 (HThKAT)

FISCHER, Stefan: Das Hohelied Salomos zwischen Poesie und Erzählung. Erzähltextanalyse eines poetischen Testes. Tübingen 2010 (FAT 72)

FISCHER, Ulrich: Lobe den Herrn, meine Seele. Alle 150 Psalmen mit Auslegungen. Stuttgart u.a. 2003

FITZMYER, Joseph A.: Tobit. Berlin u.a. 2003 (Commentaries on early Jewish literature)

FÖRG, Florian: Die Ursprünge der alttestamentlichen Apokalyptik. Leipzig 2013 (ABG 45)

FOLKER, Albrecht u.a.: Psalmen. 5.-10. Schuljahr. Paderborn 2011 (EinFach Religion)

FORSTER, Christine: Begrenztes Leben als Herausforderung. Das Vergänglichkeitsmotiv in weisheitlichen Psalmen. Zürich u.a. 2000

FREY, Jörg [Hrsg.]: Frauen im antiken Judentum und frühen Christentum. Tübingen 2019 (WUNT2/489)

FROEBE, Dieter: Das Hohelied. Gesang von der Befreiung der Liebe aus ihren Fesseln. Münster 2005 (Glauben und leben 27)

GÄRTNER, Judith: Die Geschichtspsalmen. Eine Studie zu den Psalmen 78, 105, 106, 135 und 136 als hermeneutische Schlüsseltexte im Psalter. Tübingen 2012 (FAT 84)

GERHARDS, Meik: Der undefinierbare Gott. Theologische Annäherungen an alttestamentliche und altorientalische Texte. Berlin u.a. 2011 (Rostocker theologische Studien 24)

DERS.: Das Hohelied. Studien zu seiner literarischen Gestalt und theologischen Bedeutung. Leipzig 2010 (ABG 35)

GERLEMANN, Gillis: Biblischer Kommentar – Altes Testament Bd. 18: Ruth. Das Hohelied Neukirchen-Vluyn ^{3}2011

DIES.: Biblischer Kommentar – Altes Testament Bd. 21: Esther. Neukirchen-Vluyn ^{3}2003

GERSTENBERGER, Erhard S.: Arbeitsbuch Psalmen. Stuttgart 2015

GIERLINGER-CZERNY, Elisabeth: Judits Tat. Die Aufkündigung des Geschlechtervertrages. Wien 2000

GROHMANN, Marianne: Fruchtbarkeit und Geburt in den Psalmen. Tübingen 2007 (FAT 53)

GRÜN, Anselm: Das Hohelied der Liebe. Münsterschwarzach 2008

GRUND-WITTENBERG, Alexandra [Hrsg.]: Ich will dir danken unter den Völkern. Studien zur israelitischen und altorientalischen Gebetsliteratur. Festschrift für Bernd Janowski zum 70. Geburtstag. Gütersloh 2013

GOODMANN-THAU, Eveline: Liebe und Erlösung. Das Buch Ruth. Wien u.a. 2006 (Schibboleth 4)

GZELLA, Holger: Lebenszeit und Ewigkeit. Studien zur Eschatologie und Anthropologie des Septuaginta-Psalters. Berlin u.a. 2002 (BBB 134)

HAAG, Herbert: „Wenn er mich doch küsste…“: Das Hohelied der Liebe. Düsseldorf 2008

HÄLBIG, Klaus W. [Hrsg.]: Liebe, Glück und Tod. Die Enzyklika „Gott ist die Liebe“ und das Hohelied Salomos. St. Ottilien 2007

HALLERMAYER, Michaela: Text und Überlieferung des Buches Tobit. Berlin u.a. 2008 (Deuterocanonical and cognate literature studies 3)

HARTENSTEIN, Friedhelm: Das Angesicht JHWHs. Studien zu einem höfischen und kultischen Bedeutungshintergrund in den Psalmen und in Exodus 32-34. Tübingen 2008 (FAT 55)

HAUSCHILDT, Eberhard u.a. [Hrsg.]: Theologie des Psalters. Leipzig 2015 (Theologie, Kultur, Hermeneutik 17)

HOPF, Matthias: Liebesszenen. Eine literaturwissenschaftliche Studie zum Hohelied als einem dramatisch-performativen Text. Zürich 2016 (AThANT 108)

HOSSFELD, Frank-Lothar u.a. [Hrsg.]: Trägerkreise in den Psalmen. Bonn 2017 (BBB178)

DERS.: Die Psalmen I-III. Würzburg 1993-2012 (NEB 29.40-41)

DERS.: Psalmen 101-150. Freiburg u.a. 2008 (HThKAT)

DERS.: Psalmen 51-100. Freiburg u.a. 2000 (HThKAT)

IMBACH, Josef: Nur wer den Aufbruch wagt… Jona – Rut – Tobit. Düsseldorf 2007

JAFFIN, David: Warum toben die Heiden. Psalmenauslegungen. Lahr 2001

JANOWSKI, Bernd: Konfliktgespräche mit Gott. Eine Anthropologie der Psalmen. [Neukirchen-Vluyn 2003], Göttingen[5], 2019

JUNG, Young A.: Der „Stimmungsumschwung des Beters“ in den Psalmen, die in narrativen Texten des Alten Testaments vorkommen (eine dynamische Gebetstradition: der Übergang von Klage zu Lob). Eine Untersuchung des Umschwungs von Klage zu Lob und die Klagedynamik in den alttestamentlichen Erzählungen vor dem Hintergrund der mesopotamischen Kultur. Heidelberg, Univ. Diss., 2008

KÄGI, Hansjörg: Der verliebte Gott. Winterthur 2010
KAISER, Otto u.a. (Hg): Weisheitstexte I+II. Gütersloh 2019 (= Texte aus der Umwelt des Alten Testaments)
DERS.: Klagelieder, in: Müller, Hans Peter u.a.: Das Hohelied, Klagelieder, das Buch Esther übers. u. erkl. Göttingen[4]992. (Das Alte Testament Deutsch = ATD 16)
KELLERMANN, Ulrich: Eheschließungen im frühen Judentum. Studien zur Rezeption der Leviratstora, zu den Eheschließungsritualen im Tobitbuch und zu den Ehen der Samariterin in Johannes 4. Berlin u.a. 2015 (Deuterocanonical and cognate literature studies 21)
KERN, Barbara: Das altägyptische Licht- und Lebensgottmotiv und sein Fortwirken in israelitisch-jüdischen und frühchristlichen Traditionen. Eine religionsphänomenologische Untersuchung. Berlin 2006 (Theologie, Religionswissenschaft 4)
KIRCHGESSNER, Bernhard [Hrsg.]: Das Hohelied der Liebe. Theologische und spirituelle Zugänge. St. Ottilien 2012
KLEIN, Anja: Geschichte und Gebet. Die Rezeption der biblischen Geschichte in den Psalmen des Alten Testaments. Tübingen 2014 (FAT 94)
KOBELT-GROCH, Marion: Judith macht Geschichte. Zur Rezeption einer mythischen Gestalt vom 16.-19. Jahrhundert. Paderborn u.a. 2005
KÖHLMOOS, Melanie: Ruth. Göttingen 2009 (ATD 9,3)
KÖRTING, Corinna: Zion in den Psalmen. Tübingen 2006 (FAT 48)
KRATZ, Reinhard Gregor: Reste hebräischen Heidentums am Beispiel der Psalmen. Göttingen 2004 (Akademie der Wissenschaften in Göttingen. Philologisch-Historische Klasse: Nachrichten der Akademie der Wissenschaften zu Göttingen, Philologisch-Historische Klasse; Jg. 2004, Nr. 2)
KRAWELITZKI, Judith: Gottes Macht im Psalter. Tübingen 2017
KRÜGER, Thomas: Kohelet. Neukirchen-Vluyn 2000 (BKAT 19)
KRUSCHE, Marcel: Göttliches und irdisches Königtum in den Psalmen. Tübingen 2019
KÜHNER, Axel: Der barmherzige Gott. Neukirchen-Vluyn 2008
DERS.: Plädoyer für die Liebe. Neukirchen-Vluyn 2008
KUMPMANN, Christina: Schöpfen, Schlagen, Schützen. Eine semantische, thematische und theologische Untersuchung des Handelns Gottes in den Psalmen. Bonn 2016 (BBB 177)

LACKMANN, Max: Tobit und Tobias. Ein Buch von Ehe und Liebe, Engeln und Dämonen, Krankheit und Medizin. Stein am Rhein [2]2004
LÄMMLIN, Georg: Die Lust am Wort und der Widerstand der Schrift. Homiletische Re-Lektüre des Psalters. Münster u.a. 2002 (Heidelberger Studien zur praktischen Theologie 4)
LANGGUTH, Gerhardt: Du hast mich bei meiner rechten Hand ergriffen. Psalmauslegungen in Israels Gegenwart. Kamen 2015 (Predigt heute 26)

LEUENBERGER, Martin: Konzeptionen des Königtums Gottes im Psalter. Untersuchungen zu Komposition und Redaktion der theokratischen Bücher IV – V im Psalter. Zürich 2004 (AThANT 83)

LESSMANN, Beate [Hrsg.]: Mein Gott, mein Gott ... Mit Psalmworten biblische Themen erschließen. Ein Praxisbuch für Schule und Gemeinde. Neukirchen-Vluyn ²2009

LEPRE, Stefanie: Leserlenkung in der Bibel. Die Informationsgliederung in poetischen hebräischen Bibeltexten und ihren deutschen Übersetzungen. Stuttgart 2007 (Arbeiten zur Geschichte und Wirkung der Bibel 7)

LIESS, Kathrin [Hrsg.]: Gegner im Gebet. Studien zu Feindschaft und Entfeindung im Buch der Psalmen. Freiburg u.a. 2018 (HBS 91)

LÖNING, Karl [Hrsg.]: Rettendes Wissen. Studien zum Fortgang weisheitlichen Denkens im Frühjudentum und im frühen Christentum. Münster 2002 (Alter Orient und Altes Testament 300)

LORETZ, Oswald: Psalmstudien. Kolometrie, Strophik und Theologie ausgewählter Psalmen. Berlin u.a. 2002 (BZAW 309)

MAGIRIUS, Georg: Gesänge der Leidenschaft. Die befreiende Kraft der Psalmen. München 2015

DERS.: Die Psalmen. Wie ich sie heute verstehen kann. Gütersloh 2002

MANZ, Charles C./SCHMIDT, Michael (Übers.): Was würde Salomo tun? Die Weisheit des Alten Testaments für den Alltag von heute. Bern u.a. 2003

MAIER, Christa u.a.: Kulturerbe Psalmen – Gebete der Menschheit. Stuttgart 2016 (Welt und Umwelt der Bibel 82)

MARTI, Kurt: Die Psalmen. Annäherungen. Stuttgart 2004

MEINHOLD, Arndt: Zur weisheitlichen Sicht des Menschen. Leipzig 2001 (ABG 6)

MEYER ZUM FELD, Nina: Hiobs Weg zu seinem persönlichen Gott. Studien zur Interpretation von Psalmentheologie im Hiobbuch. Göttingen 2020

MOSIS, Rudolf: Welterfahrung und Gottesglaube. Drei Erzählungen aus dem Alten Testament [Jona, Samuel, Judit] Würzburg 2004

MÜCHER, Werner: Das Lied der Lieder. Lychen 2008

MÜLLER, Reinhard: Jahwe als Wettergott. Studien zur althebräischen Kultlyrik anhand ausgewählter Psalmen. Berlin u.a. 2008 (BZAW 387)

MÜLLNER, Ilse: Das hörende Herz. Weisheit in der hebräischen Bibel. Stuttgart 2006

NACHAMA, Andreas [Hrsg.]: Das Hohelied = Shir ha-Shirim. Berlin 2016

DERS. u.a.: Du bist mein Gott, den ich suche. Psalmen lesen im jüdisch-christlichen Dialog. Gütersloh 2012

NOJIMA, Kunio: Ehre und Schande in Kulturanthropologie und biblischer Theologie. Wuppertal 2011

OPEL, Daniela: Hiobs Anspruch und Widerspruch. Die Herausforderungsreden Hiobs (Hi 29-31) im Kontext frühjüdischer Ethik. Neukirchen-Vluyn 2010 (WMANT 127)

PEETZ, Melanie: Emotionen im Hohelied. Eine literaturwissenschaftliche Analyse hebräischer Liebeslyrik unter Berücksichtigung geistlich-allegorischer Auslegungsversuche. Freiburg u.a. 2015 (HBS 81)

PETERS, Benedikt: Die Psalmen. Bielefeld 2018

POLA, Thomas: Gott fürchten und lieben. Studien zur Gotteserfahrung im Alten Testament. Neukirchen-Vluyn 2007 (BThST 59)

PRIWRATZKY, Markur: Exegese zu Kohelet 3,1-8. München 2004. http://www.grin.com/de/e-book/26180/exegese-zu-kohelet-3-1-8 (10.10.2020)

RAD, Gerhard von: Weisheit in Israel. Hrsg. v. Bernd Janowski. Neukirchen-Vluyn [4]2013

RADEBACH-HUONKER, Christiane: Opferterminologie im Psalter. Tübingen 2010 (FAT 44)

RADER, Bruno: Sprichwörtliches aus den Psalmen. Stolzalpe 2009

RANDRIAMBOLA-RATSIMIHAH, Hoby: „Wenn ein Mensch stirbt, lebt er dann wieder auf?" Zur Frage einer Jenseitshoffnung im hebräischen und im griechischen Hiobbuch. Göttingen 2019 (WMANT 153)

RAKEL, Claudia: Judit – über Schönheit Macht und Widerstand im Krieg. Eine feministische-intellektuelle Lektüre. Berlin u.a. 2003 (BZAW 334)

RATSCHOW, Leoni: Eine törichte Frau und drei schöne Töchter. Eine wirkungskritische Studie zu den Frauenfiguren im Hiobbuch im frühen Judentum. Leipzig 2019 (ABG 61)

RECHBERGER, Uwe: Von der Klage zum Lob. Studien zum „Stimmungsumschwung" in den Psalmen. Neukirchen-Vluyn 2012 (WMANT 133)

RENNER, Alexandra: Identifikation und Geschlecht. Die Rezeption des Buches Judit als Gegenstand empirischer Bibeldidaktik. Berlin u.a. 2013 (Ökumenische Religionspädagogik 7)

REUTER, Eleonore u.a.: Zugänge zum Hohelied. Ein verschlossener Garten. Stuttgart 2018 (Bibel und Kirche 73)

DIES. [Hrsg.]: Frauen und Psalmen. Stuttgart 2011 (FrauenBibelArbeit 26)

REITEMEYER, Michael: Weisheitslehre als Gotteslob. Psalmentheologie im Buch Jesus Sirach. Berlin u.a. 2000 (BBB127)

RIEDE, Peter: Im Netz des Jägers. Studien zur Feindmetaphorik der Individualpsalmen. Neukirchen-Vluyn 2000 (WMANT 85)

RIEDEL, Ingrid: Stark wie der Tod ist die Liebe. Das Hohelied. Ostfildern 2013

RÖSEL, Christoph: Psalmen. Worte für das Leben. Gießen [6]2019

ROTZETTER, Anton: Ich will das Morgenrot wecken. Die Botschaft der Psalmen. Freiburg u.a. 2009

RUWE, Andreas: Die Psalmen zum Betrachten, Studieren und Vorlesen . Eine textanalytische Übersetzung. Zürich 2012

SAUR, Markus u.a. [Hrsg.]: Die kleine Biblia. Beiträge zur Theologie der Psalmen und des Psalters. Neukirchen-Vluyn 2014 (BThSt 148)
DERS. [Hrsg.]: Die theologische Bedeutung der alttestamentlichen Weisheitsliteratur, Neukirchen-Vluyn 2012 (BThSt 125)
DERS.: Die Königspsalmen. Studien zur Entstehung und Theologie. Berlin u.a. 2004
DERS.: Einführung in die alttestamentliche Weisheitsliteratur. Darmstadt 2012
SCHÄFER, Andreas: Wenn die Seele Worte sucht. Reden über die Pilgerpsalmen. Holzgerlingen 2009
SCHÄFER, Brigitte u.a.: Vom Klagen zu Jubeln. Die bewegende Kraft der Psalmen. Stuttgart 2002 (WerkstattBibel 2)
SCHELLENBERG, Annette: Der Mensch, das Bild Gottes? Zum Gedanken einer Sonderstellung des Menschen im Alten Testament und in weiteren altorientalischen Quellen. Zürich 2011 (AThANT 101)
SCHMIDT, Andreas: Wie schön ist deine Liebe. Eine geistliche Auslegung des Hohenliedes. Köln [2005] ^{2}2013
SCHMITT, Armin: Der Gegenwart verpflichtet. Studien zur biblischen Literatur des Frühjudentums. Berlin u.a. 2000 (BZAW 292)
SCHMITZ, Barbara/ENGEL, Helmut: Judit. Freiburg u.a. 2014. (HThKAT)
SCHNEIDER, Dieter/DIETRICH, Werner: Das Buch der Psalmen. Das Buch der Sprüche. Witten [2008] ^{2}2011. (Wuppertaler Studienbibel Altes Testament 6)
SCHNOCKS, Johannes [Hrsg.]: „Wer lässt uns Gutes sehen?“ (Ps 4,7) Internationale Studien zu Klagen in den Psalmen. Zum Gedenken an Frank-Lothar Hossfeld. Freiburg u.a. 2016 (HBS 85)
DERS.: Psalmen. Paderborn 2014 (UTB 3473)
SCHNUPP, Bianca: Schutzengel. Genealogie und Theologie einer religiösen Vorstellung vom Tobitbuch bis heute. Tübingen u.a. 2004 (Neutestamentliche Entwürfe zur Theologie 9)
SCHÜNGEL-STRAUMANN, Helen: Tobit. Freiburg u.a. 2000. (Herders Theologischer Kommentar zum Alten Testament = HThKAT)
SCHWEGLER, Annemarie u.a.: Psalmen erfahren und feiern. Für Bibelunterricht und Gemeindekatechese. Luzern u.a. 2006
SCHWIENHORST-SCHÖNBERGER, Ludger [Hrsg.]: Das Hohelied im Konflikt der Interpretationen. Frankfurt 2017 (Österreichische biblische Studien 47)
SELLER, Stefan: Text-Beziehungen. Zur intertextuellen Interpretation alttestamentlicher Texte am Beispiel ausgewählter Psalmen. Stuttgart 2013 (BWANT 202)
SEO, Jaeduck: Tempeltheologie in den Psalmen, Jena 2020
SEYBOLD, Klaus: Studien zu Sprache und Stil der Psalmen. Berlin u.a. 2010 (BZAW 415)

DERS.: Poetik der Psalmen. Stuttgart 2003 (Poetologische Studien zum Alten Testament 1)

SIETZ, Manfred: Mystik und Psalter. Psalmenmystik. Marktoberdorf 2008

SPIECKERMANN, Hermann: Lebenskunst und Gotteslob in Israel. Anregungen aus Psalter und Weisheit für die Theologie. Tübingen 2018 (FAT 91)

DERS.: Lebenskunst und Gotteslob in Israel. Anregungen aus Psalter und Weisheit für die Theologie. Tübingen 2014 (FAT 91)

STEINBERG, Julius: das Hohelied. Witten 2014 (BKAT 26)

DERS.: Die Ketuvim [Schriften] – ihr Aufbau und ihre Botschaft. Berlin 2006

STICHEL, Rainer: Beiträge zur frühen Geschichte des Psalters und zur Wirkungsgeschichte der Psalmen. Paderborn u.a. 2007 (Nordrhein-Westfälische Akademie der Wissenschaften: Abhandlungen der Nordrhein-Westfälischen Akademie der Wissenschaften 117)

STICHER, Claudia: Die Rettung der Guten durch Gott und die Selbstzerstörung der Bösen. Ein theologisches Denkmuster im Psalter. Berlin u.a. 2002 (BBB 137)

STIER, Fridolin: Mit Psalmen beten. Stuttgart 2001

SÜSSENBACH, Claudia: Der elohistische Psalter: Untersuchungen zur Komposition und Theologie von Ps 42-83. Tübingen 2005 (FAT 2/7)

TESCHNER, Klaus: „... denn ich werde ihm noch danken". Auslegungen zu sieben ausgewählten Psalmen [Ökumenische Bibelwoche 2011/2012] Neukirchen-Vluyn 2011

THÖNE, Yvonne Sophie: Liebe zwischen Stadt und Feld. Raum und Geschlecht im Hohelied. Berlin u.a. 2012 (Exegese in unserer Zeit 22)

VAN ZADEL, Michael: Tag, Zeit und Ewigkeit. Zeitbegriffe und Zeitvorstellungen im Alten Testament. München 2015. http://www.grin.com/de/e-book/303655/tag-zeit-und-ewigkeit-zeitbegriffe-und-zeitvorstellungen-im-alten-testament (10.10.2020)

VOS, Christiane de: Klage als Gotteslob aus der Tiefe. Der Mensch vor Gott in den individuellen Klagepsalmen. Tübingen 2005 (FAT 2/11)

WACHINGER, Lorenz: An dir, Du, berge ich mich. Worte, Schreie und Gebete aus den Psalmtexten. Stuttgart 2010

WAGNER, Andreas: Beten und Bekennen. Über Psalmen. Neukirchen-Vluyn 2008

WÄLCHLI, Stefan: Gottes Zorn in den Psalmen. Eine Studie zur Rede vom Zorn Gottes in den Psalmen im Kontext des Alten Testamentes und des alten Orients. Fribourg u.a. 2012 (OBO 244)

WEBER, Beat: Werkbuch Psalmen I+II. Stuttgart (2001) ^{2}2016

DERS.: Werkbuch Psalmen III: Theologie und Spiritualität des Psalters und der Psalmen. Stuttgart 2010

WEHRLE, Josef: Der leidende Mensch und der mitleidende Gott. Ein Beitrag zur Anthropologie und Theologie des Alten Testaments. Berlin u.a. 2012 (Bibel und Ethik 4)

WIERSBE, Warren W.: Sei hingegeben. Gottes Willen tun, was es auch kosten mag. Dillenburg 2006 (Studien des Alten Testaments: Rut, Ester, Hohelied)

WITTE, Markus: Von Ewigkeit zu Ewigkeit. Weisheit und Geschichte in den Psalmen. Neukirchen-Vluyn 2014 (BThSt 146)

WOLF, Christian: Die geerdete Himmelsmacht. Das Hohelied der Liebe. Kassel 2012

ZAKOVITS, Ya'ir: Das Hohelied. Freiburg u.a. 2004 (HThKAT)

ZENGER, Erich: Psalmen. 1: Mit meinem Gott überspringe ich Mauern. Freiburg u.a. 2003

DERS.: Psalmen 2: Ich will die Morgenröte wecken. Ebd.

DERS.: Psalmen 3: Dein Angesicht suche ich. Ebd.

DERS.: Psalmen 4: Ein Gott der Rache? Ebd.

DERS. [Hrsg.]: Ritual und Poesie. Formen und Orte religiöser Dichtung im Alten Orient, im Judentum und im Christentum Freiburg u.a. 2003 (HBS 36)

DERS.: Der Septuaginta-Psalter: Sprachliche und theologische Aspekte. Freiburg u.a. 2001 (HBS 32)

ZEHENDER, Christoph: Beziehungen. Fenster in die Welt der Psalmen. Holzgerlingen 2000

ZIEGLER, Joseph [Hrsg.]: Sapientia Salomonis. Göttingen [3]2017